백지에 그리는 국가운영체계

민경찬, 서원석, 명승환, 황성원, 최현선, 이덕로
장보원, 김미선, 이옥남, 전광섭, 하봉운, 이근면

국가인재경영연구원

목 차

프롤로그

대한민국, 글로벌 대전환의 시대를 성공해야 한다

민경찬 국가인재경영연구원 이사장

새로운 시대는 새로운 시스템, 새로운 사람을 요구한다.

오늘 우리 모두는 지금까지 인류가 경험해보지 못한 대전환의 시대, 새로운 위기의 시대에 들어서 있다. 대전환의 규모, 범위, 복잡성 등의 성격이 매우 다르다. '생각하는 방식', '일하는 방식'을 전면적으로 '바꿀 것(reset)'을 요구하고 있다.

우리 세대는 요즈음 기후변화, 팬데믹, AI, 유전자 가위, 양극화, 인구절벽, 국제적 갈등, 전쟁과 핵탄두 등의 용어들을 들으며 살아간다. 지난 7월 안토니우 구테흐스 유엔 사무총장은 한 기후변화 관련 국제회의에서 "우리 앞엔 '집단자살이냐 집단행동이냐'란 선택이 있을 뿐이다."라고 경고했다. 현재 지구촌은 기후변화를 비롯해 여러 측면에서 국가들이 각자도생의 길을 갈지, 인류 공존의 길을 갈지를 결정해야 하는 갈림길에 서 있다. 세계 경제, 지정학적 갈등 등의 국제 질서의 혼란이라는 문제와 더불어 인류가 살아가는 터전, 인간의 정체성, 생존 자체가 심각하게 위협을 받는 단계에 와 있다.

작년 12월 개봉된 영화 'Don't look up!'은 우리 인류에게 결코 잊어서는 안 되는 큰 경고를 주었다. 인류를 전멸시킬 혜성이 지구를 향해 돌진해 온다고 과학자들이 말해도, 이 혜성을 이용해 돈을 벌려는 기업인, 이 재앙을 정치적으로 이용하려는 대통령, 이를 왜곡하고 변질시키는 언론인, 그 결과 대중들은 진실을 알지 못한 가운데 두려움에 빠지고, 결국 모두가 전멸하게 된다. 인류가 제대로 대비하지 않았기 때문에 피할 수 없었던 재앙이다.

이는 100여 년 전 조선 말 정치와 사회 상황, 지도자와 백성들의 모습과 대비되기도 한다. 당시 역사적 대전환의 갈림길에서 지도층이 추구하는 가치, 문명사적 이해 수준이 결국 나라를 뺏기게 하고 백성들은 엄청나게 크고 긴 고통을 감내해야 했다. 시대 변화에 대응할 수 있는 국가의 힘과 경쟁력을 제대로 키우지 못해 치욕의 굴레에 빠졌다.

이러한 맥락에서 오늘 우리 시대에 사회 지도층의 문명사적 이해 수준은 어떠하며, 이들이 어떤 철학과 가치를 선택하며, 어떤 전략을 가지고 있느냐를 물어야 한다. 오늘 가장 위험스러운 상황은, 우리 정치권과 사회, 그리고 지구촌의 각 나라들이 '미래의 공동가치'보다는, '현재의 개별적 가치'에 집착하고 있다는 점이다. 더욱이 우리 사회는 물론 지도자들 대부분이 산업화 과정에 가졌던 경직된 사고와 행동 관습, 그리고 기득권 유지의 틀을 고수하고 있다는 점이다. 40년, 50년 전 산업화 시대의 성공모델이 이제는 독이 될 수 있다는 문제의식 조차도 없는 것 같다. 이는 대한민국이 앞으로 갈수록 냉혹해지고 치열해지는 국가 간의 경쟁에서 앞서나가는데 발목잡는 요인이 될 것이다. '생각하는 방식', '일하는 방식'을 혁신적으로 바꿔야 한다.

현재 우리의 지도층은 어떠한가? 예를 들어, 한국에는 '정치'가 없고, '복수'만 있을 뿐이라는 이야기가 있다. 세계와 미래를 바라보기보다는, 틈만 나면 스토리를 만들어서라도 상대방을 흠집내고 끌어내리려는데 골몰하는 모습들을 지적한다. 이를 '국민'의 마음, 뜻이라고 하는데, 대개의 경우 자신을 지지하는 그룹만을 '국민'이라 칭하는 것 같다. 미래보다는 오늘에, 공동가치보다는 개별적 이익에 몰입하는 것이다. 현재의 정치권이 대장간 수준이라면 글로벌 기업의 용광로 수준으로 고도화해야 할 때라는 목소리가 있다. 정부, 국회, 지역 등의 지도층 인사 중 임기를 마친 후 국가나 지역, 지구촌의 변화 발전에 기여한 인사로 기억되는 사람들이 얼마나 있는 것일까?

우리는 이제부터라도 다시 시작하는 마음으로, 지속가능하고, 건강한 국가 생태계와 경쟁력을 만들어가야 한다. 현재 태어나는 아이의 30년 후를 준비해야 한다. '우리가 꿈꾸는 나라와 지구촌은 어떠한 모습인가?'라는 질문을 먼저 던져야 한다. 누구도 가보지 않은 길, 경험을 찾아가는 일이다. 이는 오늘 세대의 사명이며, 더욱 깨어 있어야 하고 지혜와 대담함으로 풀어가야 한다. 미래에 오는 세대들을 위해서라도 대한민국은 현재 방향을 잃은 지구촌을 선도하는 G3 국가로서의 꿈과 사명도 가져야 한다. 그리고 모두가 모든 일에 정직해야 한다. 그래야 성공한다.

국가인재경영연구원은 이러한 G3 국가로의 꿈을 가지고 개혁을 논하고자 한다. 제일 좋은 개혁은 '사람을 변화시키는 것'이라는 말이 있다. 본 연구원은 그동안 모든 일이 결국 '사람'에 달려 있음에 유념하며, '우리 국가 생태계를 구성하는 인재들이 어떻게 역할 분담과 협업을 통해, 미래를 지혜롭게 대응하도록 할 것인가?'라는 질문에 초점을 맞추어왔다. 국가가 정책을 세우고 실행함에 있어, 정부, 국회, 지자체, 시민사회, 기업 등의 다양한 이해 당사자들이 함께 만들어나가야 한다. 이들이 수평적 동반자로서, 깊이 있고 진솔한 공적 토론을 통해 서로 균형을 이루며 협력하는 '거버넌스의 본질'을 지키는 일이다. '혁신은 균형(balance)이다'라는 말이 있다. 이제 국가는 '통치'가 아니라, '경영'이어야 한다. 그리고 이는 결과적으로 국민에게 혜택이 돌아가는 일이어야 한다. 본 연구원은 이를 '인재경영'의 개념으로 이해한다. 모든 정책적 초점을 여기에 맞추는 것이 바로 다음 세대를 위한 생존 전략이다.

공공개혁과 국가운영체계의 대전환, 백지에 다시 그리자

국가인재경영연구원은 새 시대를 대비하기 위해 2022년의 주제를 '백지에 그리는 공공개혁과 국가운영체계의 대전환'으로 설정하고 '인재경영'의 차원에서 이 과제에 접근하여 왔다. 그리고 이 과제에 대한 핵심적인 주체를 정부, 국회, 지역으로 인식하고, 근원적인 과제와 해결방안을 찾아 대담한 개혁으로 부응할 것을 우리 사회에 요구하고자 한다. 정부와 국회, 정당은 어떠한 존재이며, 정치의 사회적 의미는 무엇인가 라는 근본적인 질문도 던지고자 한다. 특히 새 시대에는 과학, 사실, 데이터에 기반을 두는 '합리적 사고'와 다양한 요소들을 조화시키는 '통합적 사고'로 접근해야 함을 주목한다. 국제사회의 국가경쟁력 평가에서는 공공분야 경쟁력이 높은 나라가 경제도 풍요롭다는 상관관계를 보이고 있다. 이에 따라 우리는 '성공하는 공공행정 생태계는 어떻게 만들 것인가?', '국민들이 요구하는 국회와 정치시스템은 무엇인가?', '지방자치와 교육자치의 협력은 가능한가?'라는 세 가지 질문을 중심으로 논의를 펼치고자 한다.

1. 성공하는 공공행정 생태계

현재의 정부 운영 생태계 수준이 디지털 대전환의 시대에 적합한가?

공공기관의 존재 이유는 무엇이며, 제대로 운영 관리되고 있는가?

대한민국의 정부 운영 체제는 이제 국내 중심의 틀에서 글로벌 시각 중심으로 대전환되어야 한다. 정부는 이제 어느 나라 정부보다도 선진형이어야 하며, 협업적 거버넌스를 통해 국민 맞춤형 서비스를 제공할 수 있어야 한다. 디지털 경쟁력과 공공인재들의 협업 문화가 핵심과제이다. AI를 포함한 ICT 기술을 활용하는 통합적인 디지털플랫폼에 기반한 스마트 정부를 지향해야 한다. 이는 정보를 수평적으로 공유하고 소통하게 하여, 중앙정부의 각 부처, 지방정부, 국회, 지역주민, 기업, 글로벌 사회 간 수평적 역할 분담을 토대로 협업적 기능과 문화를 구축하는 일이다. 국가 정책 운영과정에 시민과 기업의 참여도를 높이는 것이다. 이제는 정부가 모든 문제를 해결할 수 없다.

중앙정부의 경우 오래된 과제인 부처 간의 높은 벽을 허물며, 경직된 직급체계를 단순화시키고, 순환보직을 개선하여 전문성을 크게 높이며, 공무원 사회에 활기와 자신감이 넘치게 해야 한다. 특히 개인 또는 기관의 실적의 개념을 범부처, 범기관의 차원에서 새롭게 정의하고 인정받게 하여, 공무원이 소신을 가지고 개개인의 전문성과 비전을 국가 차원에서 폭넓게 키워나가도록 해야 한다. 이를 위해서는, 전제조건으로, 각 부처와 대통령실, 감사원, 기획재정부, 그리고 국회가 생산적인 관계로 재설정되어야 한다. 이제는 정부 조직도 기업에서 배워야 한다. 작은 정부, 큰 정부의 문제가 아니라, 강하고 효율적인 범부처형 조직으로서 유연하게 지방정부와도 협업할 수 있도록 재구조화해야 한다. 또한 공무원들이 정치, 정권으로부터 중립성을 지키며, 정치권에 줄대는 일들도 없어지도록 인사시스템도 재구조화해야 한다. 규제개혁도 여기에서 출발할 수 있다.

공공기관의 존재 이유는 국민을 위한 공익과 사회적 가치에 있다. 국민세금으로 운영되는 공공기관이 정권, 정치, 정부 부처를 위한 '자리 나누기' 용도로 존재해서는 안 된다. 부처별 카르텔 해체도 큰 과제이다. 중앙정부와 지방정부 산하 공공기관이 1,558개이다. 이들이 시대의 변화에 부응하는 기능과 역할을 제대로 할 수 있는 구조인가? 라는 질문이 먼저 있어야 한다. 새로운 사회 요구에 맞는 틀로 재구조화해야 한다. 임원도 각 기관의 목표와 특성에 따라 맞춤형으로 선정되어야 한다. 책임경영의 초점은 국민의 유익과 사회적 가치이어야 하며, 노조 활동도 여기에 초점을 맞춰야 한다.

공공기관들의 운영 관리는 국가 차원의 전략을 기반으로 일관성을 가지고 다양한 모습으로 발전시켜야 한다. 현재 중앙정부 산하 기관은 기획재정부, 지방정부 산하 기관은 행정안전부가 관리 운영하고 있다. 획일적으로 단기간 내 '예산 대비 효과' 지표 중심의 '효율성' 측면에만 모든 공공기관을 가두어서는 안 된다. 평가는 기관들을 한 줄로 세우는 것이 아니라, 기관별 맞춤형으로 여러 줄 세우며 공익과 사회적 가치에 대한 '효과성'에 초점을 맞춰야 한다. 이를 위해서는 공공기관의 평가는 관할 부처가 책임지도록 하는 것이 바람직하며, 공공기관의 특성 맞춤형으로 평가해야 한다. 정부와 각 부처는 산하 공공기관이 각자의 기능과 목표 등 그 특성에 따라 자율성을 가지고 세계와 미래를 대상으로 발전하도록 격려해야 한다.

우리의 공공기관들이 국제 사회와 미래 변화에 제대로 대응하기 위해서는, 국가 통합적 차원에서 정책적 방향성과 전략을 가져야 한다. 그리고 이러한 흐름에 따라 일관성 있게 운영, 관리, 평가가 이루어지도록 모니터링해야 한다. 이러한 일들이 각 부처와 공공기관에 제대로 수용되도록 하려면 독립적이고 힘이 있는 범정부기구가 필요하다. 민간의 적극 참여는 필수 요건이다. 공공기관들이 '정권, 정치권 중심'에서 벗어나, '국민 중심'의 공익과 사회적 가치의 폭을 확대하도록 하는 일이다.

2. 국민이 요구하는 국회와 정치시스템

국회는 누구를 위한 기관인가?

오늘의 국회의원 선거제도와 정당 운영방식은 건강한가?

오늘의 정당은 국가 정책에 대해 얼마나 전문성을 갖추고 있는가?

요즈음 정치인은 어떻게 등장하고 있는가?

국회는 지역주민들로부터 자신의 일들을 맡겨 4년간 봉사하도록 임무를 부여받은 사람들이 모인 곳이다. 국가 차원에서 정부와 잘 협력하며 법률과 예산을 통해 국민의 뜻을 반영하여 일상의 삶에 혜택이 가도록 일하는 곳이다. 오늘의 모습은 어떠한가? 일부의 경우 일단 국회의원 당선이 되면 국민들과는 다른 세계에 살며 국민은 물론 공무원 위에 높이 군림하기도 한다. 국회와 정당은 국가와 국민을 걱정하기 보다는, 그들끼리만의 '내로남불'의 정쟁과 정치, 권력 게임의 틀 속에 갇혀 사는 것 같다. 국민은 단지 표 계산과 여론 몰이의 대상으로만 느껴지기도 하고, 공무원은 정치권으로부터 과도하게 영향을 받아 행정부로서의 중립적인 역할을 하기가 어려운 상황 같다.

국회는 이제 삼권분립의 정신에 따라 정부와 국회 본래의 존재 이유를 재확인해야 한다. 국회와 정당은 정부와 더불어 대전환의 시대에 맞도록 역할분담을 새롭게 재설계하고, 상호 존중 견제하면서 협치의 질과 수준을 크게 높여야 한다. 정치와 행정의 권력구조를 '갑-을 관계'가 아니라, '수평적 협력관계'로 균형을 이루는 새로운 생태계로 혁신해야 한다.

예를 들어, 그동안 제시되었던 대통령 4년 중임제와 국회의원 선거 실시 일정 등에 대한 논의가 활발해질 필요가 있다. 대표적으로 국회의원 선거를 대통령 선거와 동시에 실시하는 방안과 대통령 선거 2년 후 실시하는 중간선거제 방안이 검토대상이다. 현재와 같은 대통령 임기, 여당과 야당의 권력 구조와 추구하는 가치 수준에 비추어 볼 때, 정부와 국회가 얼마나 효과적으로 협업하며 모든 국민에게 혜택이 돌아가게 할 수 있을까? 여기에는 정당의 지역성과 비민주성, 선거구제의 비합리성, 비례대표 규모, 양당제와 다당제, 국회의원 평가와 입법 초과잉, 정치인의 질적 수준 및 태도와 문화 등 다양한 요소들이 복합적으로 얽혀있다는 지적에 귀 기울여야 한다.

국회와 정부는 국민의 관점에서 자유, 평등 등에 대한 정치 철학도 논의해야 한다. 또한 국제사회를 명확히 인식하고 선진국으로서의 목표를 설정하고, 국내 이슈뿐만 아니라, 글로벌 전략을 세워 주변 국가들과 지구촌과 미래에 대한 의제결정하는 일 등에 주도적인 역할을 해나가야 한다. 이는 결국 국민의 안전과 삶의 질, 그리고 국가의 생산성과 경쟁력을 위해 매우 중요한 일이다.

정당은 '정쟁'보다는 '정책'에 초점을 맞춰야 국민의 신뢰를 받을 수 있다. 현재 우리 정당들은 정책에 대한 전문성이 부족하고, 정책을 세울 때 민의에 기반을 둔 국가 발전보다는 종종 당리당략에 더 초점을 두기도 한다. 현재 정당의 정책연구소들은 전문성과 인력 자체도 크게 부족한 상태에서 소속 정당의 정치적 입장과 선거운동을 지원하는 일에 그치고 있다는 평가다. 그동안 국가는 각 정당이 정책연구소를 운영토록 하여, 전문성을 가지고 국민의 뜻을 효과적으로 반영하는 정책을 입안토록 재정지원하여 왔다. 그러나 새 시대에 부응할 수 있는 정당 정치로 크게 발전시키려면 정책연구소의 기능과 역할을 세계적 수준으로 강화시켜야 한다. 우리나라도 미국과 독일처럼 정책연구소를 특정 정당과 정치적 이념과 가치를 공유하더라도 그 정당에 소속되지 않는 독립적인 싱크탱크로 발전시켜야 한다. 이러한 기구는 예를 들어 시민교육 제도 도입 등을 통해 정당의 지지기반도 확대할 수 있다.

위기의 시대, 미래 차세대 정치 지도자는 '제대로 양성'되어야 한다. 이제는 세계와 미래를 상대로 정치를 이끌어갈 수 있는 '정치 지도자'가 요구된다. '어쩌다 정치인'이 아니라 '준비된 정치 인재'들이어야 한다. 또한 대의 민주주의 측면에서 연령, 성, 지역, 직업 등을 대표할 수 있도록 균형을 맞춰야 한다. 특히 미래를 위해 청년층에 주목해야 한다. 21대 국회 경우, 전체 인구 중 50대 이상 인구 비중은 41.1%인데, 전체 의원 중 50대 이상 국회의원은 83%이다. 반면에 20~30대 인구비중은 43%인데, 20~30대 국회의원은 4.4%이다. 청년층을 표 계산이나 여론 형성 관점에서만 바라보면 안 된다. 정당은 청년 정치인을 당장의 쓸모를 위해 '찾기'보다는, 긴 안목에서 다양한 사회 배경을 가진 젊은이들을 '키우기'에 초점 맞춰야 한다. 10대부터 시민교육, 다양한 훈련과 자율적인 활동을 통해 풀뿌리 민주주의를 경험하게 하는 미국, 독일 등의 모델에서 배워야 한다. 미래 차세대 정치 지도자로서의 경력을 체계적으로 쌓게 하는 것이다. 당내 청년 조직이라도 자체 운영에 대한 독립성을 인정해 주고, 정당의 최고의사결정기구에 참여토록 하여 그 목소리가 반영되도록 하는 것이다. 이는 정당과 국회의 대표성을 높이는 길이다.

이와 더불어 정당을 민주화하여 청년들의 정치로의 진입장벽을 크게 낮춰야 한다. 정당 대표를 비롯한 소수의 실력자들이 공천을 비롯한 주요 의사결정과정에 과도하게 영향력을 발휘하는 관행은 청년들을 정치권에서 멀어지게 한다. 당 대표의 권한의 범위와 적절성을 재평가하며, 공천제 개혁 등 정치권의 투명성, 합리성을 통해 새로운 정당 정치 문화를 만들어가야 할 때다. 정당은 소속 정치인들의 이익을 위한 활동무대만이 아니다. 국민과 당원을 위해 존재하는 것임을 잊지 말아야 한다. 정당에 세금이 지원되는 이유다.

3. 지방자치와 교육자치의 협력

30여 년이 지난 지방자치의 의미, 구조, 가치가 아직도 유효한가?
현재의 '깜깜이' 교육감 선출제도 이대로 둘 것인가?
지방행정과 교육행정이 서로 독립적일 수 있는가?

지난 30년 동안 지역별 인구 분포, 디지털 환경, 글로벌 사회 등에 엄청난 변화가 있었다. 지방자치 시스템도 이러한 우리 사회 생태계 변화와 조화를 이룰 수 있도록 새롭게 재구조화해야 한다. 그동안 수도권 집중화 현상은 심화되고 지역은 소멸되어가는 악순환이 이어져 왔다는 점은 기존의 지역균형발전 정책은 실효성이 없었음을 의미한다. 이제는 메가시티화 등 새 시대, 새로운 환경에 제대로 부응할 수 있도록 미래 지방시대의 의미, 가치, 철학을 재정립하고, 자치의 개념과 자치 단위의 규모부터 다시 그려야 한다. '균형발전'의 개념도 새롭게 정의해야 한다. 특히 현재의 '정치인, 관료 중심'의 지방자치를 주민이 주도적으로 참여하는 '주민 중심' 생활 자치로 전환해야 한다. 지역 단체장 자치, 교육감 자치라는 말도 나온다.

그리고 중앙정부와 지방정부의 관계가 '톱 다운형'에서 '수평적 협력형'으로 전환되어야 한다. 자치나 분권을 분리나 독립으로 받아들여서는 안 된다. 지역은 기획 기능을 강화하며 실력을 키워야 한다. 중앙에서 내려주는 프로그램, 사업 만하기 보다, 정책, 전략을 세워야 한다. 이를 위해 중앙정부 부처와 지방자치단체 간의 명확한 역할 분담이 선행되어야 한다. 기본적으로 중앙정부는 여러 부처로 분절화된 업무는 가급적 한 부처로 통합하고, 지방정부의 분권과 자치를 강화시켜야 한다. 그리고 이러한 중앙정부와 지역 간의 협업과제를 효과적으로 이끌어가려면 실질적인 힘을 가지는 국가 차원의 강력한 컨트롤타워가 있어야 할 것이다.

교육감 선출제도는 자치단체장과 공조할 수 있는 체제로 바꿔야 한다. 현재 유·초·중등 교육 영역은 교육청, 영·유아교육, 고등교육, 평생교육은 지방자치단체와 연계되어 있어 교육 현장에 혼란과 갈등을 가져오기도 한다. 우리의 교육 훈련 과정이 어려서부터 전 생애에 걸쳐 유기적이고도 통합적으로 이루어지기 어려운 상황이다. 전 생애주기적 교육과 훈련의 중요성이 갈수록 커지고 있다는 점에서도 지방자치와 교육자치의 정책적 협업이 원활하게 이루어지게 해야 한다. 이를 위해서도 교육감을 지방자치단체장의 추천임명 또는 러닝파트너로 삼아 선임하는 방안도 검토해야 한다. 그동안 교육감 주민직선제는 후보자에 대한 정보부족, 낮은 참여율, 주민대표성 논란과 함께 정치화되었다는 비판을 받아왔다.

지방자치단체와 교육청 간의 교육 관련 행정 업무를 효과적으로 풀어가며, 지역 특성에 맞는 교육 정책을 발전시키려면 두 기관이 협력할 수 있는 체계를 갖춰야 한다. 현재 지방행정과 교육행정은 분절 현상 등으로 다소 혼란스럽게 얽혀있어 갈등이 유발되기도 한다. 교육청은 교육부와의 관계가 제도적으로 세워져 있는 반면에, 지방자치단체와의 관계는 적절히 형성되어 있지 않다. 특히 양기관장의 정치적 성향이 다른 경우 갈등이 증폭되기도 하여, 주민이 기대하는 교육의 질과 만족도를 제대로 세워나가기 어렵다. 그러므로 지방의 일반행정과 교육행정이 '통합'적으로 이루어지는 방안을 적극 검토해야 한다. 교육은 그 자체가 중요하지만, 지역의 발전에도 크게 영향을 줄 수 있다는 점에도 유의해야 한다.

4. 새로운 인재

현재의 관료제와 그 문화가 글로벌 대전환의 시대에도 유효한가?

인사기능과 조직관리 기능이 분리되어 있는 국가의 공공부문 인사시스템 효과적인가?

우수한 공직 인재란 무엇일까?

낙하산 인사, 국가 발전에 도움이 될 수 있나?

세계가 디지털화로 하나의 장이 된 시대에 정부도 새로운 시스템, 새로운 인재들로 채워야 한다. 공무원의 경쟁력이 바로 국가의 경쟁력이다. 부처 간의 높은 장벽, 경직화된 직급체계, 전문성을 키우지 못하는 순환보직, 정권과 정치권의 영향에 취약한 공무원의 위상, 규제하고 관리만 하는 공무원의 태도와 문화를 벗어나야 한다. 현재의 획일화로 경직된 체제로는, 갈수록 전 지구적 차원에서 다면화되며 복합적인 사회 환경에 제대로 대응할 수 없다. 정부가 풀어가야 할 과제들은 갈수록 복합적인 성격을 가지게 되므로, 다양한 기능을 가진 전문가 집단의 협업이 이루어져야 한다. 그리고 글로벌 기업들처럼 부처와 업무의 특성에 따라 임무지향형 등 다양한 형태의 조직 및 인사 시스템을 도입하고 사회 변화와 함께 지속적으로 진화시켜 나가야 한다.

앞으로 직면하는 과제들을 효과적으로 해결해나가려면 전문성과 과학, 사실, 데이터를 기반으로 접근해야 한다는 점에서 공무원이 정치적 영향으로부터 자유로워져야 한다. 각 부처는 공무원 개인의 전문성과 자율성을 존중해줘야 한다. 공무원들이 책임감과 소신을 가지고 일할 수 있도록 보장하는 문화와 법적 환경을 만들어줘야 한다. 특히 부처는 이러한 공무원들을 외부로부터 확실하게 보호해줘야 한다. 여기에서 공무원의 창의성과 혁신성을 기대할 수 있다. 공무원을 '영혼없는 관리자'로 비판 받게 만드는 일은 그쳐야 하며, 새 시대를 대비할 수 있는 '미래학자'로 발전시켜야 한다. 새로운 차원에서 직업관료제를 세워나가야 한다.

국가의 미래를 이끌어가는 공직자에 대한 채용, 육성, 관리는 국가 전략적 차원에서 통합적으로 이루어져야 한다. 현재 공무원 인사관리는 인사혁신처, 조직 및 정원관리는 행정안전부, 공공기관 인사관리는 기획재정부로 분산되어 있는데, 그 논리적 근거는 분명치 않으며 부처 이기주의 때문이라는 비판이 있다. 기본적으로 각 부처 인사기능의 전문성을 중시하고 이를 크게 강화시켜야 한다. 그리고 공직의 안정성과 계속성, 공무원의 전문성과 정치적 중립성, 실적 중심의 공정한 인사원칙을 체계적으로 발전시켜나갈 수 있어야 한다. 이에 대해 실질적으로 집행력이 보장되는 독립적인 범정부적 인사정책 통합기구가 필요하다. 세계적으로 인정받으며 미래를 열어가는 공무원 생태계를 만들어가는 일이다.

현재와 같은 시험 점수 중심으로 채용되는 공직자가 미래 사회에 적합한가? 미래 현장은 매우 빠르게 다양하게 변하고 있다. 정부가 새 시대를 제대로 대응하려면 글로벌 사회와 미래의 관점에서 공무원의 기능과 역할 그리고 생각하는 방식, 일하는 방식을 다시 정의해야 하며, 지속적으로 진화시켜 나가야 한다. 세계적인 기업의 노력처럼, 공무원도 새로운 환경에 직면할 때 순발력 있게 자신감을 가지고 대응해나갈 수 있도록 훈련시켜야 한다. 기본적으로 과거형 '고시 엘리트 의식'에서 벗어나, 국민 서비스 정신, 공직자로서의 소명의식, 미래 지향적 글로벌 안목, 공감(empathy) 능력을 갖춰야 한다. 필요한 전문지식을 계속 배워야 하며, 시대가 요구하는 기본 핵심역량, 사고능력과 태도, 가치관 등을 지속적으로 함양시켜야 한다. 공무원도 're-skill', 'up-skill'이 중요하다. 미래를 선도하는 우수한 공직 인재가 절실하다.

다양성과 협업이 강조되고 있는 시대라는 점에서, 공직 인재 채용도 부처와 업무의 내용과 수준 등의 특성에 따라 다양한 배경과 역량을 가진 우수 인재들을 찾아내는 일이어야 한다. 획일적인 시험 점수로 발굴할 수 없다. 이제는 국가 차원에서 인재확보에 대한 철학과 전략이 중요하다. 현재 중앙정부, 지방정부, 공공기관에서 인재를 채용하고 있으나, 채용과정에 대한 전문성 자체도 부족하다는 지적이 있다. 인구절벽 시대, 글로벌 시대에 들어선 한국은 국내외에서 우수 인재들을 확보해야 한다. 대학에서는 미래 시대가 요구하는 역량을 갖춘 인재들을 키워내야 하며, 해외에서도 우수한 인재들을 적극 영입해야 한다. 이를 위해 국가 차원에서 채용에 대한 통합적 전략과 전문성을 가지고 인재들을 발굴해낼 수 있는 전담 기관이 필요하다. 선진국의 정부, 글로벌 기업에서의 채용 방식을 앞서갈 수 있는 세계적인 인재 발굴 기관을 기대해야 한다.

대통령에 대한 국민의 신뢰에 크게 영향을 끼치는 것은 공직 인사이다. 이제는 대통령도 정부 부처와 공공기관의 임원에 대한 분명한 인사 원칙과 기준을 가져야 하며, 투명하게 준수해야 한다. 이는 가장 적합한 인재를 공직에 세워 국가 발전에 실질적으로 기여하는 일이다. 매 5년마다 전직 대통령의 '알박기' 인사와 새 대통령의 논공행상이나 사적 인연에 따른 '낙하산' 인사 때문에 정권 초기부터 논란이 벌어져 새 정권의 정책 추진 동력이 크게 감소되기도 한다. 미국의 경우 차기 대통령이 정치적으로 임명할 수 있는 직책과 자격요건을 규정하고 있다. 대통령의 인사 범위에 대한 사회적 합의가 필요하며, 이를 철저히 지키는 대통령의 철학과 의지가 매우 중요하다.

G3 대한민국을 꿈꾸자

우리가 대한민국에 기대하는 꿈은 무엇일까? 오늘도, 미래에도 모두가 더불어 안전하고 건강하게 보람을 느끼며 살아가는 행복한 사회가 아닐까? 더 나아가 지구촌과 미래를 더 좋은 세상으로 바꾸어가는 영향력이 있는 나라를 꿈꾸어도 좋겠다. 이는 결국 우리 다음 세대를 위한 일이다. G3 대한민국을 꿈꾸고 싶다. 지난 70년을 지내며 '새마을 운동', '금 모으기', '2002 월드컵', '반도체 및 TV', '기생충', 'BTS' 등으로 세계 일류 국가로서의 저력을 보여온 우리다.

글로벌 대전환의 시대, 위기의 시대를 극복해야 미래가 있다. 기후변화, 팬데믹, 디지털 전환, 미·중 갈등, 북한의 핵 위협, 그리고 인구절벽, 양극화 등에 따라 직면하게 되는 여러 가지 복합적인 과제들을 풀어가기 위해서라도 정부, 국회, 지역이 바뀌어야 한다. 공공개혁과 국가운영체계를 백지에 다시 그려야 한다. 결국 사람의 마음과 태도를 바꾸는 일이다. 그리고 위기의식을 가지고 새로운 의지를 모으는 일이다. 다음 세대를 위한 오늘 세대의 사명이다.

국가인재경영연구원은 올해의 주제 '공공개혁과 국가운영체계의 대전환'에 대한 정책을 마련하고자 정부, 국회, 지역을 중심으로 9개의 세부과제를 도출하여 깊이 있는 연구를 진행하여 왔다. 그리고 9분의 연구책임자들을 중심으로 정부, 국회, 지역, 각 주체별로 3회에 걸친 정책 포럼을 가졌다. 또한 지도층 인사들을 모시고 종합토론 성격의 좌담회를 가졌다. 이 과정에서 대한민국의 공공개혁에 대한 큰 철학과 가치, 그리고 신선하고도 실질적인 방향과 방안을 모아올 수 있었음을 기쁘게 생각한다. 물론 큰 방향에는 공감하지만, 사안에 따라 시각이 다른 내용들도 앞으로의 논의를 기대하며 제시하였다.

그동안 정책과제 연구에 참여하시고, 정책포럼과 좌담회에서 발제 또는 토론에 참여해주신 모든 분께 진심으로 감사드린다. 정책포럼을 공동으로 열어주신 세종대 국정관리연구소 이덕로 소장께 감사드린다. 이 모든 과정에 중심적인 역할을 해주신 서원석 교수(세종대 국정관리연구소)께 특별한 감사를 드린다. 특히 토론에 직접 참여해주시며 축하해주신 민주당 이상민 의원, 영상 또는 메시지로 격려해주신 대통령 직속 저출산고령사회위원회 나경원 부위원장, 국가교육위원회 이배용 위원장, 대통령 직속 국가균형발전위원회 우종기 위원장, 대구시 강은희 교육감께 깊이 감사드린다.

이번에 본 연구원의 세 번째 책이 나오기까지 처음부터 본 과제에 대한 사명감을 가지고 기획위원으로 잘 준비해주신 본 연구원 안종태 교수(대외협력분과위원장), 곽노성 교수, 노정란 교수 그리고 혜안과 지원을 아끼지 않으시며 에필로그를 준비해주신 이근면 초대 인사혁신처장(자문위원장)께 감사드린다. 그리고 그동안 이 프로젝트 전체를 잘 이끌어주신 김택동 사무총장과 많은 수고를 해주신 한정선 수석연구원, 홍슬이 연구원, 이은주 연구원께 감사드린다.

이 책을 통해 국가의 공공개혁이 하루 아침에 변화되지는 않을 것이다. 다만, 오늘의 사회 지도층이 정권과 여야를 넘어 과학기술 기반의 문명사적 대 전환의 의미를 새롭게 인식하고 위기의식을 가지며, 국가와 지구촌의 미래에 대한 철학과 가치를 새롭게 세우는 계기가 되기를 기대한다. 특히 시대적 변화와 과제에 따라 삼권분립 정신과 함께 정부, 국회, 지역별 미션을 재정립하고 시스템을 재구조화하며 이에 적합한 새로운 인재들로 채워야 한다. 역사적 대전환의 갈림길이었던 100여 년 전 조선 말 상황을 되새기기 바란다.

대한민국은 다음 세대를 위해서라도 시대적 변화와 국제사회를 명확히 인식하고 'G3 대한민국'이라는 꿈을 가지고 지속가능하고 행복한 미래 세상을 반드시 만들어가야 한다. 이는 국민의 간절한 기대이며 요구이다. 난국은 개혁으로 극복해야 한다. 이를 제대로 이끌어가려면, 국민 앞에 정직함, 열정, 사랑의 마음을 지닌 리더, 지도자들을 많이 등장시켜야 한다. 대한민국을 다시 한 번 뜨거운 변혁의 용광로로 진화시킬 지도자들과 새로운 운동을 기대한다. 고통스럽지만 솔선수범하여 자신부터 바꿔나가는 지도자들이다. 개혁을 위해 성찰과 함께 자신의 내면에 존재해온 적들과 싸우는 용기가 필요할 것이다.

정책제언

공공개혁을 위한 14대 정책제언

서원석 세종대 국정관리연구소 연구교수

01. 서론

그동안 대한민국은 비약적인 경제성장의 신화를 이루어, 유엔무역개발회의에서 선진국으로 국제적인 지위가 상승되는 성과를 이루어 내었다. 많은 국민들의 피와 땀의 결실로서 기뻐해야 할 성과이지만, 우리나라가 직면하고 있는 현실을 돌아보면 앞으로 해결해야 할 많은 난관들이 존재하고 있다.

최근의 국제환경은 매우 급변하고 있다. 3년전에 시작된 코로나 팬데믹은 아직도 지속되고 있어서, 전세계의 경제적 성장과 무역에 심각한 악영향을 미치고 있으며, 설상가상으로 발생한 우크라이나 전쟁은 세계를 이끌어가는 강대국간의 힘에 의한 대립을 촉발하여, 곡물류와 에너지 자원의 전쟁무기화 상황이 전개되고 있는 실정이다.

경제면에서는 세계적으로 고도의 인플레이션이 심화되고, 이에 따른 환율의 급등과 원자재 가격의 상승 등으로 수입액이 급증하여, 국제무역수지는 적자를 기록하고 있고, 국제적 물류유통 구조의 붕괴와 혼란으로 인해 우리나라가 주력이었던 상품들의 수출전망도 매우 어두운 상황이다. 더 큰 변화로는 기후변화에 대응하는 국제적 흐름으로, 탄소제로를 향한 각종의 정책들이 실행되기 시작하고 있어서, 친환경적 에너지와 기기를 사용해야 하는 새로운 산업혁명의 시기를 맞이하고 있다.

이러한 국제적인 환경적 변화는, 대외의존도가 높은 우리나라의 입장에서는 심각한 위기상황임에도 불구하고, 국내의 정치상황은 새정부 출범이후에 여야가 서로 정쟁으로 대립하는 양상이 지속되고 있으며, 국민들의 안전보장과 민생보호를 위한 정책들이 제대로 시행되지 못하고 있는 상황이 계속되고 있다.

각종 선거와 정부 정책이 연계되어, 주민들의 표를 의식한 인기 위주의 정책공약이 늘어나고 있고, 국회에서의 논의는 효율성과 실용적 접근 보다는 이념적 정치적 파당적 투쟁적 접근으로, 정당간에는 반대를 위한 반대 성명들이 오고가고 있으며, 일부에서는 아전인수의 가짜 뉴스가 횡행하여, 국민들은 무엇이 진실인지를 판단하기 어려운 지경에 이르고 있다.

이렇게 참을 수 없을 만큼 혼란스러운 정치적 혼란으로 인하여, 국정운영을 위해 유기적으로 협력해야 하는 행정부와 입법부 사이에서 일어나고 있는 갈등과 대립 현상들을 바라보면, 우리나라 공공분야 국정운영체계 전반에 대한 새로운 검토와 대전환의 방향 모색이 절실하게 필요함을 인식하지 않을 수 없다.

국가인재경영연구원은 2021년 7월에는 '대전환시대의 국가인재 경영'의 발간을 통하여, 국가통합적 관점의 인재경영시스템의 필요성과 국가경쟁력 제고를 위한 인재개발에 대한 범국가적 전략과 투자 및 정책의 필요성을 제시하였고, 2021년 11월에는 '백지에 그리는 일자리' 를 발간하여 미래 고용시장 변화대응을 위한 대한민국의 일자리창출을 위한 주요 정책에 대하여 제시한 바 있다.

이번 저서에서는 정부와 공공기관, 국회(정치), 중앙정부와 지방정부, 사람(공직자) 등의 4개 분야별로, 공공개혁의 대전환 방안을 14대 정책제언과 34개의 실행과제를 통해, 국정운영 전반의 대전환을 위한 실천방안들을 제시하고 있다.

정부와 공공기관 분야에서는

- 글로벌 대전환 시대에 적합한 정부행정체제를 새롭게 구축하자.
- 1,558개 중앙정부와 지방정부 산하 공공기관을 백지에서 재설계하자.
- 공공기관운영위원회를 독립적인 범정부기구로 개편하자.

국회와 정치 분야에서는

- 국가운영체계를 정치와 행정의 조화로운 협력체계로 전환하자.
- 대통령 4년 중임제를 도입하고, 선출직 공직자의 임기와 선거제도를 개혁하자.
- 정책 전문성 강화를 위한 정당시스템을 전면 개혁하자.
- 미래 정치지도자 육성시스템을 강화하자.

중앙정부와 지방정부(교육자치) 분야에서는

- 31년 된 지방자치제와 226개 지방자치단체의 운영, 백지에서 다시 그리자.
- 자치행정과 지방교육자치 시스템의 점진적 통합이 필요하다.
- 교육감 직선제를 러닝메이트제나 추천임명제로 전환하자.

사람(공직자) 분야에서는

- 관료제의 창조적 해체를 통한 새로운 인사시스템을 구축하자.
- 범정부 인사정책통합기구(가칭 국가인사원)를 신설하고, 대한민국 CHO를 선임하자.
- 공직자 채용제도를 개혁하고, 국가인재채용원을 신설하자
- 대통령 인사의 가이드라인으로 '한국판 플럼북'을 발간하자.

등의 내용을 담고 있다.

이렇게 정부와 공공기관, 국회와 정치, 중앙정부와 지방정부(교육자치), 사람(공직자) 등 국정운영의 핵심적인 분야를 종합적으로 분석하기 위하여, 이 연구는 각 분야의 국내 전문가들과 함께 공동연구를 수행하였다.

대한민국 공공부문 생태계 현황

행정 정부 & 공공기관
- 2022년 정부예산 679조, 공공기관 예산 751조
- 중앙&지방정부 산하 공공기관 1,558개
- 국가경쟁력 27위 (2022, IMD 국가경쟁력평가)
- 정부효율성 36위 (2022, IMD 국가경쟁력 평가)

입법 국회 & 정당
- 국회의원 300명 (지역253, 비례47)
- 1,580개 일반법률 제정 (2021년)
- 5개 원내정당 (약50개 정당 선관위에 등록)
- 주요정당 일반당원 750만명 (2021년)

지방 지방정부(교육자치)
- 226개 지방자치 단체
- 17개 교육청

사람 160만 공직자
- 중앙&지방공무원 114만명
- 공공기관 임직원 44만명
- 중앙&지방 공무원 인건비 110조 (2021년)

공공부문 생태계 문제점

정부 & 공공기관
- 빅데이터와 기술과 사람이 공진화 하는 융합사회에 필요한 국가적 차원의 메타플랫폼 구축이 요청됨
- 방만한 중앙정부와 지방정부의 공공기관 난립
- 공공기관 운영시스템의 폐쇄성과 획일적 평가시스템

국회(정치분야)
- 입법부와 행정부의 대립으로 국정운영의 혼란 과중
- 5년 단임제 대통령제의 한계로 인한 극심한 정쟁
- 전문성이 부족한 정당과 정책연구소로 인한 부실한 공약 남발
- 정치대표성의 세대별 불균형 심화
- 미래 정치지도자 육성시스템의 부재

지방자치(교육자치)
- 주민생활 중심이 아닌 권력형 지방자치 구역의 설정
- 수도권과 비수도권의 격차 심화
- 시도지사와 교육감의 갈등 상존
- 지방행정과 지방교육행정의 제도적 부정합성

사람(공직자)
- 계급중심 전통적 관료제의 폐단 상존
- 중앙인사행정기관의 위상 미약
- 공직자 채용시험관리체계의 타당성과 전문성 미흡
- 대통령의 밀실인사 우려

02. 국가운영체계 대전환을 위한 14대 정책제언

정책 제언 1 | 글로벌 대전환 시대에 적합한 정부행정체제를 새롭게 구축하자.

실행 과제

세계를 선도하고 G3를 향한 대한민국의 미래 정부 구축을 위해, 디지털플랫폼에 기반한 스마트 정부 운영시스템을 구축하여야 한다.

1) 개방적이고 다층적인 최상위 메타플랫폼의 구축이 필요하다.

2) 공공플랫폼을 중심으로 중앙과 지방이 연계되는 공유경제의 기반이 마련되어야 한다.

3) 디지털플랫폼 기반의 스마트 정부는 추진 주체와 추진 목표 및 추진 대상을 명확히 설정하여, 추진하여야 한다.

4) 중앙정부/지방정부/지역주민/민간기업 등 추진 주체간의 명확한 역할 분담이 이루어져야 한다.

세계적으로 디지털 대전환 시대로 항해하는 미래 사회는, 시민 중심적 국가, 디지털 방식의 보편화, 인공지능(AI)을 사회 전 분야에서 쉽게 쓰는 사회, 데이터 기반 업무와 정책, 그리고 개방적인 공동체 중심의 사회라는 공통적인 지향점을 갖고 있다.

이러한 미래사회에서의 정부는 '디지털플랫폼에 기반한 스마트 정부'이어야 한다.

스마트 정부란 고도로 지능화된 ICT와 사회적 연결망을 기반으로 행정 업무 방식과 절차를 재설계하고, 정부와 기업, 시민, 글로벌 공동체 간 지식과 정보를 공유하여, 사회구성원 간 상호 거래를 통하여 생산적이고 민주적인 부가가치를 지속적으로 창출할 수 있는, 공공 플랫폼 기반을 제공함으로써 각 주체들이 협력적 동반자의 역할을 지향하는 거버넌스 체제 혹은 국정운영 체계이다.

1) 개방적이고 다층적인 최상위 메타플랫폼의 구축이 필요하다.

미래사회는 실용주의, 시민 중심적 국가, 디지털 방식의 보편화, AI-데이터 기반 정부와 사회 메카니즘, 그리고 개방적인 공동체 중심의 사회라는 공통적인 지향점을 갖고 있다. 미래 국가는 이러한 모든 과정과 요인들을 포용하면서 인간-기술-사회시스템이 개방적이고 다층적인 플랫폼과 최상위 메타플랫폼 형태를 갖춘 국가가 되어야 한다.

AI-빅데이터-클라우드를 연계한 메타버스 기반 공공플랫폼을 중심으로, 정부-민간-시민 간 정보대칭 수단과 방법을 제시해야 하며, 메가시티 등 권역별 메가시티 계획에 포함되어야 한다. 이미 민간 분야에선 메타버스가 일시적인 트렌드가 아니라 인터넷과 모바일을 대체할 '인류의 플랫폼 혁명'으로 인식하고 있다. 실리콘밸리는 사실상 메타버스 전쟁터이며, 애플과 페이스북, 엔비디아, 구글, 마이크로소프트(MS) 등 글로벌 공룡들이 메타버스 플랫폼을 선점하기 위해 혈투를 벌이고 있다.향후 대규모 공공 조달사업과 혁신을 통하여 민간이 새로운 융합산업과 일자리를 창출할 수 있도록 인프라를 구축하고 불필요한 규제를 완전히 없애야 한다.

정부의 역할은, 미흡했던 5G 시범사업을 25년까지 조기에 구축하고 , 디지털 시민공동체 플랫폼, 마이데이터, NFT, 디지털화폐, 스마트 의료복지, 스마트 교육 등 XR 국민체감형 메타버스 사업을 대대적으로 전개해야 한다.

정부가 주도하기 보다는 3세대 플랫폼인 메타버스 플랫폼을 정부-민간-시민이 함께 협력하여 동반 구축하는 PPP(Public-Private-Partnership)로 추진해야 한다.

2) 공공플랫폼을 중심으로 중앙과 지방이 연계되는 공유경제의 기반이 마련되어야 한다.

보이는 손이 작동하는 미래사회에서는 공공플랫폼을 중심으로 중앙과 지방이 연계되어 국민과 지역주민이 밀착되어 참여하고 생산활동의 주체와 컨슈머가 될 수 있는 공유경제의 기반이 마련되어야 한다. 중앙정부는 컨트롤 타워(가칭: 국가미래전략원)를 통하여 4차산업혁명과 같은 새로운 생산유통 메카니즘을 기반으로 한 공유경제 플랫폼을 설계하여야 한다.

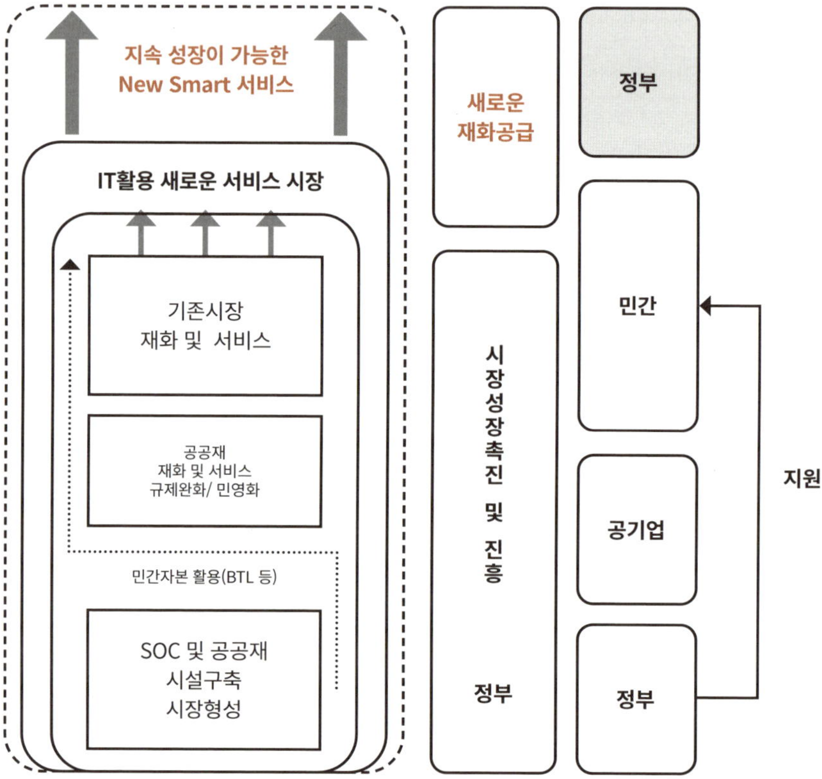

공유경제 플랫폼을 설계방식은 자유방임적 시장경제 정책으로는 불가능하고 과거 뉴딜정책과 같이 시장 및 정부실패에서 공공이 우선 수요창출을 하는'디지털 플랫폼'기반 데이터 공급이 필요하다. 즉 민간이 시장에서 뉴재화/서비스를 생산할 수 있는 데이터 및 원자재 (디지털 원자재 또는 기술)

를 시장논리에 따라 민간기업에 공급하는 방식이다. 사실상 우리나라는 과거 정보화추진위원회, 정보통신부, 전자통신연구소 (ETRI)와 한국전산원, 정보통신정책연구원을 통하여 IT강국코리아를 만들었던 경험이 있다. 이러한 전략은 제로베이스에서 새 틀과 판을 짜야 하는 현 시점에서 가장 실현가능한 대안이다.

다만 과거와는 다른 양상은 개인의 역량이 훨씬 커졌고, 다양한 플랫폼 기반 (구글, 아마존, 엔비디아, 네이버, 삼성 등)을 통하여 제조와 유통이 가능해졌다는 점이다. 'self-maker'시대에서는 1인 기업이 중견기업 이상의 역할을 할 수 있기 때문에 중앙정부는 다양한 공공플랫폼을 통하여 다양한 소프트웨어와 융합서비스가 만들어지고 시장논리에 따라 확산될 수 있도록 촉매자, 지원자, 그리고 중재자의 역할이상의 개입을 지양하고 철저하게 시장의 자율성을 보장하고 불필요한 규제를 없애는 과감한 규제개혁을 하여야 한다.

3) 디지털플랫폼 기반의 스마트 정부는 추진 주체와 추진 목표 및 추진 대상을 명확히 설정하여, 추진하여야 한다.

디지털플랫폼 기반의 스마트 정부는 중앙정부, 지방정부, 지역주민, 민간기업이 협력적 동반자로서, 함께 국정운영을 하는 거버넌스 체계를 기반으로 하는 정부로서, 다음과 같은 기본적인 조건을 갖추고 운영되어야 한다.

첫째, 추진 주체는 중앙정부/지방정부/지역주민/민간기업을 포괄적으로 포함하여야 한다. 둘째, 추진 목표는 지방정부의 경쟁력 강화, 지역 간 정보격차 해소, 지역 균형 발전, 지역주민 삶의 질 향상이 포함되어야 한다. 셋째, 추진 대상은 지방정부 행정프로세스/업무, 지역경제/서비스 기반, 지역주민 생활환경, 지능정보화 기반/시스템이 된다. 넷째, 추진 전략은 통합적 플랫폼 구축과 업무 재설계, 지역특성화 서비스 개발/추진, 안전하고 편리한 서비스 개발, 플랫폼기반 표준화/상호운용성 확보의 방법이 포함된다.

4) 중앙정부/지방정부/지역주민/민간기업 등 추진 주체간의 명확한 역할 분담이 이루어져야 한다.

구체적으로 지방정부들은 첫째, 지방정부 경쟁력 강화를 위하여 지역의 상황 변화에 민감하게 반응 할 수 있고, 구체적이고 종합적인 문제 해결을 할 수 있도록 지방정부의 행정업무프로세스를 플랫폼 기반으로 재설계하고, 둘째, 지역주민의 삶을 향상하기 위하여 다양한 지역의 특성을 반영한 선별된 맞춤형 지역생활 서비스를 개발함과 동시에 지역 특성을 반영하는 스마트공동체 사업과제를 발굴 및 추진하고, 셋째, 지역 간 지능정보 격차 해소를 위하여 중앙정부·지방정부지역주민민간기업 각 주체간의 상호공감대를 형성하여 안정적이고 보편적인 서비스를 제공하며, 넷째, 지역 간 균형 발전을 위하여 표준화/상호운용성이 확보된 지역 지능정보화 기반/시스템을 근간으로 지속적인 기술적 개발 환경조성과 지역 특성을 반영하는 새로운 부가가치 서비스를 창출하는 노력(지역의 지능정보화와 관련된 주체간의 상호협력적인 노력)을 통하여 지역의 발전과 주민 삶의 질을 제고하여야 한다.

중앙정부는 국가, 국방, 외교와 관련된 국가적 프로젝트와 보편적 복지와 교육, 미래전략 수립과 프레임의 제시, 정책 및 국정운영 플랫폼의 구축과 관리 등에 주력하여야 한다. 자율적 거버넌스 (self-governance) 시대에 작고 효율적이면서도, 정확한 미래예측 능력을 바탕으로 중재도 잘하고 지원도 잘하는 스마트한 정부로 중앙정부는 거듭나야 한다.

민간기업도 정부와 유기적인 협업체계를 구축하여, 개방적이고 다층적인 플랫폼과 최상위 메타플랫폼 형태를 갖춘 스마트 정부를 구축하는데 적극적으로 참여하여야 한다. 외국의 글로벌 기업이 우리나라의 플랫폼을 구축하여 좌지우지 하지 않도록, 국내 민간기업의 적극적인 노력이 필요하다.

정책 제언 2 | 1,558개 중앙정부와 지방정부 산하 공공기관을 백지에서 재설계하자.

실행 과제

공공기관의 생산성과 효율성을 제고하기 위하여, 공공기관의 운영시스템을 획기적으로 개편하여야 한다.

1) 공공기관의 존재 필요성을 전면 재검토하여, 공공기관의 규모를 축소해 나가야 한다.
2) 공공기관장 임기제도를 개편하여, 정부교체기마다 반복되는 정부와 공공기관간의 갈등과 비효율의 문제를 해결하여야 한다.

우리나라의 공공기관은 2022년 현재 중앙정부 산하에 350개가 있고, 임직원 수는 44만 명이며, 자산 규모는 정부 총자산의 78%에 달하는 969조 수준이며, 예산 규모는 751조로 정부 예산의 1.24배에 달하고 있다(2021년 기준). 중앙정부 뿐만 아니라 지방자치단체 산하에 있는 공공기관도 1,208개이다. 이렇게 많은 공공기관들의 운영실태를 살펴보면, 우리나라 공공기관의 부채수준이 세계적으로 고위험군에 속해 있으며, 구체적으로 비금융 공기업의 부채가 2017년 기준으로 국내총생산(GDP) 대비 23.5%로 경제개발협력기구(OECD) 33개국 중에서 2번째로 많다.

1) 공공기관의 존재 필요성을 전면 재검토하여, 공공기관의 규모를 축소해 나가야 한다.

대한민국의 경제성장 단계에서 민간부문의 발전이 미약한 단계에서는 공공부문이 상당히 역할을 하였으나, 오늘날은 민간부문에 대비하여 공공부문이 여러 면에서 상당히 뒤처져가고 있다. 즉 공공기관의 역량이 글로벌 시장에서 성장해 가는 우리나라의 민간기업의 역량보다 뒤처지고 있다. 따라서 공공기관에 대한 개혁을 더 이상 지체하여서는 안된다.

공공기관 개혁의 기본방향은 최소화, 투명화, 유연화, 효율화로 요약할 수 있다. 즉 규모와 기능은 최소화하고, 경영원칙은 투명화/유연화/효율화를 를 지향하여야 한다. 민간부문에서 담당하지 못하는 실질적 공공적 기능만을 공공기관이 수행하게 하고, 그 이외의 기능을 수행하는 공공기관은 축소하여, 공공기관이 그 종업원에게 특별한 혜택을 주려고 만든 직장이 아니라, 국민에게 필요한 서비스를 제공하기 위해서 존재하고, 또 그 주어진 역할을 충실하게 수행하는 공공기관으로 전환해야 한다.

따라서 공공기관의 유사업무는 통합하고, 불필요한 업무는 제거하며, 민간이 더 잘하는 업무는 과감히 민간으로 이양하는 개혁이 필요하다. 공공기관이 더 잘하는 분야는 확실하게 경쟁력을 키우고, 선거공신에 대한 논공행상용으로 전락한 공공기관은 과감하게 구조조정하여야 한다.

이제는 정부가 대한민국의 역사와 국민 앞에 당당하게 그 책임을 더 이상 미룰 수 없다는 각오로, 공공기관 개혁의 기본 가치를 수립하고, 주도면밀하게 개혁전략을 수립하여 강력하게 추진해 나가야 한다.

2) 공공기관 기관장 임명제도를 개편하여, 정부교체기마다 반복되는 정부와 공공기관간의 갈등과 비효율의 문제를 해결하여야 한다.

대통령의 임기와 공공기관장의 임기가 서로 일치되지 않아서, 정부와 협업하여 정책을 추진하여야 할 공공기관인 경우에는 정부부처와 공공기관간의 운영상 갈등표출로 인하여 많은 비효율적인 문제들이 발생하고 있다. 즉, 5년 단위의 정부교체시에 어떤 정권이 들어서더라도 공공기관장과 임원에 대한 인사문제로 신/구 정권간 알력에 대한 뉴스가 계속 쏟아져 나오고 있다. 우리나라도 제도적으로는 공공기관 임원 선임에 있어서 광범위한 인재의 탐색과 공정한 평가를 통해 최적의 임원을 뽑도록 설계되어 있지만, 실제 공공기관의 기관장과 임원의 선임과정과 그 결과를 살펴보면, 이러한 의도와는 다르게 낙하산 인사와 정치권의 보은 인사라는 평이 있는 것이 현실이다.

주요 선진국의 공공기관 운영을 살펴보면, 특히 인사부문의 투명성과 전문성을 증대하는 것을 중요한 목표로 설정하고 있다. 전문성 높은 인재를 투명하고 공정한 방식으로 선임하기 위해 다양한 대책을 마련하고 있는 것을 알 수 있다.

영국은 공공기관 임원 선임에 있어 공공인사 선임원칙(Principles of Public Appointments)을 강조하고 있다. 즉 주무 부처 장관이 임원 인사의 최종 책임을 져야 하고, 공익의 관점에서만 결정해야 하며, 가족/친구 등의 이익을 위해 행동하지 않으며 선임과정에 부당하게 개입하지 않아야 하며, 공공기관 임원 후보자 평가는 철저하게 실적을 중심으로 이루어져야 하며, 선임과정은 공개적이고 투명하게 운영해야 하고, 사회의 다양성이 공공기관 임원 선임에도 적극적으로 고려되어야 하며, 공공인사 임명준칙과 공공인사 선임원칙에 따라 선임과정이 제대로 이루어지도록 확인하는 절차가 확립되어 있어야 하며, 후보자 선정과정을 공정하고 중립적이고 동일한 기준에 의해 평가하여야 한다는 원칙이다. 또한 영국정부는 과거 일괄적으로 운영되던 임원인사제도를, 2017년부터 기관과 직위의 특성에 따라서, '주요임명(significant appointment) 적용기관'과 '공개경쟁채용 면제기관'으로 분류하여, 유형별로 차등화된 임원인사제도를 운영하고 있다.

프랑스도 공공기관을 상공업적 공공기관인 EPIC과 행정형 공공기관인 EPA로 구분하고 있으며, 기관장 임명은 성과주의에 기초하여 정치적 성향보다는 후보자의 능력/경험/업적 등을 중요한 임명기준으로 하고, 정권의 교체와 관계없이 임기를 보장하는 것이 원칙이다. 또 공공기관 임원 선임과 관련하여 다양한 능력과 자질을 갖춘 인재를 영입하기 위해, 인재풀 운영, 헤드헌팅 회사 등 다양한 방법을 활용하고 있다.

외국의 사례를 참고하여, 우리나라도 공공기관의 유형을 새롭게 분류하고, 이 유형별로 다양하게 기관장과 임원을 임명할 수 있도록 그 방법과 절차를 명확하게 규정하여야 한다. 구체적으로는, 공공기관의 유형을 재분류하여, 정부와의 정책적인 차원에서 긴밀하게 협력하고 일관성을 유지하여야 할 특성을 가진 '정부정책형' 공공기관과, 중립적인 입장에서 정부교체에 상관없이 지속적으로 공적인 업무를 공정하게 수행할 필요가 있는 '공정수행형' 공공기관으로 구분하고, 유형별로 서로 다른 임원 선임기준과, 임기를 선정할 필요가 있다. 특히 정부정책과의 협업이 필요한 정부정책형 공공기관 임원의 임기는 대통령의 임기와 일치시키는 제도적인 개혁이 요청된다. 그래야만, 새 정부 출범이후에 발생하는 공공기관의 기관장과 임원 등의 선임에 따른 정략적인 갈등 문제가 해결될 수 있다. 그리고 공정수행형의 공공기관은 전문성이 있고 정치적 중립성 인사를 기관장으로 임명하도록 엄격한 절차를 규정하고, 그 정해진 임기를 정부의 교체에 영향을 받지 않도록 보장해 주어야 한다.

정책 제언 3 | 공공기관운영위원회를 독립적인 범정부기구로 개편하자.

실행 과제

공공기관의 운영시스템을 개편하여, 독립적인 범정부기구를 설립하여, 자율성과 효율성을 확보하여야 한다.

1) 정부와 민간과의 협업에 의한 범정부적 공공기관 관리체계를 확립하여야 한다.
2) 각 공공기관의 특수성을 반영하지 못하는 획일적인 공공기관 평가시스템을 개혁하여야 한다.

공공기관은 우리 국민의 삶에 막대한 영향을 주고 있는데도 불구하고, 공공기관의 운영시스템은 제대로 작동되고 있지 못하다. 일례로 어느 공공기관은 직무에 관한 정보를 이용하여 부동산투기를 직원들이 조직적으로 자행하기도 하였으며, 131개 공공기관에 대한 경영평가의 결과가 발표한 뒤 불과 일주일 만에 10곳의 평가 등급을 변경하는 경영평가 점수의 계산오류 사고도 발생하였다. 이러한 사건들로 인하여 공공기관의 존재 여부와 그 구체적인 역할과 기능에 대한 근본적인 재검토가 필요하다는 주장이 제기되고 있는 실정이다.

1) 정부와 민간과의 협업에 의한 범정부적 공공기관 관리체계를 확립하여야 한다.

공공기관의 문제는, 정부의 폐쇄적 관리체계와 단기적 실적 중심의 획일적 경영평가 체계에서 그 원인을 찾을 수 있다. 즉 거버넌스 관점에서 획일적인 운영으로 인하여, 우리나라의 공공기관은 경영상의 자율성, 창의성, 책임성이 매우 약화되어 있는 실정이며, 공공기관이 본연의 임무를 효율적으로 충실하게 수행하기 위해서는 공공기관의 운영시스템 전반에 대한 혁신이 필요하다. 급변하는 환경의 변화에 적극 대응하기 위해서는 폐쇄적이고 획일적인 통제를 없애고 자율성과 창의성이 보장되는 대전환이 필요하다.

공공기관 운영의 중요 정책을 결정하는 공공기관운영위원회(공운위)의 구성에 있어서도 폐쇄성을 극복하여야 한다. 공공기관운영위원회 법 제10조에 의하면, 공운위는 20인 이내 위원으로 구성되며 위원장은 기획재정부 장관이 담당한다. 여기에는 민간위원들이 참여하며 민간위원 자격에 관하여, ①학계 ②법조계 ③경영계 ④공인회계사 ⑤전직 공무원 ⑥기타 부문에서 전문성이 높은 인사여야 한다는 기준이 제시되고 있다. 2019년 현재는 학계(4명), 공인회계사(1명), 언론(1명), 공직(1명), 변호사(1명), 시민사회(1명), 노조 추천(1명)이 공운위 위원으로 참여하고 있다.

그러나, 법령상 국무조정실 차관 및 대통령이 정하는 관계 행정기관 차관급을 당연직으로 운영하도록 되어 있음에도 불구하고, 실제 회의에는 관계부처에서 참석하는 경우가 드물며, 따라서 주무 부처인 기획재정부를 중심으로 운영되고 있다. 또한 시행령에서 기획재정부 장관이 교수 및 연구원, 법률가,

상장법인 임원, 회계사, 전직 공무원 중에서 위원을 추천하도록 제한하여 규정하고 있어서, 공운위 위원의 인적 구성상 다양성이 특정분야 전문가에 제한될 수밖에 없는 실정이다. 그리고 정책현장에 대한 정보의 부족으로 인하여, 민간위원의 역할은 제한적일 수밖에 없다.

이러한 공운위 구성방식을 개편하여, 민간위원의 참여확대 및 역할 강화가 필요하다. 따라서 공공기관의 고객이면서 현장의 목소리를 대변할 수 있는 민간위원의 공운위 참여를 확대해 나가야 한다. 현재는 기재부 장관이 단독으로 위원장을 맡고 있지만, 민간위원을 위원장으로 하는 방안과, 아니면 민간위원 부위원장직을 신설하는 방안 등 민간위원 대표성과 권한을 더 강화해 나가야 한다. 민간위원에게는 공공기관에 관한 충실한 정보를 제공하고 현장을 실사할 수 있는 권한을 부여하여야 한다. 국민참여는 형식적인 것으로 그치면 안 되며, 국민참여의 폭과 깊이가 실질적으로 확대되어야 하고, 투명성을 강화해야 한다.

따라서 점진적으로 공공기관운영위원회는 국무총리 산하의 독립적인 범정부적 조직이 되어서, 공공기관 혁신의 철학과 원칙 및 목표를 미래의 관점에서 재설정하고, 공공재에 대한 학술적 연구를 통한 재해석과 재구조화를 통해서 공공기관의 경직성을 유연화하는 역할을 수행하여야 한다.

2) 각 공공기관의 특수성을 반영하지 못하는 획일적인 공공기관 평가시스템을 개혁하여야 한다

공공기관의 평가를 위해 기획재정부는 매년 공공기관 경영평가단을 구성하고 있다. 2018년 기준 경영평가단은 경영·경제, 행정 분야 전문가 위주로 118명으로 구성되었고, 연간 평가단 예산(평가단 운영비)은 28억이며 고객만족도 평가 예산은 약 60억(기관부담)에 이른다.

이러한 투자에도 불구하고 공공기관 경영평가에 제기되는 문제점은, 효율성과 수익성 중심 경영평가로 인하여 공공성에 대한 책무와 공익을 추구하는 정부정책의 효과가 약화되고 있다는 것이다. 즉 평가 결과만을 위해 기관 단위로 단기적 효율성 경쟁이 발생하고, 결국 정부차원의 협업 및 정부정책 연계는 미흡하다는 것이다.

따라서 공공기관의 경영평가는, 기관간 경쟁 및 단기 실적 중심의 평가에서 중장기 사회경제적 파급 효과로의 평가 패러다임 전환이 시급하다. 구체적으로는 현재의 공기업과 준정부기관의 분류를 전면 재지정하고, 새로운 유형별 차별화된 관리 및 평가제도를 시행하고, 경영평가 대상을 공기업 위주(40개 내외)로 한정하고, 나머지 준정부기관, 기타 공공기관은 부처별 평가로 전면 개편하여야 한다. 동시에 준정부기관과 기타공공기관의 예산 몇 조직 편성과 관련된 일체 권한도 각 부처로 이관하며, 각 부처는 산하기관의 성과 및 경영관리 일체에 대해서, 장관과 담당 직원 및 공공기관의 기관장이 함께 책임지는 제도로 개편해야 한다.

또한, 평가 주기는 공기업 위주 40개 내외 기관은 현재처럼 매년 평가를 하더라도, 준정부와 기타공공기관은 2~3년 주기로 평가하는 방식을 도입하여, 평가에 따른 부담을 줄여주어야 한다. 그리고 평가 내용중의 70%는 자체평가 및 외부기관들의 평가 내용으로 대체하도록 하고, 나머지 30%만을 '경영평가단'을 구성하여, 각 기관별 자체평가가 적절하게 진행되었는지를 평가하는 방식으로 개편하여야 한다.

매년 경영평가단의 평가위원을 재구성함에 따라 평가의 지속성·전문성에 있어서 한계가 있다. 따라서 경영평가가 전문성을 가지고 지속적으로 추진될 수 있도록 하는 근본적인 개선방안이 필요하다. 즉 현재와 같이 매년 평가위원들을 위촉하여 경영평가단을 구성하는 방법을 탈피하여, 공공기관의 경영평가를 전문적으로 하는 평가전문기관을 설치할 필요가 있다. 이 평가전문기관은 정부로부터 독립적이고 중립적인 입장에서, 전문성를 가지고 지속적으로 공공기관에 대한 정보를 수집하고 관리하며, 정기적인 평가를 안정적으로 진행할 수 있어야 한다.

정책 제언 4 | 국가운영체계를 정치와 행정의 조화로운 협력체계로 전환하자.

실행 과제

국가를 성공적으로 운영하기 위한 제도개혁의 핵심은 입법부와 행정부의 효율적인 협력체계의 구축이다.

1) 행정부와 입법부의 관계를 대립적 관계에서 협력적 관계로 전환하여야 한다.

2) 독점의 정치를 가져오는 대통령제의 내각제적 운영을 개혁하자.

3) 지역중심 양당제의 한계를 극복하는 소선거구제의 개혁이 필요하다.

1) 행정부와 입법부의 관계를 대립적 관계에서 협력적 관계로 전환하여야 한다.

우리나라 정치의 모습은 어떠한가? 라이파트(Lihphart)에 따르면, 민주주의는 '다수제(Majoritarian) 민주주의'와 '협의제(Consensus) 민주주의'등 두 종류가 있는데, 우리나라는 다수제 민주주의에 속한다. 단일정당이 정부내각을 구성하며, 행정부가 입법부보다 상대적으로 우위에 있고, 양당제이며, 승자독식의 소선거구제와 단순다수제의 국회의원 선거제도를 사용하고 있는 단원제 국회시스템을 가지고 있기 때문이다. 이 다수결 민주주의는 독점의 정치를 주로 보여주며, 대립과 교착의 의회정치로 나타나는 것이다. 따라서 우리나라 정치에서는 정당 간의 정쟁이 심화되고, 여당과 야당 간에는 반대를 위한 반대가 만연하고 있어, 소위'내로남불'이라는 신조어처럼 자기편은 옹호하고 상대편은 비방하는 현상이 빈번하게 일어나고 있다.

이러한 문제들을 극복하기 위해서는, '다수제 민주주의에서 협의제 민주주의'로, '독점의 정치에서 협의의 정치'로 나아가야 하며, 분권과 견제를 통한 균형과 조화를 이루는 방향으로 나아가서, 결국 정치의 공공성을 제고 시키는 정치시스템을 새롭게 구축하여야 한다. 이를 위해서는 대통령제와 내각제로 대표되는 권력구조와, 선거제도 및 정당제도 등이 제도적 정합성을 이루어서, 협치와 협의제 민주주의를 지향하는 정치제도상 대전환이 필요하다.

2) 독점의 정치를 가져오는 '대통령제의 내각제적 운영'을 개혁하자.

정치와 행정은 국가운영과 발전의 핵심적인 동력임에는 틀림이 없지만 현재와 같이 약한 수준의 정치행정 협력체계를 강화할 수 있는 방안을 찾기는 쉽지 않다. 다만 민의의 전당인 국회에 대한 믿음을 굳게 하고, 시민들이 자신들의 의사를 국회를 통해 국정 운영에 반영되게 하는 것에서 단초를 찾을 수 있다. 이를 위해서는 역사적으로 강한 대통령의 권한을 기반으로 하는 행정의 기능이 구현되는 다양한 제도적 장치를 재검토함과 동시에 행정에 영향을 미치는 정치영역의 역할에 대한 숙고를 하여야 한다.

국회법 제29조는 국회의원이 국무총리 또는 국무위원직을 겸할 수 있도록 규정하고 있다. 삼권분립 정신에 입각한 대통령중심제에서는 입법부가 행정부의 법집행 등 국정 전반을 감시해야 하며, 대통령이 고위 공직자에 대해 행사하는 인사권을 견제하는 역할을 하여야 한다. 그러나 국회의원의 국무위원 겸직이 허용됨으로써 국회의 정부 견제 기능이 약화될 수 있다. 즉 국회의원이 정부의 국정 전반에 주요한 결정권을 행사하는 국무위원직을 수행함으로써 결과적으로 본인 스스로를 감시하는 상황이 되어 입법부의 행정부에 대한 견제의 기능이 작동하기 어려운 구조가 되고, 국무위원직을 원하는 국회의원은 대통령이 운영하는 국정 전반에 대해 강한 비판을 가하기 어렵다. 더 나아가서 여당 의원들은 대통령에 대한 충성경쟁을 하게 되고, 결국 여당은 행정부의 정책을 비판없이 옹호하는 데에 우선하게 되어, 여당과 야당간 대립을 격화시키게 하는 요인이 된다.

따라서 의원내각제에 의한 입법부와 행정부의 일원화가 아니라 대통령제를 채택한다면, 삼권분립에 의한 견제가 가능하도록 국회의원의 국무위원 겸직을 금지하여야 한다. 국무위원은 행정적 역량을 갖춘 전문가를 임명하고, 국회의원이 국무위원(장관)에 임명된다면, 국회의원직을 사직하게 하여 국무위원의 책임을 충실하게 수행하도록 하여야 한다. 그래서 국회는 여당과 야당간의 정쟁과 대립에 매몰되지 않고, 국민의 입장에 서서 행정부를 견제하고 타협하면서 국정운영이 생산적으로 이루어질 수 있도록 하고, 정당간에는 서로 협의하고 타협하여 조화를 이루어 나가는 정치문화를 새롭게 만들어 나가야 한다.

3) 지역중심 양당제의 한계를 극복하는 소선거구제의 개혁이 필요하다.

선거제도의 변화에 따라서 정당의 활동과 모습이 변화되고, 국회의 구성과 기능도 변화될 수 있다. 현재 우리나라는 소선거구제와 단순다수제 국회의원 선거제도를 가지고 있다. 이러한 제도는, 지역성을 바탕으로 하여 구성되어 있는 우리나라의 정당특성에 따라서, 지역을 중심으로 한 지역정당의 장기적 세습현상이 초래되고 있다.

오늘날의 사회는 다양한 집단들의 이해관계가 표출되는 특성을 가지고 있는데, 양당제로는 이러한 다양한 국민들의 요구들을 국회에서 대변하기 어려운 실정이다. 이러한 문제를 해결하기 위해서는 선거구제도를 소선거구에서 중선거구제로 바꾸어야 한다. 즉 한 지역구에서 두 명 이상의 국회의원이 배출되도록 하여야 하며, 각 정당은 지역성을 탈피하는 정책지향적 정당으로 발전해 나갈 수 있고, 지역에서의 다양한 주민들 의견이 국회에 전달되어 정책화되는 건전한 국회의 기능이 회복될 수 있다.

또한 중선거구제는 다양한 정당의 국회 진출을 가능케하여, 국회의 운영을 거대 양당간의 투쟁적인 양상에서, 여러 정당간의 협의과 타협과 조정이 이루어지는 협의제 민주주의가 이루어질 수 있다.

정책 제언 5 | 대통령 4년 중임제를 도입하고, 선출직 공직자의 임기와 선거제도를 개혁하자.

실행 과제

책임정치를 가능하게 하고 국정의 연속성과 안정적인 국정을 운영하기 위하여 대통령 4년 중임제를 도입하고, 대통령과 국회의원, 지방자치단체장과 지방의원의 임기와 선거일시를 개편하자.

1) 5년 단임제 대통령제의 한계를 극복하는 대통령 4년 중임제 개헌이 필요하다.

2) 대통령의 임기와 국회의원 및 지방자치단체/지방의원의 임기에 대한 제도적 개혁이 필요하다.

1) 5년 단임제 대통령제의 한계를 극복하는 대통령 중임제의 도입이 필요하다.

우리나라는 5년 임기의 대통령 선거와 4년 임기의 국회의원 선거 및 지방자치단체장·지방의원 선거의 일정이 서로 달라서, 한해 걸러 선거를 치러야 하는 양상이 전개되고 있다. 이러한 대통령과 국회의원 등 선출직 공직자의 임기와 선거주기의 불일치는, 집권한 정당이 안정적으로 국정을 운영하기 위한 충분한 시간을 보장받기 어려우며, 선거를 의식한 선심 공약들이 점차 늘어나고, 결과적으로 정부의 효율적인 재정 운용에 부정적 영향을 미치고, 또 정부 부채를 증가시키는 요인이 되기도 한다. 따라서 대통령과 국회의원 등 선출직 공직자의 임기와 선거 시기에 대한 재검토와 개혁이 요구된다.

대통령제를 채택하고 있는 102개 국가 중 단임제를 사용하는 국가는 우리나라를 포함해 6개국이다.[1] 현행 대통령 5년 단임제는 1987년 6월 항쟁 이후 10월 27일 국민투표를 통해 82.25%의 찬성으로 통과된 개헌안이었다. 선거인단을 통해 간접 선출하는 방식에서 국민 직접 투표를 통해 대통령을 선출하는 직선제로 변경되었고, 당시 7년 단임제였던 임기는 5년으로 줄어든 결과였

1 대통령 단임제를 채택하고 있는 국가는 대한민국, 필리핀, 멕시코, 파라과이, 파나마, 콜롬비아이다. 미국을 비롯한 96개국은 연임 또는 중임제를 채택하고 있다.

다. 이 단임제는 한 차례 임기만 재직하는 제도로 대통령에 대한 중간 평가 불가능, 빠르게 진행되는 레임덕 현상, 정책 연속성 저하 등이 폐해로 지적되며, 이러한 폐해를 극복하기 위하여 제안되고 있는 대안이 '대통령 4년 중임제'이다. 이 중임제는 장기집권과 관권선거의 약점이 있음에도 불구하고, 책임정치를 가능하게 하고 국정의 연속성을 높일 수 있다는 장점을 가지는 제도이다.

권력구조에 대한 국민의 여론을 살펴보면, 내각제에 대한 국민들의 지지는 낮은 것으로 나타나고 있다. 이 이유로서는, 과거 내각제를 실시했던 시기의 좋지 못한 실적과 함께, 현행 국회의원들에 대한 국민의 낮은 신뢰수준이 원인으로 생각되고 있다. 높은 지지율을 얻고 있는 것은 대통령 4년 중임제이다.

대통령 4년 중임제의 경우에 대통령은 일단 당선이 된 이후에 재선을 위해 민의 반영에 예민할 수밖에 없고, 재선이 될 경우는 8년간의 안정적인 국정운영이 가능하다는 장점이 있다.

2) 대통령의 임기와 국회의원 및 지방자치단체장/지방의원의 임기에 대한 제도적 개혁이 필요하다.

4년 중임제 대통령제의 개헌을 하게 되면, 동시에 대통령을 선출하는 대선과 국회의원을 선출하는 총선의 주기를 개혁하여야 한다. 현재는 5년 임기의 대통령 선거와 4년 임기의 국회의원 선거 및 지방자치단체장·지방의원 선거의 일정이 서로 달라서 한해 걸러 선거를 치러야 하는 양상이 전개되고 있다. 이러한 대통령과 국회의원 등 선출직 공직자의 임기 불일치는 대통령의 입장에서는 안정적으로 국정을 운영하기 위한 충분한 시간을 보장받기 어려우며, 선거를 의식한 선심 공약들이 점차 늘어나 결과적으로 정부의 효율적인 재정 운용에 부정적 영향을 미치고, 또 정부부채를 증가시키는 요인이 되기도 한다.

따라서 대통령과 국회의원 등 선출직 공직자의 임기와 선거 시기에 대한 재검토와 개혁이 요구된다. 대통령 임기와 국회의원 임기를 개혁하는 방안 중에는, 그 임기를 일치시키는 방안과 임기를 엇갈리게 하여 중간평가가 가능하도록 하는 2가지 방안이 있다.

(1) 대통령과 국회의원 임기 일치 방안

일반적으로 대통령 선거에서 승리한 정당은 의회 선거에서도 높은 의석 점유율을 나타내는 경향을 보이는데, 이를 후광효과(coattail effect)라고 한다. 대통령과 국회의원의 선거를 동시에 실시하면, 대통령에 대한 지지가 의회 내 동일 정당에 대한 지지로 이어지면서 후광효과가 나타날 가능성이 높아지며, 이는 대통령이 소속된 정당이 의회의 다수를 차지하는 단점정부가 나타도록 유도한다. 대선과 총선 주기의 일치는 대통령의 정치적 지위를 안정적으로 만드는 것과 동시에 여당에 대한 책임정치의 강조를 통해 권력을 견제하는 효과를 가져온다.

(2) 대통령과 국회의원의 중간선거 방안

국회의원 선거를 대통령의 임기 중간에 실시하는 방안은, 대통령의 임기 중반에 대통령의 국정운영에 대한 신임을 묻는 형태가 되어, 새로운 형태의 대통령에 대한 견제 역할과 국정운영 방향에 대한 평가를 통한 수정과 보완 필요성을 판단하는 긍정적인 기회가 될 수 있다.

대통령의 임기 중 국회의원 중간선거를 치르는 대표적인 국가는 미국으로, 대통령 임기 2년 차에 일부의 의회의원에 대한 중간선거가 실시된다. 1862년 이후 미국에서 집권당이 중간선거에서 잃은 의석수는 하원의원의 경우 평균 32석이다. 즉 중간선거가 대통령이 속한 여당에 불리하게 작용했다는 결과이며, 이러한 이유로는 대통령의 국정 운영에 실망한 유권자들이 중간선거에서 야당을 지지하거나, 정책적 균형을 원하는 유권자들이 중간선거에서 야당을 지지함으로써 정부 정책을 중도 유권자의 선호에 근접하게 만들기 때문으로 분석된다.

이러한 현상을 구체적으로 분석해 보면, 대통령은 중간선거에서 분점정부가 출현할 가능성이 높다는 점이 특징이다. 따라서 대통령 임기 초반부터 국정 운영과정에서 시민과 적극적으로 소통하기 위해 국회와의 협력체계를 강화할 필요성에 공감할 수 있다. 따라서 대통령이 중간선거에서 승리하기 위해서는 책임감을 가지고 국정운영에 전념하도록 하는 긍정적인 효과가 있으며, 만약에 잘못하는 점이 있을 경우에는 국민들의 민의가 중간선거를 통해 반영되어 대통령의 정책에 대한 견제 역할을 수행하는 효과가 있다.

이상 2가지 방안의 장점과 단점을 잘 검토하여, 우리나라의 실정에 적합한 선거제도의 개혁을 추진해 나가야 한다.

정책제언 6 | 정책 전문성 강화를 위한 정당시스템을 전면 개혁하자.

실행 과제

정치적 역량과 정책적 전문성을 갖추기 위한, 정당시스템의 전면적 개혁이 필요하다.

1) 대중정당 모형과 원내정당 모형의 조화와 균형이 필요하다.

2) 당내 민주화를 통한 공천제도의 개혁이 필요하다.

3) 정당의 정책 전문성 강화를 위한 정책연구소의 강화가 필요하다.

정치개혁은 하루아침에 이상적 목표를 달성할 수 없다. 과거의 경험을 보면, 우리나라의 정치체제는 시대적 변화에 적응하면서 적합한 정치체제로 변모해 왔다. 정당시시템의 개혁도 외국 사례의 기계적 도입이 아니라 한국 정치 현실에 부합하는 실현 가능한 정당개혁 방안과 전략으로 점진적인 변화를 추구해야 한다.

1) 대중정당 모형과 원내정당 모형의 조화와 균형이 필요하다.

우리나라의 정당은 민주화 이후 대중정당 모형과 원내정당 모형을 절충하여 변화를 거듭해 왔다. 중앙집권적 정당체제는 노태우, 김영삼, 김대중 정부를 거치면서 변화되었고, 현재는 상당 부분 원내정당화를 이루었다고 볼 수 있다. 17대 국회에서는 '의원총회'가 당론 결정의 최고기구로 자리매김했으며, 과거에는 대통령 또는 총재가 지명한 '원내총무'가 원내 정치를 대리 관리했으나, 17대 국회부터는 의원들이 직접 선출한 원내대표가 총괄 지휘하게 되었다. 반면에 정당의 조직은 그 기능이 점차 축소됨에 따라 300여 명에 이르던 중앙당 사무처 직원들도 100명 내로 줄어들었다.

그러나, 한국적 정치 현실에서 원외 조직을 축소시키고 원내 조직만을 강화하자는 주장은 적실성이 떨어진다. 의원 중심의 원내정당화는 정당 조직을 약화시키며, 보수 엘리트 지배구조를 대변하여 민중들의 정치참여를 제한하는 문제가 있다. 한국 사회는 계층적, 계급적, 이념적 균열이 내재하여 있으므로, 이 같은 균열을 조직화하여 대변할 수 있는 대중정당 모형도 필요하다. 한국 정당은 지구당 활성화와 진성당원제의 확대, 이념적 정체성 강화를 통해 당원과 유권자의 이해관계를 대변할 수 있어야 한다. 즉 유권자 속의 정당, 정부 속의 정당이라고 정당 고유의 기능을 수행하기 위해서는 두 조직모형 모두 필요하다.

2) 당내 민주화를 통한 공천제도의 개혁이 필요하다.

우리나라 정당은 아직도 정당 대표의 권한이 막강한 편이다. 정당의 대표는 국가의전 서열로는 여당 대표가 7위, 야당 대표는 8위이며, 대외적으로 당을 대표하고 당무를 통할하며, 중앙당의 주요 당직자에 대한 임면권과 추천권을 가지며, 정당의 위원회 구성과 정당 예산을 편성하고 집행할 수 있다.

정당 대표 권한의 핵심은 공천이다. 공천은 의원들의 생사가 걸린 문제이기 때문에 실질적 공천권을 가진 당 대표를 놓고 정당 내부 엘리트 간 권력투쟁이 벌어진다. 보스 중심으로 계파를 형성하여 권력구조를 개인화하여, 당내 권력투쟁에 실패하면, 탈당과 창당, 이합집산이 반복된다. 그 결과 민주화 이후 정당의 평균 존속 기간은 3년을 넘지 못했다. 이 과정에서 한국 정치는 퇴행을 거듭했다.

정당개혁에 관한 여론조사를 보면, 정당의 공천제도 개혁이 핵심적 개혁 과제임이 확인시켜 주고 있다. 공천제도는 개혁은 당원의 의견이 반영되는 방향으로 추진되어야 하며, 투명하고 예측 가능한 시스템 공천을 확립해야 한다. 이를 위해서는 공천권에 있어 막대한 영향력을 행사하는 당 지도부의 권한을 축소하거나 분산하여 당원에게 공천권을 돌려주고, 공관위 구성과 운영 및 공천룰 선정에 있어 투명하고 예측가능 한 시스템을 확립하여야 한다.

구체적으로는, 정당 대표의 권한을 견제하기 위해서는 공심위원장을 포함한 공심위 구성을 전국위원회 또는 최고위원회에 이관하고, 배심원단제도를 실효적으로 운영하는 방안을 고려할 수 있다. 중앙선거관리위원회도 2015년 정치관계법 개정의견을 통해 제안한 국민참여 경선안에 대하여, 공천과정의 투명성과 공정성을 확보하고 유권자의 관심과 참여를 노려 정당의 기반확대가 가능하므로, 진성당원을 찾기 어려운 한국의 정당 현실에서 정당의 지지기반을 넓힐 수 있는 장점이 있다고 판단하고 있다.

현역 의원이나 지방자치단체장 등에 대한 정기 평가를 차기 선거에서 재공천 심사에 반영하는 것도 필요하다. 이는 정당의 공식기구를 통해 1년에 한 번씩 정기적인 평가를 실시하며, 등급별 평가 점수를 기준으로 공천시 감·가산점을 적용하여 차등화하는 방안이다.

이상과 같이, 한국적 현실에 맞게 공천과정에서 정당의 다양한 주체가 개입하여 서로 견제와 균형을 이루는 공천개혁을 이루는 것이 필요하다.

3) 정당의 정책 전문성 강화를 위한 정책연구소의 강화가 필요하다.

우리나라 정당들은 정당법 제38조에 따라 정책연구소를 설치하고 있다. 정책연구소는 정치, 법, 정책 등을 위해 기초가 되는 내용이나 제도를 개발 및 연구하거나 대안을 수립하는 독립기관이다. 현재 우리나라의 원내정당은 모두 정책연구소를 두고 있는데, 이들 연구소는 별도 법인으로 설치·운영되고 있다.

정치자금법 제28조는 경상보조금을 지급받는 정당의 경우 그 경상보조금 총액의 30% 이상을 정책연구소에 지급하도록 규정하고 있다. 이러한 정치자금법과 정당법에 기초한 정당 정책연구소의 예산은 중앙당을 통해 지급되기 때문에, 사실상 정당 정책연구소들은 당의 통제에서 벗어날 수 없는 구조적인 문제가 있다.

주요 정당별 정책연구소 수입 내역 (단위: 백만원)

정당명	정책연구소	합계	전년도이월	보조금 지원금	보조금 외 지원금	기타
더불어민주당	민주연구원	8,442	1,003	5,389	2,000	50
국민의힘	여의도연구원	8,736	1,718	5,792	1,194	32
정의당	정의정책연구소	1,065	186	875	4	0

출처: 중앙선거관리위원회(2021) "2020년도 정당의 활동개황 및 회계보고"참조

정당 정책연구소의 인력 현황(2021년)을 살펴보면 주요 3개 정당의 정책연구소에서 민주연구원을 제외한 다른 연구원에서는 석박사급 인력이 부족한 것을 확인할 수 있다. 여의도연구원과 정의정책연구소의 연구원 현황을 살펴보면 박사급 연구인력이 각각 11.5%와 30.8%에 그쳐, 석사급과 기타 연구인력에 비해 박사급 연구 인력이 차지하는 비율이 낮은 것을 알 수 있다.

정책연구소의 연구 인력 현황

	연구원				직원		
	박사	석사	기타	합계	자체고용	외부파견	합계
여의도 연구원	6	17	29	52	1	0	1
	11.5%	32.7%	55.8%	100.0%			
민주 연구원	14	6	0	20	50	0 0	50
	70.0%	30.0%	0.0%	100.0%			
정의정책 연구소	4	6	3	13	1	1	2
	30.8%	46.2%	23.1%	100.0%			
합계	24	29	32	85	52	1	53
	28.2%	34.1%	37.6%	100.0%			

2015년 정기보고에서는 박사급 연구인력은 여의도연구원 18명(25.0%), 민주연구원의 전신인 민주정책연구원 17명(25.8%), 정의정책연구소의 전신인 미래정치센터 1명(7.1%)으로 나타나서, 정의정책연구소 외 양대 정당의 박사급 연구인력의 수는 과거보다 현재가 오히려 적어진 것으로 집계된다. 또한 정의정책연구소의 경우 2015년 기준 14명이었던 연구원의 수가 1명 감소하여 13명으로 나타난다. 이처럼 연구인력 수의 절대적 감소추세와 박사급 연구 인력의 낮은 비율은 정책연구소의 활동이 정책연구 중심이 아니고, 정당의 다른 업무를 수행하는 역할을 하고 있는 것이 아닌가 하는 의심을 가지게 하며, 결과적으로 정책연구의 질을 하락시키는 요인이다.

브루킹스연구소와 헤리티지재단

정당명	브루킹스연구소	헤리티지재단
설립연도	1916년	1973년
주요활동	정책연구	정책연구
정치성향	중도(민주당)	보수(공화당)
기능적 성격	민간 정책연구소	민간 정책연구소
재원조달	개인·기업 후원	개인·기업 후원
예산	1억 3천 2백만 달러 (2012)	8천 1백만 달러(2012)
직원수	377명	334명

미국에는 2만 개 이상의 다양한 정책연구소가 설립되어 활동하고 있는데 이들은 특정한 정당에 속하지 않는 독립적인 연구기관이다. 독일의 정치재단들은 일반 시민을 대상으로 하는 교육기관의 역할이 강조되는 것과 다르게, 미국의 정책연구소들은 싱크탱크로서의 역할이 강조된다. 이러한 싱크탱크들은 재정적으로 독립되어 있지만, 브루킹스연구소(Brookings Institution)

와 헤리티지재단(Heritage Foundation), 진보정책연구소(Progressive Policy Institute) 등은 정당과 밀접하게 연관된 연구기관으로 정치적 비전과 정책개발을 지원한다.

정당의 정책연구소가 제 위상을 확립하고 역할에 충실하기 위해서는 연구소의 전문성을 강화하여 정책개발 기능을 강화해야 한다.

첫째, 정책연구소에 대한 국고보조금 배분 방식을 개선해야 한다. 현재 정책연구소의 수입 가운데 국가에서 지원되는 정당지원금이 차지하는 비중이 절대적인데, 이 지원금이 연구소의 목적에 맞게 사용되도록 하기 위해서는, 국고보조금을 중앙당을 통해서가 아니라 연구소에 직접 보조하는 것이 바람직하다. 독일의 경우 정치재단 재정의 90% 이상이 국고에서 지원되나 정당을 통해서가 아니라 직접 교부되고 있다.

둘째, 박사급 연구인력의 확충을 통한 연구의 전문성 강화가 필요하다. 현재는 박사급 연구인력이 차지하는 비율은 불과 23%에 그치고 있고, 그들도 장기근무하기가 쉽지 않은 실정이다. 유능한 전문인력이 장기근무할 수 있는 여건을 확립하여야 한다.

셋째, 정책연구소의 운영자율성 확보가 필요하다. 연구소가 단기처방식의 연구를 넘어 중장기 정책과 미래전략을 개발할 수 있기 위해서는, 정치 일선에 있는 중앙당으로부터의 영향력을 줄여나가야 한다. 실제로 정책연구소에서 이루어진 다수의 과제 수행기간이 1개월 이하임을 고려할 때, 정책연구소 소장의 임기를 보장하고, 외부 인사가 참여하는 인사위원회의 구성과 권한 강화, 그리고 더 중요한 점은 연구소 인력과 당 조직 인력을 분리하여야 한다.

넷째, 정책연구소의 수입 구조를 개선하여 재정적 자립도를 높여야 한다. 민간 기금으로 운영되는 해외사례를 보면, 연구소가 국가, 특정 정당, 특정 기업에 치우침 없이 다양한 재원을 확보할 때 독립성이 높아졌다. 독일의 경우 국가 지원금 외에 기업이나 시민으로부터의 기부를 허용하고 있으며, 재원의 대부분을 민간 기부에 의존하는 미국의 정책 연구기관들은 재원확보를 위한 경쟁을 통해 연구의 전문성과 정책 생산성을 높이고 있다. 따라서 우리나라도 정책연구소에 다양한 외부(조직 또는 개인)로부터 후원을 허용하는 것이 필요하다.

정책제언 7 | 미래 정치지도자 육성시스템을 강화하자.

실행 과제

미래 정치를 이끌어 나갈 정치지도자를 육성하는 정치지도자 육성시스템의 강화가 필요하다.

1) 정치대표성의 세대간 불균형 해소를 위한 제도적 보장이 필요하다.

2) 미래 정치인 육성을 위한 민주시민교육과 정치교육의 병행 실시가 필요하다.

3) 당내당 구조의 청년정치 조직 활성화가 필요하다.

1) 정치대표성의 세대간 불균형 해소를 위한 제도적 보장이 필요하다.

대의 민주주의가 시민들의 의사를 대변하는 정치시스템으로 작동하기 위해서는 무엇보다 대표성이 높아야 한다. 그러나 한국 의회의 연령별 대표성은 심각한 불균형 상태에 있다. 21대 국회의원들의 연령을 분석해보면, 50대가 177명(59%)으로 가장 많은 비중을 차지하며, 그 다음으로는 60대(23%, 69명), 40대(12.6%, 38명), 30대(3.7%, 11명), 70대(1%, 3명), 20대(0.7%, 2명) 순으로 나타난다. 전체 국민 중 50대 이상 인구 비중은 41.1%인데 반해 21대 국회에서 50대 이상 국회의원 당선자가 전체 의원의 83%를 차지하고 있다는 사실은 우리나라 국회의 구성이 특정 연령층에 편중되어 있다는 과대 대표성의 문제를 여실히 보여준다. 특히 20~30대 당선자는 지역구 6명, 비례대표 7명을 합하여 총 13명, 전체 의원의 4.4%에 불과한데,[2] 이는 이들의 인구비율

2 20대 국회에서 만 30세 미만 의원은 전무했다.

인 43%에 한참 못 미치는 수치이다.[3]

또한 전체 국민의 평균 연령은 42.1세인데 반해 국회의원의 평균연령은 54.9세로 국회의 고령화가 국민의 고령화 추세를 능가한다. 국회의 연령별 구성이 국민의 인구구성에 비례하지 못하는 국회 대표성의 불균형 현상은 역대 국회에서도 일관되게 나타났다.

국회대표성의 불균형: 국민-국회의원 연령별 구성 비교 (2021년 기준)

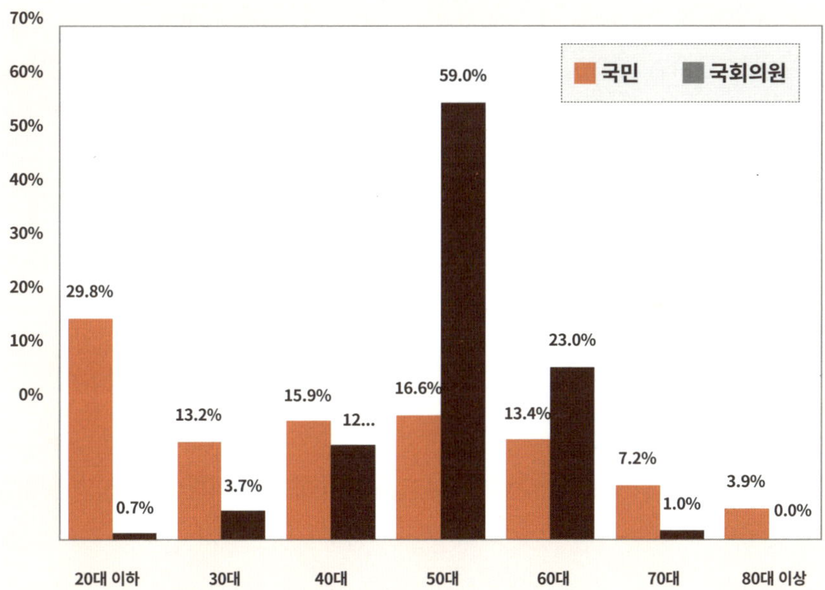

자료: 국가통계포털, https://kosis.kr/ 참고후 재구성.

의회 구성의 대표성에 대한 세대간 불균형의 원인은 저출산 고령화 등 다양한 사회적 요인에 기인하고 있지만, 정치 입문의 조건(재력, 경력, 인맥,

3 국제의원연맹(IPU)의 「의회 내 청년 정치인」(Youth Participation in National Parliaments, 2021)에 따르면 한국의 2030 청년 정치인 비율은 3.7%로 110개 국가 중 107위다. 유럽 주요 국가들의 2~30대 청년 국회의원 비율은 노르웨이 34.3%, 덴마크 30.7%, 스웨덴 31.4%, 핀란드 29%, 독일 11.6%로 우리나라보다 월등히 높다.

지역세력 등)면에서 20-30대는 불리하기 때문이다. 대의 민주주의 체제에서 20-30대 연령층에 대한 심각한 대표성 결손 상태는, 국회가 다양해진 국민의 이해관계와 요구, 가치 등 민의를 제대로 대변하지 못하게 되는 이유의 하나가 될 수 있다.

그 해결방안으로는 비례대표제에 대한 연령별 할당제 도입과, 공천과정에서의 연령별 할당제를 도입할 필요가 있다. 여성에 대한 할당제를 이미 도입하고 있는 현실을 감안하면, 비례대표제에서의 연령별 할당제를 여성할당제와 병행하여 실시하는 것이 필요하다. 공천과정에서도 젊은 정치지망생들에 대한 인센티브를 부여하여 유능한 젊은 인재들이 공천될 수 있도록 한다면, 국회의원 당선자의 청년 대표성은 향상될 수 있을 것이다.

2) 미래 정치인 육성을 위한 민주시민교육과 정치교육의 병행 실시가 필요하다.

'정부의 수준은 시민의 수준 이상일 수 없다'는 플라톤의 말처럼, 국가발전의 핵심은 시민이므로 시민교육이 중요하다. 민주시민교육은, 미래사회에서 스스로 생각하고 자발적으로 행동하며, 자신의 행동에 대해 책임질 수 있는 건강한 시민으로서의 역량을 갖출 수 있도록 교육하는 것이다. 민주시민교육의 정의를 이같이 내린다면 학교는 학생들이 민주시민으로서 살아갈 수 있도록 이끌어야 할 막중한 책임을 지고 있다. 그럼에도 불구하고 현재 학교, 지자체, 의회, 정당, 여러 공공기관에서 운영되고 있는 시민교육은 보통 일회성 교육으로 끝나는 정치캠프나 이벤트행사가 대부분이다.

이러한 문제를 바로잡기 위해서는 학교가 민주시민교육의 핵심 주체가 되어야 하며, 민주시민으로의 성장을 위한 가치교육이 시민성의 형성과 실천에 중점을 두고 실시 되어야 한다. 즉 어린이와 청소년을 위한 민주시민교육은 외국의 사례처럼 공교육의 영역으로 끌어와 학교가 주도해야 한다.

그리고 일반시민을 위한 민주시민교육은 지방자치단체가 어린이의회나 청소년의회를 운영하는 핀란드의 사례나 선관위가 중추적인 역할을 하는 뉴질랜드의 사례처럼, 정파적 편향성의 우려를 불식시킴과 동시에 보편적인 가치교육에 집중할 수 있도록, 선관위나 지방자치단체, 의회와 같은 공공기관이 주도하는 경우도 있지만, 정당이 수행하는 경우도 있다. 즉 스웨덴 정당이 실행하는 정치교육은 단순히 개별 정당의 독자적 교육이 아니라 대중운동의 전통과 평등을 강조하는 스웨덴만의 독특한 정치문화와 연결되어 일반 시민을 대상으로 한 교육프로그램을 운영한다. 또한 영국의 보수당과 노동당이 운영하는 정치교육도 시민교육에 기반하고 있다. 직업정치인에 대한 정치엘리트 교육은 정당이 담당해야 한다.

정당의 주요 기능 중 하나는 새로운 정치인을 발굴하고 정치엘리트로 교육시켜 이들을 원내 정치인으로 성장시키는 것이다. 정당의 정치적 이해관계에 맞는 정치지도자를 '찾기'에 앞서 '키워내는 것'은 정당이 마땅히 수행해야 할 의무이다.

3) 당내당 구조의 '청년정치조직' 활성화가 필요하다.

당내당은 청년 당원들로만 구성된 조직을 소속 정당 안에 두는 작은 정당으로서, 공간과 인력은 물론 청년당 대표에게 독자적인 의결권, 인사권, 재정권을 주고 모당과 별개로 활동할 수 있다. 이 당내당은 일반 정당처럼 정식으로 국가에 등록하는 정당은 아니지만, 정당내 청년조직의 다양한 정치활동을 보장하기 때문에 청년정치인을 발굴하고 교육하는 훌륭한 정치 실습의 장이 된다.

정당 내에서 운영되는 청년 조직의 지위와 위상이 높아야 한다. 당헌당규를 통해 청년 조직을 명문화하여 그 조직의 대표성을 공식화하고, 청년 조직의 대표가 당연직으로 정당의 최고의사결정기구에 반드시 참여하도록 하여, 실질적으로 청년의 목소리가 정당 내부 의사결정과정에 반영될 수 있도록 보장하여야 한다. 청년 조직의 목소리가 일상적인 당무는 물론이고, 후보자 공천과 같이 중요 의사결정과정에도 반영되어야 한다.

우리나라 정당들도 2020년 무렵부터 당내당을 갖추려 하고 있지만, 아직은 미흡한 수준이다. 우리나라도 이제는 유럽 민주주의 선진국들처럼 정당내 청년 조직을 독립시켜 위상을 높이고, 중앙과 지역에서 정당의 의사결정 과정에 참여하게 해야 한다. 그래서 청년 정치인이 실제 정치를 일상적으로 경험하여 정치경력을 쌓을 수 있어야 한다. 또한 당원의 정치세미나, 청년정치포럼, 청소년 정치캠프 등 활발한 정치교육 프로그램을 가동하여, 유능한 청년들이 풍부한 정치적 소양을 갖추어 어떠한 장벽이 없이 정치에 입문할 수 있도록 하여야 한다.

정책제언 8 | 31년 된 지방자치제와 226개 지방자치단체의 운영, 백지에서 다시 그리자.

실행 과제

지역주민의 생활자치를 위하여, 권력중심이 아니라 기능중심의 지방자치단체의 계층과 구역을 초광역적으로 전면 개편하여야 한다.

1) 현재의 광역/기초 지방자치단체 계층체계를 통합하여, 전국을 초광역적 구역단위로 전면 개편하는 대전환이 필요하다.
2) 미래지향 4차 산업혁명시대에 부응하여, 지역이 주도하는 디지털 지역사회의 발전을 추구하여야 한다.
3) 글로벌 경쟁력을 높이기 위한 지역 주도의 초광역권 지역발전 전략이 필요하다.

우리나라는 4차 산업혁명과 AI의 출현, 저출산 고령화, 사회적 양극화 심화, 수도권과 비수도권의 격차 심화 등으로 인하여, 새로운 국정운영의 대전환이 필요한 시대에 접어들었다. 선진국들은 이러한 새로운 시대에 대응하여, 개별 지역의 특성을 반영한 정책을 추진하였으나, 우리나라는 그동안 지역균형발전 정책을 추진하였지만, 그 효과는 미미한 실정이며, 오히려 수도권과 비수도권의 격차는 더 벌어지고 있는 실정이다.

특히 우리나라 중앙정부와 지방자치단체간의 관계에서는, 국가 전체 차원의 인구의 감소와 지역의 인구소멸 현상으로 인한 공간구조의 변화(수도권 집중화 심화), 국민의식의 지역공동체 의식 희박화, 4차 산업혁명 기술의 행정영역 진출 등으로 인한 변화에 적응해야 할 대전환을 이루어 나가야 한다.

1) 현재의 광역/기초 지방자치단체 계층체계를 통합하여, 전국을 초광역적 구역단위로 전면 개편하는 대전환이 필요하다.

향후에 우리나라가 지향해야 할 중앙정부와 지방정부간의 협력을 위한 정책의 방향은 첫째, 기후변화와 4차 산업혁명, 저성장의 고착화, 인구구조의 변화 등의 미래변화에 적극 대응하는, 미래지향성이 필요하다. 둘째, 비수도권의 인구감소 등 지역위기 대응을 위해 글로벌 경쟁력을 갖춘 지역경제생활권 육성이 필요하다. 셋째, 지역간의 통합과 협업을 통한 상생적인 지속가능한 발전 전략을 추진하여야 한다.

경제사회생활의 기본단위는 지역이며, 국가발전의 원동력도 지역이다. 경쟁력을 강화하려면, 지역간의 협력이 필수적이다. 이제 핵심도시와 인근지역이 기능적 연계로 시너지를 창출하여야 한다. 현재 시도중이나 지지부진한 일부지역의 초광역단위의 행정통합보다는 이제는 전국의 자치구역을 다시 구분하는 전면적인 대전환이 필요하다.

그동안은 중앙정부와 지방자치단체간의 관계는, 정치권력체계 중심의 통치구역적 지방자치였다. 이제는 이러한 정치적 권력관계를 벗어난 공공서비스 공급체계로 바뀌어야 한다.

현재	미래
정치권력체계	공공서비스공급체계
정치 중심	주민생활 중심
정치권력의 분업	주민생활 기능중심의 분업
통치 구역화	공공서비스공급 구역화

중앙과 지방은 유기적이고 연계된 관계로 효율화된 시스템으로 변화가 필요하다. 미래사회에서는 작은 소지역 단위로의 지역 구분은 이제 의미가 없고, 기능적 효율화의 입장에서 규모의 경제가 보장되고 공공서비스 공급체계의 확보가 가능한 규모로의 구분이 필요하다. 즉 30여개의 초광역적인 구역단위로 전면 지방자치단체의 체계를 재편하여야 하고, 이 자치단체에는 자치입법권과 치안/교육 등의 공동체 운영에 필요한 자치권한을 부여하여야 한다. 권한이 있는 곳에 기회가 있으므로, 이러한 기회가 보장되도록 하여야 하며, 그리고 중앙정부와 지방자치단체는 정치권력적 관계에서 벗어나, 상호간 파트너 관계로 협업하는 체계를 새롭게 구축하여야 한다.

2) 미래지향 4차 산업혁명시대에 부응하여, 지역이 주도하는 디지털 지역사회의 발전을 추구하여야 한다.

미래지향성 정책으로 4차산업혁명시대에 부응하여, 디지털 정부간 관계(Digital Inter-governmental Relation)를 중심으로, 지역이 주도하는 디지털 지역사회발전을 추구하는 것이다.

구체적인 전략으로 지역사회, 맞춤형, 연결, 경쟁력, 창의성 등을 제시할 수 있다. 지역사회는 시민이 참여하는 지역 주도의 현안을 해결하는 것으로서, 지역이 주도하여 주민들이 직접 참여하여 지역발전을 위한 아이디어를 제시하고 혁신 플랫폼을 구축하고 지역발전 참여문화를 개선하는 것을 의미한다. 맞춤형은 역동적 환경 속에서 지역수요기반 맞춤형서비스를 제공하는 것으로서, 지역의 사회적 · 환경적 특성을 반영한 지역균형발전정책을 추진하고, 주민들의 수요에 기반한 다양한 지역맞춤형 발전정책과 공공서비스를 제공하는 것이다. 연결은 기존의 대도시 중심의 전략 추진으로 인해 발생한 극대화된 지역 간 격차를 완화하기 위하여 ICT기술을 기반으로 지역환경들을 보완하여 지역간 격차를 완화시키는 것이다. 경쟁력은 지방정부와 중소기업의 참여를 유도하여 지역혁신을 통한 지역의 경쟁력을 강화하는 것이다. 창의성은 지역의 경쟁력 제고를 위하여 도시 데이터를 활용함으로써 새로운 지역발전정책을 설계하고, 스타트업 활성화 및 신규 일자리 창출 등 지역경제 활성화를 추진하는 것이다.

3) 글로벌 경쟁력을 높이기 위한 지역 주도의 초광역권 지역발전 전략이 필요하다

지역의 글로벌 경쟁성을 높이는 것이 중요하기 때문에, 개별 지역위주의 전략산업이 아닌 새롭게 재편된 초광역 지방정부 차원에서 지역이 주도하는 초광역권 지역발전 전략이 필요하다. 특히 초광역권 위주의 전략산업육성이 중요한데, 이를 위해서는 지역수요와 산업생태계를 감안하여 지역전략산업을 선정하는 것이 필요하다.

초광역권 전략산업의 핵심 인프라와 초광역 단위의 산학협력, 산업·기술 인력 공급체계 구축, 초광역권 산업지원을 위한 지역의 산업거점·혁신거점 마련 및 연계를 강화해야 한다. 대기업의 지역 투자 환경을 조성하기 위해 다양한 투자 재원(펀드 등)과 지역의 투자유치 활성화를 위한 실효성 있는 인센티브 제도를 마련하여야 하며, 초광역권 공유대학을 중심으로 국제경쟁력을 갖춘 인재양성체계 구축하고, 인재·자본·일자리 선순환을 위한 초광역권별 거점 육성과 네트워크 연계의 핵심요소인 광역 교통망 조성을 통한 공간적 측면의 단일 경제·생활권 조성이 필요하다.

정책 제언 9 | 자치행정과 지방교육자치 시스템의 점진적 통합이 필요하다.

실행 과제

지방자치행정과 지방교육행정의 관계는, 의결기구는 통합되고 집행기구는 분리된 제도적인 문제점을 해결하기 위하여, 단계적으로 통합되어야 한다.

1) 지방행정과 지방교육행정의 효율적 관리를 위한 점진적 통합이 필요하다.

2) 통합방법은 '선 연계협력, 후 통합'의 방식으로, 단계적으로 추진하여야 한다.

우리나라의 지방교육자치는 교육행정기관의 자치로서 광역자치단체 수준에서만 일반자치단체장과 구분되는 교육감을 선출하여 실시되고 있으며, 교육지원청을 기초단위의 자치기구가 아니라 시·도교육청의 하급 교육행정기관으로 규정하고 있다. 그리고 교육지원청의 구체적인 업무가 시·도의 교육·학예에 관한 사무 중 공·사립의 유치원·초등학교·중학교·공민학교·고등공민학교 및 이에 준하는 각종학교의 운영·관리에 관한 지도·감독과 관련하여 시·도교육청이 위임한 것에 국한되도록 하고 있다. 따라서 현재의 교육지원청이 기초단위 수준의 교육자치기관이 아니라 시·도교육감의 지시를 단위학교에 전달하고 관리하는 역할을 수행하고 있는 실정이다.

1) 지방행정과 지방교육행정의 효율적 관리를 위한 점진적 통합이 필요하다.

일반지방자치와 교육자치의 수평적 관계를 보면 1991년 지방교육자치제 도입 이후 교육자치와 일반자치는 '의결기구의 연계형 분리, 집행기구의 분리'라는 분리지향적 관계였으나, 2010년 교육위원회의 지방의회 상임위원회 전환, 2014년 교육위원회 및 교육의원제도 폐지로 의결기구는 통합되고 집행기구는 분리된 자치 제도적으로 애매한 상태라 할 수 있다.

우리나라의 교육 현주소를 살펴보면, 학령인구의 감소라는 현실에 직면해 있으며, 2021년 26만명의 출생율을 기록하고 있는데 비해서, 대학입학 정원은 34만명의 수준으로 대학의 정원을 채우기 힘든 대학들은 새로운 방안을 마련하여야 하는 상황이다. 또한 규정에 따라 국가가 지방교육청에 지급되지만 현재 남아돌고 있는 지방교육재정교부금의 활용방안을 둘러싸고 초중등교육계와 고등교육계가 줄다리기를 하는 갈등 상황도 전개되고 있다.

교육자치 영역과 그 배제 영역 및 지방자치·교육자치 공동사무

<table>
<tr><th colspan="2">교육 영역</th><th>교육자치 여부</th><th>지방자치·교육자치 공동사무</th></tr>
<tr><td rowspan="3">학교교육</td><td>고등 교육</td><td>교육자치 배제 영역
(교육부: 국립 및 사립
광역자치단체: 공립)</td><td>고등교육 지원</td></tr>
<tr><td>유·초·중등 교육</td><td>교육자치 영역</td><td>초등돌봄, 진로교육,
학교밖청소년</td></tr>
<tr><td>영·유아보육</td><td>교육자치 배제 영역
(보건복지부: 기획 및 조정 등
각급 지방자치단체: 집행 및 실무 등)</td><td>누리과정</td></tr>
<tr><td colspan="2">평생교육</td><td>교육자치 배제 영역
(교육부: 기획 및 조정 등
각급 지방자치단체: 집행 및 실무 등)</td><td>평생교육진흥</td></tr>
</table>

이제는 이러한 문제들을 해결하고 결단하여 실천에 옮겨야 할 때이며, 실행가능한 것부터 하나씩 실천해 나가야 한다. 교육자치는 근본적으로 학교자치를 지향하는 것으로 제대로 자리매김을 하여야 하며, 교육정책의 기획과 실행이 따로국밥이 되는 문제는 신속히 해결해야 할 과제이다.

지방행정과 교육행정의 상호 연계되어 있으므로 협력하여야 한다는 이유를 교육 정책적 측면, 행정적 측면, 교육의 통합성과 전문성 확보 측면에서 살펴보면 다음과 같다.

첫째, 교육정책적 측면에서 현지성·지역특수성을 반영하기 위해서 통합이 필요하다. 즉 일부 교육분야 지원 및 기능에 관해 지방자치단체와 교육청

간에 유사업무의 중복 수행에 따른 지휘체계의 이원화가 발생하며, 인력 및 재원의 중복투자 및 민원인의 불편 등 업무처리의 비효율성을 초래하고 있다. 따라서, 일반행정과 교육행정시스템이 통합되면, 지역특성화전략의 관점에서 지역의 고유 특성에 맞는 교육의 차별화를 위한 종합계획을 수립·추진하여 지역 교육경쟁력을 제고할 수 있다.

둘째 행정적 측면에서 일반행정과 교육행정의 분리·집행에 따른 국가전체의 비능률성과 비효율적인 교육행정관리의 한계를 해소한다. 향후 교육정책은 지역현장성과 주민밀착성이 중요 요인으로 작용할 것이고, 교육문제의 해결도 이러한 차원에서 보완해야할 필요성이 있다. 현장 중심의 현장 완결적 책임행정으로 주민의 수요를 반영한 지역특화 교육정책을 추진할 수 있으며, 주민에 대한 편익서비스 제공이 확대될 수 있다.

셋째, 교육정책 연계성·통합성·전문성 측면에서, 지방교육의 경쟁력이 제고될 수 있다. 즉 교육에 대한 지방의 권한과 역할이 강화되는 시대적 추세에 부응하여 영유아교육에서 노인교육까지 전반적인 교육연계성과 통합성을 제고할 수 있다. 지방자치단체가 학교교육 및 고등·평생교육을 총괄 관장하여 일관성이 있고 책임 있는 교육정책을 추진해 나갈 필요성이 증대되고 있는 상황에서, 종합적인 교육정책의 수립·추진이 가능하기 위해서는 통합이 필요하다.

2) 통합방법은 '선 연계협력, 후 통합'의 방식으로, 단계적으로 추진하여야 한다.

지방행정과 지방교육행정을 통합하기 위한 구체적인 방안으로는, 「선 연계협력, 후 통합」의 방식으로 단계적으로 추진하는 방안이 필요하다.

우선, 1단계는 연계협력 방안으로, 교육자치와 일반자치의 연계 협력을 위해 광역단위 교육행정분야에서 시·도청과 교육청간 인사교류를 활성화하고, 시·도에 지방교육 전담부서 설치를 확대하며, 감사업무를 통합 운영하며,

나아가 광역단위 교육재정분야의 중기지방재정계획 및 예산편성 절차 연계, 주민참여예산위원회 통합 운영 등을 추진하여야 한다. 교육부에서 계획하고 있는 지방자치단체로의 기능 이양에 발맞추어, 평생교육, 도서관 업무 등 교육 관련 사무 등을 교육감의 기능으로 전환하는 방안 등도 마련할 필요가 있다.

2단계로는 지방행정과 지방교육행정의 통합을 완성하여야 한다. 따라서 현 시점에서 교육자치와 일반자치의 통합을 최종 목표로 하고, 그 구체적인 실행을 위한 로드맵을 작성하여 정해진 일정표에 따라서 교육행정과 일반행정 간의 통합을 추진해 나가야 한다. 교육청의 기능이 지방자치단체장의 산하에서 그 역할을 할 수 있도록 개편되어야 하며, 교육부와의 협의를 통하여 지방자치단체내의 교육행정이 시도지사의 책임하에 수행될 수 있도록 제도적/조직적 통합이 이루어져야 한다.

정책제언 10 | 교육감 직선제를 러닝메이트제나 추천임명제로 전환하자.

실행 과제

시도지사와 교육감과의 갈등관계를 해소하기 위해서, 교육감 선출방법을 혁신하여야 한다.

1) 교육감과 지방자치단체장간의 갈등을 해소하기 위한, 교육감 선출시 러닝메이트제를 실시하자.
2) 지방자치행정과 지방교육자치 시스템의 통합 후에는, 지방자치단체장이 교육감을 임명하여야 한다.

교육감은 지방의 교육에 관한 막강한 권한을 가지고 있지만, 주민들은 후보들에 대하여 잘 모르는 상황에서 선거를 하게 되는 것이 현 실정이라는 지적이 있으며, 따라서 교육감 선출제도는 바뀌어야 한다는 주장들이 각계에서 제기되고 있다.

1) 교육감과 지방자치단체장간의 갈등을 해소하기 위한, 교육감 선출시 러닝메이트제를 실시하자.

집행기관인 교육감 및 지방교육행정기관(교육청 및 교육지원청)과 지방자치단체의 집행기관과의 관계가 정리되지 않아 무상급식, 누리과정 등에 관한 갈등관계가 사회적 쟁점이 되고, 정치적 독립의 대상인 교육자치의 마당이 오히려 정치적 대립의 장으로 변질되고 있다.

시도지사와 교육감은 서로 협력하여야 지역 교육 현안 문제를 해결할 수 있다. 즉 출생아의 급감과 인구의 수도권 편중으로 인한 지역소멸 문제에 함께 대응해야 하며, 지방자치단체와 교육청이 서로 협력하여 초·중등교육부터 고등교육까지 이어지는 체계적인 지역인재 양성과, 지역내 취·창업 및 정주여건 등을 지원하여야 한다. 또한 신설학교의 위치선정, 부지확보, 통학로 개설, 학생의 교외활동 지도, 학생 통학 안전, 학교 및 시회체육지도 등은 지자체와 교육청이 협력하지 않고는 해결하기 어려운 문제이며, 유아와 보육 교육의 통합을 촉진시키고 초등돌봄 서비스를 향상시키기 위해서도 상호 협력이 필요하다.

교육감 선거에 대해서는, 후보자에 대한 정보 부족, 낮은 참여율, 일부 교육감의 정치성향 등을 문제가 제기된 바가 있으며, 이른바 '깜깜이 선거'라고 지적도 있다. 이번 2022년 6월에 실시된 선거에서도 교육감 선거 무효표는 90만여 표에 달해(시도지사 선거 25만표의 2.5배 수준), 사실상 교육감에 대한 제대로 된 검증이 이뤄지지 못하고 있다는 비판이 제기되었다.

이에 교육감 선임 방식에서 제도의 개선방안으로는 첫째, 지방자치단체장이 교육계 인사 중 지방의회의 추천을 받아 교육감을 임명하는 방식으로 교육감 후보자의 엄격한 자격요건을 갖도록 하여 자율성과 전문성을 발휘하도록 그 권한을 보장하는 방안이며, 둘째 방식은 시도지사 러닝메이트 제도로 시 · 도지사와 교육감 후보자가 정 · 부가 되며, 유권자는 시 · 도지사 투표만 하고 교육감은 시 · 도지사 선거 결과에 따라 결정되는 방안 등이 제시되고 있다.

러닝메이트제도나 공동등록제, 정당 추천제, 정당 공천제는 교육의 정치적 중립성 측면에서 제도 자체가 위헌의 소지가 있다는 지적도 있다. 또한 임명제는 지방자치와 교육자치의 분리가 아니라 양자를 통합하는 점에서 교육계에서는 반대가 많았던 방안이다.

교육계에서의 반대도 있지만, 지방자치단체에서 일반행정과 교육행정이 분리되어 존재하기 어렵고, 연계협력이 절실한 점을 고려하여, 현행과 같은 분리된 직선제의 교육감 선출방식은 개편되어야 한다. 통합이 이루어진 다음에는 지방자치단체장이 임명하는 방안이 있겠지만, 통합되기 전에도 연계협력을 강화하기 위해서는 시도지사와 교육감 후보간의 러닝메이트제의 도입이 필요하다. 교육정책의 방향과 실천방안들에 대한 상호 공감대를 형성하여, 동시 당선되어 일관성 있는 협력적 정책이 추진되어야 하기 때문이다. 정책방향을 달리하는 시도지사와 교육감이 선발되면, 임기동안 계속적으로 갈등하고 비효율적인 행태가 반복될 수 밖에 없기 때문이다.

교육감 선출방식을 개편하는 방안을 마련하여 실시하여야 한다. 지방자치단체장과의 러닝메이트제 또는 교육감 후보추천위원회의 추천과 지방의회 동의 및 시·도지사 임명으로 하는 추천임명제 방안 등의 지방자치단체장과 교육감의 선출방법에 대한 개편이 필요하다.

2) 지방자치행정과 지방교육자치 시스템의 통합 후에는, 지방자치단체장이 교육감을 임명하여야 한다.

교육감의 직선제는 학교교실의 정치화를 초래하는 점에서, 반대하는 의견도 많으며, 고도의 정치행위인 선거의 속성을 고려할 때, 교육감 직선제는 당연히 정치선거화 할 수밖에 없는 실정이 전개되어 왔다. 과거를 돌이켜보면, 정당의 공천이 배제되어 후보들이 난립하였고, 이에 따라 교육전문가 보다는 거대 정당의 배경을 갖고 있는 후보자가 절대 유리한 상황을 초래하여, 소위 보수진영과 진보진영이 대립하는 진영간 대결을 가져오기도 하였으며, 각 진영 내 여러 후보난립으로 다른 진영의 후보가 당선되는 결과도 초래되었었다.

따라서 앞서 논의한 지방행정과 지방교육행정의 「선 연계협력, 후 통합」의 방식에 따르면, 이러한 지방행정과 지방교육행정의 통합단계와 발맞추어, '선 러닝메이트 선출 후 추천임명제'의 도입이 가장 적합한 해결방안이다. 즉 지방행정과 지방교육행정의 통합을 최종 목표로 하되, 과도기적으로는 러닝메이트 방식으로 선출방식을 통해, 동일한 정책비전과 대안을 공유하는 자치단체장과 교육감이 함께 선출될 수 있는 방안을 도입하여야 한다.

장기적으로는 교육행정이 지방자치행정과 통합되어, 지방자치단체정이 교육감을 추천임명하는 단계적인 제도개선을 추진해 나가야 한다. 구체적으로는 교육감 후보추천위원회의 추천과 지방의회의 인사청문회를 거쳐, 시도지사가 임명으로 하는 추천임명제 방안의 도입이 필요하다.

정책제언 11 | 관료제의 창조적 해체를 통한 새로운 인사시스템을 구축하자.

실행 과제

급변하는 환경에 대응하고 지속적으로 변화와 혁신을 추구하기 위해서는, 관료제의 창조적 해체를 통한 새로운 인사시스템을 구축하여야 한다.

1) 전통적 관료제를 창조적으로 해체하고, 새로운 공직 생태계를 조성해야 한다.

2) 직무중심의 공직구조와 직무기반의 보수제도를 점진적으로 도입하여야 한다.

현재 우리나라 공무원들이 직면한 상황은, 과거에 비해 지속적으로 민간기업 대비 낮은 임금, 급격한 공무원 연금개혁으로 인한 미래에 대한 불안감, 국민들의 공직에 대한 사회적 평가 하락 등으로 인하여, 공무원 시험 응시율은 날이 갈수록 낮아지고 있다. 또한 경제위기 속에서는 고용 안정이 공무원을 포함한 공공기관으로의 인재 유입에 큰 장점이기도 했지만, 소위 MZ세대라고 말하는 젊은 세대들은 소득, 삶의 질 등으로 직업 선호 이유가 바뀌고 있다는 점을 고려하면, 향후에 유능한 인재들이 공직사회를 기피하게 될 것이 심히 우려되는 상황이 전개되고 있다.

1) 전통적 관료제를 창조적으로 해체하고, 새로운 공직 생태계를 조성해야 한다.

전통적인 관료제의 문제점을 수술하지 않고는 미래사회의 변화에 정부가 적극적으로 대처해 나갈 수 없다. 공직사회의 폐쇄성과 훈련된 무능과 파킨슨 법칙의 직동 등이 전통적 관료제의 문제점들이며, 이러한 문제점을 수술하기 위해서는 관료제에 대한 창조적 해체가 필요하다. 창조적 해체는 미래 시스템에 맞는 인사시스템의 도입을 통하여 기존의 인사 패러다임이 변화되는 것이며, 연장선상의 성장이 아니라, 근본적인 변화를 위해 공직의 구조와 시스템을 혁신하는 것이다. 관료제의 창조적 해체를 위해서는 지속적인 변화와 혁신을 추구하는 조직문화와 기반의 구축이 필요하며, 미래의 환경변화와 미래정부형태에 부합하는 공공 인재상을 정립하여야 하며, 개인의 창의성과 혁신성을 지원하는 인사시스템이 구축되어야 한다.

정부의 정책을 추진하여, 국민들에게 우수한 행정서비스를 제공하는 주체는 공무원이다. 공무원은 정부운영과 정책추진에 있어서 핵심적 추진역할을 담당하여, 급변하는 상황변화에 즉응하는 변화의 주체가 되어, 정부운영의 창의성과 혁신성은 유지해 나가야 한다. 또한 공무원은 소신있게 일하고 자신의 역할에 대하여 자부심을 가지고 공익을 위해 열정을 바칠 수 있는 여건이 조성되어야 한다.

2) 직무중심의 공직구조와 직무기반의 보수제도를 점진적으로 도입하여야 한다.

주요 선진국들의 경우를 살펴보면, 영국과 같은 계급제적 성향이 강한 국가들은 직위분류제 강화의 방향으로, 미국과 같은 직위분류제적 성향이 강한 국가들은 계급제적 요소의 강화 방향으로 인사시스템 개혁을 추진하고 있다. 우리나라의 공직구조는 계급제에 기반을 두고 직위분류제적 요소를 가미하는 구조로 이루어지고, 이 구조에 따라 상대적으로 계급제적 성격이 강한 형태의 인사운영 시스템이 운영되고 있다.

역사의 발전에 따라서 피라미드형의 계층제적인 조직의 구조는 점차 수평적인 형태로 변화되고 있는 점을 고려할 때, 우리나라 정부의 조직구조도 점차 수평형의 평평한(flat형) 구조로 변화되어 나가야 할 것이며, 정부 내부의 인사운용 시스템도 탈관료제적으로 변화되고, 계급보다는 직무에 중심을 두는 공직구조와 인사시스템으로 변화되어 나가야 할 것이다.

직무중심 인사제도를 성공적으로 추진하기 위해서는 엄밀한 직무분석에 기반한 연구가 이루어지고, 이에 따라서 각 직위들의 직무값이 정해지며, 그 직무에 적합한 직무역량이 도출되어야 한다. 이러한 준비과정은 기본적으로 충분한 환경적 여건이 구비되어야 하고, 특히 재정상황, 직무분석, 직무평가 등 기본적인 역량과 인프라 구축이 갖추어져야 가능한 것이다. 이러한 조건이 갖추어져 있지 않은 상태에서의 직위분류제적 제도들을 광범위하게 도입하여 추진하는 것은, 제도와 실무 사이에서의 부정합을 발생시킬 수 있다.

우리나라의 현 상황을 고려해 볼 때, 제대로 된 직무분류제를 도입하고 직무급 제도를 실시하려고 하면, 기존의 보수체계와 미래의 직무체계가 정합성을 가질 수 있도록 세부적인 사항들을 엄밀하게 설계하여 진행해 나가야 하며, 정부 부처의 조직문화까지도 바꾸어 나가는, 보다 적극적이고 종합적인 차원으로 진행되어야 한다.

여러 다양한 조직의 기능과 특성을 가지고 있는 공공조직들에 대하여, 획일적인 지침에 따라서 제도개편을 시행하기 보다는, 우선 조직 내부에서 가능한 직무부터 점진적으로 직위분류제로 전환하는 작업부터 차근차근 시행하면서, 확산시켜 나가는 전략을 구사하여야 한다. 이렇게 기본적인 사항들을 충실히 이행하면서 전체 제도의 발전과 변화를 추진해야만, 시행착오를 줄이면서 효과적으로 적합한 제도가 정착되는 변화를 이끌어 낼 수 있다.

영국의 경우처럼, 정부부처가 자신들의 특성에 따라 계급제와 직위분류제를 선택적으로 적용할 수도 있어야 한다. 그 이유는 조직마다 주어진 여건이 다르고 또한 수행하는 직무의 성격도 다르기 때문이다. 각 조직의 특성에 따라서, 다양하고 유연한 구조와 인사시스템이 적용되어야 하기 때문이다.

정책제언 12 | 범정부 인사정책통합기구(가칭 국가인사원)를 신설하고, 대한민국 CHO를 선임하자.

실행 과제

독립적이고 전문성을 지닌 국가인사원을 신설하여 대한민국 공직자에 대한 인사정책을 총괄하여 공직자의 역량과 전문성을 강화하자.

1) 중앙인사행정기관의 역할과 기능을 강화하여, 장관급 '국가인사원'을 설치하여야 한다.

2) 대통령실의 인사수석실을 폐지하라.

1) 중앙인사행정기관의 역할과 기능을 강화하여, 장관급 '국가인사원'을 설치하여야 한다.

민주화 이후 5년 단임제 대통령중심제 하에서 정부 관료제에 대한 정치적인 영향이 날로 증대되고 있으며, 공직자들의 정치적 중립성 유지에 많은 어려움이 발생하고 있다. 이에 따라 공무원들이 적극적으로 업무를 추진하지 못하고 정치권의 통제를 받게 됨으로써 공무원의 자율성과 전문성을 해치고 사기를 떨어뜨리게 되어 정책역량을 약화시키는 문제가 나타나고 있다.

우리나라의 중앙인사행정기관은 인사혁신처로 차관급 정부부처로 인사업무를 관장하고는 있지만, 독립성과 정책주도성에 있어서 제대로 역할을 수행하기 어려운 한계를 가지고 있다. 특히, 공공기관은 인사에 전문성이 없는 기획재정부가, 인사업무 추진에 있어서 중요한 요소인 조직관리 등은 행정안전부가 담당함에 따라 범정부적인 종합적이면서 효율적인 인사관리가 이루어지지 못하고 있다.

인사기능의 독립성과 전문화를 더 강화하기 위해서 정부의 인사업무는 독임제이건 합의제이건 간에 최소 장관급 이상의 조직이 되어야 전체 정부부문의 인사문제를 주도적/효율적으로 운영할 수 있게 될 것이다. 따라서, 중앙인사행정기관으로서 인사혁신처를 장관급 기관(가칭 국가인사원)으로 승격하고, 조직의 독립성과 중립성을 강화하여, 공직자들에 대한 인사전담기관으로서의 위상을 강화하여야 한다. 그리고 국가인사원의 원장은 대한민국 CHO(Chief Human Resources Officer)의 역할을 수행하여야 한다.

중앙인사행정기관은 대통령의 인사권에 대한 견제역할과 정치적인 임용이 남용되지 않도록 감시하는 역할을 수행하여야 하는데, 현재 인사혁신처는, 차관급 처장의 조직으로 국무총리 산하에 있는, 소속기관으로 독립성이 취약한 편이다. 그래서 신설되는 '국가인사원'은 정부 내부의 조직이라 하더라도, 다른 정부기관과는 다르게 상대적으로 독립성과 자율성이 보장되는 조직으로 운영되어야 한다. 그러기 위해서는 특히 내부적으로는 합의제에 기반한 심사와 조사 기능을 보유하여야 하며, 이러한 수단을 활용하여 대통령의 인사권을 적절하게 감시하고 견제하며, 필요시에는 제동장치를 가동함으로써, 공무원 인사에 있어서 실적주의 원칙을 지켜나가는 역할을 수행하여야 한다.

구체적으로 '국가인사원'의 주요 기능으로는, 공무원 인사제도에 대한 규정을 입안하고 관리하며, 잘못된 인사규정이나 관행에 대한 감시 감독 역할의 수행하고, 고위공무원단 이상의 공무원에 대한 승진 등 인사 조치에 대한 일상 감사기능을 수행하며, 공무원의 인사상 불이익 처분에 대한 고충처리 기능을 수행하고, 실적주의 원칙과 정치적 중립성을 위반한 사례에 대한 조사권을 가지며, 조사결과 위법하고 부당한 사례는 시정명령을 내릴 수 있는 권한을 가져야 한다.

2) 대통령실의 인사수석실을 폐지하라.

대통령이 정부 부처의 실적제 원칙에 의해 임명된 공무원에 대한 인사권을 행사하는 것이 바람직한 것인지에 대한 깊은 성찰도 필요하다. 5급 이상의 공무원에 대한 임명권은 대통령에 있다 하더라도, 상징적인 의미는 있지만, 실제로 각 부처 공무원의 역량과 근무태도를 자세하게 파악하기 어렵기 때문에, 대통령이 정무직이 아닌 직업공무원들에 대하여 인사권을 행사하는 것은 바람직하지 않다. 정부 부처의 직업 공무원에 대한 인사를 대통령실에서 관여한다면, 이는 비효율의 문제와 아울러, 정치적 중립성 훼손의 우려도 있다. 부처 내부의 인사는 장관이 책임지고 행사하여야 하고, 이 과정에서 정치적인 고려보다는 평소의 업무실적과 경력 및 잠재역량을 기준으로 하여야 할 것이다. 따라서 대통령실의 인사수석실이나 인사비서관실을 폐지하고, 직업공무원에 대한 인사는 정부 부처에서 직업공무원 출신의 차관에 의하여 실질적인 인사가 이루어지도록 할 필요가 있다.

대통령은 국가안보 및 외교 등의 핵심적 국정과제에 대한 업무를 수행하고, 각 정부 부처가 담당하고 있는 업무들을 대통령이 임명한 장관에 의하여 수행되는 것이 필요하다. 이것이 바로 '책임장관제'이며, 대통령은 장관을 통해서 정부의 정책을 주도해 나갈 수 있으며, 장관이 자율성을 가지고, 또한 소관 업무에 대한 전문성을 가지고 정책을 주도할 수 있어야, 좋은 정책이 입안되고 효율적으로 추진될 수 있는 것이다. 결국 대통령은 국무총리와 장관 등 핵심적인 정무직 직위만을 임명하고, 이들에게는 정치적인 책임을 묻는 것을 근간으로 하고, 기타 세부적인 인사는 장관과 기타 기관장들에게 위임하고 분권화할 필요가 있다.

만약 선거과정에 도움을 준 인사들에 대한 배려로, 이들을 각 정부 조직에 임명한다면, 이는 엽관주의적인 임명이며, 결코 바람직하지 않은 관례를 만드는 것이 될 것이다. 이러한 사례가 만연하면 공직자들은 새 정부에서 요직에 기용되기 위하여, 정치권을 기웃거리고, 선거과정에서는 은밀하게 선거캠프에 참여하는 관행이 생길 수 있다. 이러한 관행이 생겨나면, 공무원의 정치권 줄서기가 이루어지면서, 정치적 중립성은 심각하게 훼손될 가능성이 증대되는 것이다.

정책제언 13 | 공직자 채용제도를 개혁하고, 국가인재채용원을 신설하자.

실행 과제

전문성과 공정성에 기반한 시험문제 출제 및 집행을 위해, 중앙인사행정기구 산하에 국가인재채용원을 신설하자.

1) 공무원 채용제도와 채용시험과목의 전면적 개편이 필요하다.

2) 공직자 채용시험을 총괄하는 전문기관으로 국가인재채용원을 신설하자.

1) 공무원 채용제도와 채용시험과목의 전면적 개편이 필요하다.

정부에서 핵심인재를 선발하기 위해 실시하는 5급 공채제도(행정고시제도)를 폐지해야 한다는 주장도 있으나, 국민들은 고시제도의 폐지가 계층이동의 사다리를 없애고, 공개경쟁시험이라는 실적주의의 근간을 허무는 것으로 인시하게 되고, 향후에 엽관주의가 공직사회에 만연할 것을 두려워 한다.

따라서 행정고시제도는 현재의 제도를 일부 개편하여, 잠재력 있는 인재를 선발하여 공직입직 이전에 공직역량을 강화하는 사전적 교육훈련을 충분히 실시하고, 향후 국가의 핵신심인력이 될 수 있도록 적극 육성하는 것으로 발전시켜 나가야 한다. 동시에 각 분야별로 전문성이 필요한 직위에는 민간경력직을 채용하는 문호를 대폭 확대하고, 공직사회 전 직급에서의 능력별 '속진임용제도'를 실시하여야 한다.

공무원채용 시험과목에 있어서는, 최근에 5급 공채 2차 시험에서 선택과목을 없애고, 필수과목만 존치하기로 한 것은 미래정부를 위한 인사혁신의 비전과는 거리가 있다고 볼 수 있다. 즉 이러한 필수과목의 지정 논리는, 미래 행정환경의 변화에 적극 대응해야한 시대적 변화에 필요한 과목과는 무관하게, 단지 경제성과 수험생 부담완화 등에만 초점이 맞추어져 있으며, 공직의 각 직무분야별 시험과목의 적정성과 필요성에 대한 심도있는 검토가 이루어졌다고 보기 어렵다.

따라서 전체 공무원 채용시험과목에 있어서는, 기본소양(PSAT) + 공직기반(공직윤리, 공직가치 등) + 전문지식 등을 측정하는 과목들이 기본적으로 포함되도록 기본원칙을 설정하여야 한다. 이 기본특에 맞추어, 각 직급별 직무분야별로 필요한 과목들을 세심하게 분석하여, 공무원의 채용시험과목을 전면 개편할 것을 제안한다.

공무원 채용시험과목 틀 제시

기본 소양 + 공직 기반 + 전문 지식

2) 공직자 채용시험을 총괄하는 전문기관으로 '국가인재채용원'을 신설하자.

채용시험은 조직의 필요역량과 잠재능력 등을 모두 측정할 수 있어야 한다. 그러나 최근 공공기관들은 시험의 공정성 문제와 오류문제 해소에 초점을 두고, 주로 외부민간기관에 채용시험의 권한을 위탁하는 경향이 증대되고 있다. 이로 인하여 공공기관들은 인사의 시작인 채용에 대한 데이터 기반 인사관리가 제대로 이루어지지 못하고 있다. 특히, NCS의 경우, 대부분 민간 시험출제 및 운영 기업에 위탁되어 운영되며, 일부 도덕적 해이와 전문성 및 관리 미흡으로 인하여, 여러 시험에 유사한 문제가 출제되는 등의 문제가 노정되기도 하였다.

따라서 인사혁신처에서 추진했던 시험출제 및 집행 등 공무원 채용 운영과 역량모델평가도구 등 연구개발 기능을 수행하는 채용시험 전문기관(가칭 국가인재채용원)을 설립하여 운영하도록 하는 것이 필요하다. 국가인재채용원은 공무원과 공공기관 등 공직자 전체를 총괄하여, 공정하고 투명한 선발이 이루어지도록 채용시험을 출제하고 관리하는 역할을 수행하여야 한다.

정책제언 14 | 대통령 인사의 가이드라인으로 '한국판 플럼북'을 발간하자.

실행 과제

대통령 인사의 투명성과 공정성 및 책임성을 담보할 수 있는 한국판 플럼북을 도입하여, 밀실인사에서 벗어나야 한다.

1) 공무원의 정치적 중립성을 강화하여야 한다.

2) 실적주의에 입각한 '한국판 플럼북'을 발간하여야 한다.

민주화 이후 5년 단임제 대통령중심제 하에서 정부 관료제에 대한 정치적인 영향이 날로 증대되고 있으며, 공직자들의 정치적 중립성 유지에 많은 어려움이 발생하고 있다. 이러한 정치적 영향력의 증대로 인하여, 공무원의 자율성과 전문성을 해치고 사기를 떨어뜨리게 되어 정책역량을 약화시키는 문제가 나타나기도 한다. 또한 일부의 사례에서 공무원이 그 주어진 역할을 제대로 수행하지 않거나 못함에 따라서 사고가 발생되거나 손실이 증가되어, 이로 인한 많은 피해가 국민과 국가에 초래되는 경우도 있다.

1) 공무원의 정치적 중립성을 강화하여야 한다.

공무원 관련 규정을 개정하여 공무원들이 소신있게 일하면서 자신의 일에 책임을 짐으로써 적극적으로 공익을 실현하도록 해야 할 것이다. 따라서 직무상 상관의 명령이 합법적인지 여부를 공무원은 항상 판단해야 하며, 이의제기는 공무원의 의무이자 권리이며, 국민 전체에 대한 봉사자로서 당연히 공무원 개개인이 책임감을 가지고 소신껏 복무할 수 있도록 법률을 강화하여야 한다.

공무원의 정치적 중립 위반 사례가, 엄청난 정치권력의 압력에 저항하지 못하고 일어난 것이라면, 공무원의 신분보장과 함께, 위법 부당한 압력에 대항할 수 있는 수단과 방법이 마련되어 있어야 한다. 그런데, 최근의 공무원제도 개혁의 내용을 살펴보면, 개방형 인사제도와 성과주의를 강조하면서, 공무원들의 역량 강화에 많은 노력을 강조하고 있고, 성과가 낮은 공무원에 대한 인사조치를 규정하는 등 신분보장을 약화시키는 내용들이 포함 되어 있다.

이러한 조치들은 물론 당연히 공무원의 역량을 강화하여, 정부의 대국민 서비스의 질을 높이려는 것이지만, 다른 한편으로는 공무원의 신분보장을 약화시키는 효과를 가지고 있다고 볼 수 있다. 그 결과로 공무원들은 상대적으로 상관이나 정치권의 눈치를 더 많이 보게 되는 것을 예상할 수 있다. 실제로 한국행정연구원의 델파이조사 결과[4]를 보면, 전문가들은 과거와 달리 고위공

4 서원석(2017), 거버넌스시대의 공무원 정치적 중립성 확보방안(한국행정연구원 연구보고서), 176면 참조.

무원단이 정치적인 영향을 더 많이 받고 성과에 민감하며, 대통령의 영향력이 그 전보다 더 증대된 것으로 판단하고 있다.

공무원의 신분보장이 과거에 비해 약해졌지만, 이를 긍정적인 것으로 인식하고 발전시켜 나갈 필요가 있다. 즉 업무효율의 향상과 역량 강화를 위한 공무원 인사제도의 개혁은 필요하므로 계속되어야 하지만, 동시에 정치적인 영향력을 방지하는 대책들도 보완되고 강화되어야 한다.

구체적으로는 정치적인 이유로 부당한 처분을 받았을 때는, 이를 시정하도록 고충처리의 절차를 객관적으로 운영할 수 있는 내부 인사시스템을 잘 완비해야 하며, 중립적인 외부위원의 참여를 보장하여 객관성을 보장 받아야 한다. 또 공무원이 부당하게 좌천되고 퇴직하는 일이 벌어지는 것을 막기 위해서는, 중앙인사행정기관이 조사를 가능하게 하여 잘못이 있을 경우에는 원상회복하는 조치를 내릴 수 있어야 한다.

2) 실적주의에 입각한 '한국판 플럼북'을 발간하여야 한다.

정권 교체기마다 밀실인사와 정치적인 낙하산 인사에 대한 논란이 끊임없이 발생하고 있다. 유권자인 국민의 입장에선 전문성 있는 인사를 공정하게 공직에 발탁하길 기대하며, 인사권자의 사적 인연을 배제하고, 투명한 검증절차를 거쳐 적재적소에 전문성이 있는 인재들이 등용되기를 원한다. 그러나, 선거에서 승리한 대통령의 입장에서는 선거과정에서 고생하고 도움을 준 지지자들에 대한 논공행상에 대한 필요성도 있고, 동시에 성공적으로 국정을 운영해 나가기 위해서는 유능한 지지자들을 주체세력으로 하여 주요 직위에 임명하여 국정을 이끌어 나가야 하는 필요성도 있다.

이렇듯 정권교체기 마다 등장하는 대통령의 인사권에 대한 문제는, 이 문제에 관한 명확한 기준과 절차가 제대로 정비되어 있지 못하기 때문이다. 대통령이 인사권을 행사할 수 있는 직위의 범위와 그 직위에 필요한 자격요건과 임명절차에 대한 가이드라인이 명확하게 규정되어 있다고 한다면, 이 문제는 해결될 수 있다.

미국의 경우 차기 대통령이 정치적으로 임명할 수 있는 직책과 자격요건을 규정한 일명 '플럼북(Plum Book)'이 있다. 이 규정집은 겉표지가 자두색이라서 붙은 이름이며, 아이젠하워 행정부 시절인 1952년에 시작되었으며. 미국 의회에서 발간하는데, 조 바이든 대통령 당선 직후인 지난 2020년 12월 펴낸 플럼북은 200쪽 분량이다. 미국에서는 플럼북에 따라 새 대통령이 인사권을 행사하므로 우리나라처럼 '낙하산 인사'에 대한 논란이 없다.

우리나라도'한국판 플럼북'을 통하여, 대통령이 임명할 수 있는 직위에 대한 엄격한 기준을 제시한다면 그동안 논란이 되어온 정치적 임명직의 절차를 양성화하는 성과를 거두게 될 것이며, 대통령은 지지자중에 유능한 인재를 발탁하여 국민들에게 책임있는 정책을 펼칠 수 있게 될 것이다. 또한 이 규정집에는 대통령도 마음대로 임명할 수 없는 직위들을 규정하고, 이 직위들은 실적주의에 따라 역량이 검정된 전문가들을 임명하게 함여, 대통령의 인사권이 남용하는 부작용을 줄일 수 있다.

정책 제언 1 | 글로벌 대전환 시대에 적합한 정부행정체제를 새롭게 구축하자.

실행 과제

세계를 선도하고 G3를 향한 대한민국의 미래 정부 구축을 위해, 디지털플랫폼에 기반한 스마트 정부 운영시스템을 구축하여야 한다.

1) 개방적이고 다층적인 최상위 메타플랫폼의 구축이 필요하다.
2) 공공플랫폼을 중심으로 중앙과 지방이 연계되는 공유경제의 기반이 마련되어야 한다.
3) 디지털플랫폼 기반의 스마트 정부는 추진 주체와 추진 목표 및 추진 대상을 명확히 설정하여, 추진하여야 한다.
4) 중앙정부/지방정부/지역주민/민간기업 등 추진 주체간의 명확한 역할 분담이 이루어져야 한다.

정책 제언 2 | 1,558개 중앙정부와 지방정부 산하 공공기관을 백지에서 재설계하자.

실행 과제

공공기관의 생산성과 효율성을 제고하기 위하여, 공공기관의 운영시스템을 획기적으로 개편하여야 한다.

1) 공공기관의 존재 필요성을 전면 재검토하여, 공공기관의 규모를 축소해 나가야 한다.
2) 공공기관장 임기제도를 개편하여, 정부교체기마다 반복되는 정부와 공공기관간의 갈등과 비효율의 문제를 해결하여야 한다.

정책 제언 3 | 공공기관운영위원회를 독립적인 범정부기구로 개편하자.

실행 과제

공공기관의 운영시스템을 개편하여, 독립적인 범정부기구를 설립하여, 자율성과 효율성을 확보하여야 한다.

1) 정부와 민간과의 협업에 의한 범정부적 공공기관 관리체계를 확립하여야 한다.
2) 각 공공기관의 특수성을 반영하지 못하는 획일적인 공공기관 평가시스템을 개혁하여야 한다.

정책 제언 4 국가운영체계를 정치와 행정의 조화로운 협력체계로 전환하자.

실행 과제

국가를 성공적으로 운영하기 위한 제도개혁의 핵심은 입법부와 행정부의 효율적인 협력체계의 구축이다.

1) 행정부와 입법부의 관계를 대립적 관계에서 협력적 관계로 전환하여야 한다.

2) 독점의 정치를 가져오는 대통령제의 내각제적 운영을 개혁하자.

3) 지역중심 양당제의 한계를 극복하는 소선거구제의 개혁이 필요하다.

정책 제언 5 대통령 4년 중임제를 도입하고, 선출직 공직자의 임기와 선거제도를 개혁하자.

실행 과제

책임정치를 가능하게 하고 국정의 연속성과 안정적인 국정을 운영하기 위하여 대통령 4년 중임제를 도입하고, 대통령과 국회의원, 지방자치단체장과 지방의원의 임기와 선거일시를 개편하자.

1) 5년 단임제 대통령제의 한계를 극복하는 대통령 4년 중임제 개헌이 필요하다.

2) 대통령의 임기와 국회의원 및 지방자치단체/지방의원의 임기에 대한 제도적 개혁이 필요하다.

정책 제언 6 정책 전문성 강화를 위한 정당시스템을 전면 개혁하자.

실행 과제

정치적 역량과 정책적 전문성을 갖추기 위한, 정당시스템의 전면적 개혁이 필요하다.

1) 대중정당 모형과 원내정당 모형의 조화와 균형이 필요하다.

2) 당내 민주화를 통한 공천제도의 개혁이 필요하다.

3) 정당의 정책 전문성 강화를 위한 정책연구소의 강화가 필요하다.

정책 제언 7 | 미래 정치지도자 육성시스템을 강화하자.

실행 과제

미래 정치를 이끌어 나갈 정치지도자를 육성하는 정치지도자 육성시스템의 강화가 필요하다.

1) 정치대표성의 세대간 불균형 해소를 위한 제도적 보장이 필요하다.

2) 미래 정치인 육성을 위한 민주시민교육과 정치교육의 병행 실시가 필요하다.

3) 당내당 구조의 청년정치 조직 활성화가 필요하다.

정책 제언 8 | 31년 된 지방자치제와 226개 지방자치단체의 운영, 백지에서 다시 그리자.

실행 과제

지역주민의 생활자치를 위하여, 권력중심이 아니라 기능중심의 지방자치단체의 계층과 구역을 초광역적으로 전면 개편하여야 한다.

1) 현재의 광역/기초 지방자치단체 계층체계를 통합하여, 전국을 초광역적 구역단위로 전면 개편하는 대전환이 필요하다.

2) 미래지향 4차 산업혁명시대에 부응하여, 지역이 주도하는 디지털 지역사회의 발전을 추구하여야 한다.

3) 글로벌 경쟁력을 높이기 위한 지역 주도의 초광역권 지역발전 전략이 필요하다.

정책 제언 9 | 자치행정과 지방교육자치 시스템의 점진적 통합이 필요하다.

실행 과제

지방자치행정과 지방교육행정의 관계는, 의결기구는 통합되고 집행기구는 분리된 제도적인 문제점을 해결하기 위하여, 단계적으로 통합되어야 한다.

1) 지방행정과 지방교육행정의 효율적 관리를 위한 점진적 통합이 필요하다.

2) 통합방법은 '선 연계협력, 후 통합'의 방식으로, 단계적으로 추진하여야 한다.

정책제언 10 | 교육감 직선제를 러닝메이트제나 추천임명제로 전환하자.

실행 과제

시도지사와 교육감과의 갈등관계를 해소하기 위해서, 교육감 선출방법을 혁신하여야 한다.

1) 교육감과 지방자치단체장간의 갈등을 해소하기 위한, 교육감 선출시 러닝메이트제를 실시하자.

2) 지방자치행정과 지방교육자치 시스템의 통합 후에는, 지방자치단체장이 교육감을 임명하여야 한다.

정책제언 11 | 관료제의 창조적 해체를 통한 새로운 인사시스템을 구축하자.

실행 과제

급변하는 환경에 대응하고 지속적으로 변화와 혁신을 추구하기 위해서는, 관료제의 창조적 해체를 통한 새로운 인사시스템을 구축하여야 한다.

1) 전통적 관료제를 창조적으로 해체하고, 새로운 공직 생태계를 조성해야 한다.

2) 직무중심의 공직구조와 직무기반의 보수제도를 점진적으로 도입하여야 한다.

정책제언 12 | 범정부 인사정책통합기구(가칭 국가인사원)를 신설하고, 대한민국 CHO를 선임하자.

실행 과제

독립적이고 전문성을 지닌 국가인사원을 신설하여 대한민국 공직자에 대한 인사정책을 총괄하여 공직자의 역량과 전문성을 강화하자.

1) 중앙인사행정기관의 역할과 기능을 강화하여, 장관급 '국가인사원'을 설치하여야 한다.

2) 대통령실의 인사수석실을 폐지하라.

정책 제언 13 | 공직자 채용제도를 개혁하고, 국가인재채용원을 신설하자.

실행 과제

전문성과 공정성에 기반한 시험문제 출제 및 집행을 위해, 중앙인사행정기구 산하에 국가인재채용원을 신설하자.

1) 공무원 채용제도와 채용시험과목의 전면적 개편이 필요하다.

2) 공직자 채용시험을 총괄하는 전문기관으로 국가인재채용원을 신설하자.

정책 제언 14 | 대통령 인사의 가이드라인으로 '한국판 플럼북'을 발간하자.

실행 과제

대통령 인사의 투명성과 공정성 및 책임성을 담보할 수 있는 한국판 플럼북을 도입하여, 밀실인사에서 벗어나야 한다.

1) 공무원의 정치적 중립성을 강화하여야 한다.

2) 실적주의에 입각한 '한국판 플럼북'을 발간하여야 한다.

좌담회

공공개혁과 국가운영체계의 대전환 국가 전체의 발전과 생존에 대한 담대한 논의와 고민의 시작

우리 연구원은 글로벌 대전환의 시대에 대한민국이 직면한 위기와 도전에 대하여 적극 대응하고, 안전하고 건강한 국가 생태계를 만들어 가는 데에 지혜를 모으고자 2022년 과제를 '공공개혁과 국가운영체계의 대전환'으로 설정하였습니다. 특히 새 정부가 시작한 올해를 기점으로, 이 과제에 대한 핵심 주체를 정부, 국회, 지역으로 인식하고 이들을 중심으로 각 주체별 핵심 과제와 해결방안을 찾고자 3회에 걸친 정책포럼을 개최한 바 있습니다. 이러한 결과물들을 바탕으로 작년 "백지에 그리는 일자리" 출판에 이어서 금년도에는 "백지에 그리는 국가운영체계"로 출판할 예정입니다.

우리 사회의 원로와 학계 전문가를 모시고, 공공개혁과 국가운영체계 대전환에 대한 소중한 지식과 경험 그리고 통찰력을 공유하고자 다음과 같이 좌담회를 마련하였습니다.

외부 참석자

김대환 前노동부장관

이인제 前경기도지사, 前국회의원

김용호 서울대 아세아연구소 초빙교수, 前한국정치학회 회장

임현진 서울대 명예교수, 前한국사회과학협의회 회장

홍준형 중앙대 공공인재학부 교수

최아진 연세대 국제학대학원 교수

기획위원

노정란 명지대 미래융합경영학과 교수

곽노성 연세대 글로벌인재대학 교수

김택동 사무총장

좌장

안종태 대외협력분과 위원장, 강원대 경영대학 명예교수

안종태

이제 국제사회도 대전환하는 시기입니다. 대한민국도 "Re-Set"이 절대적으로 요구된다고 생각합니다. 그럼에도 불구하고 대한민국의 수준은 여전히 산업화시대에 갇혀 한 발자국도 나아가고 있지 못하는 형국입니다. 이에 반드시 공공개혁을 이루어 공직사회의 경쟁력을 글로벌 수준으로 향상시켜야 하는 과제, 국민들이 요구하는 국회와 정치시스템으로 개혁해야 하는 과제, 그리고 지방자치와 지방교육자치가 과연 지역주민의 삶의 질 관점에서 실행되고 있는지 점검하고 대안을 수립해야 하는 과제에 대하여 우리 연구원은 우리 사

회 전체를 향하여 냉철히 질문을 던지는 가운데, 각 해결 주체들이 지혜롭게 해답을 찾아 가도록 담대한 논의의 시작점으로서 올해의 주제를 "공공개혁과 국가운영체계 대전환 방안"을 선정하였습니다.

모쪼록 오늘 참석해 주신 여러분들의 고견을 기대합니다.

그럼, 오늘 첫 질문을 김대환 전 장관님께 드리겠습니다.

전 세계적으로 정부의 역할이 축소되고, 기후변화와 팬데믹의 빈발 및 국제적인 갈등의 고조 등으로 인한 국제사회에서 미래 환경 변화는 예측불가적으로 급변하고 있습니다. 우리 정부는 그동안 국내 중심으로 운영되어왔는데 이러한 글로벌 변화의 시대에 우리 정부는 어떻게 대처해야 한다고 생각하시는지요?

김대환

먼저 격변하고 있는 국제사회 상황에 대해서 대통령-정책 수립 및 실행자인 공무원-국민간에 틈이 없는 동일한 수준에서 정확하게 국제정세를 인식하는 것부터 출발해야 한다고 봅니다. 2022년 글로벌 사회는 마치 '하나의 국가'처럼 유기적으로 움직입니다. 그런데 대한민국은 전체 면적이 미국 캘리포니아 한 개 주, 중국 광동성 면적보다 작은 나라인데도, 영남-호남당으로 확실하게 구분된 양당체제하에서 국민적 합의가 필요한 주요 외교와 국방 아젠더 마저도 합의와 통합의 과정 없이 이념과 정쟁으로만 치달리고 있습니다.

글로벌 이슈에는 전혀 대응도 하지 못한 채 국가적 신뢰를 상실한 지 오래입니다. 또한, 사회적 갈등지수는 전 세계적으로 최고로 높은 수준입니다. 대한민국의 경제규모와 수준은 실히 선진국 계열에 도달한 것 같습니다. 그러면 여기서 우리는 어떻게 하면 될까요? '글로벌 판' 중심의 사고로 대전환해야 합니다. 그러려면 글로벌한 시각의 국가 대전략 하에서 자신감 있게 미래를 주도적으로 끌고 나가는 국가역량을 갖추어 나가야 되지 않을까 생각이 듭니다.

임현진

세계화의 와중에서 국가의 정책적 입지가 축소됨으로써 정부의 대내외적 역할이 약화되고 있는 것은 사실입니다. 그러나 코로나 펜데믹의 영향으로 오히려 정부의 역할이 그 어느 때 보다도 중요하게 요구되고 있습니다. 한편으로 시장은 잠정적으로 후퇴하고 다른 한편으로 시민사회는 불가피하게 위축되고 있는 현실에서 정부는 코로나 19에 대한 대처, 피해를 입은 집단에 대한 긴급지원 등 재정확대가 불가피했다고 봅니다.

작금 한국은 제4차 산업혁명아래 디지털변혁, 에너지전환, 기후변화, 탄소중립, 인공지능, 메타버스 등 엄청난 도전에 직면해 있고, 러시아의 우크라이나 침공으로 미국·유럽의 자유주의 지대와 러시아·중국의 국가주의 지대 사이에 일종의 신냉전이 벌어지고 있습니다. 북한은 핵무력 사용의 법제화를 통해 한국에 대한 핵 위협을 가중시키고 있으며, 이 와중에서 세계화가 주춤하면서 지구가치사슬(global value chains)에 균열이 일어났고 생산의 공급망과 소비의 연결망에 파열이 나타나면서 세계 거의 모든 나라들이 경기침체, 식량위기, 에너지부족, 물가상승에 시달리고 있습니다. 국가 중심의 각자도생의 脫世界化(de-globalization)로 갈지 아니면 국경을 넘는 인류공존의 再世界化(re-globalization)로 갈지 가늠하기 어려운 현실에 마주하고 있는 게 우리의 현실입니다.

정부, 시민사회, 기업 등이 함께 나가야 합니다. 이들이 서로 공적 토론이라는 숙의과정을 통해 견제와 균형을 통해 종래의 富國强兵의 목표에 國利民福의 가치를 추가해야 합니다. 우리나라는 국제협상의 타결, 수출무역의 확대, 성장동력의 형성, 하부구조의 건설, 사회갈등의 조정, 복지제도의 개선 등 바쁘게 움직일 수밖에 없습니다. 정부에 대한 비판적 협조자로서 시민사회와 국부의 창출자로서 기업의 역할을 경시해서는 안 되며, 시민참여에 의한 민주적이고 비판적인 공론의 장이 마련되어야 합니다.

치열한 국제경쟁에서 국민경제를 지탱하기 위해서는 기업이 국가의 수호자(national champion)로서 이윤추구와 사회공헌을 조화할 수 있도록 책임을 다해야 하며 세계화의 추세아래 비록 정부의 입지는 약화되고 있지만 국가의 선도적 역할아래 시민사회의 비판 능력과 시장의 경쟁 능력을 자기중심적 발전의 동인으로 견인함으로써 가능할 것입니다.

안종태

중앙 및 지방정부 공무원과 공공기관에 근무하는 임직원을 포함한 우리나라 공직자는 작년 말 기준 160만 명이며 연간 인건비는 110조 입니다. 대한민국이 G3로 진출하기 위해서는 공직자의 경쟁력이 반드시 바탕이 되어야 합니다. 공직자 경쟁력이 대한민국의 경쟁력입니다. 공직자들이 정치적 영향력으로부터 독립, 전문성 강화를 통해 행정에 전념할 수 있는 방안은 무엇이라고 생각합니까? 이에 따른 미래사회에 적합한 정부 조직 등 제도 개선은 무엇이 필요하다고 생각하십니까?

김대환

엽관제의 장단점은 존재합니다만, 현재 대한민국 상황은 엽관제의 폐해가 상당히 높아 독립적이고 중립적인 중앙인사위원회의 구성 및 준사법권 부여 등 권한 강화가 절실히 요구됩니다. 정책의 질 결정은 상당 부분 의회의 입법수준과 공무원 인재Talent 수준에 달려 있는데, 대한민국은 최근 심각한 상황으로 낙후되어 가고 있습니다. 공무원 인사에 있어서 미국의 연방인사위원회(Civil Service Commission)의 성공에 기반한 MSPB+OPM 체제도 참조할 가치가 있습니다.

즉, 중앙인사위원회의 정치적 인사 방지를 통해 공무원이 정치권에 줄을 대도 소용없는 풍토 조성과 이와 함께 실적주의 중심으로 공무원 인사제도를 개혁해 나가야 합니다. 최근 수년간 공무원 주요 보직 임면과정을 보면 크게 우려가 됩니다. 진영논리가 무엇보다 최우선하고, 공무원 내부에서도 정책의 질 등 실적주의에 의한 보상과 육성이 아닌 순환보직에 의한 배치가 일상화 되다 보니, 한국 기업의 수준은 1등인데, 의회의 입법과 공무원을 통해 생산되는 정책의 수준은 한참 뒤져 후진국 수준으로 가는 형상입니다. 대통령의 인사전횡 방지를 위해서는 부처 장관 및 기관장의 실질적 인사권이 보장된 인사권의 분권화개혁이 필요하고, 내부적으로는 실적Merit에 의한 보상-육성-발탁이 제도적으로 자리 잡는 개혁이 필요합니다.

임현진

2000년대 들어 정부가 바뀔 때마다 정부 조직은 커졌고 재정도 늘어났습니다. 우리 정부 조직은 18부 3처 19청으로 일본의 1부 22성청에 비해 크고 우리나라 중앙정부 공무원 숫자는 70만명으로 인구규모가 두 배가 넘는 일본과 거의 비슷합니다. 근래에 정부가 공공부문을 확대하면서 지방공무원 정원이 최근 4년간 7만명이 늘어났습니다. 최근 시.군.구 지역 226곳 중 165곳이 인구가 줄어들고 있는데 공무원 숫자는 오히려 늘어 중앙과 지방 공무원이 103만명, 입법.사법.행정부 까지 합치면 116만명에 달합니다.

한국은 제왕적 대통령제아래 권력집중의 폐단으로 인해 내각제 내지 분권제에 대한 관심이 높아지고 있습니다. 그러나 이를 위해서는 정치인의 식견과 자질 향상, 수용과 협상의 문화의 발달 등이 중요하지만 가장 화급한 과제가 직업관료제의 정착입니다. 한국의 공무원들은 "영혼이 없다"는 질타를 받고 있는데 오직하면 복지부동을 넘어 "엎드려 눈치만 살피고 있다"는 비판으로부터 자유롭지 못할 것 같습니다.

우선 정부 조직의 규모를 떠나 강하고 효율적인 조직을 만들어야 합니다. 거의 모든 업무가 여러 정부 부처에 분산되어 분절화 되어 있습니다. 예를 들어, 안전, 재난 등의 경우 가능한 중앙정부의 한 부처에 통합하고 대부분의 업무는 지방정부로 이관해야 합니다. 지방정부의 분권과 자치를 강화시켜야 하며 다음으로 공무원들이 정권의 눈치를 보지 않고 업무를 볼 수 있도록 이름뿐인 직업공무원제도를 내실화해야 합니다. 그리고 공무원들이 일을 할 때 정책적 과제의 단기적 성패에 따라 과도하게 책임을 지우지 않도록 해야 하고 직무유기와 직권남용의 차이를 구분해야 합니다.

안종태

이인제 의원께서도 공직에 오래 계셨으니, 현장의 문제점을 매우 잘 알고 계실 듯합니다. 어떻습니까?

이인제

인사는 하나의 큰 전략이고, 인사를 잘하느냐 못하느냐에 따라서 조직의 성과가 달라지는 겁니다. 제가 도지사직을 수행할 때, 당시에는 조직 안정성 측면과 실적을 동시에 고려하여 인사를 실행했습니다. 저는 공무원 인사의 기본 원칙은 '일은 조직이 한다.'라고 생각합니다. 또한 인사의 전 과정은 투명하게 운영되는 것이 중요합니다. 즉, 모든 공무원들은 그 조직의 일원으로서, 어떤 정부가 들어서도, 국가 정책을 지속적으로 충실하게 수행하는 것이 자신에게도, 국민에게도 도움이 된다라고 여기는 풍토가 시급히 자리 잡혀야 하는 것입니다.

그런데 어느 사이 대한민국 공무원 사회 그 중 특히 1급 실장급인 경우는 정치화 정도가 매우 심각합니다. 청탁이 일상화되고, 국가와 국민의 발전과 성장 관점의 정책은 부재하고 이념 편향적으로 5년마다 논쟁이 되풀이 되고 있는 겁니다. 그 피해는 고스란히 국민이 떠안는 상황이 되는 건데, 일본은 공무원이 한 보직에서 5년~10년 이상 근무하는 것을 눈여겨 볼 만합니다. 글로벌 국가 경쟁력을 갖추기 위해 공무원들이 정책 전문성을 가지려면 순환 보직제도를 없애고 정치적 영향으로 독립해야 합니다.

안종태

언론 보도에 의하면 우리나라 중앙정부 공공기관은 350여개이며, 종사하는 근로자는 44만 명, 예산은 583조입니다. 지방정부 공공기관은 중앙정부 공공기관보다 훨씬 많은 것이 현실입니다. 국민으로부터 중앙정부, 지방정부 공공기관에 대한 개혁 요구가 점점 많아지고 있습니다. 산업화 시대의 필요에 의해 만들어진 현재의 공공기관이 미래지향적으로 개선되기 위해 어떻게 개편되는 것이 좋을까요? 새로운 환경에 적합한 공기업의 역할과 기능, 구조에 대해 어떻게 생각하시는지 김대환 장관님께 여쭙고 싶습니다.

김대환

한국 경제성장 측면에서 민간 부문의 발전이 미약한 단계에서는 공공부문이 상당히 역할을 해 온 것은 사실입니다. 그런데 여러 데이터를 보면 명백한데, 민간 대비 공공부문이 여러 모로 상당히 뒤처져가고 있습니다. 즉, 공공의 역량이 글로벌 시장에서 성장해 가는 기업의 역량보다 한참 뒤처진 것입니다. 공공기관의 개혁은 더 이상 지체되면 안됩니다.

공공기관 개혁의 기본방향은 최소화, 투명화, 유연화, 효율화로 요약될 수 있습니다. 규모와 기능은 최소화, 경영원칙은 투명화-유연화-효율화로 가는 것입니다. 여러 선진국가들도 유사한 이행과정을 거쳤습니다. 또한 민영화를 진영 논리로 치부해버리는, 대한민국은 빠져나오기 힘든 덫에 걸려 있습니다. 민간부문과는 다른 실질적 공공 기능만 공공이 수행하게 하고, 민영화를 포함하여 공공기관의 규모는 대폭 축소하면서, 공공기관이 '신이 공공기관 종업원에게만 특별한 혜택을 주려고 만든 직장'이 아닌 국민에게 서비스하기 위해 기관의 미션이 존재하는 공공기관으로 전환해야 합니다. 정부는 대한민국 역사와 국민 앞에 당당하게 그 책임을 더 이상 미룰 수 없다는 각오로, 공공기관 개혁의 기본 가치를 수립하고, 면밀하게 전략수립-추진을 해 나가야 합니다.

안종태

이번에는 한국정치와 관련해서 여쭤보도록 하겠습니다. 김용호 교수님, 우리나라 국가경쟁력이 OECD 27위, 정치 안정성은 31위로 낙후되어 있습니다. 우리나라가 G3가 되기 위해 필요한, 그리고 국민이 원하는 정치 개혁은 무엇이라고 생각하십니까?

김용호

우리나라 정당은 영·호남 정당으로 나누어져서 상대편에 대한 비판 일변도로 가고 있기 때문에 근본적인 문제가 있습니다. 따라서 이러한 문제를 해결하기 위해서는 선거제도의 개혁이 필요한데, 제 생각으로는 비례대표를 늘려나갔으면 좋겠습니다. 그런데 지난번 연동형 비례대표는 실패했는데요, 그보다는 중앙선거관리위원회가 제안한 방식에 의하면 비례대표를 100명 정도의 수준으로 구성하여 지역성에 매몰되어 있는 정당 구조를 바꿔가는 것입니다.

한편 정당의 정책 전문성이 너무 부족합니다. 현재 기준 정책 보조금의 30%를 정당 부설 정책 연구소에 사용하도록 하고 있는데 제대로 사용이 안 되고 있습니다. 이것이 제대로 사용 될 수 있도록 하고, 보조금도 좀 더 늘려나갈 수 있도록 해야 합니다.

정치 문화 차원에서는 시민들에 대한 정치 교육이 필요한데, 한국은 굉장히 부족합니다. 특히 학교 기관을 통해서도 시민정치를 위한 교육 과정들이 실제로 많이 진행될 필요가 있습니다. 무엇보다도 저희 정치 발전의 가장 큰 장애는 정치적으로 이분되어 있는 정도와 상태의 심각성입니다. 그래서 제기되는 것이 선거 정당 제도의 변화입니다. 지금은 양당제인데, 지금 한국의 대통령제와 합쳐져 극단적인 입장들이 더 노출되기 쉽기도 합니다. 또 다당제에 대한 요구도 있습니다만, 다당제로 가기 위해서는 정치 문화부터 바뀌어야 하고, 다당제의 현실적 문제점 또한 상당해서 실패한 국가들도 많기 때문에 선거 정당제도 개혁과 관련해서는 여러 가지 과제와 해결 노력이 필요합니다.

안종태

이인제 전의원께서도 정치현장에 오래계신 경험을 바탕으로 우리나라 정치 현안에 대해 매우 잘 알고 계실 듯합니다. 어떻습니까?

이인제

21세기에 어느 나라나 가장 앞서 있는 경제주체는 기업이고 가장 뒤처진 부문은 정치일 것입니다. 그 이유는 정치는 글로벌 경쟁에 노출이 안 되잖아요. 기업은 특히 글로벌 경쟁에서 치열하게 싸워야 생존할 수 있는, 경쟁에 노출되어있기 때문에 자기 혁신이 가장 중요합니다. 그런 점에서 보면 우리나라든 어느 나라든 정치에 대한 불만이 제일 높습니다. 그런데 특히 한국의 정치가 매우 후진적인 것은 문제가 크다고 봅니다.

저는 이것을 구조와 사람으로 보고 있습니다. 정치 개혁의 초점을 사람으로 보면, 자꾸 '사람을 바꿔라', '새 사람으로 해라' 이렇게 요구하고 있지 않습니까? 그런데 우리나라에서는 총선때마다 50%이상 바뀌는데, 이렇게 큰 규모로 사람이 바뀌는 나라가 없습니다. 미국이나 일본이나 유럽도 아마 20%에 미치지 않을 것입니다. 문제는 이렇게 바꿔도, 또 똑같이 정치 후진화 현상이 계속되고 더 악화되기까지 한다는 것입니다. 그럼 문제의 본질은 사람이 아니라는 거죠.

최근 마이클 포터교수가 발간한 「The Politics Industry」는 경영학적 관점으로 정치를 분석했습니다. 정치는 산업이고, 유권자는 소비자, 정당은 기업이라는 틀로써 비유하면서 거대 정당의 힘에 국민은 패할 수밖에 없는 구조를 신랄하게 비판했는데, 저는 이 대목에서 한국 정당의 수준을 대장간 수준이라고 봅니다. 즉, 대장간은 아무리 시간이 가도 대장간이지, 배를 만들겠어요?

자동차를 만들겠습니까? 기계를 만들겠습니까? 용광로는 꿈에도 못꾸는 거죠.

정치가 산업이고 정당이 기업이라면 대표적인 생산물은 법률과 예산입니다. 글로벌 시장에서 기업과 국민이 우월하게 생존하고 발전해가는 법률과 좋은 예산을 만들면 국가가 부강해지고 국민들의 행복도 높아지는 거 아니겠어요? 한국 경제는 대장간 개선방식이 아니라 시대에 맞는 현대화된 용광로를 만들어 세계 시장을 제패하는 방식으로 우뚝 섰습니다.

한국의 정치 개혁도 후진성을 벗어나려면 점진적 개선으로는 안 되고, 과감한 혁신적인 접근을 할 수밖에 없다고 봅니다. 여기서 눈여겨 볼만한 나라는 미국과 독일입니다. 미국은 정치도 완전 시장 경제입니다. 정당을 국가가 보호해 준다, 국가가 지원해 준다는 개념은 없습니다. 그냥 시장 경제 안에서 움직이는 거예요. 독일의 경우는 한국과 같이 정당이 헌법상 기구예요. 그리고 국가가 지원합니다. 한국과 다른 점은 각 정당마다 강력한 싱크탱크가 있다는 점입니다. 재단으로 운영되며, 연방 정부가 많은 재정을 지원합니다. 수많은 전문가들이 그 정당의 노선, 가치, 정책 등을 연구하고, 정치 인재들을 발굴·교육·훈련시키고, 시민 정치 교육을 담당하고, 전 세계로 나가 다른 국가들의 변화를 연구하고 국가 정책에 반영합니다. 2차 대전 후 잿더미 속에서 오늘의 독일이 된 것은 독일 정치의 경쟁력이라고 생각합니다.

안종태

김용호 교수님께 질문 드리겠습니다. 우리나라는 선진국에 비해 정치지도자 육성과 환경조성이 미흡해 보입니다. 생산적이고 미래지향적인 정치 환경을 위해 미래 정치 지도자는 어떻게 육성해야 한다고 생각하십니까?

김용호

훌륭한 정치지도자를 육성하려면 다음 3가지 조건이 필요하다고 생각합니다.

첫째, 우리 사회에서 정치를 혐오하는 분위기가 개선되어야 우수한 인재가 정치에 관심을 가지거나 참여할 수 있고, 둘째, 정치지도자를 교육시키는 제도가 체계적으로 갖추어져야 합니다. 셋째, 정치지도자 충원구조가 획기적으로 개선되어야 한다고 봅니다.

정치 혐오 분위기가 사회 전반에 자리 잡게 된 이유를 저는 한국인들의 정치에 대한 기대 수준이 너무 높기 때문이라고 생각합니다. 특히 대통령을 비롯한 정치지도자에 대한 기대 수준은 지나칠 정도로 높아서 이러한 기대가 충족되지 않으면 정치에 대한 불만이나 혐오가 커지게 됩니다. 또한 정치인들은 선거에서 표를 얻기 위해서 유권자가 원하는 것을 무엇이든지 들어줄 것처럼 공약을 내거는 무책임한 경우도 자주 발견되는데, 이는 결국 유권자가 공약을 남발하거나 능력이나 자질이 부족한 정치인을 제대로 심판해야 정치적 실망을 줄일 수 있다는 결론을 얻게 됩니다. 그러므로 국민들도 공약이나 능력 대신 지역연고를 기준으로 투표를 한 후, 선출된 정치지도자를 원망하고 정치를 혐오하는 것은 유권자로서 자기 부정적 투표행태라고 할 수 있습니다.

이런 선거풍토에서는 훌륭한 정치지도자가 나올 수 없고, 오직 지연, 학연, 혈연, 인연 등을 능숙 능란하게 활용하는 정치인들이 힘을 발휘하게 되는 것입니다. 한국인들이 정치에 대한 혐오감이 높은 다른 주요한 이유는 정치사회화 과정이 왜곡되어 있기 때문입니다. 한국은 가정이나 학교나 사회에서 정치에 대해 체계적으로 배우고 공부하고 토론할 기회가 적고, 민주시민교육이 체계적으로 이루어지지 못하고 있습니다. 또 권위주의시기의 “민주 대 반민주”의 이분법적 사고가 민주화이후 “좌파 대 우파”라는 새로운 정치적 이분법으로 진화하면서 최근 들어 좌우 극단주의가 서로 상대방을 악마화하는 경향이 발생하여 정치적 혐오가 증가하는 경향이 있습니다. 이러한 분위기로 인해 우수한 인재가 정치에 참여하는 것을 꺼리는 경향이 강해지게 된 것이죠.

그럼 우수한 인재들이 정치에 관심을 가질 수 있도록 정치를 혐오하는 분위기를 어떻게 해소해 나가야 하는지에 대하여 저는, 먼저 정치인들의 자기 절제와 함께 상대방을 적으로 간주하지 않고 인정하는 관용(forbearance)이 필요하고, 아울러 민주시민교육을 통해 유권자들이 올바른 판단을 할 수 있는 능력을 배양해야 하는 것이 필요하다고 봅니다.

우리나라에서 정치지도자 교육 현황을 들여다보면, 관련 제도가 매우 제한적이고 폐쇄적이며 비현실적인 것을 알 수 있습니다. 공산주의국가에서는 당이나 정부가 정치지도자 교육제도를 독점하고 있지만 우리나라처럼 민주국가에서는 정부가 정치지도자 교육에 직접적으로 개입하지 않고 시민사회의 자율에 맡기는 구조입니다. 따라서 자유민주국가에서는 정치지도자 교육에 있어서 정부 외에 대학, 정당, 시민단체 등의 역할이 중요한데, 먼저 우리나라 대학의 경우 정치지도자를 교육시키는 학과나 프로그램이 많지만 현실정치와 너무 거리가 먼 점, 대학이 정치현실에 참여하는 것을 비판하는 전통이 있고, 대학이 특정 정치집단이나 이념에 매달리는 것은 정치적 자율성을 포기하고 "정치화"될 위험성 또한 존재합니다. 한편 우리나라 대학은 현실정치의 수요를 충족시킬 정도로 능력 있는 다양한 정치지도자를 공급하지 못하고 있습니다. 예컨대 정치외교학과의 교육 프로그램이 수요자인 학생 중심이 아니라 공급자인 교수 위주로 되어 있습니다. 특히 주요 대학의 정치외교학 교과목이 주로 서구 정치외교학과의 교과목처럼 편성되어 있어서 우리 정치현실과 괴리가 크고, 정치외교학과 졸업생이 현실정치에서 경쟁력을 가지지 못하고 있습니다. 한편 정치지도자의 자질을 양성할 수 있는 행정학과나 법학대학원은 고시 위주로 공부하기 때문에 지도자 양성에 직접 도움을 주지 못하고 있어서, 이러한 현실을 타파하기 위해서는 대학이 우리나라 정치지도자 양성에 직접 도움을 줄 수 있는 학과나 교육 프로그램을 지속적으로 개발하고 발전시켜 가는 진중한 노력이 필요합니다.

한편 정당과 시민단체가 정치지도자 교육 프로그램을 개발하고 있지만 아직 제도화의 단계에 이르지 못한 것 같습니다. 독일은 정당이 시민교육 프로그램을 개발하여 체계적으로 민주시민교육을 바탕으로 정치엘리트 양성에 힘쓰고 있는데 시사하는 바가 큽니다.

마지막으로 지적할 것은 우리나라 정치지도자의 육성과 충원 구조가 폐쇄적이고, 비경쟁적이며, 이념적으로 편향되고, 인간관계 중심적이라는 것입니다. 예컨대 정당의 공천과정은 정치지도자를 육성하는 가장 중요한 통로인데, 대선을 제외한 총선이나 지방선거에서 주요 정당의 중앙당이 공천심사위를 만들어 주로 좌우 이념에 편향된 자기 진영의 인사만을 대상으로 객관적인 심사기준이나 투명한 과정을 위장한 채 밀실에서 결정하는 관행이 계속되고 있어서 훌륭한 인재가 선발되지 못하고 있습니다.

앞으로 이러한 현재 관행과 관련 제도들을 공개적이고 투명하며, 업적과 능력 위주로 평가하는 경쟁적 충원제도로 바꾸지 않는 한, 현행 파당적인 무원칙의 권력 싸움 위주의 정치를 생산적이고 미래지향적으로 바꿀 수 없을 것으로 봅니다. 또한 우수한 역량을 가진 분들이 앞으로 정치 지도자로 나서야 되는데, 한국의 낙후된 정치시스템, 극단적 지역기반의 양당제 등과 맞물려 정치 혐오 분위기가 짙어져 나날이 유능한 인재들이 정치권 진입을 회피한다는 문제가 있습니다. 이런 이유에서 한국 정치 시스템 개혁이 시급한 이유입니다. 즉, 유능한 인재들이 정치권으로 유입되는 선순환 경로를 구축하려면 현 정치시스템의 개혁은 시급합니다. 미국식으로 유권자가 참여하는 예비선거제도(primary)나 유럽의 당원 중심의 공천제도인 코커스(caucus) 방식을 활용하여 우리 실정에 맞는 공천 제도를 확립해가야 할 것입니다.

안종태

교수님 그러면 한국 정당의 현주소와 나아갈 방향은 무엇이라고 생각하시는지 추가적으로 답변 부탁드립니다.

김용호

이윤경교수의 "Democracy without Parties? Political Parties and Social Movements for Democratic Representation in Korea"와 헬만(Olli Hellman)의 “Party System Institutionalization without Parties: Evidence from Korea"는 한국정당의 현주소를 적나라하게 말해 줍니다. 요약컨대, 국민의 의사를 제대로 대변하지 못하는 영·호남 정당이 대선과 총선에서 번갈아가면서 반복적으로 승리한 후, 행정부와 입법부를 장악하여 국가를 운영하고 있다는 것입니다. 왜 이런 정당정치가 등장했는가? 한국의 주요 정당이 민주화이후 지역성, 유동성, 비민주성에 갇혀있기 때문입니다. 따라서 탈지역화, 공고화, 민주화를 위한 정치제도 개혁이 필요합니다. 2004년에 선거법과 정치자금법 등을 개정하여 선거문화를 획기적으로 바꾼 것에서 알 수 있듯이 개헌이 아닌 하위법 개정을 통해서도 제대로만 하면 정당정치 질서를 개선할 수 있습니다.

정당의 유동성이 심각한 수준입니다. 민주화이후 대선이나 총선을 앞두고 거의 예외 없이 주요 정당이 창당, 합당, 당명 변경 등으로 인해 간판을 바꾸는 바람에 대통령과 국회의원 소속 정당에게 국정의 공과를 물을 수 없는 사태가 비일비재하고, 이러한 상황에서책임성을 제고하려면 정당법을 개정하여 신당 창당과 정당 해산 요건을 강화해야 합니다. 현행 정당법은 정당 엘리트들이 쉽게 정당을 해산하고 신당을 창당하거나 다른 정당과 통합할 수 있도록 되어 있으나 앞으로는 정당 해산과 합당, 당명 변경 결정 과정에 당원들의 의사가 반영되도록 해야 합니다. 예를 들면 정당 해산과 합당에 관한 결정은 당원의 2분의 1이상이 온라인이나 오프라인으로 참여하고, 제3자의 입회하에 비밀 투표를 통해 참여 당원의 3분의 2이상의 찬성을 얻어 공식적으로 결정하는 방법을 생각해 볼 수 있겠습니다. 이런 조치는 정당을 엘리트 위주의 조직에서 당원 위주의 조직으로 전환하여 정당의 대중적 지지기반을 만들어나가도록 유도하려는 것입니다. 또 그동안 정당의 이합집산과 함께 정치인들의 합종연횡으로 인해 정당정치가 불안정하여 정치적 책임성이 실종되는 경우가 많았지 않습니까? 이를 해결하기 위해 대통령을 비롯한 선출직 공직자들이 선거 당시의 정당을 이탈하는 경우, 예컨대 그 정당에 대한 국고보조금을 대폭 삭감하는 방법 등으로 적절한 정치적 제재가 이루어지도록 하는 것이 정당발전에 도움이 될 것이라고 봅니다.

다음으로 한국 정당정치의 대표성을 강화하려면 선거제도 개선을 통해 지역대표의 수를 줄이고 정당투표제를 통한 비례대표 의원의 수를 늘여 나가야 한다고 봅니다. 2020년 총선을 앞두고 더불어민주당 주도로 소위 "준연동형 비례대표제"를 가미한 혼합선거제도(mixed electoral system)를 도입하여 전체 국회의원 의석 300석중 253석은 지역구 소선거구제로, 47석은 비례대표로 선출하였습니다. 그러나 이러한 선거제도 개혁은 오히려 개악이 되어 버렸는데, 왜냐하면 전체 의석 중에서 비례의석이 차지하는 비중이 약16%에 불과하기 때문에 비례대표제가 추구하는 목표를 달성할 수 없었습니다. 소선거구제의 경우 1표라도 많은 후보가 당선되는 승자독식으로 인해 낙선자의 사표가 많이 발생하여 득표율과 의석율의 차이가 높아서 불비례성(non-proportionality)이 높기 때문에 대표성에 심각한 문제가 발생하게 됩니다. 예컨대 지난 2020년 총선에서 더불어민주당은 소선거구제에서 득표율이 33.4%였으나 의석율은 64%를 차지하여 불비례성이 높았습니다. 따라서 비례대표제의 취지를 살리려면 독일처럼 지역대표와 비례대표의 비율을 1대 1로 해야 합니다.

그러나 우리나라가 오랫동안 소선거구제를 실시하여 유권자가 여기에 익숙하기 때문에 중앙선거관리위원회가 제안한 것처럼 적어도 비례대표가 100석정도로 하면 그 취지를 살릴 수 있을 것으로 보는데요, 더구나 현행 준연동형 비례대표제는 47석중 30석만 연동형으로 의석을 배분하고, 나머지 17석은 병립형으로 의석을 나누기 때문에 비례대표제도의 취지를 더욱 훼손하고 있습니다. 이보다 더 심각한 점은 2020년 총선에서 여야 대정당이 소위 위성정당을 만들어 비례의석을 차지하는 바람에 준연동형 비례대표제마저 완전히 망가뜨렸다고 해도 과언이 아닙니다. 따라서 현행 선거제도를 중앙선거관리위원회가 제안한 방식으로 고치고, 위성정당을 규제하는 것이 바람직하다고 생각합니다.

한편 한국정당이 지역성을 탈피하려면 선거제도의 변경과 함께 정책 정당으로 발전할 수 있도록 다양한 유인책을 제공해야 합니다. 예를 들면 현행 정당에 대한 국고 보조금 중 30%를 정당 부설 정책연구소에 사용하도록 되어 있는데, 이 비율을 높이고 정당차원의 시민정치교육제도를 도입하여 정당의 지지기반을 확대하고 민주시민의식을 고양시켜 나갈 수 있지 않을까요?

마지막으로 지적할 것은 정당의 비민주성을 해결하기 위해 정당의 주요 결정과정이 투명하고 민주적으로 이루어질 수 있도록 다양한 유인책을 개발해야 한다고 보는데, 특히 정당 후보 선정과정이 투명하고 공정하며 민주적으로 이루어져야 합니다. 예를 들면 정당의 공직후보 선정은 반드시 제3자가 입회한 공개모임에서 당원이나 유권자의 비밀투표를 통해 선정되었다는 것을 증명하지 못하면 선관위가 후보 등록을 거부할 수 있도록 하는 방안이 있을 수 있겠습니다.

안종태

이번에는 지방자치에 관한 질문을 해보도록 하겠습니다. 홍준형 교수님께 여쭤보도록 하겠습니다. 우리나라는 지방자치가 도입된 지 30년이 되었습니다. 30년 전에 설계된 행정구역과 인구의 변화, 과학의 발전으로 인한 행정서비스의 개선 등 많은 부분이 변했으며, 전 세계적으로는 메가시티화 등 새로운 시대적 변화 트랜드에 비추어 볼 때 중앙정부와 지방정부의 운영 형태는 어떻게 변화되어야 한다고 생각하십니까?

홍준형

저는 그 질문에 답하기에 앞서 가장 근본적 문제 제기로서 '지난 30년간 유지해 온 지방자치 틀이 향후 30년에도 적용 가능한가?'를 말씀드리고자 합니다. 그에 대한 답은 '아니다', 입니다. 그 이유를 네 가지로 말씀드릴 수 있습니다.

그 첫 번째가 인구의 감소입니다. 2021년 현재 이미 한국의 출생률 합계출산율은 OECD국가 중 최저이고, 더 놀라운 것은 국제인구기구가 인구 데이터를 수집하고 있는 총 190여개 나라 중 최하위국이라는 사실입니다. 아울러 고령화 진행속도 또한 가장 빠르게 진행 중인데, 2026년 초고령 사회에 진입하여, 2050년에는 65세 이상 인구가 전체의 절반을 차지하는 구조입니다.

두 번째는 수도권의 인구 집중 문제입니다. 2021년 현재 수도권의 인구가 비수도권의 인구를 추월하였습니다.

세 번째는 지역주민이 갖는 마인드의 변화를 들 수 있습니다. 지금의 MZ세대가 공동체로서 지역을 바라보는 인식은 과거와 상당히 다릅니다. 즉, 지역 공동체 의식이 굉장히 희박해졌어요. 온라인 공동체에 훨씬 더 자기의 정체성을 느끼는 세대들입니다.

네 번째 4차 산업혁명으로 일컬어지는 변화들이 이제 행정 속으로 들어오고 있다는 거예요. 일반적으로는 4차 산업혁명 야기할 변화를 주로 기술이나 산업 측면에서 이야기 하지만, 도시 행정의 측면에서도 스마트 시티의 패러다임과 기술이 접목된 행정으로 가지 않으면 지방 도시는 쇠퇴할 수밖에 없다는 것입니다. 이러한 네 가지 큰 변화를 명확하게 인식하고 미래 대안을 세워 나가는 것이 중요하다고 봅니다. 그런데 현실은 그와 아주 동 떨어져 있습니다. 작년에 자치분권 2.0을 선언하면서 30년 만에 지방자치법 전면 개정을 했고, 전면에 '생활자치', '주민 중심'을 내세웠습니다. 그러나 여전히 대한민국 지방자치 구조는 주민 중심이 아닙니다. 즉, 정치인 중심입니다. 지방에 있는 지역 정치인, 지역구 국회의원, 그리고 관료들이 그들의 권한을 늘리기 위한 지방자치를 했고, 그들의 권한을 늘리기 위한 분권을 한 것입니다. 다시 말해서 지방자치의 기본틀은 정치 권력적 구조이고, 분권 역시 그 관점에서만 본 것입니다.

그러나 진정한 주민 중심의 생활 자치는 권력 구조가 아니라 주민이 중심이고, 주민에 대한 서비스를 어떻게 더 잘 전달해 줄 수 있을까 하는 바로 기능주의적 관점에서 바라보면 지방자치는 완전 다르게 설계됩니다. 권력구조로 보면 광역과 기초는 계층관계입니다만, 주민 관점에서는 광역이 할 수 있는 일과 기초가 할 수 있는 일을 분업적 관계에서 제공해 주는 그 역할을 할 수 있어야 하는 것입니다.

안종태

도지사를 역임하시는 등 지방자치 현장에 계셨던 이인제 지사님의 의견은 어떠신지요?

이인제

저는 우리나라에서 지방자치에 대한 개념이 혼동되고 있다는 점을 이야기 해 보고자 합니다. 미국 지방자치를 예로 들어 볼까요. 미국의 50개주의 개념은, 실질적으로는 50개의 국가가 모인 연방정부 개념입니다. 독일도 마찬가지로 연방 정부가 있고 지역이 있는데, 이들 국가들은 우리나라와는 근본적으로 다르다고 생각합니다. 우리나라는 연방 국가도 아니고, 중앙집권적 국가 틀을 유지하고 있는데, 그런데도 우리나라는 지방자치와 분권을 논의할 때 가장 쉽게 빠지는 함정은, 분권을 분리로, 더 나아가 독립으로 여긴다는 것입니다. 더욱이 지방의 인구는 현재 대부분 1960년대에 비해서 3분의 1로 줄어 있습니다. 또 전반적으로 수도권으로 집중이 되는 엄청난 변화가 일어났는데, 그때 그어놓은 경계를 가지고 자치의 단위를 유지하고, 지방자치를 권력화하고 있다는 데에 심각성이 더욱 커져가고 있습니다. 그러면서 지방재정의 부실화 또한 커져가고 있는데도, 중앙정부도, 지방정부도 책임있게 운영하거나 지방정부는 자신들을 책임주체로 인식하고 있지 않습니다. 결국 그 부담은 국가 전체가 지는 결과로 나타나게 됩니다.

대만의 경우를 볼까요? 대만은 한국의 지방자치제도를 벤치마킹하여 유사하게 운영했습니다. 그런데 결국 기초자치단체 선거를 폐지해 버렸습니다. 요컨대, 대한민국 지방자치제도는 중앙정부와 지방정부간 유기적이고 아주 고도로 연계돼 있는 관계로서 효율적으로 운영이 되는 시스템으로, 완전히 혁명적으로 바꿀 때가 된 것입니다.

홍준현

이인제 지사님 말씀처럼 중앙과 지방의 관계는 아주 유기적이고 고도로 연계화된 기능을 잘 유지해야만 되는 것이지, 분리라든지 독립이라든지 이러한 개념이 작동하면 그 폐해는 매우 심각하게 나타나게 됩니다.

또한, 지방 인구 소멸 현상을 막는다고 정부가 소위 인구 소멸 지역을 지정하고 인구 소멸 지역을 만들어서 매년 1조를 그 해당지역에 지원 했습니다. 그렇게 하면 과연 지방의 인구가 늘어날까요? 마치 죽어가는 환자한테 심폐소생술 CPR 하는, 즉 단기간에 생명을 연장 하는 차원입니다.

국가균형발전도 같은 맥락으로 봐야 합니다. 노무현정부시대부터 지금까지 해왔던 균형을 바라보는 관점이 현재까지는 어느 정도 작동을 했을 수는 있습니다만, 국가 전체적 변화관점에서 본다면 이제는 바뀌어야만 합니다. 인구 전체가 급격하게 축소되는 상황에서 균형을 논한다면, 균형의 단위가 어디냐가 제일 중요합니다. 지금까지 균형을 바라봤던 단위는 작은 소지역 단위였습니다. 즉 시군 단위에서 국가균형발전위원회도 균형 전략을 취해왔었는데요. 이 전략은 앞으로 지역을 살리는데 전혀 작동하지 않을 겁니다.

안종태

여러분께서 말씀주신대로 자치와 독립이라는 개념이 혼동을 주고 오도되는 것 같습니다. 단순히 보더라도 우리나라가 과연 226개의 지방자치단체가 있어야 될 나라인가? 다시 묻게 됩니다.

학자들은 대가 30개에서 80개 사이의 지방자치 단위를 얘기합니다. 그런데 이걸 바꾸려면 권력을 뺏어 간다고 생각하는 데에서 큰 문제에 봉착합니다. 자치의 단위를 바꾸고 그러려면 정치의 단위가 바뀌어야 하고, 국회의 변화를 수반하는 지방자치제도가 개혁되지 않고는 진정한 지방자치로 변혁해 가는 실타래를 풀기 어려울 것 같습니다.

김대환

현재 대한민국 지방자치제를 통해 관찰되는 흔한 현상은 지방자치장들이 어느 순간부터 중앙정부하고 여러 측면에서 맞서는 게 정치적으로 상당히 발판을 굳히는 길이라고 생각하고 있습니다. 또한 '주민'은 보이지 않고, 지자체장들의 제왕적인 리더십만 자주 눈에 띄인다는 것입니다.

여러분들께서 말씀하신 대로 중앙정부와 지방정부는 유기적인 관계를 가져야 되는데 최근 오히려 그 반대 방향으로 작동해 온 것이 사실입니다. 예를 들어 지방정부에서는 공항설립을 추진하기 위해서는 어떻게 재원을 조달할 것인지, 어떤 산업을 육성하기 위해서 인지를 면밀하게 고찰하고 착수해야 하는데, 이러한 기본적인 것조차 생략되고 정부의 예산을 정치적으로 활용하는 등 다른 나라에서는 찾아보기 어려운 현상들이 일반화되고 있습니다.

영국의 경우를 보면 중앙정부가 지자체에 대해서 상당히 예산 캡Cap을 씌울 수가 있어 눈여겨 볼만한 제도라고 생각합니다. 헌법에 지방자치제가 되어 있음을 근거로 끝없이 방만하게 운영되는 우리나라 지방자치제에 대해서 이제 여러 다양한 방법들에 대해 솔직하게 논의되고, 그 논의들이 구체화되어야 할 때입니다. 글로컬 시대와 미래 세대를 위한 새로운 지방자치제도가 입안되기를 기대해봅니다.

안종태

마지막으로 교육감 선출 제도가 언론 등에서 많이 이슈화 되고 있습니다. 지방 교육 자치의 조화를 위해 교육감 선임 방식은 어떻게 개편되는 것이 적절하다고 김대환 장관님께서는 생각하십니까?

김대환

현재 치명적인 오류에 빠져 있는 것 중 하나가 교육 자치입니다. 금년 5월 초 만민토론회에서 이 문제를 다루었습니다. 제왕적 권한을 가진 교육감의 선출은 정작 후보가 누군지도 모를 지경의 깜깜이 선거이기 때문에 이대로는 안 된다는 공감을 불러일으켰다고 생각됩니다. 이른바 정치적 중립도 실제로는 지켜지지 않기 때문에 차라리 광역 지자체장과의 러닝메이트 방식으로 개편하는 것을 심도 있게 검토해 볼 필요가 있다고 생각합니다.

안종태

오늘 좌담회에는 우리연구원 기획위원들께서도 참석하여 계십니다. 기획위원께서는 '공공개혁과 국가운영체계 대전환 방안'에 대해 정책포럼과 좌담회 등을 기획하고 준비해 오셨는데 그동안 느끼신 소감이나 의견에 대해 한 말씀씩 부탁드립니다.

노정란

2022년 저희 연구원에서는 '국가운영체계의 대전환'이라는 매우 방대한 주제를 놓고, 내부 논의와 토론을 거듭해 갔습니다. 어디 에서고 쉽게 들리는 주제, 대한민국 국민이면 누구나 한 목소리로 하는 이야기, "한국은 철저하게 변해야 한다." "왜, 나라가 이 모양이냐?" 그런 점에서 보면 한국 사회는 정치 혐오가 팽배한 사회이면서도 한편으론 누구나 할 것 없이 정치에 관심을 보이는 다중적 모습을 보이기도 합니다. 모 철학자는 이렇게 이야기합니다. 선진국과 후진국을 가늠하는 잣대는, 돌이켜서 다시는 발생해선 안 될 중대사는 한번으로 족하고 다시는 같은 과오를 범하지 않도록 철저하게 반성하고, 철저하게 준비하여 새롭게 세워가는 사회와 그렇지 못하고 언제 그랬냐는 듯 되풀이 되는 사회이다, 라고 말입니다. 거기에 대한민국은 누구나 비판만 하지 정작 실행자는 거의 보이지 않습니다. 그 관점에서 보면 대한민국은 선진사회입니까? 후진사회입니까?

딥다이브Deep Dive 과정이 쉽지만은 않았습니다. 세 번의 계절이 바뀌고, 최종 사회원로와 학계, 전문가분들과 함께 모여 좌담회를 끝으로 맺음하는 과정에서 저희 연구원이 설정한 질문들에 대한 답을 대부분 얻었다고 생각합니다. 그 질문들은 '국가운영체계를 왜 바꿔야 하는가?, 누가 바꿔야 하는가? 어떻게 바꿔야 하는가?'였으며, 각 대목에 참여한 모든 분들 또한 이 질문에 한번쯤 스스로 답변하고 제언함으로써 정리와 반성, 실행의 작은 단초가 되었기를 기대해 봅니다.

제게는 공공기관 개혁의 앞자리에 섰던 수 많은 경험들이 있습니다. 그 자리를 떠나 오며 현장에 묻었던 제 개인적 삶의 의미에 대해 한동안 공허감이 있기도 하였습니다. 그런데 이번 공공개혁의 본질과 가치를 정리하는 시간을 통하여 그 현장의 경험과 지식을 소구해봄으로써 대한민국의 미래를 위한 변혁 로드에 동행하는 '누구나'의 한 실행자로서 그 의미를 새롭게 부여하는 시간이 되었습니다.

곽노성

포럼을 통해 공공 개혁의 필요성과 국가운영체계의 대전환이 필요하다는 것에 충분한 공감대가 있음을 확인했습니다. 우리 사회에 핵심을 짚는 뛰어난 식견을 가진 분들을 만나면서 행복했습니다. 하지만 현실은 나아지지 않고 있습니다. 아니 더 나빠지고 있습니다. 왜 그럴까요?

우리 사회가 좋은 생각을 키우지 못하고 있습니다. 사회적 논의 과정에서는 핵심을 찌르는 탁견(卓見)과 논의를 혼탁하게 하는 미견(迷見)이 혼재합니다. 탁견을 뽑아 키우는 것이 한 나라 집단지성의 힘입니다. 아쉽게도 우리는 지금 그렇지 못합니다. 탁견은 좋은 이야기 정도로 치부됩니다. 앞뒤가 맞지 않는 무슨 말인지 이해할 수 없는 미견을 반박하지 않습니다.

교육감 선거는 이런 현실을 잘 보여주는 사례입니다. 후보가 어떤 사람인지 모르고 투표합니다. 학부모가 아닌 사람은 관심도 없습니다. 그래서 한 번만 당선되어 인지도만 높이면 삼선은 쉽다고 합니다. 비정치적이야 한다는 명분으로 교육감과 시도지사 선거를 분리했지만 진영을 가르고 매번 단일화 논란이 있을 정도로 아주 정치적입니다. 일단 확보한 교육예산은 절대 양보할 수 없다며 학생인 미래 세대에 빚을 물려주는 국가재정 위기는 모르는 체합니다.

모두 진실을 알고 있습니다. 하지만 자신의 이익을 위해 양보하지 않습니다. 아직 희망의 끈을 놓을 수는 없습니다. 조금만 마음을 바꾼다면, 미래 세대를 생각한다면 어렵지 않게 우리가 당면한 난제를 풀어낼 수 있습니다. 포럼에서 그런 희망을 보았습니다. 더 큰 울림이 될 수 있도록 함께 노력했으면 합니다.

김택동

올해 '공공개혁과 국가운영체계 대전환 방안'을 위해 9개의 주제와 9분의 연구자 그리고 15분의 토론자 및 6분의 좌담회 참석자와 정책포럼에 참석해주신 많은 분께서 주신 정책제언과 의견이 너무 소중한 것 같습니다. 모든 분의 의견을 종합해볼 때 대한민국은 미래를 향해 새로운 변화를 추구하여 청년들에게 희망을 주고 행복한 나라를 만들어야 한다는 것입니다.

그러나 우리의 현실은 그렇치않습니다. 미국 싱크탱크 퓨리서치센터는 최근 민주주의를 실시하는 주요국가 국민을 대상으로 여론조사를 한 결과, 한국이 정치적 갈등 주요국 1위로 선정되었습니다. 정치만 잘하면 경제도 안보도 위기를 타개해 나갈 수 있는데 정치가 문제라고 국민들은 목소리 높여 말하고 합니다.

대한민국을 지탱하고 G3국가를 향해 전진하기 위해서는 튼튼한 민간영역과 공공영역이라는 두 날개가 균형을 맞춰 성장하고 발전해야 합니다. 우리는 민간영역분야 날개는 세계수준의 제트엔진 날개를 가지고 있습니다. 그러나 공공영역분야는 아직도 50년 이상된 프로펠러 엔진을 단 날개를 가지고 있습니다. 반드시 교체해야 합니다.

우리연구원이 주장하는 정부-국회-지방자치 3대축에 대한 공공개혁은 선택이 아니라 필수이며, 공공개혁의 시발은 시대와 맞지 않는 정치개혁부터 해야 한다고 생각하고 있습니다. 정치권은 국회 개헌특위 활동과 국민 의견 수렴 작업을 병행하고 정치개혁에 대한 로드맵을 제시하여 미래를 향한 새로운 변화에 적극 동참해야 합니다.

안종태

저희 국가인재경영연구원은 2022년 국가 대전환이라는 매우 광범위한 과제를 선정하고, 세 차례에 걸친 다양한 전문가들과 발제와 토론을 거치며 나름 근원적으로 과제를 도출하고 해결방안을 찾고자 노력해 왔습니다. 오늘 여섯 분의 사회 원로, 학계, 전문가분들이 공유해 주신 지식과 경험을 통해 저희의 시도와 그간의 노력들이 우리 사회의 구심점으로서 작은 시발점이 되고 있다는 확신을 갖게 되었습니다.

오늘 귀한 시간을 내주신 모든 분들께 다시한번 깊은 감사의 말씀을 드리며, 오늘 좌담회를 이만 마치도록 하겠습니다.

제1부

활기차고 생산적인 국가운영시스템 모색

제1장 새로운 정부 행정체제의 모색
- 디지털플랫폼 기반 스마트 정부
명승환 (인하대 행정학과 교수)

제2장 국가 인재의 효율적인 관리시스템 구축
황성원 (국립군산대 행정학과 교수)

제3장 공공기관의 효율적인 운영시스템 모색
최현선 (명지대 행정학과 교수)

제1장

새로운 정부 행정체제의 모색 - 디지털플랫폼 기반 스마트 정부

명승환 (인하대 행정학과 교수)

01. 디지털 대전환 시대의 도래와 주요 이슈

디지털 대전환 시대의 미래사회는 이상과 현실의 조화, 시민 중심적 국가, 디지털 방식의 보편화, AI를 물처럼 쓰는 사회, 데이터 기반 업무와 정책, 그리고 개방적인 공동체 중심의 사회라는 공통적인 지향점을 갖고 있다. 전 세계적으로 디지털 대전환 시대에 지향하는 사회는 시민 중심적 국가, 디지털 방식의 보편화, 인공지능(AI)을 사회 전 분야에서 쉽게 쓰는 사회, 데이터 기반

업무와 정책, 그리고 개방적인 공동체 중심의 사회라는 공통적인 지향점을 갖고 있다.

이러한 거대한 변화의 물결을 한 마디로 요약한다면, '통제가 가능한 다양성을 추구하는 사회'이며 4차 산업혁명과 디지털 대전환 시대가 요구하는 핵심 키워드다. 그리고 우리가 왜 정책을 비판하고 합리적으로 분석하고 정확한 피드백을 주려고 하는가를 생각해 보면 과연 우리가 추구하는 사회가 무엇인가를 되돌아보지 않을 수가 없다. 결국 '대한민국에서 사회적 정의란 무엇인가?'라는 근본적인 문제를 짚어보자.

1. 사회적 정의와 공감의 속도

센델 교수는 벤담의 공리주의, 즉 '최대다수의 최대행복'을 위해 소수의 희생을 용인하는 것을 비판하면서 국가가 나서서 소수의 행복도 보살펴야 한다고 하였다. 아울러 아리스토텔레스의 '공동선'도 주인인 국민을 고려하지 않았기 때문에 국가에 의해 공동선의 목표자체가 왜곡될 수 있다고 비판하였다. 사실 센델 교수 사회적 정의는 존 롤스의 '정의론'과 별반 다를 바가 없다. 기본적으로 내가 선택할 수 없는 개인 간 생물학적 차이와 자라난 환경 등 개인적 차이를 인정하되 자유와 평등의 기본원칙을 지키면서 극단적인 불평등을 피하여야 한다고 주장한다는 점에서 동일하다. 그렇기 때문에 되도록 인과관계가 분명한 합리적 선택을 추구하되, 안정적인 사회적 평등을 추구하기 위해 약자에게 좀 더 기회와 일자리를 줄 수 있다는 '차등의 원칙'이 적용되어야 한다는 것을 강조한다. 다만 다른 점은 존 롤스는 국가와 정부의 중립적인 태도 (합리적 선택)와 정책을 강조하고, 센델은 국가와 정부는 이러한 불평등의 문제를 적극적으로 해결해야 하며, 공동체의 합의를 도출하기 위한 공론화 과정을 강조하였다. 그리고 공동체를 통한 문제해결을 제안하였는데 바로 이 점이 현재 소셜 미디어를 통한 참여와 공론화를 중요시하는 '거버넌스 (협치)'와 잘 부합되기 때문에 보다 폭 넓은 공감대를 얻고 있다고 볼 수 있다.

결국 요지는 한정된 자원과 예산을 어디에 먼저 쓰고, 그 분배과정을 어떻게, 누가 주체가 되어 결정하느냐의 문제로 정리 될 수 있다. 빌게이츠의 '생각의 속도' 이후 '공감의 속도'가 필요하다는 것을 피력한 평범한 본인("'스마트정부' 전제는 신뢰와 공감", 문화일보, 2018.2.7.)의 생각과도 크게 다르지 않다고 본다. 사실 대한민국의 사회적 정의는 독재의 억압에서 벗어나 완전한 민주주의 사회를 갈망한 국민들의 처절한 저항과 피나는 노력으로 성숙되어 왔다. 서구의 사회적 정의를 추구하기 위한 수 세기에 걸친 철학적 노력과 역사와 경험을 우리는 불과 반세기 만에 실천적으로 증명하였다. 우리는 이제 직접 국민이 빛의 속도로 언제 어디서든 대통령에게 직접 사회적 문제를 빠르게 해결하라고 재촉할 수 있는 수준에 도달해 있다. 포퓰리즘이라고 비판하기에는 공론화 과정과 민의 수렴, 정책집행 절차의 공개와 평가시스템이 작동할 수 있는 전자민주주의 시스템이 다른 나라와 비교해도 월등하게 잘 갖추어져 있다.

그런데 왜 아직도 기회는 평등하지 않고, 과정은 공정하지 않으며, 결과는 정의롭지 못한가? 그 이유는 어쩌면 숲은 보지 못하고 나무에만 집착하고 있는 데서 기인하고 있는지도 모른다. 그 숲은 아마도 자유로운 부의 축적과 균등한 배분, 기회의 평등과 과정의 공정성, 가족-공동체-사회 속에서의 행복추구가 가능한 사회의 모습일 것이기 때문에 앞의 현인들과 석학들이 주장한 숲의 모습과 다를 바가 없다. 하지만 우리는 압축적인 경제성장과 민주화 과정으로 인하여 미처 해결하지 못하고 다음단계로 넘어간 부분이 많고 아직도 여기저기 불평등과 불공정한 모습과 관행이 여기저기 깊숙이 뿌리를 내리고 있다는 점이 다르다.

■■그림1 명승환 (2022,9.30) 국가인재경영연구원 세미나 발표문

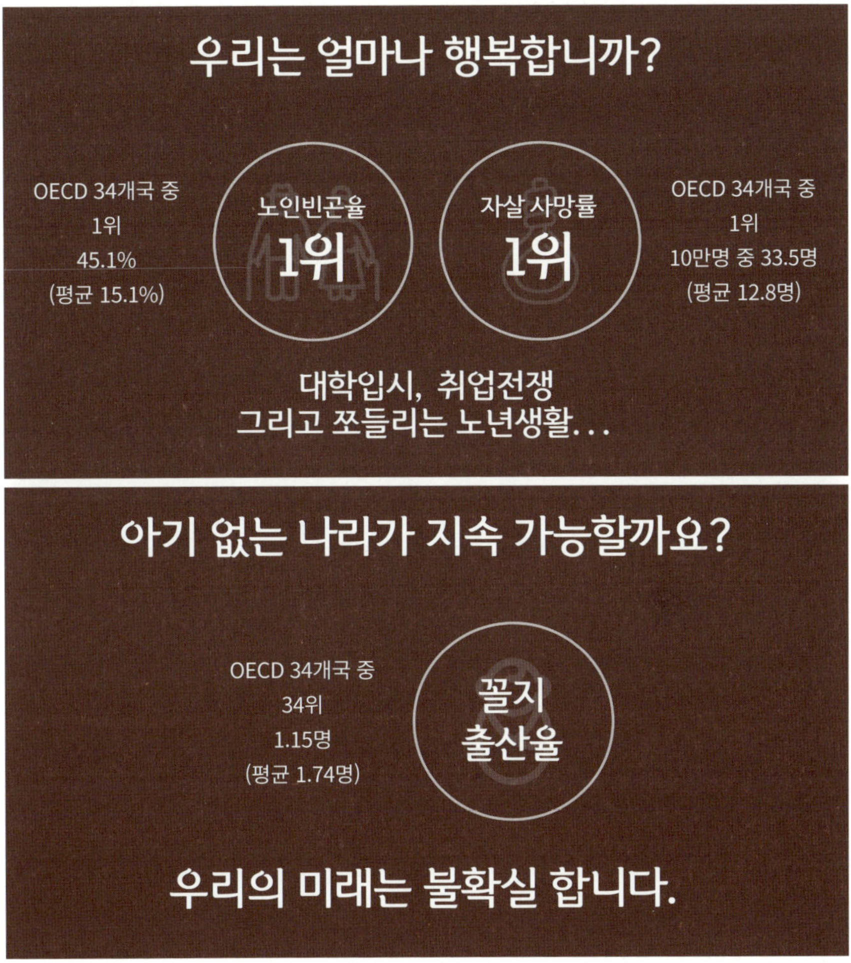

대한민국에서 태어나면 기억조하 힘든 유년시절부터 주어진 목표를 위해 끊임없이 달려야 하고, 그 목표를 달성하기 위하여 걸음마를 떼기 전부터 조기교육, 선행학습, 학원교육의 악순환의 고리를 통해 대학입시에 올 인 해야 한다. 하지만 결과는 자아실현을 할 수 있는 직장을 찾지 못하고 망연자실하고 있는 청년들의 한숨소리뿐이다.

사회적 정의란 나에게 무엇인가? 우리는 이론적으로나 경험적으로도 최신의 사회적 정의에 가장 가까운 경지에 도달했는데 무엇이 이렇게 발목을 잡고 나를 괴롭히고 있는가? 사실 우리는 그 동안 스스로를 속이고 있었는지도 모른다. 여전히 대한민국은 그들만의 리그들이 번갈아 가며 싹슬이와 한풀이를 반복하고, 다름을 인정하지 않으며, 전근대적 권위와 기계적인 관료주의와 부패가 만연되어 있다. 그 리그에 속해있지 않으면 사회적 정의란 나에게는 아무런 의미도 없다. 그래서 도저히 상상할 수도 없는 어처구니없는 일들이 벌어지는데 원칙도 없고, 과정도 불분명하고, 설명도 없고, 결과에 대해 누구도 책임지지 않는다. 폭주하는 부동산 열차, 세금폭탄, 줄세우기 대학평가, 부모 찬스, 인서울... 우리 사회와 나의 삶의 목적과 목표가 애초부터 잘못된 것은 아닌가?

이념과 제도, 그리고 평면적 시간과 절차를 기본 틀로 하는 전 근대적 관료제가 굳건히 지키고 있는데 개인은 이미 웬만한 중진국과 정부의 역량을 훨씬 뛰어넘었다. 그런데 여전히 합리적인 정책결정은 물론이고 분배의 정의도 제대로 이루어지지 않고 있다. 희소한 자원의 형평적인 배분이라는 명제는 아직도 달성되지 않은 채 정적이고 평면적인 시각으로 국가와 사회, 국정운영, 정책을 바라본다면 한 순간에 적폐청산의 대표적 퇴물로 전락할 수도 있다.

2. 대한민국에서 대학의 존재이유는 무엇인가?

맑스사전의 대학편에 의하면 대학은 이미 1500년경까지 약 80개의 대학이 있었고 프랑스 혁명의 혼돈 속에 소멸될 위기에서 프로이센과 근대 독일에서 고등교육의 핵심을 형성했다고 한다. 그 이후 근대적 대학은 프로이센에서 시작되는 신인문주의에 기초하는 대학 개혁에서 비롯되었다고 한다. 즉 대학은 '빵을 위한 학문'이 아니라 '학문을 위한 학문'을 추구해야 하고, 독일의 베를린 대학에서는 철학을 신학의 그늘에서 벗어나 모든 학문의 기초로서 삼고 그 밑에 신학부·법학부·의학부를 두고 성직자·관리·의사를 양성하였다고 한다. 또 재정적 보장을 함으로써 교수들이 학문과 교육에만 전념할 수 있도록 하였고, 대학교수 자격제도를 도입하여 엄격하게 충원과정과 업적을 관리함으로써 대학의 품격과 전문성을 유지하였다. 그것이 오늘날 대학의 원래 모습이었다.

이렇게 근대대학의 개혁과정에서 중요시한 기본원칙과 대학의 존재이유를 보면 오늘날 '대한민국의 대학은 없다'라고 해도 과언이 아니다. 철학은 대학에서 거의 설 자리가 없고, 철저하게 빵을 위한 학문만 추구하는 취업사관학교가 된지 오래다. 기업은 무능한 대학을 지탄하고, 대학은 교육부를 원망한다. 그런데도 백약이 무효다. 사실 이는 지방대학들만의 문제가 아니라 우리나라 대학의 전제의 문제이다. 근대대학 개혁의 근간이 되었던 자유로운 학문추구, 재정적 독립, 공정한 교원의 충원과 학사관리라는 기본원칙이 보장되지 않으면 대학은 설자리가 없다. 따라서 거의 모든 통제와 규제의 수단을 쥐고 있는 교육부에 끌려 다닐 수밖에 없는 것이 우리나라 대학이 처한 현실이다.

코로나19로 인하여 온라인 교육이 더 익숙해지고 인공지능과 메타버스가 곧 인간과 사회의 거의 모든 분야를 파고들게 되면 현재의 전근대적이고 관료적인 대학행정, 제왕적 교수와 대학원, 노량진 고시학원가를 빽빽이 채우는 대학생들을 그저 쳐다볼 수밖에 없는 우리의 대학들은 거의 다 사라질 것이 분명하다. 빵만을 위한 학문을 추구한다면 기업이 스스로 기업대학을 운영하면 되고, 특정대학과 해외유학파에 쏠려있는 교수충원 실태를 보면 국내대학원은 문을 닫는 것이 맞다. 그리고 소수의 인서울 대학들이 거대한 온라인 플랫폼과 공유카르텔을 형성하여 교육부 사업과 각종 정부의 용역을 독점하면 전 세계가 부러워하는 꿈의 대학이 될 것이다. 그러한 막강한 소수 파워대학들의 연구와 교육에 쏠려 있는 비정상적 구조를 타파하기 위해서는 핀란드, 미국, 그리고 최근 우리나라의 경남 공유대학 모델처럼 산학연이 함께 연계되어 있는 공유플랫폼을 구축하는 것이 대안이 될 수 있다. 최근 교육부가 지역

혁신플랫폼 사업을 추진하는 것은 그나마 다행이다. 그러나 지역에서 정상적인 삶을 영유할 수 있는 주택, 의료, 교통, 문화 인프라 등이 거의 동일한 수준으로 갖추어져 있지 않으면 결국 청년들은 더 좋은 조건과 환경을 갖춘 곳으로 떠날 것이다.

정부는 바로 이러한 기본적인 공공 인프라와 대학 공유플랫폼을 구축하는데 주력하여야 하며, 나머지는 대학에 맡겨야 한다. 공기업과 지역의 기업들도 인턴십 제도 확대와 대학에 대한 지원과 투자를 아끼지 말아야 한다. 대학이 사라지면 기업도 사라진다. 혹시 AI 나 로봇이 있으니 걱정 없을 것이라는 환상은 그야말로 환상일 뿐이다. 도대체 나의 진짜 마음을 전달하지도 못하는데 어떻게 가르치고, 용서하고, 희망을 가질 수 있겠는가? 양자컴퓨팅 AI, 메타버스, 딥페이크, 아바타 세상에서 벌어질 진짜와 가짜와의 주도권 전쟁은 정말로 상상하고 싶지도 않은 끔직한 미래의 형상이다.

이제 빵만을 위한, 부와 권력만을 획득하기 위한, 몰가치적인 실용주의만을 추구하는 대한민국의 대학은 차라리 없는 편이 낳다. 제안서 작성과 용역과제 수주에 천재적 역량을 갖춘 선수들만 대우받는 현재의 대학은 대학이라고 할 수 없다. 돈 많은 주요 중앙부처의 바람막이 들러리용, 가시적 실적달성용, 부처 간 중복적으로 발주하는 사업과제들의 하부 용역처리 기관으로 전락한 대학들에게 무슨 희망이 있겠는가? 그럼에도 불구하고 떠밀려서 그 주변을 맴돌며 열심히 로비하고 학교내부까지 힘겹게 관리해야 하는 것이 대학의 보직교수들과 교직원들이다. 사립대와 전문대는 더 무기력하다. 없어지면 갈 곳이 없으니 교육부와 사학재단의 눈치를 보고 엎드릴 수밖에 없다.

대한민국의 고등교육에 대한 뼈아픈 반성과 성찰이 절실히 필요한 때이다. 본인도 예외가 아님은 물론이다. 그러나 더 이상 이대로 놔두고 무기력하게 정부만 쳐다보고 있으면 '대한민국의 대학은 없다.'

3. 합리적 선택론적 신제도주의를 생각해 본다

전통적인 합리주의 선택의 한계를 극복하고자 하는 노력은 Ostrum의 제2세대 합리적 선택모형이라고 할 수 있다. 이 관점에서는 완벽한 합리성(complete rationality)을 고집하기 보다는 다양성이 상황에 따라 작용하는 합리성(varying degree of rationality)을 가정 한다). 따라서 합리적 선택이론은 상호성(reciprocity)과 신뢰(trust)를 바탕으로 인간이 학습자로서 규범과 규칙을 학습하고, 그 경험을 바탕으로 제도를 설계할 수 있는 능력이 있다고 가정 한다.

다시 말하면 제2세대 합리적 선택이론은 어떠한 상황(contingency)에서 어떠한 규범과 규칙이 존재하는지 그리고 그 상황이 인간의 선택에 어떠한 영향을 미치는가에 관심을 가진다. 신제도주의적 관점은 바로 이러한 탄력적 합리성에 바탕을 두고 제도가 개인의 행태에 어떻게 영향을 미치는가에 관심을 두고 있다. 여기에서 제도는 합리적인 개인이 상호작용을 통하여 더 이상 상호간 추가적인 이득을 얻을 수 없는 상태의 균형점을 의미하고, 공동체 구성원들 간의 특정상황에 대한 공유된 인식, 그리고 제재를 전제로 한 공동체의 개개인간에 수용된 규칙을 의미 한다. 이렇게 합리적 선택 신제도주의는 다양한 수준의 공유된 규범, 절차, 규칙 그리고 주어진 정보수준에서 개인이 가장 적절하다고 생각되는 선택을 할 것이라는 가정 하에 연역적인 예측과 분석을 요구하고 있다. 즉, 주어진 여건과 상황에서 많은 정보비용을 지불하고 완벽한 선택을 할 것인지, 아니면 한정된 여건과 정보 하에서 최선의 선택을 할 것인지를 비교할 수 있는 판단의 여지를 제공하고 있는 것이다. 최근에는 경영분야에서의 '애자일'(agile·민첩하다'과 행동경제학에서 회자되는 '넛지'(nudge) 전략이 미래 정책결정과 조직운영의 키워드로 등장하고 있다. 애자일 전략은 빠른 결정과 공감대 형성, 아이디어의 빠른 기획과 실험, 실패를 통한 교정, 플랫폼 중심의 생산ㆍ소비 공유네트워크, 디지털 융합기술 활용

등으로 요약된다. 넛지 전략은 '사람들의 선택을 유도하는 부드러운 개입'이 실제 정책과정과 조직운영에서 제일 중요하며 사람들이 결정을 내리도록 '정황이나 맥락'을 만드는 사람인 '선택 설계자'(choice architect)를 강조한다. 최근에 경험하고 있는 4차 산업혁명과 코로나19로 인한 언택트 (untact)시대는 정확한 데이터분석과 소통능력을 바탕으로 시대의 트렌드를 잘 파악하고 적시에 결단을 내리고 실행에 옮길 수 있는 인재를 요구하고 있다.

이상과 같이 합리적 선택 신제도주의나 행동경제학의 시각은 결정론적 시각의 이분법적 접근의 한계를 탈피하여 보다 풍부한 해석과 가능성을 탐구할 수 있는 사고의 지평을 넓혀줄 수 있다. 특히 빅데이터와 기술과 사람이 공진화하는 융합사회에서는 평면적이고 단선적 인과관계를 넘어서 입체적이고 공간적인 통찰력과 사고가 요구된다.

4. 사회는 완전히 변했다

미래사회는 진화된 ICT기술을 바탕으로 일하는 방식, 생활양식, 사회문화 전반이 업그레이드된 사회이다. 디지털 대전환 시대의 사회는 투입(Input)은 1/2로 줄고 이익은 2배로 된다. 지능정보사회의 핵심기술요소로는 모바일(Mobil), 클라우드(Cloud), 빅데이터(Big Data), 사물인터넷(Iot), 인공지능(AI) 등이 있다. 이러한 지능형 기술이 센서와 데이터 수집 등 다양한 연결고리를 통하여 인간과 사물간의 의사소통에서 사물과 사물간의 의사소통까지 확장되고, ICT간 융합에서 타산업과의 융합까지 이루어지며, 지능형 기기가 일반적으로 보편화 되는 사회가 도래한 것이다. 지능정보사회에서는 기술자체의 혁신이 아닌 사용자 경험과 스스로 업데이트 되는 기술에 의하여 사회의 패러다임이 재편되고 있다.

이러한 미래사회의 특징은 다음과 같다.

그림2 미래사회의 주요변화

표1 정부를 둘러싼 주요 환경의 메가트렌드

분야	메가트렌드	내용
사회	인구구조의 변화	세계인구 증가, 국가별·지역별 인구 증가/정체/감소가 각각 진행, 저출산·고령화 문제 등
	양극화	국가/기업 간 고용구조, 경제적 양극화에 따른 교육기회의 차별화, 취약계층에 대한 사회책임 문제 등
	네트워크 사회	사이버 공동체 활성화, 영토국가에서 네트워크 국가로 전환, 정보 독점 및 정보의 평준화 등
경제	웰빙/감성/복지 경제	고령화·글로벌화에 따른 삶의 질 중시, 신종 질병·전염병 증가에 따른 건강문제 대두 등
	지식 기반 경제	경제의 소프트화 현상 심화, 무형자산 시대 도래, 지식경영 확산, 디지털 중심 산업재편 등
	글로벌 인재의 부상	글로벌화에 따른 멀티플레이형 인재, 지식경쟁력 부상, 창의력과 감성의 부각 등
환경	기후변화 및 환경오염	환경오염과 기상이변에 따른 환경안보 부각, 국제 탄소거래제도, 물 부족 문제 등
	에너지 위기	화석에너지 및 자원고갈 심화, 지속 가능한 에너지 체제로의 전환, 대체에너지 개발 등
	기술발전에 따른 부작용	인간·윤리 문제와 기술의 충돌, 기술 패권주의, 개인정보 보호 및 불건전 정보의 부작용 문제 등
정치	글로벌화	이동성 증가, 인력 및 자본 이동, 국제공조 확산, 다문화 및 이종문화 등
	안전 위험성 증대	신종 질병 및 전염병 확산, 핵 확산, 대량살상무기 확산, 경비산업 성장 등
	남북통합	남북한 경제협력, 북한문제의 국내화 및 급변화, 북한의 불확실성 등

자료: 명승환(2012: 18)에서 응용 정리.

첫째, 사회가 도구화(instrumented) 혹은 기능화 된다는 점이다. 이로 인하여 예전에 사회에서 소유하지 못했던 새로운 데이터가 만들어지고, 그 데이터를 활용함으로써 새로운 서비스 및 사회적 기회가 생성되고 있다.

둘째, 사회가 상호 연결(Interconnected)되어 간다는 점이다. 다양한 형태로 사회구성요소들이 상호 연결되고 있는데, 일례로 지능화된 사물들이 인터넷으로 연결되는 사물의 인터넷 (유비쿼터스)이 재화에서 일어나게 되고, 사회에서는 연결망을 통하여 사람과 사람 간에 새로운 공간 (가상공간)에서 상호 연결되어 가는 것을 들 수 있다. 메타버스는 인간이 현실과 가상공간을 넘나들며 새로운 거래행위와 의사결정을 입체적이면서도 적시에 할 수 있도록 해 준다. 과거의 기억과 역사도 형상화하여 복기하여 시행착오를 반복하지 않도록 새로운 시공간의 역사를 재편성하고 재해석하고 있다.

셋째, 사회의 구성요소들이 지능화 (Intelligent)되어 간다는 점이다. 이 지능화는 도구화된 사회 구성요소(재화와 서비스)들이 사회 구성요소 간 상호 연결됨으로써 발생되는 수많은 데이터를 기반으로 지능화되는 것이다.

이러한 다양한 관점과 ICT의 속성 그리고 이로 인하여 영향을 받는 미래사회의 속성을 종합하였을 때 미래 지능정보사회는"고도의 지능화된 ICT와 사회연결망을 기반으로 인간과 사물, 사물과 사물 간 의사소통이 시공간을 넘어 실시간, ICT간 융합에서 나아가 타 산업과의 융합이 가속화되며, 정부와 민간의 일하는 방식 및 생활양식, 문화, 정치경제 등 국가 사회 전체의 혁신이 동반되어 새로운 부가가치가 끊임없이 재창출되는 사회"라고 할 수 있다.

특히 지능정보사회가 사회가 형성되는 기반은 기능화 중심의 정보사회와 상호연결 중심의 지식사회에서 갖추어진 ICT시스템 인프라 및 사용자 연결망을 통하여 사회구성원들이 가상적으로 형성하는 사회네트워크 (Social Network)이다. 스마트 사회에서의 정보 유통방식은 가상적 사회네트워크에서 (일정방향의 유통이 아닌) 축적 후 활용을 위한 유통의 방식으로 전환되고, 지속적으로 정보가 축적되며, 축적된 정보가 물리적 공간과 연동됨으로써 새로운 부가가치 (스마트 기능, 스마트 서비스)를 창출하는 메카니즘이 작동하게 된다.

ICT기술 발달에 의한 사회변혁은 이미 시작되었다. 2011년에 아프리카 지역을 휩쓸었던 트위터 민주주의 혁명를 비롯하여 미국 월가의 1대99 혁명과 금융자본의 몰락, 대한민국 갑들의 몰락, 유트버, 배달 앱, 위키 집단지성, 암호화폐, NFT, 오징어게임, K-Pop, 대중 오디션 등 일일이 열거하기 어려울 정도로 사회변혁이 전 세계 곳곳에서 일어나고 있다. 이렇듯 새로운 ICT기반 융합을 통한 사회변화 (혁명)는 거의 전면적인 대변혁을 우리에게 예고해 주고 있다.

미래 사회에서의 똑똑한 개인들은 더 이상 사전 정보도 없이 돈만 많이 들어가는 제품이나 서비스를 구매하지는 않는다. 정부의 서비스도 마찬가지다. 지역의 사정과 주민 센터의 일들을 속속들이 잘 알고 있는 주민들은 더 이상 무능한 정치인과 퇴물 행정가에게 지역주민의 미래를 맡기지 않을 것이다. 고비용 저효율, 만족제로의 정부서비스는 당연히 퇴출대상이다. 정부의 국책사업 및 대형 프로젝트도 더 이상 밀실에서 결정되어 추진되지도 않을 것이고, 공공사업의 실패를 미래의 세금폭탄으로 메꾸는 식의 악순환 역시 되풀이 되지 않을 것이다. 정보를 독점하던 정부와 상위계층의 시대는 종언을 고하였고, 1%가 아닌 99%를 위한 시대가 열리고 있다. 블랙박스로 차단되었던 고급 정보와 지식들이 빅 데이터 공개를 통하여 하나 둘씩 열리고 있다. 4차 산업혁명시대의 미래사회는 또 다른 대의민주주의가 아니라, 국민 개개인이 정치·경제·사회변화를 집적 주도하는 새로운 직접민주주의 시대를 의미한다. 최근의 그리스나 과거 남미의 포퓰리즘 식의 우민정치가 아니라, 합리적 사고와 수 없이 많은 감성 더듬이로 무장한 수퍼 개인들의 공론화 정치 시대가 열린 것이다.

지금 세계를 선도하는 것은 초강대국·유명인·관료들이 아니라, 유트브·트위터를 통한 집단지성이다. 소셜미디어의 인플루언서의 영향력과 신뢰도가 더 높아지고 있으며, NFT로 디지털 자산의 고유한 가치를 찾는데 더 관심을 갖는다. 한 마디로 기존의 단선적, 평면적, 편차이론 (variance theory)에 의한 가설검증과 경험적 실증주의에 기반 한 준실험적 방법론의 사회과학과 정책모델은 한계에 도달했다고 과언이 아니다.

02. 해외 현황과 사례

1. 영 국

공공 부문에서 디지털 혁신의 출현으로 인해 전 세계의 많은 공공 행정부는 공개 프로세스에서 플랫폼 접근 방식을 구현하기 위해 노력하여 왔다. 영국의 GDS(정부 디지털 서비스)는 개방형 데이터 정책 및 플랫폼 유형과 관련된 공공 부문의 디지털 혁신을 주도적으로 주도하였다. GDS는 수백 개의 정부 부처 및 기관에서 사용하는 통합 플랫폼인 GOV.UK를 기반으로 표 3-3과 같은 다양한 디지털 플랫폼 서비스를 제공하였다. 2018년 내각의 백서에 따르면 100개 이상의 공공 부문 조직에서 400개 이상의 서비스가 이러한 구성 요소를 사용하는 것으로 보고되었다. 영국 정부는 2020년까지 더 나은 디지털 플랫폼을 위한 '정부 전환 전략 2017-2020'을 발표하였다. 정책에서 가장 중요한 점은 오픈데이터를 매개로 민관협력을 강조한 전략이라는 점이다. 영국 정부는 성공적인 GaaP 접근 방식이 여러 이해 관계자의 참여에 따라 달성될 수 있음을 정확히 인식하고 있다.

표 2 영국의 플랫폼 정부 사례

Components	Contentst
GOV.UK Verify	A secure way for citizens to prove their identity to the government online
GOV.UK Notify	A way for service teains across the government to keep people updated by sending text messages, emails or letters
GOV.UK Platform as a Service	Hosting for services on a government cloud platform so departments are not duplicating digital infrastructure
GOV.UK Pay	A secure way to pay for government services online
GOV.UK Registers	Helping the government design and build services on consistent data infrastructure

2. 이탈리아

이탈리아 정부는 2015년 영국의 GDS 사례를 참고하여 디지털 정부 전략인 AgID(Agenzia per l'Italia Digitale) 계획 수립하였다. 우선 지역 수준에서 유사한 서비스에 대한 중복 투자를 피하기 위해 AgID의 플랫폼을 설계하였다. 이 플랫폼은 공공 및 민간 행위자가 새로운 서비스를 생산할 수 있는 생태계의 개발을 지원하고 있다. 모듈식 구조로서의 플랫폼은 공공 서비스의 혁신을 촉진하고 서비스 생산 프로세스 및 전달과 관련된 이해 관계자 간의 조정 복잡성을 줄였다. CIE(전자 ID 카드), SPID(공용 ID 시스템), PagoPa (행정에 전자 지불 관리), 전자 송장, ANAR(거주 인구의 국가 등록) 등 추가 플랫폼이 설계 및 테스트 중이다.

3. 에스토니아

에스토니아는 1990년대에 온라인 경제와 대규모 기술 혁신이 천연 자원이 없고 인구가 적은 상황에서 나아가는 길이라고 결정하였다. 이러한 노력으로 에스토니아는 이제 작지만 정보사회에서 영향력 있는 나라로 자리 잡았다. 에스토니아는 에스토니아의 디지털 커뮤니티 구축에 기여한 X-road를 사용하여 정부플랫폼 (Government as a Platform: GaaP)을 실현한 최초의 국가이다. X-Road는 유지 관리 및 보안을 책임지는 데이터의 승인된 소유자가 있는 레지스트리 시스템이다. 이 시스템은 모든 사람이 레지스트리에서 개인 데이터를 검색할 수 있는 고유한 16자리 개인 식별자와 기업, 자산, 차량 등에 대한 기타 여러 식별방법에 의하여 운영되며, P2P 네트워크와 유사하다. 2007년 러시아 해커의 사이버 공격에 대한 에스토니아의 경험 이후, X-road는 정부 저장소의 데이터 무결성을 보장하고 국가 데이터를 보호하기 위해 블록체인 기술을 채택하였다. 현재 에스토니아의 1000개 이상의 조직과 기업이 1700개 이상의 서비스에서 매일 X-road를 사용하고 있다. X 도로의 도입으로 국가 서비스의 99%가 온라인이며 데이터 교환 덕분에 844년의 노동 시간이 절약되었다.

정부플랫폼을 기반으로 에스토니아는 에스토니아에 등록된 모든 법인의 데이터 레지스트리에 연결되는 e-Police및 e-Business를 포함하여 다양한 공공 서비스를 제공한다. 예를 들어, 에스토니아 정부 포털에서는 신규 비즈니스 및 비영리 단체를 위한 온라인 회사 등록을 허용한다. I-Voting 포털을 통해 유권자는 어느 위치에서나 온라인으로 투표할 수 있으며 e-Health는 여러 의료 제공자의 데이터를 통합하여 의사와 환자 모두가 볼 수 있는 각 환자에 대한 포괄적인 기록을 제공한다.

03. 디지털 대전환 시대에서 정부의 역할은?

1. 스마트 정부의 조건

디지털플랫폼 기반 스마트 정부는 중앙정부, 지방정부, 지역주민, 민긴기업이 협력적 동반자로서 국정운영을 하는 거버넌스 체계를 기반으로 하는 정부를 의미한다. 따라서 다음과 같은 기본적인 조건을 갖추고 운영되어야 한다.

첫째, 추진 주체는 중앙정부·지방정부·지역주민·민간기업을 포괄적으로 포함하여야 한다. 둘째, 추진 목표는 지방정부의 경쟁력강화, 지역 간 정보격차 해소, 지역 균형 발전, 지역주민 삶의 질 향상이 포함되어야 한다. 셋째, 추진 대상은 지방정부 행정프로세스/업무, 지역경제/서비스 기반, 지역주민 생활환경, 지능정보화 기반/시스템이 된다. 넷째, 추진전략은 통합적 플랫폼 구축과 업무 재설계, 지역특성화 서비스 개발/추진, 안전하고 편리한 서비스 개발, 플랫폼기반 표준화/상호운용성 확보의 방법이 포함된다.

따라서 디지털플랫폼 정부를 추진할 때 고려사항은 다음과 같다.

중앙정부·지방정부·지역주민·민간기업이 주체가 되어 상호간 명확한 역할 분담을 토대로 ⅰ)지방정부 경쟁력 강화를 위하여 지역의 상황변화에 민감하게 반응 할 수 있고, 구체적이고 종합적인 문제 해결을 할 수 있도록 지방정부의 행정업무프로세스를 플랫폼 기반으로 재설계하고, ⅱ)지역주민의 삶을 향상하기 위하여 다양한 지역의 특성을 반영한 선별된 맞춤형 지역생활 서비스를 개발함과 동시에 지역 특성을 반영하는 스마트공동체 사업과제를 발굴 및 추진하고, ⅲ)지역 간 지능정보 격차 해소를 위하여 중앙정부·지방정부·지역주민·민간기업 각 주체간의 상호공감대를 형성하여 안정적이고 보편적인 서비스를 제공하며, ⅳ)지역 간 균형 발전을 위하여 표준화/상호운용성이 확보된 지역 지능정보화 기반/시스템을 근간으로 지속적인 기술적 개발 환경조성과 지역 특성을 반영하는 새로운 부가가치 서비스를 창출하는 노력

(지역의 지능정보화와 관련된 주체간의 상호협력적인 노력)을 통하여 지역의 발전과 주민 삶의 질을 제고한다.

향후 중앙정부는 국가, 국방, 외교와 관련된 국가프로젝트와 보편적 복지와 교육, 미래전략 수립과 프레임 제시, 정책 및 국정운영 플랫폼의 구축과 관리 등에 주력하여야 한다. 자율적 거버넌스 (self-governance) 시대에 작고 효율적이면서도 정확한 미래예측 능력을 바탕으로 중재도 잘하고 지원도 잘하는 스마트한 정부로 거듭나야 한다.

따라서 디지털플랫폼 기반 스마트 정부란 '고도로 지능화된 ICT와 사회적 연결망을 기반으로 행정업무 방식과 절차를 재설계하고, 정부와 기업, 시민, 글로벌 공동체 간 지식과 정보를 공유하여 사회구성원 간 상호 거래를 통하여 생산적이고 민주적인 부가가치를 지속적으로 창출할 수 있는 공공 플랫폼 기반을 제공함으로써 협력적 동반자의 역할을 지향하는 거버넌스체제 혹은 국정운영체계' 라고 할 수 있다.

표4, 표5는 블록체인, 인공지능, 융합기술 등의 기술이 지닌 속성과 문명사적 패러다임의 변화, 정부구조의 변화, 의사결정 기조의 변화 등과의 관계를 분석하고 비교한 것을 정리한 것이다.

표4 문명사적 패러다임 변화와 공공관리 변화

구분	산업사회	지식정보사회	후기지식정보사회	융합사회
	시스템정부	전자정부	스마트정부	디지털플랫폼 기반 스마트정부
	Web 1.0	Web 2.0	Web 3.0	Web 4.0
접근성	정부중심	시민중심	개인중심	관계중심
	- First-Stop-Shop - 단일창구 창구(포털)	- One-Stop-Shop - 정부서비스 중개기관을 통해서도 접속	- My Gov - 개인맞춤형 정부서비스포털 - 플랫폼 기반의 장(場)	- We Gov - 모두를 포용하는 관계지향형 인공지능 플랫폼 - 플랫폼위의 플랫폼

구분	산업사회	지식정보사회	후기지식정보사회	융합사회
	시스템정부	전자정부	스마트정부	디지털플랫폼 기반 스마트정부
	Web 1.0	Web 2.0	Web 3.0	Web 4.0
서비스 제공 방식	- 일방향 정보제공 - 제한적 정보공개 - 서비스의 시공간 제약 - 공급위주 서비스 - 서비스 전자화	- 양방향 정보제공 - 정보공개 확대 - 모바일 서비스 - 정부·민간 협력서비스 - 신규서비스 가치 창출	- 개인별 맞춤정보 제공 - 투명한 정보 공개 - 사회적 연결망을 통한 공공서비스 창출과 부가가치 재생산 - 정부의 협력적 동반자의 역할강화 - 지능화된 서비스전달 체계로 정보관리/예측능력 고도화	- 예측정보 제공 - 신뢰성 있는 선별적 정보제공 - 감성적 지능서비스 - 관계적 중심의 데이터 관리
ICT 생태계	- 정부주도/아웃소싱	- 정부주도/아웃소싱	- ·정부-기업-시민 협력적 거버넌스, 탈규제	- 거버넌스를 기본으로 하는 자율기반 통제
채널	- 유선 인터넷	- 유·무선 인터넷	- 유·무선 모바일 기기 통합(채널 통합)	- 온-오프라인 융합채널(옴니 채널)
업무 통합	- 단위 업무별 처리	- 프로세스 통합(공공·민간 협업)	- ·서비스 통합	- 서비스 융합
기반 기술	- 브라우저 웹 저장	- 브로드밴드 - Rich Link/Content Models	- 시멘틱 기술 - 센서네트워크	- 블록체인 - 인공지능(AI)
의사 결정	- 정치엘리트, 최고위관료 - Top-down 예산배분	- 정부, 전문가, 전문관료 - 중앙주도 성과평가 및 예산배분	- 개인, 시민, NGO, 지역공동체 - 빅데이터, 사실 기반 문제해결 중심	- 데이터 기반 - 집단지성
중앙 정부	- 선도자 (Initiator)	- 계약자 (Contractor)	- 중재자 (Mediator)	- 협력자(Cooperator)
지방 정부	- 교부금 의존한 시스템 구축 및 집행	- 전자정부사업 기반 포털구축	- 지역수요 기반 개인맞춤형 서비스 제공	- 플랫폼 기반 개인/공동체 지원 데이터 서비스 제공
시민 역할	- 정보서비스 사용자	- 부분적 참여 및 정책 토론	- 적극적 참여 및 e-voting	- 합리적 선택과 자율적 규율을 통한 사회적 가치 실현

명승환(2018, 224: 재수정)

표5 융합기술의 속성과 정부개혁

누구를 위한 / 무엇을 위한	국가/정부	국민/시민	정부-민간-시민 협력적 동반자
능률성	자원의 낭비 없이 한치의 오차도 없이 운영되는 국가/정부 (정보대칭)	합리적 선택이 가능한 정부정책 및 서비스	경제적 효용이 극대화된 거버넌스 체계 및 공공 플랫폼
분권성	상호견제와 균형적 권력 배분이 가능한 협치형 정부	자율적 통제와 주민역량을 바탕으로 한 지역경제	상황변화에 적시에 대응할 수 있는 통제가능한 분권형 하위 플랫폼
신뢰성 (보안성)	투명하고 공정한 정부	국민이 절대적으로 신뢰할 수 있는 정부	사회적 자본과 신뢰를 바탕으로 한 협력적 동반자

2. 정부의 역할

향후 중앙정부는 국가, 국방, 외교와 관련된 국가프로젝트와 보편적 복지와 교육, 미래전략 수립과 프레임 제시, 정책 및 국정운영 플랫폼의 구축과 관리 등에 주력하여야 한다. 자율적 거버넌스 (self-governance) 시대에 작고 효율적이면서도 정확한 미래예측 능력을 바탕으로 중재도 잘하고 지원도 잘 하는 스마트한 정부로 거듭나야 한다.

따라서 보이는 손이 작동하는 사회에서는 공공플랫폼을 중심으로 중앙과 지방 연계되어 국민과 지역주민이 밀착되어 참여하고 생산활동의 주체와 컨슈머가 될 수 있는 공유경제의 기반이 마련되어야 한다. 중앙정부는 컨트롤타워 (가칭: 국가미래전략원)를 통하여 4차산업혁명과 같은 새로운 생산유통 메카니즘을 기반으로 한 공유경제 플랫폼을 설계하여야 한다.

그림 3 지원자로서의 스마트 정부

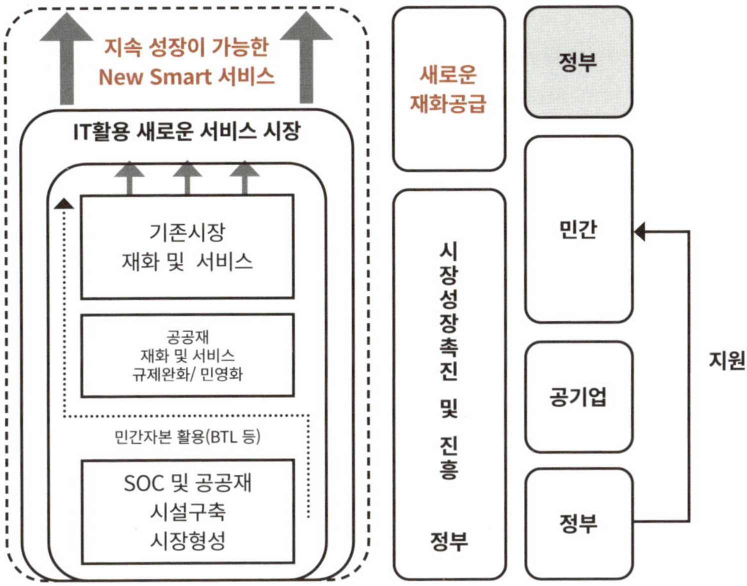

그러나 그 방식은 자유방임적 시장경제 정책으로는 불가능하고 과거 뉴딜정책과 같이 시장 및 정부실패에서 공공이 우선 수요창출을 하는 '디지털플랫폼'기반 데이터 공급이 필요하다. 즉 민간이 시장에서 뉴 재화/서비스를 생산할 수 있는 데이터 및 원자재 (디지털 원자재 또는 기술)를 시장논리에 따라 민간기업에 공급하는 방식이다. 사실상 우리나라는 과거 정보화추진위원회, 정보통신부, 전자통신연구소 (ETRI)와 한국전산원, 정보통신정책연구원을 통하여 IT강국코리아를 만들었던 경험이 있다. 이러한 전략은 제로베이스에서 새 틀과 판을 짜야 하는 현 시점에서 가장 실현가능한 대안이다.

다만 과거와는 다른 양상은 개인의 역량이 훨씬 커졌고, 다양한 플랫폼 기반 (구글, 아마존, 엔비디아, 네이버, 삼성 등)을 통하여 제조와 유통이 가능해졌다는 점이다. 'self-maker'시대에서는 1인 기업이 중견기업 이상의 역할을 할 수 있기 때문에 중앙정부는 다양한 공공플랫폼을 통하여 다양한 소프트웨어와 융합서비스가 만들어지고 시장논리에 따라 확산될 수 있도록 촉매자, 지원자, 그리고 중재자의 역할이상의 개입을 지양하고 철저하게 시장의 자율성을 보장하고 불필요한 규제를 없애는 과감한 규제개혁을 하여야 한다.

첫째, 스마트 정부의 역할은 국내 '場'을 연동한 고용 및 복지수요를 창출해야 한다. 장기적인 실업과 고령화에 따른 인구구조의 변화는 고용과 복지에 대한 변화와 요구를 증대시키고 이에 대응하기 위하여 정부는 지속적인 구인구직 시장 형성과 노동구조 개선을 위한 규제개혁을 강화하고 민간의 기업활동을 적극적으로 지원하여야 한다. 정부는 고용시장을 위하여 신뢰 기반의 '場'을 제공하고 정부의 고용정보와 민간의 구인정보를 교류할 수 있는 기반을 제공해야 한다. 또한 정부는 이러한 장에서 수집되는 정량적인 데이터를 통하여 고용과 복지 정책에 반영하는 플랫폼 기반의 선순환 구조를 만들어야 한다.

표6 디지털플랫폼 기반 스마트 정부의 기능과 역할

정부기능		스마트 정부의 모습
대국민	정책	(1) 국내 '場'을 연동한 맞춤형 고용/복지 환경 조성 (2) 해외 '場'을 연동한 글로벌 K-산업정책 정책수립
	집행	(3) 국민 개개 '人'을 지향하는 대국민 행정서비스 강화 (4) 정부/기업/국민과 협치를 지원하는 데이터 기반 행정
행정내부	정책	(5) 공공/민간 정보 '用' 을 통한 맞춤형 행정서비스 개발 (6) 정부/국민의 '通' 을 위한 국민참여와 주민자치 지원정책 강화
	집행	(7) 국민의 人을 활용한 정부 거버넌스 기능 강화 (국민역량 극대화)

자료 : 명승환(2012: 27)

둘째, 스마트 정부의 역할은 해외 '場'을 연동한 산업정책의 비전제시와 전략의 제공이다. 신흥국의 성장과 국가무역 협정으로 세계 경제구도에 변화가 일어났다. 이러한 변화에 따라 국내 기업들의 해외진출을 지원하는 기능을 강화하여 수출산업으로 하여금 경기를 부양하도록 노력을 강화해야 한다. 정부가 보유한 해외정보를 제공하고 정부의 신뢰를 바탕으로 중소기업들이 해외시장에 공동으로 진출하기 위한 '場'을 형성하고 기업들을 지원할 수 있는 지원자적 정부의 기능을 강화하여야 한다. 나아가 이러한 장에서 수집된 정보를 통하여 내수시장과 수출시장에 적절한 산업정책을 활용하여 국가와 기업이 윈윈(win-win)할 수 있는 장려정책을 적극 추진해야 한다.

셋째, 국민 개개 '人'을 지향하는 맞춤형 대국민 행정서비스의 강화이다. 인구 노령화와 여성, 노인의 새로운 주도세력 부상 등 인구구조 변화와 다양한 라이프 스타일의 변화가 일어나고 이러한 변화에 대한 대국민 지원을 위한 행정서비스의 형태도 변화되어야 한다. 행정서비스는 공급자(정부) 중심이 아닌 국민 개개인의 라이프 스타일에 맞게 맞춤형으로 제공되는 형태로 변화될 것이다.

넷째, 정부-기업-국민 '協'을 위한 행정개혁이다. 최근 들어 사회연대를 통해 갈등을 해소하려는 정치·사회문화의 변화가 일어나고 있다. 정부는 제공하고 국민은 소비하는 단방향의 사회흐름이 아닌 양방향의 소통으로 모든 사회적 이슈와 갈등이 해결되고 흘러가는 양상으로 바뀌어 가기 위해서 사회주체인 정부와 기업 그리고 국민들이 소통하고 협력하기 위한 '場'을 형성하고 '通'하는 정부 협력기능이 제공되어야 한다.

다섯째, 공공·민간 정보의 '用'을 통한 새로운 행정서비스 개발이다. 더 이상 정부는 공공정보를 제공하고 국민이 정보를 수용하는 단방향의 서비스 체계가 아니다. 정부가 제공하는 공공정보를 민간이 활용하고, 민간이 제공하는 민간정보를 정부가 활용하여 제공되는 행정서비스를 위해 참여하고 소통하고 협력할 수 있는 다양한 정부서비스가 개발될 것이다. 나아가 이러한 행정정책 개발과 행정서비스의 기획과정도 정부의 고유기능이 아닌 국민과 기업이 함께 협력하여 이러한 기획에 참여할 수 있는 정책개발의 새로운 패러다임과 프로세스로 변화될 것이다.

여섯째, 정부-국민의 '通'을 위한 국민소통을 강화하고 정책결정과정에 국민의 참여를 활성화 하는 것이다. 모바일 변화와 참여문화 확산에 따라 사회 분위기가 신뢰와 다양성을 수용하는 방향으로 변화하고 있다. 또한 소셜 미디어 발전에 따라 정부와의 정보소통 채널이 다양화되고 있고 소셜 미디어를 활용한 정책참여 방법도 매우 다양화되고 있다. 모바일과 소셜 미디어로 정부-국민의 소통 기능이 강화되어 국민소통과 정책참여 기능이 다양화되는 변화가 지속적으로 이루어질 것이다.

끝으로, 국민의 '人'을 활용한 정부 거버넌스 기능을 강화하는 것이다. 지구온난화 문제, 자원고갈에 따른 환경변화 그리고 줄어들지 않는 범죄와 국가보안 문제는 다양한 정보기술을 활용하여 감시와 규제를 하고 있지만 완벽한 해결책은 나오지 않고 있다. 이러한 환경·안보를 위한 거버넌스 체계에서도 정부의 기능이 강화될 것이다. 기술을 통한 해결보다는 국민들이 직접 눈이 되고 귀가 되어 모니터링할 수 있는 '場'을 제공하여 정부뿐만 아니라 국민도 이러한 서비스의 주체가 되어 개인 행정집행의 기능을 제공하는 방향으로 변화될 것이다.

04. 정책제안

1. 메타플랫폼 구축

- 미래사회는 실용주의, 시민 중심적 국가, 디지털 방식의 보편화, AI-데이터 기반 정부와 사회 메카니즘, 그리고 개방적인 공동체 중심의 사회라는 공통적인 지향점을 갖고 있다. 미래 국가는 이러한 모든 과정과 요인들을

포용하면서 인간-기술-사회시스템이 개방적이고 다층적인 플랫폼과 최상위 메타플랫폼 형태를 갖춘 국가가 되어야 한다.

- AI-빅데이터-클라우드를 연계한 메타버스 기반 공공플랫폼 중심으로 정부-민간-시민 간 정보대칭 수단과 방법을 제시해야 하며 부울경 메가시티 등 권역별 메가시티 계획에 포함되어야 한다.
  - 이미 민간 분야에선 메타버스가 일시적인 트렌드가 아니라 인터넷과 모바일을 대체할 '인류의 플랫폼 혁명'으로 인식하고 있다
  - 실리콘밸리는 사실상 '메타버스 전쟁터'. 애플과 페이스북, 엔비디아, 구글, 마이크로소프트(MS) 등 글로벌 공룡들이 메타버스 플랫폼을 선점하기 위해 혈투를 벌이고 있다.

- 향후 대규모 공공 조달사업과 혁신을 통하여 민간이 새로운 융합산업과 일자리를 창출할 수 있도록 인프라를 구축하고 불필요한 규제를 완전히 없애야 한다.
  - 정부역할은, 그 동안 미흡했던 5G 시범사업을 25년까지 조기구축하고 , 디지털 시민공동체 플랫폼, 마이데이터, NFT, 디지털화폐, 스마트 의료복지, 스마트 교육 등 XR국민체감형 메타버스 사업을 대대적으로 전개해야 한다.
  - 정부주도 보다는 3세대 플랫폼인 메타버스 플랫폼을 정부-민간-시민이 함께 협력하여 동반 구축하는 ppp (Public-Private-Partnership)으로 추진해야 한다.

2. 예산시스템 개혁 (기획재정부 폐지)

- 미국의 관리예산처(OMB)와 같이 정권이 바뀌어도 정책기획과 예산관리

를 뒷받침할 전문 조직 필요하고, 우리나라의 상황을 고려할 때 기획예산처 부활 필요하다.

- 국가의 예산이 어떻게 쓰여 지는 것을 국민 모두가 알게 되어, 과도한 재정지출과 국회의 쪽지예산, 부처 간 중복예산 지출 등의 관행 들이 사라져야 한다.
- 미국, 영국 모두 개별 부처, 지방정부 등 재정 관리주체 별로 분산된 시스템을 가지고 있지만, 재정정보관리 체계는 각각 관리예산처(OMB), 내각 사무처로 일원화하여 단일의 사이트에서 재정정보를 공개하고 있습니다. 반면 우리나라는 중앙재정은 기재부의 '열린재정', 243개 자치단체는 '지방재정365', 교육재정은 '교육재정알리미' 등으로 분산되어 있어 비효율적이고 책임성이 약하다.
- 사업단계 부터 정보를 취합하여 부처에서 제공하는 정보의 상호간 정확도를 체크하고 부처의 검증을 거쳐 데이터를 전송하고 공개하는 통합재정정보 시스템을 운영해야 한다 (미국, 영국).
- 국가예산을 국민이 모르면 누가 알아야 하나? 국가재정과 예산은 투명하게 처리되어야 하고 정부가 책임을 져야 한다.

3. 충원제도 개혁

- 기존의 공무원 충원제도는 전면 재검토해서 폐지 절차를 밟아야 한다. 전 대학생의 공무원화를 초래한 시대착오적 공무원 충원제도가 존재하는 한 대한민국 대학의 미래는 없다.

- 정부와 공공부문에서 우선 공공부문 인력채용 방식 및 업무방식을 전면 개

혁하여 미래형 스마트 융합 인재 확보와 민간과의 교류를 확대해야 한다.

- 블록체인과 AI 기반 업무방식과 채용 전면개혁(인력채용 로드맵)으로 인력채용과 업무의 공정/투명/부패제로 달성을 목표로 추진해야 한다.
- 인턴제 전면도입, 블록체인 AI면접 및 신입인력 디지털 교육훈련 강화, 연공서열 폐지하고 성과 및 사회기여도 중심 승진 및 연봉제 인센티브제 도입해야 한다.

• 메타버스 채용은 블랙체인 이력서를 통한 블라인드 면접을 온라인화를 제안한다.

- 채용의 공정성을 극대화하기 위한 수단으로 블라인드 면접이 활성화되어 있으며, 블라인드 면접과 메타버스를 접목 시킨 것이 바로 메타버스 채용(또는 아바타 면접)이라고 볼 수 있다.
- 인사담당자는 구직자(또는 지원자)의 아바타만 보고 상대의 업무 역량, 개인 능력을 평가하게 되며 개인의 소신과, 결정, 의지를 보고 보다 객관적이고 공정한 채용이 가능하게 될 것이다.
- 최근 유통업체(GS리테일, 세븐일레븐 등)에서 메타 면접 방식으로 인원을 채용하였으며 "디지털 환경에 익숙한 MZ세대 구직자와 자유롭고 유연하게 상호 소통하기 위해 메타버스 면접을 도입했다"고 밝힌 바 있다.

• 전통적인 문서중심 이력서의 제거, 블록체인 이력서의 활성화해야 한다.

- 이러한 문제를 방지하기 위하여 미국 등지에선 각종 교육 과정 수료증, 실무 경험을 통해 얻은 기술, 전문직 경력 및 추천서에 이르기까지 모두 블록체인 프로토콜을 통해 검증하는 기술을 개발하였다.

- 블록체인 기술로 각종 채용비리의 소지도 크게 줄어들 것이며 직업 전문가들도 "블록체인 기술 내에서 완전히 새로운 생태계를 만들고 교육계에 신뢰할 수 있고 투명하며 공정한 검증 시스템을 도입할 수 있을 것"으로 기대한다.

4. 디지털혁신부 신설

- 대한민국의 미래 사회는 '예측 가능하고 신뢰할 수 있는 사회', 대한민국의 미래 정부는 '스마트하면서도 믿을 수 있는 정부' 이다.

- 미래 정부는 단순한 기술적 지능을 넘어 감성적 지능을 높여야 하며, 이러한 감성적 지능을 바탕으로 다양성 관리능력을 동시에 갖추고, 정부-민간-시민 간 협업적 거버넌스를 통한 소통과 신뢰 구축 및 사회적 자본의 구축이 필요하다.

  - 삼성, LG 등 강력한 하드웨어 기반 공공인프라를 구축하고 있으나 소프트웨어기반 인프라는 상대적으로 부족하기 때문에 스마트정부 운영 전담 추진체계 구축 및 법제도 정비가 필요하다.

  - 디지털 대전환을 추진하면서 감성적 지능과 사회적 자본을 축적하고 스마트 정부를 추진하기 위한 디지털혁신부 신설 (기존 행안부 해체)

  - 정부의 디지털 전환 전문 인력 양성/개방형 민·관 협력 플랫폼과 법제도 기반 강화

    (예시, 디지털 휴먼 관련 법제도 마련, 역기능 해소방안 (과몰입 등), 민간생태계 활성화를 위한 네거티브 규제체계, 보안관련 규정 및 가이드라인 정비)

※ 이미 많이 알려진 바와 같이, 미국의 연방수사국(FBI), 식품의약국(FDA), 항공우주국(NASA) 제트추진연구소(JPL) 등은 방대한 데이터를 수집 및 분석하기 위해 클라우드를 사용하고 있다. 미국 공공기관이 AWS를 도입하면서 시장이 형성된 것이다. 아시아에서는 싱가포르 국토청(SLA)은 지형 정보에 클라우드를 적용해 지역공동체에 음식 배달, 택시 예약과 같은 혁신적인 공공 서비스를 출시하고 있다.

※ 호주의 디지털전환부 (Digital Transformation Agency)가 추구하는 비전

- 사용하기 쉬운(easy to deal with)
- 국민이 제공하는 정보에 바탕을 둔(informed by you)
- 디지털 세대에 적합한(fit for the digital age)

DTA는 디지털 마켓플레이스를 '정부 기관(구매자)과 디지털서비스 제공 기업(판매자)을 함께 모아놓은 개방형 플랫폼'이라 정의하고 있다. 디지털서비스 사용을 원하는 공공기관과 서비스를 제공하는 기업이 함께 만들어가는 에코시스템을 말한다. 비즈니스 규모와 관계없이 모든 기업이 정부와 공급 계약을 쉽게 체결할 수 있도록 조달절차를 간편하게 하는 것이 마켓플레이스의 주요 목적 중 하나다. 여기에는 중소기업을 중심으로 한 에코시스템 활성화를 바라는 정부의 의도가 반영되어 있다.

5. 여성가족부와 교육부 폐지 -> 인구가족교육부 신설

- 기존 여가부와 교육부를 폐지하고 유아기 차별 없는 교육, 인구문제해결, 평생 일자리 재교육을 전담하는 장관급 조직이 필요하다.
  - 인구소멸, 출산율 세계 꼴지를 벗어나기 위한 특단의 TF를 구성하여 정권의 교체와 관련없이 기능을 유지해야 한다.
  - 대학교육을 포함하여 대한민국 교육을 설계하는 기능과 역할은 국가교육위원회로 이관한다.
  - 자살, 우울증 예방, 성범죄 예방 등 집중적으로 관리한다.

■■ 부록 1 조직개편 전략 및 스마트정부 조직도

전략 및 제안

방안1. 스마트정부특별위원회(가칭) 설치

- 대통령 직속 혹은 국무총리 산하의 '스마트사회추진위원회'와 '스마트정부특별위원회'의 설치
- 지역균형발전위원회 산하 '스마트시타위원회' (영국 민간협의체 방식의 SPC 산학연 협의체)
- 인프라/건설 위주의 스마트시티 전략 보완 법정부적 미래사회 컨트롤 타워부재로 인한 악순환 근본 차단

방안2. 스마트공유행정서비스플랫폼구축

- 공유햄정서비스가 가능한 데이터 공유와 사이버보안매대한 독단의조치 맏요
- 해킹이 원천 차단되는 블록체인 가술의 도입을 통한 행정서비스 혁신과 빅데이터 인공지능 기반 행정과 전락을 통한 예축가능하고 세금 누수 없는 그야말로 국민이 공감할 수 있는 스마트한 서비스를 제공

방안3. 조언결산회효 공유경제플랫폼구축

- 언제 어다서든지, 다양한 접근수단으로 대한민국의 인적·물적자원에 접속 할 수 었어야 하고 그 속에서 매일 획가적인 아이디어와 구체적인 상품화, 서비스화가 논의되고 거래되어야 함
- '대한민국 데이티거래소'가 대한국민 누구나 지나고 있는 모바일 스마트폰에 장착되어야 함
- 미래의 사이버전과 테러 대비1 만 명 사이버보안 정예부대 창설과 하이브라드 예비군 창설하여 이 인력들은 군복무 이후 4차 신업혁명의 역군으로 활용

방안4.중앙-지방간 수평적 협력 체계 강화

- 스마트 시티와 같이 지방 분권 시대 지방의 경쟁력 강화를 위한 ICT의 중요성을 고려하여 정부 간 기능 재정립 및 수평적 협력 강화(ICT 관련 지방 분권)
- 중앙 정부는 R&D 사업, 컨설팅 및 감리, 스마트 정부, ICT 규제 완화등 제도 구축, 지방 ICT 발전 지원에 집중/ 지방 정부는 4차 산업혁명 관련 지역경제활성화, 소프트웨어 융합교육 스마트리빙랩 등 당당
- '스마트지역정보진흥원 및 위원회(가칭)'를 중심으로 지방 정부 지원 플랫쯤 구축 및 강화

스마트정부와 거버넌스 재설계(안)

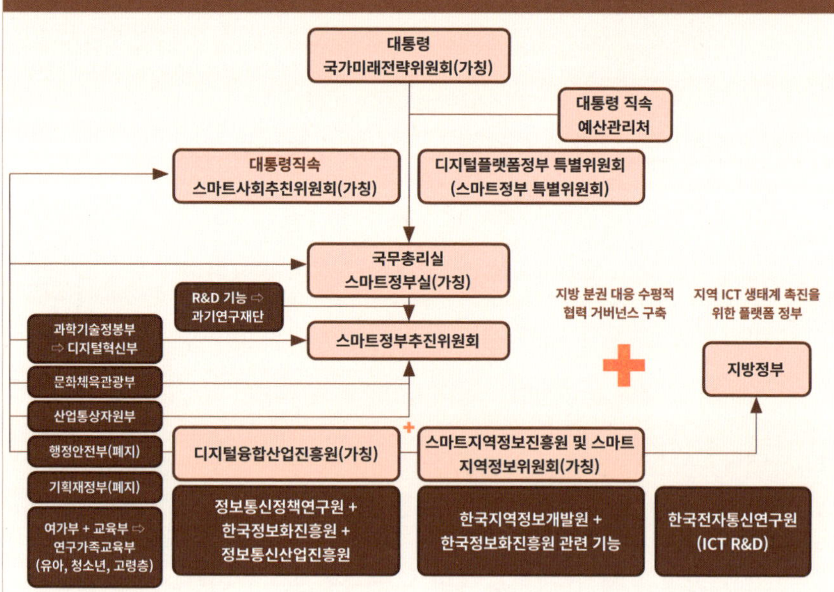

참고문헌

명승환 외. (2011).「플랫폼형 정부 구현을 위한 전략방안 연구」한국정보화진흥원. 미발표 연구보고서.

명승환, (2012). 스마트사회 전환에 따른 Gov3.0기반의 전자정부서비스 패러다임 변화연구. NIA(한국정보화진흥원) 연구보고서

명승환. (2020). 스마트 전자정부론: 정보체계와 전자정부의 이론과 실제. 개정 3판. 서울: 율곡출판사.

진상기. (2017).「한국 지역정보화 추진체계 개선에 관한 연구: 지능정보사회의 지역균형발전을 중심으로」. 『정보화정책』 24(3): 67-90.

한국정보화진흥원. (2018). 「4차 산업혁명과 지역 혁신을 위한 정책과제 100선.」

제2장

국가 인재의 효율적인 관리시스템 구축

황성원 (국립군산대학교 행정학과 교수)

01. 국민들의 공무원에 대한 인식

과거에 비해 지속적으로 민간기업 대비 낮은 임금, 급격한 공무원 연금개혁으로 인한 미래에 대한 불안감, 국민들의 공직에 대한 사회적 평가 하락 등 악재와 함께, 최근 윤석열 정부가 들어서면서 공무원을 포함한 공공부문 효율화 정책이 가시화되면서 공무원 시험 응시율은 날이 갈수록 낮아지고 있다. 과거 경제위기 속에서 고용 안정이 공무원을 포함한 공공기관으로의 인재 유입에 큰 장점이기도 했지만, 소위 MZ세대라고 말하는 젊은 세대들은 소득, 삶의 질 등을 이유로 직업 선호가 바뀌고 있다는 점을 간과해서는 안 된다.

그림1 공무원 경쟁률 추이

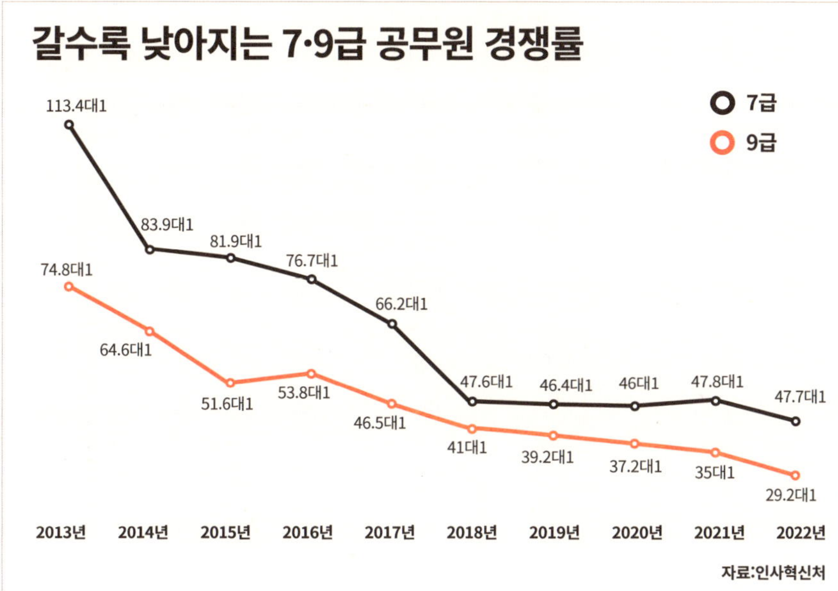

출처: 한경닷컴 2022년 6월 13일자, https://www.hankyung.com/society/article/202206124979i

하지만 최근의 공무원 내지 공직에 대한 부정적인 인식과 지속적으로 낮아지는 경쟁률에도 불구하고, 이웃나라인 일본의 공무원 경쟁률을 보면, 2019년 총합직(5급공채 수준) 10.3대1, 일반적(대졸수준) 3.9대1, 일반직(고졸수준) 5대1로 우리나라에 비해서 현저히 낮은 경쟁률을 보이고 있다. 이는 과거의 공무원이라는 직업에 대한 거품이 꺼지면서 오히려 공직에 부합하는 인재들이 지원하는 것으로 볼 수 있다는 점에서 반드시 부정적인 것으로 볼 필요는 없다.

중요한 것은 하나의 전문직업으로서 공무원이 공직에 부합하는 인재채용과 관리가 이루어지도록 하는 것이다. 이를 위해서는 우리 국민들이 공무원에 대해서 어떤 생각을 가지고 있는지를 살펴보면 개선의 방향을 가늠해 볼 수 있다. 2017년 인사혁신처가 국민 1,000명을 일대일 면접방식으로 실시한 인식조사 결과는 이를 적나라하게 보여준다.

그림2 '공무원'이라고 하면 가장 먼저 떠오르는 단어

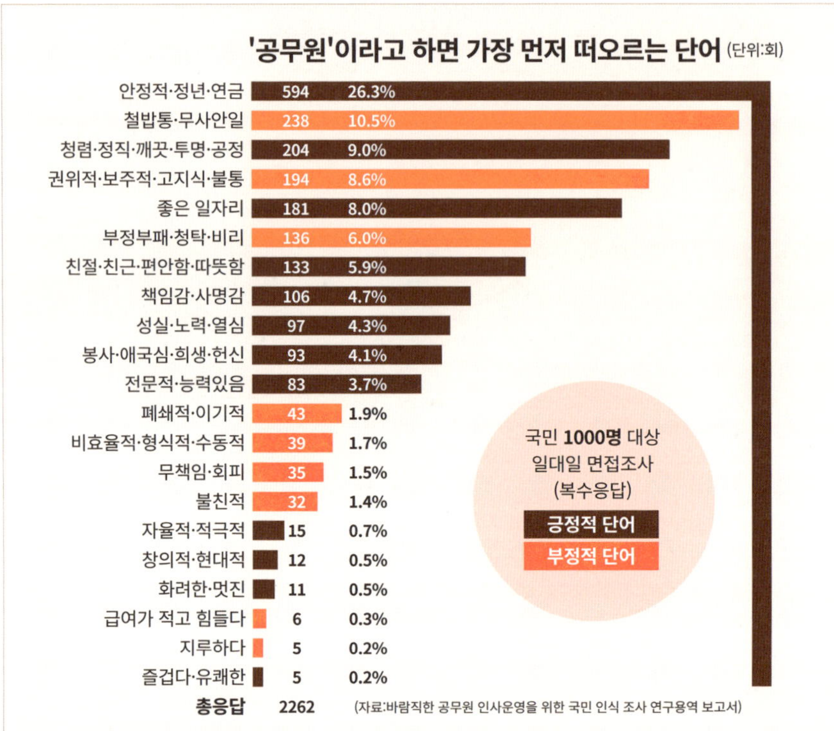

출처: 서울신문 2018년 4월 1일자, https://go.seoul.co.kr/news/newsView.php?id=20180402029003

조사 결과, 공무원에 대해서 전체적으로 응답자의 67.8%가 긍정적인 응답을, 32.2%가 부정적인 것으로 나타나 긍정적인 이미지가 더 높음을 알 수 있다.

중요한 것은 긍정적인 응답에 있어서 가장 빈도가 높은 긍정적인 단어가 안정적 · 정년 · 연금이고, 가장 빈도가 높은 부정적인 단어 역시 철밥통 · 무사안일이라는 점에서 '직업안정성'이 공직으로 진입하려는 가장 중요한 동기요인이 되고 있다는 점에서 전문직업인으로서 공무원이 가져야 할 직무와 관련된 책임감 · 사명감, 성실 · 노력 · 열심, 봉사 · 애국심 · 희생 · 헌신, 전문성 · 능력 있음과 같은 요인들이 상대적으로 간과되거나 그러한 요소를 갖춘 인재들이 공직에 진입하기 쉽지 않은 현실적인 문제들이 있음을 유추해 볼 수 있으며, 우리의 공직의 제자리 찾기가 절실하게 요구된다.

일본의 공무원 신규 임용자를 대상으로 한 설문조사(2020년)에서 알 수 있듯이, 국가공무원이 된 첫 번째 이유가 '공공을 위한 일이 가능하기 때문', 두 번째가 '일의 보람'이었다는 점에서 공무원으로 적합한 인재가 공직에 유입하게 만드는 것이 중요함을 알 수 있다. 특히, 일본 인사원 연차보고서에서도 공무원 시험 응시자 감소 문제에 대응하기 위해 "국가공무원이 사회에 공헌하고 보람을 느낄 수 있는 일이라는 것 등 국가공무원이 아니면 느낄 수 없는 매력, 필요로 하는 구체적인 인재상 등을 발신했다"는 내용이 기재되어 있는 것은 우리에게도 중요한 함의를 주는 것이다(연합뉴스, 2021년 1월 31일, https://www.yna.co.kr/view/AKR20210130036700073).

02. 정부 규모와 정부효율성의 실상

2021년 6월 기준 우리나라 공무원 수는 114만 2503명으로 박근혜 정부 임기 말에 비해 11만명이 증원되었으며, 전체 공무원 수 100만명은 박근혜 정부시절 넘어선 바 있다. 하지만 인력증원은 주로 소방·경찰·사회복지 공무원 등 현장공무원을 대폭 늘린데 기인하며, 이는 2020년 기준으로도 경찰관 1인당 담당인구가 411명으로 OECD 평균 380명보다 많고, 소방관 역시 1인당 담당주민 인구가 807명으로 일본의 779명에 비해 많다는 점에서 적절한 것으로 보인다(머니투데이, 2022년 3월 24일자, https://news.mt.co.kr/mtview.php?no=2022032316150584866). 그러나 나머지 인력증원에 있어서는 기존 행정서비스 전달체계의 개선으로 인력수요를 상쇄할 수는 없었는지 아쉬움은 있다. 또한, 문재인 정부에서 정부부처 산하기관이 332개에서 350개로 늘고, 지자체 산하 공공기관도 1090개에서 1208개로 증가한 점도 단순히 인력 증가라는 관점보다는 실효성의 관점에서 검토가 필요하다. 긍정적인 면에서는 보다 나은 서비스 제공과 고용 창출이라는 측면이 있을 것이나, 부정적인 면으로는 소위 위인설관(爲人設官)의 문제와 정부나 지자체가 담당해야 할 실질적인 업무를 산하기관에 넘김으로서 발생하는 업무 비효율성 문제가 있을 수 있기 때문이다.

그림3 우리나라 각 정부별 공무원 정원 수

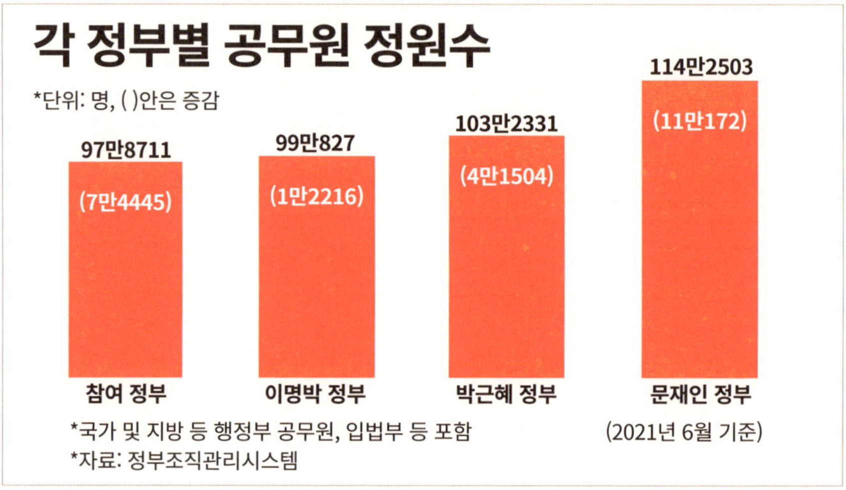

출처: 머니투데이 2022년 3월 24일자, https://news.mt.co.kr/mtview.php?no=2022032316150584866

그렇다면, 우리나라의 공공부문의 고용 규모는 실제로 어떤 수준인지 확인할 필요가 있다. 정말 우리나라는 공공부문의 고용이 과도한 것인가? 이와 관련하여 통계집계방식에 따른 차이에도 불구하고, 서울대학교 산학협력단에서 2017년 연구한 보고서는 우리에게 중요한 함의를 준다.

먼저 2015년도 기준 35개 OECD 국가들 중 자료 확보가 가능한 28개국에 대한 GDP 대비 일반정부 지출 규모와 국내 총고용 대비 일반정부 고용 규모 간의 관계를 보면, 일반정부 지출 규모에 있어서 우리나라는 OECD 평균 40.9%에 비해 일반정부의 지출 규모가 32.4%로 낮으며, 국내 총 고용 대비

고용인원은 공공부문 8.9%, 일반정부 7.6%로 OECD 평균인 21.3, 18.1%에 비해 상당히 낮은 수준으로 나타났다.

그림4 일반정부 지출 규모와 고용 규모 간의 관계(2015년)

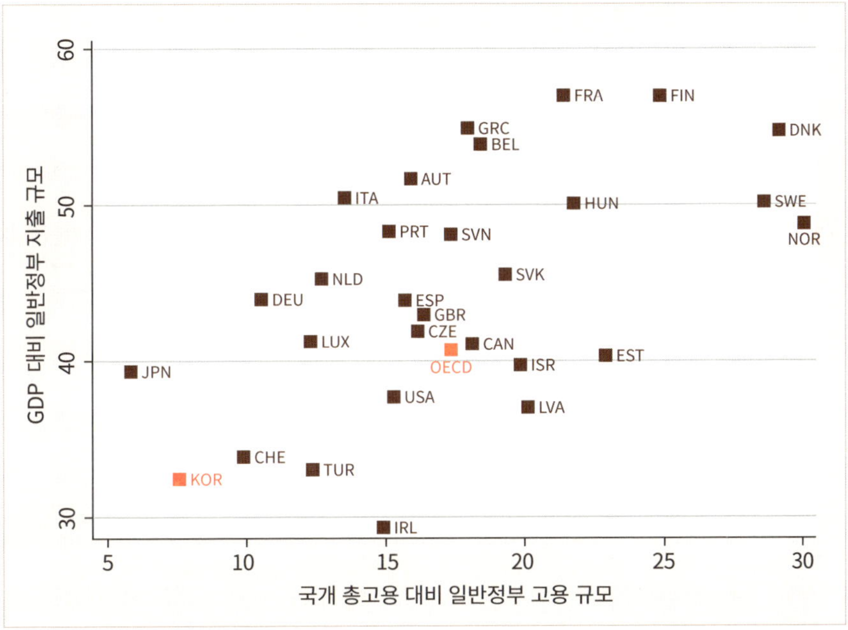

출처: 서울대학교 산학협력단(2017) 「OECD 국가와 비교한 공공부문 일자리 확충 방안」, 76쪽

또한, 2015년 기준 GDP 대비 일반정부 인건비와 총고용 대비 일반정부 고용간 관계를 보아도 각각 6.8%와 7.6%로 정부지출 대비 OECD 비교 국가들에 비해 그 규모가 적다는 것을 알 수 있다.

한편, IMD(스위스 국제경영개발원)는 1989년부터 매년 상반기에 「IMD 세계 경쟁력 연감(The IMD World Competitiveness Yearbook)」을 발간하고 있다. IMD는 국가경쟁력을 "영토 내에서 활동 중인 기업들이 국내외 경쟁력을 유지할 수 있는 환경을 제공해 주는 국가의 능력"으로 정의하고, 전 세계 60여개 국가를 대상으로 국가별 순위 및 경쟁력 제고를 위한 정책 방향을 발표해 오고 있다(한국과학기술기획평가원, 2021).

IMD 연감의 자료에 따르면, 2000년부터 2022년까지 우리나라의 국가경쟁력 순위, 정부효율성 순위, 기업효율성 순위를 살펴본 결과, 전체적으로는 국가경쟁력에 비해 정부효율성과 기업효율성은 낮은 것으로 나타났으며, 정부효율성에 비해 기업효율성이 상대적으로 낮은 것으로 나타났다. 다만, 2020년 이후 정부효율성이 지속적으로 기업효율성에 비해 상대적으로 더 떨어지고 있는 것은 주목할 필요가 있다. 그러나 공무원 인사기능을 전담하는 조직(중앙인사위원회, 인사혁신처)이 만들어졌던 김대중 정부와 박근혜 정부에서 정부효율성이 기업효율성에 비해 더 높았던 것은 인사 관리시스템 혁신에 큰 시사점을 준다.

■■그림5 일반정부 고용 규모와 인건비 규모 간의 관계(2015년)

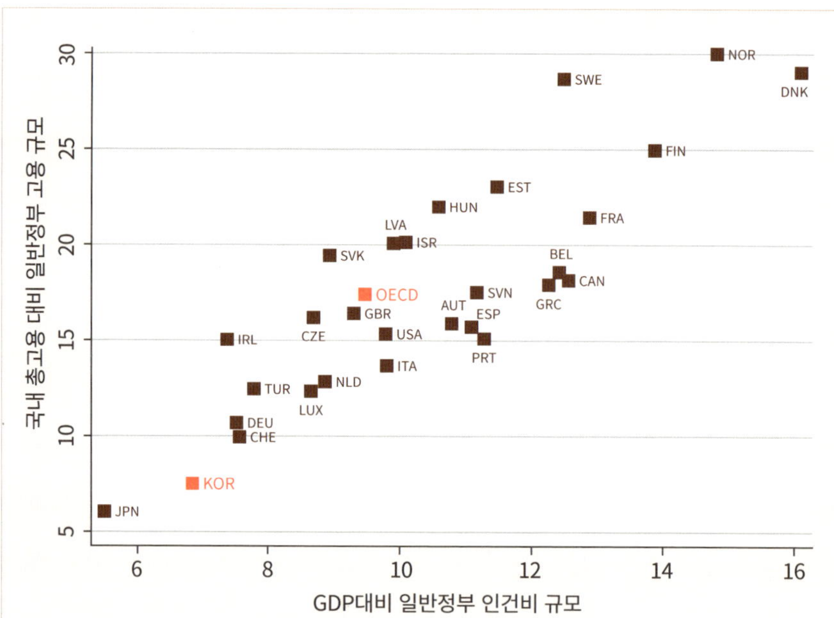

출처: 서울대학교 산학협력단(2017) 「OECD 국가와 비교한 공공부문 일자리 확충 방안」, 86쪽

그림6 대한민국 국가경쟁력, 정부효율성, 기업효율성

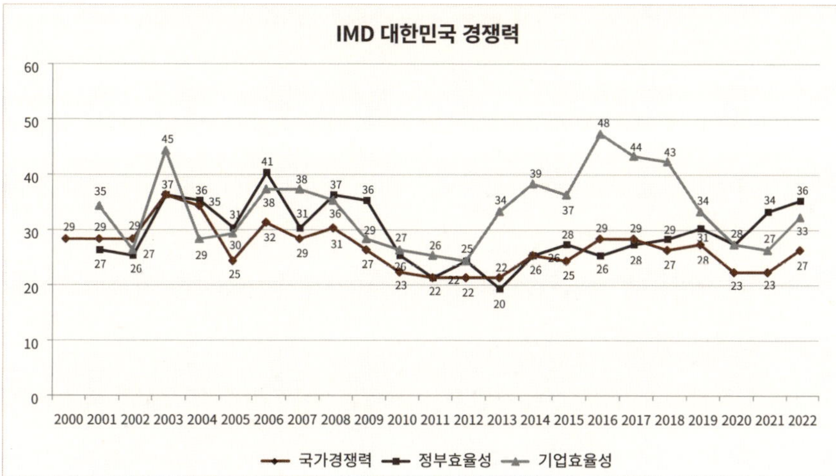

출처: IMD 세계 경쟁력 온라인, https://worldcompetitiveness.imd.org/

03. 정부 인력관리의 이론적 토대는 어디에 두어야 하는가

정부의 인력관리는 정부활동에 필요한 인적자원인 유능한 공무원을 잘 뽑아서 이들이 퇴직할 때까지 각자의 소임을 열심히 수행하도록 여러 측면에서 효율적으로 관리하고 도와주는 행정과정이다(이도형, 2007; 2019)

정부의 인력관리가 잘 이루어지기 위해서는 최우선적으로 국민의 공무원에 대한 기대를 잘 헤아리고 이를 충실히 받들겠다는 강한 역할지각과 그것을 행동으로 옮길 수 있는 역할수행능력을 갖춘 사람을 충원해야 한다. 그 이후에도 이들의 적성과 능력에 맞게 적재적소에 배치하고, 공직에 대한 직업적 자부심을 갖고 열심히 일할 수 있도록 하여 명예롭게 정년퇴직을 할 수 있는 역할수행여건을 잘 조성해 주어야 한다.

이는 앞에서 다룬 바와 같이, 우리나라보다 먼저 공무원 응시자 수 감소를 맞이한 일본 인사원의 대책 마련과도 일맥상통한다고 볼 수 있다. '인사가 만사'라는 말처럼 '사람'을 다루는 일이 매우 중요함을 상기시켜준다.

우리나라는 1948년 정부수립과 함께 '국가공무원법'을 제정하고 계급제에 기반을 둔 공직 내부의 직무체계를 구성하였다. 이후 계급제를 폐지하고 직위분류제를 시행하려는 시도가 있었지만, 실패하였고, 1973년 국가공무원법 개정 시 계급제를 운영하되 직위분류제적 요소를 가미하는 공무원 시스템을 구성하였다(이창길, 2022).

공직 직무체계가 무엇에 기반을 두고 있느냐에 따라 정부조직과 인사제도 등이 결정되어야 정합성이 높아진다는 점을 감안하면, 먼저 직무체계와 제도 간 연계를 위한 작업이 이루어져야 한다. 그러한 점에서 현재 정부의 인사기능과 조직기능이 분리되어있고, 그 기능을 총괄하는 장의 지위가 일치하지 않는 점은 시급히 해결될 필요가 있다.

따라서 이러한 점을 감안하여 단편적인 개별 제도나 조직체계를 논하기 전에 먼저 정부 인력관리를 기반으로 하는 이론을 체계적으로 접목하려는 노력을 기울일 필요가 있다.

1. 역할이론

역할이론은 공무원과 같이 타인의 삶에 지대한 영향을 미치는 역할수행자들이 그의 역할로 인해 영향을 받는 타인들의 그에 대한 기대와 바램의 내용을 파악하는 데 도움을 주고, 또 그가 이에 상응하는 역할정체성을 효율적으로 도출해 내게 하는 등 역할수행자의 태도변화 방향을 예측하는데 유용한 이론이다(Robbins, 1984).

역할이론의 주요 개념들에 입각하여 정부의 인력관리에 대한 주요 논점을 살펴보면 다음과 같다. 먼저 국민들이 공무원들에게 거는 역할기대를 생각해 보면, Frederickson(1997)이 말하는 '대표'시민과 대표'시민'의 개념에서 함의를 얻을 수 있다. 먼저 '대표'시민을 강조하게 되면, 통치엘리트라는 선민의식에 사로잡히기 쉽다. 이는 공무원뿐만 아니라 대통령, 국회의원, 도의원, 시의원들도 모두 해당이 된다. 반면에 대표'시민'개념은 전자에 비해 상대적으로 덜 엘리트적이고 보다 민주적이고 시민을 대신하여 일한다는 대리인으로서의 역할이 돋보이는 느낌이 든다. 따라서 공무원은 공익을 추구하는 사람으로서 시민이면서 시민을 대신하여 일을 하는 '이중신분'을 가진 사람이기에 공직을 하나의 소명으로 여겨야 하는 것이다(이도형, 2004).

둘째, 공직의 본질적 역할에 대해 생각해 보면, 제대로 된 역할지각 또는 역할인지가 되어야 국민의 역할기대에 적극부응하게 될 것이라는 점에서 처음부터 역할지각의 가능성이 훨씬 높은 사람들을 공직에 들어오도록 적극 유인 · 모집하고 이들을 합리적 선별기준에 따라 선발 · 충원한 뒤 적재적소에 배치하여 능력을 발휘하도록 하는 것이 매우 중요하다. 그러나 우리나라의 공무원 채용시험제도는 신뢰성은 매우 높으나 시험으로 공직에 적합한 인재가 선발되는지 그 타당성은 자신있게 말하기 어려운 한계가 있다(한국행정학회, 2021).

셋째, 역할정체성과 역할수행능력에 대해 생각해 보면, 아무리 좋은 인재를 선발했다고 하더라도 일하는 과정에서 변질이 되면 문제가 되기 때문에 지속적인 능력개발과 함께 역할정체성에 대한 부단한 학습과정이 이루어져야 한다.

2. 동기부여이론

공무원들이 자신의 역할을 가치 있게 여기고 변치 않는 마음으로 맡은 바 직무에 몰두하도록 하는 역할수행 여건을 잘 조성해 주어야 한다. 공직사회 내의 역할정체성이 무너지게 되면 부정부패, 무사안일주의, 보신주의 등 관료제의 병리현상이 나타날 수밖에 없다. 앞에서 논의한 바와 같이, 채용단계에서 기회주의적 속성이 강한 사람들이 충원되어 발생하는 문제도 있지만, 박봉,

인사적체 등 정부의 인사제도 및 조직운영방식을 통해서도 이러한 문제는 적지 않게 발생한다.

그림7 역할정체성 해이현상

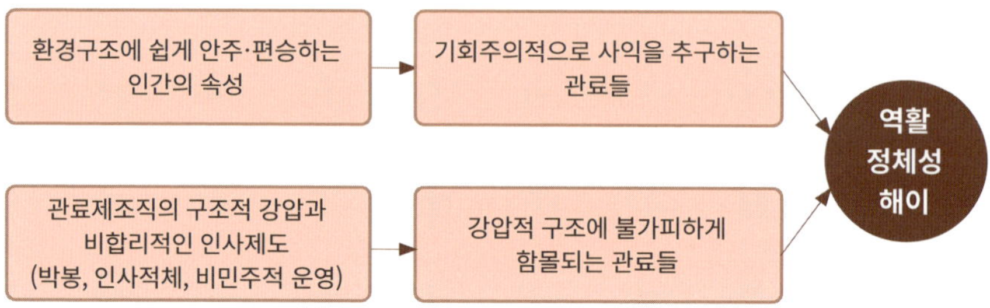

출처: 이도형. (2004). 『정부의 전략적 인적자원 관리』, 36쪽

예컨대, 2022년 공무원 임금인상률은 1.4%인데 비해 공무원 및 국민연금 인상률은 2.5%인 것과 2023년 공무원 임금인상률이 1.7%에 4급 이상 공무원들은 동결 등 물가상승률에 비해 임금인상률이 계속 낮게 책정되면 실질임금이 계속 떨어지게 되어 공무원들의 사기를 꺾게 되는 문제를 낳게 한다.

따라서 적어도 구조적인 인사문제를 해결하고 바람직한 변화를 추구하기 위해서 조직구성원들이 객체가 아닌 주체로서 참여할 수 있도록 조직의 동기부여적 분위기와 사기앙양을 위한 여건을 마련해 주어야 정부효율성은 높아지게 될 것이다.

3. 조직시민행동이론과 공공서비스동기이론

공직사회에서 발생하는 일탈행동들은 사실 다수가 아닌 소수가 자신의 역할을 망각하여 '노력회피 성향'을 보이는 것임에도 불구하고, 이로 인하여 공직사회 전체를 욕보이는 상황이 되풀이 되고 있다. 그 만큼 공무원의 역할이 민간에 비해 사회적 영향력이 크며, 국민들의 정부불신으로 연결될 가능성이 크다는 점에서 공직사회가 높아지고 있는 국민들의 공직에 대한 부정적인 인식에 대해 적극적으로 대응할 필요가 있다.

Graham(1986)에 의하면, 조직시민행동은 조직구성원들이 자율적으로 조직공동체에 도움을 주고자 하는 의도적 행동으로, 특히 보상이 전제되지 않는 행동을 의미한다. 그러므로 조직구성원들이 주인의식을 가지고 조직과 고객을 위해 최선을 다하는 비공식적 기여 또는 조직에의 공헌을 의미한다.

이와 유사한 이론으로 공직봉사동기이론이 있다. 이는 공공부문 종사자들은 민간부문 종사자들과 다른 독특한 충성심, 공익을 제공하고자 하는 소망, 유익한 공공의 이익을 위해 봉사하려는 욕구 등을 설명하기 위해 만들어진 이론이다(김상묵, 2014)

조직시민적 성향이나 공직봉사동기가 강한 공무원들이야 말로 공직의 본질을 명심하며, 자신의 존재이유를 다하기 위하여 노력하는 참된 공무원이 될 것이며, 이를 위해 복무관리와 자율적 행동규범을 선순환적으로 가동할 수 있도록 인력관리가 이루질 수 있게 된다. 따라서 공무원 선발과정에서 이를 검증할 수 있도록 모든 공무원 직렬 시험과목에 공직가치, 공직윤리를 포괄하는 공직기반 교과목을 필수화할 필요가 있다.

04. 우리나라 공직분류체계는 적정한가

우리나라는 1948년 정부 수립과 함께 '국가공무원법'을 제정하고 계급제를 기반으로 한 직무체계를 구성하였다. 1963년 계급제를 폐지하고 직위분류제를 시행하기 위하여 '직위분류법'을 제정하여 1967년부터 실시하려고 하였다. 그러나 역사적으로 계급주의적 공직문화에 익숙하고, 직위분류제에 대한 준비가 제대로 되어 있지 않은 상황에서 직위분류제의 도입은 사실상 실패하여 1973년 직위분류법이 폐지되었다. 다만, 1973년 국가공무원법에 직위분류제의 원칙과 단계적 도입의 일반적 근거 규정을 두고, 구체적인 사항은 대통령령으로 정하게 하여, 계급제 기반에 직위분류제적 요소를 가미하는 공무원 시스템을 구성하였다. 이로 인하여 지금까지도 상대적으로 계급제적 성격이 강화된 형태의 공직분류제도가 이어지고 있다(이창길, 2022).

주요 선진국들의 경향을 보면, 영국과 같은 계급제적 성향이 강한 국가들은 직위분류제 강화의 방향으로, 미국과 같은 직위분류제적 성향이 강한 국가들은 계급제적 요소의 강화 방향으로 인사개혁을 추진한 바 있다.

최근 윤석열 정부에서도 이전 정부에서와 같이 공공분야에 대한 직무급 제도를 추진하겠다고 한 바 있으며, 공직의 생산성 향상 등 효율성에 초점을 두는 등 직위분류제적 성격이 강한 정책들을 잇달아 내고 있다.

우리나라는 법을 기반으로 하여 행정을 집행하고 있다. 따라서 계급제와 직위분류제가 서로 조화를 이룰 것이라는 가정 하에 수많은 정책들이 만들어지고 있다. 그렇다면 정말 이 두 개의 공직분류제도는 정합성이 있는 것일까? 각 제도를 결정하는 요인은 그 나라의 사회적 계층화 정도, 직업구조의 분화 정도, 교육제도의 특성, 경제 및 보수 수준 등에 따라 달라진다(이창길, 2022).

먼저 사회적 계층화 정도에 있어서 계급제는 신분사회에서 많이 나타나며, 우리나라도 그 영향을 많이 받고 있다. 통상 개인의 자유와 창의성이 존중되고, 직무에 대한 전문적 지식과 능력이 존중받는 사회에서 직위분류제가 많이 나타난다.

둘째, 직업구조의 분화 정도에 있어서는 직업 분화 수준이 낮은 사회에서 대체로 계급제를 채택하며, 다양하고 전문화된 직업 구조에서는 직위분류제를 선호하게 된다.

셋째, 교육제도의 특성에 있어서는 고등교육제도가 발전한 국가의 경우 직업 분화의 정도도 크고 전문화된 영역이 발달되어 직위분류제가 정책되는 경향이 있으며, 분야별 전문교육에 대한 사회적 인식이나 제도가 정착되어 있지 않은 나라에서는 계급제가 주로 활용된다.

넷째, 경제 및 보수 수준에 있어서는 경제가 발전하고 공무원의 보수 수준이 높은 경우 직위분류제를 택하여 직무 중심의 인적자원 관리방식을 도입할 수 있다. 그러나 공무원 보수가 전반적인 생계비에 미달하는 나라에서는 직무에 상응하는 보수를 지급하기 곤란한 경우가 많으므로 직위분류제 적용에 여러 장애요인이 발생할 수 있다.

이상과 같은 요인 특성이 있음에도 불구하고, 민간과 공공분야 모두 인사의 트렌트는 직무중심으로 옮겨가고 있는 것이 현실이다. 그러나 민간부문과 달리 법적 제약을 많이 받고 있는 공공분야, 특히 공무원의 직무체계에 대한 내용은 국가공무원법에 규정되어있기는 하지만, 명확한 인사의 방향을 제시하고 있지 못하다는 점에서 법 개정이 필요하다.

표1 현행 국가공무원법에서 직무체계 관련 사항

- 국가공무원법 제4조(일반직공무원의 계급 구분 등) ① 일반직공무원은 1급부터 9급까지의 계급으로 구분하며, 직군(職群)과 직렬(職列)별로 분류한다. 다만, 고위공무원단에 속하는 공무원은 그러하지 아니하다. <개정 2010. 6. 8., 2011. 5. 23., 2012. 12. 11.>
- 제3장 직위분류제 제21조(직위분류제의 확립) 직위분류제에 관하여는 이 법에 규정한 것 외에는 대통령령으로 정한다. [전문개정 2008. 3. 28.]

또한 직무중심 인사를 추진하기 위한 기본적인 여건과 준비, 특히 재정상황, 직무분석, 직무평가 등 기본적인 역량과 인프라 구축이 갖추어지지 않은 것은 물론이고 우리나라 문화와의 정합성 문제가 해소되지 않은 상태에서 직위분류제적 요소의 제도들을 획일적으로 추진하는 것은 제도와 정책 간 부정합이 발생할 수밖에 없다는 점에서 기본을 충실히 다지면서 다양성을 감안하여 제도를 추진해야 시행착오를 줄일 수 있을 것이다.

05. 성공적인 인사를 위한 중앙인사행정기관의 역할 강화

민주화 이후 5년 단임제 대통령중심제 하에서 정부 관료제에 대한 정치적인 영향이 날로 증대되고 있으며, 공직자들의 정치적 중립성 유지에 많은 어려움이 발생하고 있다. 이에 따라 공무원들이 적극적으로 업무를 추진하지 못하고 정치권의 통제를 받게 됨으로써 공무원의 자율성과 전문성을 해치고 사기를 떨어뜨리게 되어 정책역량을 약화시키는 문제가 나타나고 있다(서원석, 2022).

역사적으로 1883년 미국의 펜들턴법(Pendleton Act)이 엽관제의 폐단이 심해지면서 공직의 역할과 신분 개혁의 필요에 의해 만들어졌다는 점에서 공직의 안정성과 계속성을 유지하고 공무원의 전문성과 정치적 중립성을 다시 강조할 필요가 있다.

이를 위해서는 공직인사에 있어서 정치적 영향력을 필요한 부분에 한정시키고, 실적주의에 입각한 공정한 인사원칙을 확립시켜야 한다. 따라서 중앙인사행정기관은 독립성, 정치적 중립성, 그리고 공정성이 강조되는 조직으로 거듭나야 한다.

현재 우리나라의 중앙인사행정기관은 인사혁신처로 차관급 정부부처로 인사업무를 관장하고는 있지만, 독립성과 정책주도성에 있어서 제대로 역할을 수행하기 어려운 한계를 가지고 있다. 특히, 공공기관은 인사에 전문성이 없는 기획재정부가, 인사업무 추진에 있어서 중요한 요소인 조직관리 등은 행정안전부가 담당함에 따라 범정부적인 종합적이면서 효율적인 인사관리가 이루어지지 못하고 있다. 인사업무는 집행업무도 있지만, 사실상 정책업무에 해당한다. 그럼에도 불구하고, 행정각부의 장이 발하는 명령인 부령의 발령권도, 국무회의 심의·의결권도 없으며, 오직 국무회의에 배석하는 정도로 그 역할이 제한되어 있다.

정부의 인사업무는 인사행정의 목표와 가치의 우선순위를 결정하고, 조직구성원의 개인적 직무와 역량을 조사할 뿐만 아니라 정부인사의 전반적 과정을 집행하며, 권리와 책임을 확보하는 업무를 수행하는 것이다(Galang and Ferris, 1997). 이를 제대로 추진하기 위해서 중앙인사행정기관은 정책 파트너로서의 역할, 인사전문가로서의 역할, 리더로서의 역할, 변화관리자로서의 역할, 직원보호자로서의 역할을 수행할 수 있어야 한다(이창길, 2022).

따라서 인사기능의 전문화를 더 강화하기 위해서 정부의 인사업무는 독임제이건 합의제이건 간에 최소 장관급 이상의 조직이 되어야 전체 정부부문의 인사문제를 주도적 · 효율적으로 운영할 수 있게 될 것이다.

또한, 행정안전부가 가지고 있는 조직 관련 업무의 경우 사실상 조직과 인사는 동전의 양면과 같은 것으로서 인사행정적 판단 없이 조직의 구조를 결정하는 것은 사상누각과 같다고 할 수 있다(조창현, 2011). 따라서 인사혁신처의 장관급 이상 승격과 이를 통한 인사기능의 정상화가 한시바삐 이루어져야 할 것이다.

06. 성공적인 인사를 위한 미래 정부와 인사 혁신 비전

정권이 바뀔 때마다 경쟁과 효율을 중심으로 정부 조직 개편이 이루어진 바 있다. 그러나 그러한 개편이 성공적이었다는 말은 듣기 어렵다. 정부의 기능은 국민의 요구에 비례하여 늘어나고 있는데 반해, 헌법 제88조에는 "국무회의는 대통령·국무총리와 15인 이상 30인 이하의 국무위원으로 구성한다"고 규정되어 있어서 대통령이 인위적으로 부처의 수를 늘리거나 줄이는 것에 제한을 받는다. 기본적으로 정치적 타협을 통한 차선의 대안이 결정되다보니,

'경쟁과 효율'의 극대화 추구는 사실상 불가능하다.

세계는 전기에너지 기반의 대량생산혁명이 특징인 제2차 산업혁명에 이어 컴퓨터와 인터넷 기반의 지식정보혁명이 특징인 제3차 산업혁명기에 들어섰으며, 현재는 빅데이터, AI, IoT 등의 정보기술 기반의 초연결 혁명기인 제4차 산업혁명기에 들어서고 있다.

이러한 변화 속에서 미래정부는 기존의 정부주도 보편적 서비스 제공을 넘어, 개인맞춤형 서비스를 제공하는 "변화에 유연하고 국민이 원하는 행정서비스를 스스로 찾아서 제공하는 지능형 정부"로 거듭나야 한다(인사혁신추진위원회·인사혁신처, 2016).

이를 위해서 우리나라 정부가 고수하고 있는 전통적 관료제이론과 행정원리론에서 추구한 보편적인 조직 원리를 상황에 적합한 효과적인 조직구조의 설계나 관리방법을 찾아서 인사를 혁신해야 한다(이종수 등, 2022).

그러나 이러한 미래지향적 인사혁신을 위해서 '파괴적 창조'가 되어서는 안 된다. 과거 중앙인사위원회 시절에는 인사혁신을 위하여 많은 연구와 실험이 이루어진 바 있다. 즉, 다양한 혁신 과제를 도출하고, 이를 충분히 검토하여 적실성을 높이려는 노력이 있었다. 그러나 현재의 중앙인사행정기관인 인사혁신처는 그러한 점에서 중장기적인 안목을 가지고 혁신을 추진하기에 권한도 부족하고, 인력과 재원도 태부족이어서 조직구성원들이 소신있게 일하는데 어려움이 많다.

따라서 중앙인사행정기관은 인사혁신의 비전으로 "관료제의 창조적 해체를 통한 새로운 인사 시스템의 구축"을 추진하여야 한다(인사혁신추진위원회·인사혁신처, 2016). 이를 위해서는 획일적인 인사시스템의 추구보다는 영국의 경우처럼, 정부부처가 자신들의 특성에 따라 계급제를 선택하기도 하고, 직위분류제를 선택할 수도 있어야 한다. 그 이유는 유일·최선의 조직구조나 관리 방법은 존재하지 않기 때문이다.

이러한 인사혁신의 비전을 달성하기 위해서는 먼저, 지속적인 변화와 혁신을 추구하는 조직문화 및 기반 구축이 절실하다. 문재인 정부와 윤석열 정부에서 추진하고 있는 직무급제도가 가장 대표적인 사례로, 조직문화와 기반 구축이 없이 제도를 추구하는 것이 얼마나 비효율적인 것인지 깨달아야 한다.

다음으로, 미래 환경과 정부 형태에 필요한 인재상을 정립해야 한다. 인재상은 정부에 필요한 인재의 역량 조건을 의미하기 때문이다. 역량 조건은 하향식(top down)만으로 만들어지는 것이 아니라 상향식(bottom up) 접근 방법을 활용하여 조직구성원들이 함께 만들어나가야 한다. 이를 위해서 인사를 담당할 전문인력이 전체 정부부처에 갖추어져야 하나, 현실은 순환보직을 통한 비전문 인력이 업무를 담당하고 있다.

마지막으로, 미래 정부를 변화시키고, 시민들에게 능동적인 서비스를 제공하는 주체는 결국 공무원이다. 공무원들이 변화의 주체가 아닌 객체가 되는 순간 창의성과 혁신성은 기대할 수 없다(인사혁신추진위원회·인사혁신처, 2016). 현재 인사혁신처에서 적극행정을 강조하고는 있지만, 이는 대통령령으로 운영되고 있어서 한계가 있을 수밖에 없다. 적어도 국가공무원법 개정을 통하여 공무원들이 소신있게 일하고, 일에 대한 책임을 질 수 있는 진짜 '적극행정'이 이루어지도록 인사제도 또한 바뀌어야 한다.

07. 성공적인 정부 인적자원 활용 방안 모색

1. 직무급제도 추진하려면 제대로 하자

문재인 정부에 이어 윤석열 정부에서도 공공분야 직무급 제도 도입을 강화하는 방향으로 접근하고 있다. 직무급 제도는 직무급은 "업무를 수행하는 사람의 특징에 관계없이 직무의 가치에 따라 기본급이 결정되는 보상체계"이다

(박종관, 2018). 이 제도는 전형적으로 직위분류제에 기반을 두고 있으며, 직종별 · 직위별 직무가치와 직무수행의 난이도, 자격요건 등 직무분석과 직무평가를 통하여 합리적이고 차별화된 보수원칙을 중시하는 것이다.

우리나라 공무원을 포함한 대부분의 공공분야 보수체계는 생계비, 연공, 직무수행능력, 직무, 실적을 종합적으로 검토하는 '종합결정급'의 성격이 있다(유민봉, 임도빈, 2003). 뭔가 보수를 결정하는 주요 요소들을 모두 포함하는 점은 의미가 있을 수 있지만, 결과적으로는 하나하나의 적실성과 완결성이 떨어진 채, 이도저도 아닌 보수체계에 불과한 것이 현실이다.

문재인 정부에서 추진했던 공공기관 직무급 도입에 있어서 대부분의 공공기관은 직무분석과 직무평가에 대한 전문성을 갖춘 조직구성원을 보유하지 못하여 민간컨설팅업체에 의존하는 경우가 많았는데, 국내 민간컨설팅업체 역시 제대로 직무분석과 직무평가를 할 수 있는 기관이 극히 제한적이어서 시행착오를 겪는 것은 물론이고, 제도와 조직문화 간 부정합으로 인하여 내부 조직구성원들의 합의 도출과 수용성에 어려움을 겪는 경우가 다반사였다.

또한 기관간 보수수준의 차이가 심하여 직무가치를 제대로 반영하기 어려운 태생적 한계까지 안고 있다. 이는 기존의 계급제 기반의 직무체계에서 순환보직이 이루어지는 특성을 가지고 있는 우리나라 공공분야 인사의 특성상 직무의 가치를 규명하는 것도 여의치 않고, 기존의 순환보직을 전제로 하는 상황에서의 직무급은 자신의 의지나 성과와 무관하게 보수가 깎일 수 있다는 우려 등으로 인하여 노조가 반대할 수밖에 없는 상황이 연출되고 있다.

비교적 최근에 설립된 공공기관의 경우는 아예 직무급제도를 기본으로 설립된 경우도 있기는 하지만, 이 역시 직위분류제적 기관 운영의 경험과 노하우가 없고, 계급제에 익숙한 우리 문화와 충돌이 일어나는 문제가 발생하고 있다. 특히, 기존의 보수재원을 유지한 채, 끼워맞추기식 직무급 설정은 소위 '치킨게임'을 유발시킬 우려가 크다.

원칙적으로 직무급은 정부의 재정력을 상한선으로 하고, 표준생계비를 하한선으로 하여 민간부문과 대등한 선에서, 또 조직 내의 직무가치와 직책의 난이도를 골고루 고려하여 종합적으로 결정해야 한다. 그러나 기존 보수규모를 그대로 유지하면서 직무급 제도를 추진하는 것은 기관 간 형평성에도 맞지 않으며, 제도 도입 취지와도 부합하지 않는다.

따라서 우리나라의 재정상황을 고려해 볼 때, 직무급 도입을 하려면 기존의 보수체계와 미래의 직무체계가 정합성을 가질 수 있도록 해야 하는 것은 물론이고 조직문화까지도 완전히 개편하겠다는 자세로 출발해야 하며, 획일적 제도 시행보다는 직무체계를 직위분류제로 전환하는 작업부터 차근차근 시행하면서 확산시켜 나가는 전략을 구사하여야 한다. 그렇지 않다면 차라리 기존의 성과급제도를 잘 활용하는 것이 부작용을 줄이는 방안이 될 것이다.

2. 공무원 채용제도 개혁은 올바른 공무원 채용의 시작이다

근래 들어 정권이 바뀔 때마다 고시제도를 폐지해야 한다는 얘기가 많이 나온다. 하지만 그럼에도 불구하고 이러한 주장은 강력한 저항에 직면하여 무산되고는 한다. 왜 그럴까? 우리 일반국민들에게 있어서 고시제도 폐지는 계층사다리를 없애는 것은 물론이고, 실적제에 기반한 공개채용시험제도를 없애라는 것과 같고 결국 신 엽관주의와 매관매직의 우려를 낳게 하기 때문이다(조창현, 2011). 특히, 5급 공채사무관을 각 부처에 배정할 때, 대부분의 부처에서 서로 이들을 확보하기 위해 인사혁신처에 요청한다는 점에서 감정적인 폐지보다는 발전적인 방향에서 검토해 볼 시기가 도래하였다. 따라서 미래의 직무중심 인사가 자리를 잡기 위해서는 과거처럼 전문성은 없어도 잠재력 있는 인재보다는 충실히 전문성을 쌓은 능력있는 인재를 5급 공채에서 선발하도록 하는 것이 첫 번째 과제가 된다. 그러한 차원에서 현행 민간경력직채용제도와 속진임용제도를 적극 활용할 필요가 있다.

다음으로, 공무원채용시험과목에 대한 문제이다. 지난 정부에서 고교 교과목인 수학, 사회, 과학을 9급 공무원시험에 포함시켜서 공직사회에 문제를 발생시킨 것을 바로 잡기는 했지만, 이 과정에서 공직의 궁극적인 목표인 시민에 대한 봉사를 망각하고 대표관료제적인 형평성만을 강조함으로써 주객이 전도되는 문제가 논란이 되기도 했다.

최근에 5급 공채 2차 시험에서 선택과목을 없애고, 필수과목만 존치하기로 한 것 역시 미래정부를 위한 인사혁신의 비전과는 거리가 있다고 볼 수 있다. 한국행정학회(2021)의 연구 결과에서 알 수 있듯이, 필수과목의 지정 논리도 시대 변화에 따른 과목 변화와 무관한 경제성과 수험생 부담에만 초점이 맞추어져 있다. 그러한 차원에서 시험과목에 대한 전면적인 검토가 이루어졌다기보다는 손쉬운 선택을 했다는 점에서 시험의 타당성 확보와는 거리가 있다고 볼 수 있다.

그나마 최근에 인사혁신처에서 시험과목 개편과 관련하여 의미있는 성과는 2004년 외무고시에 도입되고, 2005년 행정고시, 지역인재 7급 수습직원 선발시험에 도입되었으며, 2021년부터 국가직 7급 공무원 시험에 도입된 공직적격성평가(PSAT)의 적용 확대이다.

공직적격성평가는 암기 위주의 공무원 채용시험을 배제하고, 지식정보화 시대에 공직관리자로서 지녀야 할 자질을 평가하고자 도입된 제도로, 당초 국가공무원, 지방공무원, 공공기관 채용 시 활용할 것을 염두에 두고 개발되었으나, NCS가 도입되어 확산되지 못한 것은 매우 유감스러운 조치였다. 그 이유는 사실상 공직적격성평가(PSAT)와 NCS가 차이가 있는 듯 보이지만, 실상은 민간과 공공분야에 공통으로 필요한 기본적인 능력들을 검증하는 시험이라는 점에서 사실상 유사한 시험이기 때문이다. 일부 직무능력을 검정하는 부분에서 차이가 있지만 이는 전문과목 시험을 별도로 치르기 때문에 크게 문제가 되지 않는다(한국행정학회, 2021).

채용시험은 조직의 필요역량과 잠재능력 등을 측정할 수 있어야 한다. 그러나 근래 공공기관들은 시험의 공정성 문제와 오류 문제 해소에 초점을 두고 외부민간기관에 채용시험 권한을 위탁하고 있다. 이로 인하여 공공기관들은 인사의 시작인 채용에 대한 데이터 기반 인사관리가 제대로 이루어지지 못하고 있다. 특히, NCS의 경우, 대부분 민간 시험출제 및 운영 기업에 위탁되어 운영되며, 도덕적 해이와 전문성 및 관리 미흡으로 인해 여러 시험에 유사한 문제가 출제되는 등의 문제가 노정되고 있다.

전문성과 공정성을 기반으로 매우 정교하게 출제되고 있는 공직적격성평가(PSAT)와 달리 NCS는 현재 고용노동부 산하 한국산업인력공단에서 매년 20여개 시험출제업체에 입찰하여 위탁하는 방식으로 문제를 출제하면서 문제를 공개하지 않다. 따라서 실제 문제의 신뢰성과 타당성에 대한 검증이 제대로 이루어지지 못하고 있으며, PSAT 문제유형을 모방하여 출제되는 문제점들이 나타나서 시험의 차별성이 낮아지는 문제점이 지적된다(한국행정학회, 2021).

그러므로 이럴 바에는 인사혁신처에서 추진했던 시험출제 및 집행 등 공무원 채용 운영과 역량모델·평가도구 등 연구개발 기능을 수행하는 채용·시험전문 기관을 설립하여 운영하도록 하는 것이 국가적으로 더욱 효율적·효과적이라고 볼 수 있다. 이는 경쟁에 있어서 비교우위를 가진 주체에 힘을 실어주는 것으로 범정부적 차원에서 공직에 적합한 우수인재를 선발할 수 있도록 지원을 아끼지 말아야 할 것이다.

한편, 현행 계급제 기반의 직무체계에서는 직무 중심 채용에 한계가 있을 수밖에 없다. 그동안 시험의 타당성 확보를 위하여 국가공무원시험은 일부 과목 개편과 공직적격성평가(PSAT)가 도입되는 진전이 있기는 했지만, 지방공무원시험과 9급 국가직 시험은 여전히 직무능력과 거리가 있는 국어, 영어, 한국사를 기본으로 하고 있다. 아울러 지방공무원 채용시험은 중앙인사행정기관인 인사혁신처가 주도하고 있지 못하고 사실상 행정안전부의 입김이 강하게 작용하고 있어서 7급 공채의 경우 국가직은 공직적격성평가를 이미 도입하였지만, 지방직은 과거의 암기위주 소양과목이 그대로 유지되어 지방에 우수인재가 유입되기 어려운 현실에 처해있다.

이러한 문제점을 보완하기 위한 차원에서 전체 공무원 채용시험에 있어서 기본소양(PSAT) + 공직기반(공직윤리, 공직가치 등) + 전문지식과 같은 틀로 시험제도를 개편할 것을 제안한다. 또한 공공기관의 NCS는 모듈은 그럴싸하지만, 실제 문제로 구현하는 것은 PSAT 짝퉁이라는 점에서 인사혁신처에서 잘 관리 · 운영되고 있는 PSAT로 일원화하는 것이 민간과 공공분야 시험의 호환성 강화, 시험의 타당성 확보, 규모의 경제 확보 및 문제의 완결성 확보차원에서 바람직하다.

그림 7 공무원 채용시험과목 틀 제시

출처: 황성원. (2021). "공무원 채용시험제도 혁신을 위한 제언," 「한국행정학회 기획세미나 발제자료」, 23쪽

3. 역량 중심 인사행정으로의 변화

기존의 직무 중심 인사관리는 조직의 성공에 필요한 산출물이나 결과를 명확하게 기술하지 못하는 한계를 가지고 있어서 변화에 제대로 대응하기 어려운 특성을 가지고 있다. 이에 끊임없이 변화하는 기술과 고객들의 변화 요구에 쉽게 부응할 수 있도록 보다 광범위한 능력 중심의 직무 역할로 이동하는 추세를 보이고 있다(최무현, 조창현, 2007). 이러한 역량 중심 인사관리는 조직 효과성에 초점을 두고 있다.

문제는 역량의 개념에서 오는 혼란이다. 역량은 영어로 competency로 사용하고 있는데, 여기에는 소극적 개념과 적극적 개념이 있다. 전자는 사람들의 행동이나 특성, 태도를 말하며, 후자는 우수한 성과를 내는 사람들이 보통의 성과를 내는 사람들과 다르게 보여주는 행동이나 특성이다. 우리나라에서는 전자를 활용하는 것이 NCS로 직무능력표준이라고 말하며, 후자를 활용하는 것이 고위공무원단이나 과장급 후보자 역량평가이다.

문제는 어떤 개념을 활용하는지에 따라 아래 그림과 같이 인적자원 개발, 소위 교육훈련을 바라보는 초점이 완전히 달라진다는 것이다. 즉, 교육훈련은 '훈련타당도'에, 역량개발은 '성과타당도'에 중점을 둔다.

역량개발은 직무능력 향상과 개인 능력의 발전을 위한 통합적 역량을 개발하는데 중점을 둔다. 따라서 조직차원에서 핵심 인재의 육성을 도모하는 동시에 개인적 성장 욕구를 적극적으로 충족시키는 교육훈련 체계라고 할 수 있다(권용수, 2006).

공공기관경영평가에서도 기관의 경영전략에 따라 조직과 인사가 제대로 이루어지고, 성과가 나타났는지를 평가한다는 점에서 정부와 공공기관의 역량개발 프로그램도 조직성과 향상을 위하여 획기적인 변화가 이루어져야 한다. 이를 위해서는 역량의 개념은 단순히 필요 능력을 넘어서 조직 목표와 전략에 기반하여 우수한 성과를 낼 수 있는 가치지향적인 적극적 개념에 따른 인사에 반영되어야 한다.

그림 8 인적자원 개발의 변천

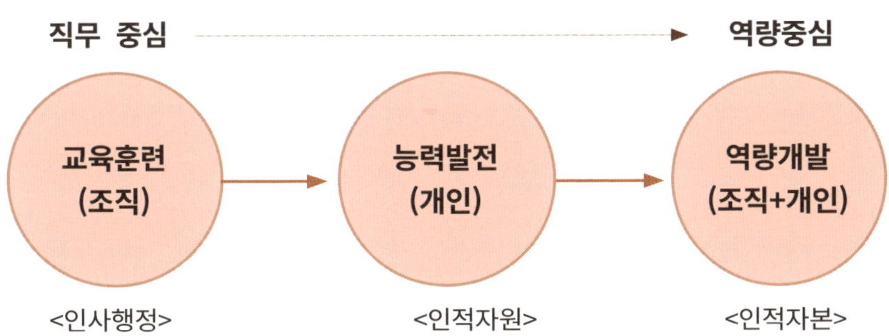

출처: 이창길. (2019). 『인적자원행정론』, 법문사, 316쪽

4. 대통령 인사 가이드라인의 도입 필요

정권 교체기마다 집권자의 사적채용은 물론이고 알박기 인사논란이 끊임없이 발생하고 있다. 정책추진의 동력 확보와 논공행상을 위하여 과거 엽관제처럼 대통령 입장에선 선거를 도운 이들이나 마음에 맞는 사람에게 자리를 주고 싶을 수 있다. 대통령제에서 관직을 전리품처럼 주는 것 자체를 원천 봉쇄할 순 없다.

그러나 유권자인 국민의 입장에선 전문성 있는 인사를 공정하게 발탁하길 기대한다. 심지어 전문성이 있더라도 사적 인연을 배제하고, 검증을 통한 전문가 채용을 요구한다.

대통령의 인사권 범위에 대한 사회적 합의가 없을 경우 이런 논란은 계속 차기정부에서도 이어질 수 있다. 이를 방지하려면 대통령이 인사권을 행사할 수 있는 자리의 범위와 해당 자리에 대한 자격요건 등에 대한 가이드라인이 필요하다.

미국의 경우 차기 대통령이 정치적으로 임명할 수 있는 직책과 자격요건을 규정한 일명 '플럼북'이 있다. 해당 규정집의 겉표지가 자두색(플럼)이라서 붙은 이름이다. 플럼북은 아이젠하워 행정부 시절인 1952년에 시작되었으며. 미국 의회에서 발간하는데 조 바이든 대통령 당선 직후인 지난 2020년 12월 펴낸 플럼북은 200쪽 분량이다. 미국에서는 플럼북에 따라 새 대통령이 인사권을 행사하므로 우리나라처럼 낙하산 인사 논란이 없다.

우리나라 국회에서도 최근"한국형 플럼북 발간"을 정례화하는 국가공무원법개정안이 발의된 바 있다.

한국도 국회에서 '한국판 플럼북'발간을 논의한다면 그동안 음성적으로 이루어져 온 낙하산인사를 양성화함으로써 대통령의 지지자를 적극 활용하여 국민들에게 책임있는 정책을 펼칠 수 있게 될 것이며, 그 성과는 다음 선거에서 심판받을 수 있게 된다. 한편으로는 아무리 대통령이라 하더라도 마음대로 임명할 수 없는 자리들을 규정하고 해당 직무를 가장 잘 수행할 수 있는 인사를 임명해 권력을 남용하는 부작용을 줄일 수 있다.

현재 대통령이 영향력을 끼칠 수 있는 자리는 적게는 8000개에서 많으면 3만개 수준으로 알려져 있다. 대통령 인사의 투명성과 공정성은 물론이고 정책의 책임성을 담보할 수 있는 '한국판 플럼북'의 도입으로 밀실인사 등과 같은 부정적 인사에서 벗어날 필요가 있다(미디어오늘, 2022년 7월 19일자, http://www.mediatoday.co.kr/news/articleView.html?idxno=305008).

이러한 정치적 임용 직위를 확정짓기 위해서는 국회와 중앙인사행정기관의 적극적인 협업이 중요할 수밖에 없다.

5. 소신있게 일하는 공무원을 위한 국가공무원법 개정

우리나라 헌법 제7조 1항에 따르면, "공무원은 국민 전체에 대한 봉사자이며, 국민에 대해 책임을 진다."고 규정되어있다. 이와 함께 국가공무원법 제57조에는 "공무원은 직무를 수행할 때 소속 상관의 직무상 명령에 복종하여야 한다."고 규정되어있다. 이에 따라 복종의 의무를 규정하면서 이의제기 제도가 규정되어 있지 않고 있을 뿐 아니라 계층제적 구조가 견고한 공직사회 특성상 공익가치 충돌 상황에서 자칫 복종의 의무가 우선시 될 위험이 상존하고 있다. 특히 문재인 정부에서 국가공무원법 개정을 하지 못하는 대신 대통령령으로 '적극행정운영규정'을 만들기는 했지만, 적극적인 공익실현을 위한 법적 효력은 상대적으로 떨어질 수밖에 없는 것이 현실이다.

이러한 문제에 대한 중요한 시사점을 독일 연방공무원법에서 찾을 수 있다. 먼저 독일 연방공무원법 제62조에 복종의 의무를 다음과 같이 제시하고 있다. "공무원은 상관에게 의견을 제시하고 상관을 보좌해야 한다. 공무원은 직무상 명령을 수행하고 일반적 기준을 따라야 한다. 다만, 공무원이 특정 법조항에 근거하여 지시에 구속되지 않고 단지 법만을 따라야 하는 경우에는 이와 같은 복종의 의무가 적용되지 않는다.”

그러나 동법 제63조에는 합법성에 대한 책임을 규정하면서 제63조 2항에 다음과 같이 이의제기 제도를 규정하고 있다. “직무상 명령의 합법성이 의심되면 공무원은 즉각 직속상관에게 그 점에 관해 주장해야 한다. 그럼에도 불구하고 명령이 유지되고 그 명령의 합법성에 대한 의심을 떨칠 수 없다면, 공무원은 직속상관의 상관 혹은 그 귀의 상관에게 의견을 개진해야 한다. 그래도 여전히 직무명령이 유지되면 공무원은 이를 집행해야 하지만, 당해 명령의 집행에 대한 개인책임은 면책된다. 이는 명령된 행위가 인간의 존엄에 반하거나 형별 혹은 질서벌의 대상이 되고, 공무원의 가벌 혹은 질서별 대상 가능성을 인식한 경우에는 해당이 없다. 명령에 대한 (이의제기) 확인은 신청이 있는 경우 문서로 해야 한다.”

또한 상관의 직무명령이 유지되는 경우 공무원이 이를 집행해야 되지만 명령의 집행에 대한 개인 책임의 면책도 명문화하고 있다.

공무원의 입장에서 이의제기에 따라 발생하는 불이익을 이유로 적극적 이의제기를 하지 않을 가능성이 존재하는데, 이 문제를 해결하기 위해 동법 제63조 1항은 “공무원은 직무상 행위의 합법성과 관련하여 완전한 개인 책임을 진다”라고 규정하고 있어서 공무원이 직무를 수행하면서 합법성 여부를 판단해야 하는 높은 수준의 책임을 먼저 부여하고 있다. 따라서 직무상 상관의 명령이 합법적인지 여부를 공무원은 항상 판단해야 하며, 이의제기는 공무원의 의무이지 권리라고 할 수 있다(한국행정연구원 외, 2018).

우리나라도 이처럼 국가공무원법 개정을 통하여 공무원들이 소신있게 일하면서 자신의 일에 책임을 짐으로써 적극적으로 공익을 실현하도록 해야 할 것이다.

참고문헌

권용수. (2006). “공무원 역량기반교육훈련에 관한 고찰,” 「한국인사행정학회보」, 제5권 제1호.

김상묵. (2014). “사회문화와 공공봉사동기: 문화권역별 공공봉사동기 수준 비교”, 「한국정책과학학회보」, 18(4).

박종관. (2018). “공기업 직무급여제도 전환 연구”, 「한국콘텐츠학회논문지」, 18(9).

서울대학교 산학협력단. (2017). 「OECD 국가와 비교한 공공부문 일자리 확충 방안」, 대통령직속 일자리위원회 연구보고서.

서원석. (2022). “새정부 국정관리 대전환 방향의 모색”, 한국국정관리학회 하계 학술대회 자료집.

오석홍. (2016). 『인사행정론』, 박영사.

이도형. (2007). 『정부의 전략적 인적자원 관리』, 북코리아

이도형. (2019). 『당근과 자율』, 북코리아.

이종수 등. (2022). 『새행정학 3.0』, 대영문화사.

이창길. (2022). 『인적자원행정론』, 법문사.

인사혁신추진위원회·인사혁신처. (2016). 『인사비전 2045』, 도서출판 지식공감.

임도빈·유민봉. (2003). 『인사행정론』, 박영사.

조창현. (2011). 『정부에는 행정학이 없다』, 종합출판 범우(주).

최무현·조창현. (2007). “정부부문에 역량기반 교육훈련제도(CBC)의 도입: 과학기술부 사례를 중심으로,” 「한국인사행정학회보」, 제6권 제2호.

한국과학기술기획평가원. (2021). 「2021 IMD 세계경쟁력 분석」, KISTEP 통계브리프 2021년 제9호.

한국행정연구원 외. (2018). 『사회적 가치 실현을 위한 정부혁신방안』, 경제인문사회연구회 협동연구총서.

한국행정학회. (2021). 「공직적격성평가(PSAT) 현황 진단 및 제도 개선을 위한 발전방안 연구」, 인사혁신처 연구보고서.

Frederickson, H. G. (1997). The Spirit of Public Administration, San Francisco: Jossey-Bass.

Galang, M. C. and Ferris, G. R. (1997). "Human Resource Department Power and Influence Through Symbolic Action," Human Relations, 50.

Graham, J. W. (1986). "Principled Organizational Dissent: A Theoretical Essay,"in B. M. Staw & L. L. Cummings (eds.). Research in Organizational Citizenship. vol 8, Greenwich, CT: JAI Press.

Perry, J. L. (1996). Measuring Public Service Motivation: An Assessment of Construct Reliability and Validity, Journal of Public Administration Research and Theory. 6.

Robbins, Stephen P. (1984). Essentials of Organizational Behavior. Englewood Cliffs, N.J.: Prentice-Hall, Inc..

제3장

공공기관의 효율적인 운영시스템 모색

최현선 (명지대학교 행정학과 교수)

01. 현황과 이슈

2022년 중앙정부 산하 350개의 공공기관이 있고, 임직원 수는 44만 명이다. 자산 규모는 정부 총자산의 78%에 달하는 969조 수준이며, 예산 규모는 751조로 정부 예산의 1.24배에 달하고 있다(2021년). 실제로 공공기관은 국민의 삶에 막대한 영향을 주고 있는데, LH, 도로공사 등은 SOC, 한전, 가스공사 등은 에너지, 국민연금 등 연기금, 건보공단 등은 보건복지, 산업인력공단 등은 산업진흥 부문을 책임지고 있으며, 그 외에도 서울대병원 등의 국립대병원, KDI 등의 연구기관들이 국가의 대부분 핵심공공서비스를 집행 및 전하고 있다.

공공기관은 「공공기관의 운영에 관한 법률(공운법)」 에 따라 체계적으로 운영되며 각 부처가 산하 공공기관의 사업 방향을 관할하고, 기획재정부가 경영실적을 평가·관리(아래 표1 참조)하는 방식으로 운영되고 있다.

표1 공공기관 경영실적평가의 법적 근거

「공공기관의 운영에 관한 법률」 제48조 및 시행령 제27조에 따른 경영실적평가

【법 제48조 1항】 기획재정부장관은 제31조제3항 및 제4항의 규정에 따른 계약의 이행에 관한 보고서, 제46조의 규정에 따른 경영목표와 경영실적보고서를 기초로 하여 공기업·준정부기관의 경영실적을 평가한다.

【시행령 제27조】

제27조(경영실적 평가)

① 기획재정부장관은 필요하다고 인정되는 때에는 운영위원회의 의결을 거쳐 전문기관에 공기업·준정부기관의 경영실적 평가를 의뢰할 수 있다.

② 기획재정부장관은 법 제48조에 따른 경영실적 평가의 기준과 방법 및 평가결과에 따른 조치사항 등을 고려하여 매 회계연도 개시 전까지 경영실적 평가에 관한 편람을 작성하여야 한다. 다만, 법 제6조에 따라 새로이 지정된 공기업·준정부기관의 경우에는 지정된 후 4개월 이내에 경영실적 평가에 관한 편람을 작성하여야 한다.

③ 기획재정부장관은 운영위원회의 심의·의결을 거쳐 평가결과에 따른 인사상 또는 예산상의 조치에 대한 건의 및 요구, 성과급 지급률 결정 등의 후속조치를 할 수 있다.

그러나 안타깝게도 그 동안 공공기관 운영체계는 관료 중심의 폐쇄적 통제 속에 놓여 있었다. 이제 공공기관의 사회적·경제적 기능 및 역할 변화에 대한 공론화가 시급한 상황이다. 전국을 충격에 빠뜨렸던 LH 논란이 발생한지 얼마 되지 않아, 지난 6월 18일 131개 공공기관에 대한 경영평가 결과를 발표한 뒤 불과 일주일 만에 10곳의 평가 등급을 변경한 경영평가 점수 계산 오류 사고 등이 발생하였다. 이처럼 일련의 문제들을 계기로 평가를 책임지는 부처인 기획재정부는 지난 8월 31일 공공기관 경영평가제도 개편방안을 발표했다. 그런데 이러한 문제의식에도 불구하고, 기재부가 새롭게 제시한 제도개편 내용은 37년 만에 대폭적인 개편이라는 발표와는 달랐고, 오히려 기존의 폐쇄적인 경영평가 제도를 몇 배로 더욱 강화하는 것이 아닌가하는 우려를 자아내는 양상이라 할 수 있다.

지나친 평가에 피평가 기관 등은 업무의 방해를 줄 정도로 부담이 되고 있다고 판단된다. 환경의 급격한 변화 속에서 국가와 공공기관은 그 역할에 관해 새로운 혁신이 필요한 시점이 되었다. 국민의 삶에 영향을 줄 수 있는 이렇게 중요한 제도는 개혁이 필요하며 국민 중심 시스템으로 혁신해야 한다. 과거의 답습이나 필요 없는 절차에 대한 집착은 극복하고 국민 삶의 질에 더욱 집중하는 변화가 필요한 것이다.

2019년 한국행정연구원 연구에 따르면 공공기관에 대한 국민적 신뢰도는 4.0 만점에 2.3점으로 매우 낮은 수준이다. 100점 만점에 58점 수준인 셈이다. 이처럼 국민 신뢰가 낮은 이유는 무엇일까? 이는 관료 중심의 폐쇄적 관리체계(거버넌스)와 단기 실적 중심의 획일적 경영관리방식과 경영평가 체계에서 원인을 찾을 수 있다.

다시 말해 기획재정부 및 관료 중심의 폐쇄적 관리체계의 문제점이 지적되며 혁신에 대한 요구가 커지고 있는 것이다. 일단 관료 중심 공공기관 통제 위주의 관리체제로 인한 공공기관의 경영자율성, 창의성, 책임성 약화에 대한 논란이 계속되고 있다. 또한 공공기관 임원 인사, 공공기관운영위원회(공운위) 등 거버넌스 관점에서도 획일적이고 폐쇄적이란 지적이 계속되고 있다.

02. 새 정부 공공기관 운영정책 진단

윤석열 대통령을 공정과 상식을 기치를 걸고 새 정부를 출범시켰다. 기재부가 2022년 7월 발표한 "혁신 가이드라인"은 새 정부의 기조와는 다르게 상식적이지도 않고 공정하지도 않다. 대통령의 국정 기조와 다른 부처의 가이드라인은 새 정부 혁신 기조로는 적절치 않다고 판단된다. 공공기관의 운영 및 평가 정책은 이미 축적된 문제를 갖고 있다. 선의에 의해 출발한 "공공기관의 운영에 관한 법률"은 지난 15년 동안 변질하여 통제와 위협의 수단이 되었고, 국민을 위해 일해야 하는 44만 공공기관 임직원들을 관료제에 길들이는 도구가 되었다.

2022년 중앙정부 산하 350개의 공공기관이 있고, 임직원 수는 44만 명이다. 자산 규모는 정부 총자산의 78%에 달하는 969조 수준이며, 예산 규모는 751조로 정부 예산의 1.24배에 달하고 있다(2021년). 공공기관은 국민의 삶과 밀접하게 연결되어 있다. 하지만, 국민의 삶과 밀접하게 연계된 공공기관의 운영은 관료 중심의 폐쇄적 통제 속에 놓여 있다. 공공기관의 사회적·경제적 기능 및 역할 변화에 대한 공론화가 시급하다. 안타깝게도 새 정부의 공공기관 정책은 과거 이명박 정부의 모델을 다시 끄집어내면서, 폐쇄적이고 통제적 정책으로 가는 것이 아닌가 하는 의구심을 불러일으키고 있다.

기획재정부는 공공부문 생산성 제고, 공공기관 관리체계 개편, 민간-공공기관 협력 강화를 내용으로 하는 공공기관 혁신 방향을 제시하고, 이어 '공공기관 혁신 가이드라인'을 통해 공공기관 기능축소, 정원감축, 예산삭감 및 직무 성과급제, 자산매각, 복리후생축소 추진 중이다. 새 정부의 공공기관 운영정책은 축소, 감축, 삭감, 축소를 골자로 하는 듯하다. 이러한 논리는 2010년 이후 퇴조한 신자유주의를 다시 끄집어낸 정책으로 판단된다. 즉, 국제적 추세에 역행하며, 과거 정부의 방만 경영과 효율화 논의를 재탕하고 있다.

1. 상식적이지 않은 방식

일방적인 기능축소 및 민간이양 방안은 시장의 기능을 역행하는 방식이다. 연구자들의 연구결과를 필요한 부분만 선택적으로 받아들인 것으로 판단된다. 공공기능 중 축소가 필요한 영역이 있듯이, 확대해야 하는 영역도 있다는 것이 대부분 연구의 결과이다. 하지만, 모든 기관에 일괄적으로 축소, 감축, 삭감, 축소를 요구한 것이 이례적이다. 상식적이지 않은 방식으로 판단된다. 정부의 정책 집행 기능 및 높은 국민경제 비중 때문에 공공기관은 국정과제 실현을 위해 중요하다. 이러한 공공기관을 일방적으로 축소 시키려는 논리는 타당치 않다.

2. 공정하지 않은 자산매각

자산매각은 더 큰 문제를 갖고 있다. 국가의 자산을 헐값으로 매매할 수 있는 혁신 가이드라인은 공정하지 않다고 판단된다. 공공기관의 자산을 한정된 시기에 한꺼번에 매각을 추진하는 경우 자산의 가치는 떨어질 수밖에 없다. 더군다나 경영평가에 혁신 가이드라인 가점 5점을 신설하여 강제성을 가지고 지나친 추진을 하고 있다. 과정상 기획재정부와 관료 중심의 폐쇄적 관리체계가 문제를 심화시킨다고 판단된다. 만약 꼭 적용해야 하는 급한 상황이라면 일단 재정문제가 발생한 '일부 공기업'만 중장기적 계획을 세우고 국민과 국회 앞에 투명하게 공개된 방식으로 국가의 자산매각 등을 해야 한다고 제안한다. 일괄적인 자산매각 정책은 국민의 시각에서 공정하지 않다.

3. 기존 제도개선 과제들은 그대로 방치

공공기관의 혁신이 필요하다면 기존의 제도개선 과제들에 집중해야 한다. 기존 제도개선 과제들은 경영평가제도의 전면개편, 공공기관운영위원회(공운위)의 정상화, 국민 참여와 투명성 강화 등의 내용이다. 지나친 평가는 공공기관 업무에 방해를 줄 정도로 부담이 되고 있다고 판단된다. 환경의 급격한 변화 속에서 국가와 공공기관은 새로운 역할을 위한 혁신이 필요하다. 과거의 답습이나 필요 없는 절차에 대한 집착은 극복하고 국민 삶의 질에 더욱 집중하는 변화가 필요하다. 폐쇄적 관리체계로 인한 공공기관의 경영 자율성, 창의성, 책임성 약화에 대한 논란이 계속되고 있다.

03. 제도개선 과제

1980년대의 이후 전 세계에 영향을 준 신자유주의의 영향을 받은 공공기관 운영 및 평가제도는 수십 년이 지난 2022년 우리는 아직도 답습하고 있는 것 같다. 지금 다른 선진국의 제도는 사회적 가치, 공동체, 그리고 ESG 중심의 변화를 진행하고 있다. 변화의 흐름 속에서 폐쇄적이고 획일적인 평가나 절차는 투명하고 다양한 운영제도로 변해야 한다. 공공성, 공익성, 공동체성이 우선되는 차별된 법 제도가 필요하다. 국민도 이해할 수 있는 평가제도, 시민들도 참여할 수 있는 거버넌스로 변해야 한다. 그동안의 관행을 벗어나 수평적인 관계에서 미래 세대와 국가를 위한 노력이 요구되는 시대인 것 같다. 관료조직에 공공기관과 이에 대한 공공기관 운영 및 평가 개편을 맡기면 역대 많은 정부 관료가 그랬듯 보여주기식 숫자 놀음으로 개편을 끝낼 우려가 있다. 국민이 체감할 수 있는 개편을 위해선 실제 권한을 위임받은 민간 전문가가 개편 작업에 주도적으로 참여해야 한다.

공운위 구성에 있어 편향성 논란이 발생하고 법령상 국무조정실 차관과 대통령이 정하는 관계 행정기관 차관급을 당연직으로 운영하게 되어 있음에도 관계부처 참석이 없어 정부 정책의 다양성 반영이 불가하다고 판단된다. 이를 극복하기 위해 공공기관 운영과 혁신을 위한 민관협력 거버넌스 구축이 필요하다. 기획재정부 주도가 아닌 대통령실, 국조실, 행안부, 소관 부처가 함께하는 범정부 기구 또는 민관협력 거버넌스 구축이 필요하다. 독립된 평가기관에 대한 논의와 평가의 다원화에 대한 논의도 있다.

1. 공공기관 임원 인선에 대한 정치적 영향

일명 '캠코더(캠프, 코드, 더불어민주당 출신) 인사'. '고소영(고려대, 소망교회, 영남 출신) 내각' 등 어떤 정권이 들어서더라도 공공기관 요직의 인사는

'정치적 입김'으로부터 자유롭기 어려웠다. 최근에도 정권교체가 이루어지면서, 공공기관장 임명에 대한 신/구정권 간 알력에 대한 뉴스가 계속 쏟아져 나오고 있다. "한상혁·전현희·홍장표…文정부 기관장 69%, 임기 1년 넘게 남았다(''조선일보 2022.06.09.)

예를 들어 새 정부가 들어선 후에도 전 정권이 임명한 기관장이 370곳 중 256곳으로 대부분 새정부와 국정철학이 다르고, 그나마 연내 임명 가능한건 14% 수준이라는 내용들이 언론을 통해 회자되고 있는 것이다. 이들에게 사퇴를 요구할 땐 직권남용에 대한 논란이 불거질 수밖에 없고 상당수 기관장들은 퇴임하지 않고 버티고 있는 형편이다.

이러한 상황에서 '공공기관의 운영을 책임지는 기관장, 임원들의 선임은 정치적 방향에 따라 이루어져야 하는가, 아니면 전문성에 따라 철저하게 기능적으로 이루어져야 하는가'에 대한 논의가 계속되는 것이다. 우리나라도 제도적으로는 공공기관 임원 선임에 있어서 광범위한 인재의 탐색과 공정한 평가를 통해 최적의 임원을 뽑도록 설계되어 있지만, 실제 임원 선임 과정은 이러한 의도와는 다른 결과를 산출하고 있다.

2. 공공기관 인사와 관련된 해외사례

주요 선진국들은 정부 조직, 특히 공공기관 운영에 있어, 특히 인사부문의 투명성과 전문성을 증대하는 것을 중요한 목표로 설정하고 있다. 전문성 높은 인재를 투명하고 공정한 방식으로 선임하기 위해 다양한 대책을 마련하고 있는 것이다. 인사뿐 아니라 여러 선진국 또는 선도국은 사회적 가치, 공동체, 그리고 ESG 중심의 변화를 추구하고 있다.

OECD의 공기업 지배구조 가이드라인에 의하면 국가가 소유권을 가진 공공기관에 대해서 국가가 체계적이고 투명한 임원 임명과정을 수립하고 공공기관 임원의 임명에 적극적으로 참여할 것을 권장하고 있다(허경선, 2018).

임원 임명 과정에 대한 감독은 국가의 소유권 기능 중에서 가장 핵심적인 기능이기 때문이다(허경선, 2018).

미국: 극단적 엽관제를 극복

물론 선진국조차 이러한 변화는 하루아침에 이루어진 것이 아니며, 여러 시행착오, 갈등, 방향전환을 거듭하여 지금까지도 현재진행형으로 공공부문 운영 개선을 위해 노력하고 있다.

미국의 경우 과거 엽관제의 폐해가 극에 달해 공직은 정치적 보상이라는 패러다임이 굳어지기도 하였다. 이에 반대하여 미국의 제7대 대통령 앤드류 잭슨(Andrew Jackson)은 1829년 취임식에서 백악관에서 "대중"들이 일할 수 있게 만들어 엘리트관료 패밀리를 견제하겠다고 공언하기도 하였다. 그러나 엽관제 전통은 쉽게 사라지지 않았고, 심지어 미국의 제20대 대통령 가필드는 자리를 주지 않았다는 이유로 지지자에게 암살당하는 비극도 발생하였다. 결국 가필드 대통령 암살 2년 후 의회는 펜들턴 공무원제도 개혁 법안(Pendleton Act)를 통과시켜 실적주의 제도를 시작하게 된다. 이후에도 미국에서는 정부부처와 산하 조직 운영의 성과측정, 공익성, 투명성, 책무성에 대한 논의와 발전이 수십 년간 지속적으로 이루어지며 길고도 항시적인 변화가 축적되어 왔다.

영국: 철저한 공공인사 선임원칙 준수

영국은 공공기관 임원 선임에 있어 다음과 같이 공공인사선임원칙(Principles of Public Appointments)을 제시하고 있다(허경선, 2018):

- 첫째, 주무부처 장관이 임원 인사의 최종 책임을 져야 함
- 둘째, 장관이 임원 선임을 할 때 공익의 관점에서만 결정
- 셋째, 장관 개인, 가족, 친구 등의 이익을 얻기 위해 행동하지 않으며 선임과정에 부당하게 개입하지 않음

- 넷째, 공공기관 임원 후보자 평가는 철저하게 실적 중심으로 이루어질 것을 주문
- 다섯째, 선임과정은 공개적이고 투명하게 운영
- 여섯째, 사회의 다양성이 공공기관 임원 선임에도 적극적으로 고려
- 일곱째, 공공인사임명준칙과 공공인사선임원칙에 따라 선임과정이 제대로 이루어지도록 확인하는 절차 확립
- 여덟째, 후보자 선정과정을 공정, 중립적이고 동일한 기준에 의해 평가

이처럼 영국정부는 인사 과정의 투명성과 공정성을 확보하여 공적부문 운영 개선을 시도하고 있다. 또한 일괄적으로 운영되던 임원인사제도를 2017년부터 기관과 직위의 특성에 따라 '주요임명(significant appointment) 적용기관'과 '공개경쟁채용 면제기관'에 대해서는 차등화된 임원인사제도를 운영하고 있다.

프랑스: 실적과 전문성 위주의 인사

프랑스의 공공기관은 상공업적 공공기관인 EPIC과 행정형 공공기관인 EPA로 구분되며 공공기관 운영의 공익과 책무성 관점에서 아래와 같은 특징을 보이고 있다(허경선 2018):

- 프랑스는 대통령 중심의 강력한 중앙집권 체제하에서 정부가 공기업 부문을 통하여 국민경제에 적극적으로 개입
- 공기업의 기관장 임명은 성과주의에 기초하여 정치적 성향보다는 후보자의 능력, 경험, 업적 등이 중요한 임명기준이 되고 정권의 교체와 관계없이 임기를 보장받는 것이 보편화
- 프랑스는 공공기관 임원 선임과 관련하여 다양한 능력과 자질을 갖춘 인재를 영입하기 위해 인재풀 운영, 헤드헌팅 회사 등 다양한 방법을 활용

물론 프랑스에서도 엽관주의적 인사가 완전히 사라진 것은 아니지만, 공기업의 임원은 비교적 성과와 실적, 전문성에 의거하여 임명되는 상황이라 할 수 있다.

3. 공공기관운영위원회 거버넌스와 공익성 부족

임원 인선뿐 아니라, 공공기관 운영의 방향성을 제시하는 "공공기관운영위원회(공운위) 구성에 있어서도 거버넌스에 대한 논란이 계속되고 있다. 최근 공공기관운영위원회 민간위원의 대표성 강화 및 다양한 부처의 참여를 통한 운영 활성화가 필요하다는 논의가 계속되고 있다. 공운법 제10조에 의하면, 공운위는 20인 이내 위원으로 구성되며 위원장은 기재부 장관이 담당한다. 여기에는 민간위원들이 참여하며 민간위원 자격에 관하여, ①학계 ②법조계 ③경영계 ④공인회계사 ⑤전직 공무원 ⑥기타 부문에서 전문성이 높은 인사여야 한다는 기준이 제시되고 있다. 일례로 2019년 현재 학계(4명), 공인회계사(1명), 언론(1명), 공직(1명), 변호사(1명), 시민사회(1명), 노조 추천(1명)이 참여하고 있다.

표2 시행령 상 인적구성의 다양성 제한

(공운법 9조 1항 4호) 공공기관의 운영과 경영관리에 관하여 학식과 경험이 풍부한 법조계·경제계·언론계·학계 및 노동계 등 다양한 분야에서 기획재정부장관의 추천으로 대통령이 위촉하는 11인 이내의 사람

(시행령 11조 2항)

1. 대학 또는 공인된 연구기관에서 부교수 또는 이에 상당하는 직에 5년 이상 근무한 경력이 있는 자
2. 판사·검사 또는 변호사의 직에 10년 이상 근무한 경력이 있는 자
3. 「자본시장과 금융투자업에 관한 법률」 제9조 제15항 제3호에 따른 주권상장법인에서 20년 이상 근무한 자로서 임원의 직에 3년 이상 재직한 자
4. 공인회계사 자격을 가지고 제3호에 열거된 기관의 감사·회계 부문에서 10년 이상 종사한 경력이 있는 자
5. 고위공무원단 소속 공무원 또는 정무직 공무원의 직에 근무한 자
6. 그 밖에 공공기관의 운영과 관련된 경력 등이 제1호부터 제5호까지의 기준에 상당하다고 인정되는 자

그러나 공운위 구성에 있어 편향성 논란이 발생하는 이유는 1) 법령상 국무조정실 차관 및 대통령이 정하는 관계 행정기관 차관급을 당연직으로 운영하도록 되어 있음에도 관계부처 참석이 전무하여 정부정책의 다양성 반영이 불가하고; 2) 기재부 중심 운영 및 정책현장에 대한 정보 부족으로 인해 민간위원의 역할이 제한적이기 때문이다. 게다가 시행령 상 기재부 장관이 교수 및 연구원, 법률가, 상장법인 임원, 회계사, 전직 공무원 중에서 추천하도록 제한하여 인적 구성의 다양성도 제한될 수밖에 없다. 이에 대해 민간위원의 참여확대 및 역할 강화에 대한 목소리가 지속되고 있다.

표3 '19년 공운위 운영 현황

			1차	2차	3차	4차	5차	6차	7차	8차	9차	10차
민간위원 (11명)			8명	7명	8명	8명	8명	8명	9명	10명	9명	7명
정부위원			4명	4명	4명	4명	3명	3명	6명	2명	3명	3명
정부위원참석율	위원장		x	x	x	x	x	x	o	x	x	x
	지정관계부처	기재부차관	o	o	o	o	o	o	o	o	o	o
		국조실차관	x	x	x	x	x	x	o	x	x	x
		행안부차관	x	x	x	x	x	x	x	x	x	x
		인사혁신처장	x	x	x	x	x	x	x	x	x	x
		권익위차관급	x	x	x	x	x	x	x	x	x	x
	주무 부처 차관급		과기			산업, 금융			국토, 산업			
	대리참석		국토 외 1명	국토 외 2명	국토 외 2명	과기	국토 외 1명	국토 외 1명	해수	산업	국토, 산업	국토, 산업

국민 편익 관점의 공공성과 다양성은 훼손됐다. 공공기관 통제 위주의 관리 체제로 공공기관의 경영 자율성, 창의성, 책임성은 약화됐다.

2021년 3월 터진 한국토지주택공사 직원들의 신도시 땅 투기 사태로 인한 국민 불신이 심화되었다. 공공기관의 적자 누적 등의 문제도 불거지며 공공기관 경영에 대한 논란이 점차 사회 전반에서 불거지기 시작하였다.

이에 관련하여 정부는 2022년 7월29일 새로운 혁신가이드라인을 발표하였다. 일명 「생산성·효율성 제고를 위한 새정부 공공기관 혁신 가이드라인(기획재정부 2022.07.29.)」이라 불리는 공공기관 혁신의 지침서인 것이다. 혁신가이드라인은 공운법 제15조 및 공공기관 혁신에 관한 지침 제8조에 의거하여 대한민국 전체 공공기관(350개)에 적용된다. 새로운 가이드라인의 목적은 공공기관의 누적 적자와 방만 경영 문제를 개선하기 위해 생산성·효율성을 제고하고 예산사용의 최적화를 도모하는 것이다. (표4 참고)

표4. 새 정부 공공기관 혁신 관련 언론기사

- **[속보] 尹정부 "파티는 끝났다, 공기업들 호화청사 팔아라" (중앙일보 2022.06.21.)**
공공기관 현황을 보면 350개, 인력은 44만명, 예산은 761조원"이라며 "이 예산은 국가 예산의 1.3배 정도 되는 액수인데 오늘 공공기관 혁신에서 얘기했던 중요한 배경 중 하나는 지난 5년간 공공기관 규모와 부실이 급증했다는 데 있다"
- **尹 "알뜰한 독일식" 콕 찍었다.. 공공기관 역대급 구조조정 예고 (서울신문 2022. 06. 22)**
윤 대통령은 독일 사례를 들며 공공기관들의 자성을 촉구했다. 그는 “독일에 한번 가서 봤더니 공공기관이나 공기업들이 국민 세금을 정말 알뜰하게 잘 쓰고 있더라”며 “사무실이 그렇게 넓지 않고, 정말 많은 사람들이 그 속에서 근검절약하면서 일하는 것 같은 느낌을 받았다”고 말했다. 그러면서 “우리 청사를 보면 너무 화려한데 좀 반성해야 한다”고 거듭 강조했다.
- **“공기업, 사장실 30평 이하로 제한… 골프 회원권도 팔아라” (조선일보 2022.07.29.)**
정부가 29일 발표한 ‘공공기관 혁신가이드라인’에는 꼭 필요하지 않은 자산은 매각하고, 과도하게 넓은 청사·사무실을 정비하는 내용이 담겼다. 이른바 ‘호화청사’ 논란이 있는 공공기관들이 타깃이다.

한편 새 정부의 혁신 방향은 여러 가지 관점에서 우려를 자아내고 있다. 물론 공공기관 운영에서 방만한 경영이나 불필요한 예산, 보여주기식 사업 등의 폐해가 전혀 없다고 할 수는 없으며, 이를 책무성을 가지고 개선할 필요는 언제나 상존한다. 그러나 이러한 개선 노력은 경영관리의 기본이라 할 수는 있지만, 과연 난관을 극복하고 새로운 시대를 열 ‘혁신’이라 할 수 있는지 이에 대한 근본적 질문을 던지지 않을 수 없다. 1980년대 이후 전 세계에 영향을 준 신자유주의의 영향을 받은 관리 제도를 수십 년이 지난 2021년 우리는 아직도 그대로 답습하고 있는 형편인 것이다.

4. 획일적인 경영평가제도 개선의 필요성

공공기관 경영평가에 대한 지속적 논란

지난 수십 년간 경직되고 획일적인 방향으로 운영되고 있는 공공기관 평가로 인해 과도한 실적 경쟁이 유발되고 있다는 우려가 지속되고 있다.

평가를 위해 기재부는 매년 강력한 공공기관경영평가단을 구성하고 있다. 2018년 기준 경영평가단은 경영·경제, 행정 분야 전문가 위주로 118명으로 구성되었고, 연간평가단 예산(평가단 운영비)은 28억('18년)이며 고객만족도 평가 예산은 약 60억 (기관부담)에 이른다. 이러한 투자에도 불구하고 경영평가에 대한 문제이슈는 계속 불거지고 있다. 일단 매년 경영평가단의 평가위원을 재구성함에 따라 평가의 지속성·전문성의 한계가 발생한다는 논의가 계속되고 있다.

그 외에도 경영평가 결과를 근거로 공공기관에게 주어지는 막대한 성과급으로 인해, 점점 기관들이 실질적 성과 향상보다는 성과급에 목매는 형편이라는 논란도 계속되고 있다. 예를 들어 경영평가 성과급(2016년 기준)이 한전은 약 2820억 원, 철도공사는 947억 원, 가스공사는 389억 원에 달한 것으로 추정된다. 경영평가는 국민을 위한 공공성·공익성 수준을 평가하는 게 본래 취지다. 하지만 많게는 수천억 원에 달하는 성과급에 목매는 상황을 보면 경영평가가 성과급을 위한 경쟁의 장으로 변한 것은 아닌지 우려된다.

게다가 공공기관 경영평가와 정부업무 및 국정과제 평가 참고고 국무조정실 국정과제평가지원단 규모는 450명 규모이며 전문가 및 정책수용자가 참여한다.

결과 간 불일치가 나타나고 있다는 지적도 등장하고 있다. 가장 심각한 부분은 효율성과 수익성 중심 경영평가로 인하여 공공성에 대한 책무와 공익을 추구하는 정부정책의 효과가 약화되고 있다는 것이다. 공공기관 평가에 있어, 주요사업계량지표(600여개), 100대 국정과제 중 실천과제수(493개)와 단위과제(1,700여개) 등 성과지표와 연계한 정책효과성이 발생해야 할 필요성이 강조되고 있다. 그러나 평가 결과만을 위해 기관단위 단기적 효율성 경쟁이 발생하고 결국 협업 및 정부정책 연계는 미흡하다는 것이다. 이처럼 공공기관 거버넌스의 문제 본질은 관료 폐쇄성·획일적 경영평가에 있다는 비판의 목소리가 작지 않다.

새롭게 제시된 평가개혁안의 한계

이러한 상황 앞에서 우리는 포스트 트루스 (Post-Truth), 다시 말해 혼돈과 탈진실의 시대의 모습을 보는 듯하다. 기재부와 조세연 등 이 개편안을 준비하신 분들의 눈은 보고 싶은 것만 바라보고, 귀는 듣고 싶은 것만 듣고, 입은 말하고 싶은 것만 말하는 듯하다. 이번 기재부 개편방안이 그간 공공기관 경영평가 개편과 관련된 이해관계자의 요구를 제대로 수용 하지 못하였고, 대전환의 시대에 역행하는 그림을 내놓고 말았다고 평가 할 수 있다.

공공기관의 이와 같은 현실을 고려할 때 공공기관 운영에 관한 법률(공운법) 개정은 필수 사안이다. 관료 중심의 폐쇄적 관리체계를 좀 더 투명하고 국민이 체감하는 제도로 개선해야 한다. 국민 편익 관점으로 공공성과 다양성을 회복시켜야 한다. 무엇보다 단기 기관 간 경쟁 및 단기 실적 중심의 평가에서 중장기 사회경제적 파급 효과로의 평가 패러다임 전환이 시급하다.

5. 미래 혁신을 위한 의제와 개혁안

지금까지 논의한 방향성 전환은 사실 수십 년간 경직된 체계의 대대적인 패러다임 전환을 필요로 한다. 따라서 한순간에 이러한 전환 성과를 기대하기는 어렵다. 따라서 단기적, 중장기적 관점에서 단계별로 변화를 추진해야 한다. 시급성이 요구되는 과제(1~2년 내 우선 시행)와 향후 심층 분석을 토대로 추진할 과제로 구분해 추진할 필요가 있는 것이다:

- (단기) 국민편익 중심의 평가운영 체계 개편, 공운위의 개방성 확대, 공공기관 책임성 강화, 정책평가와 연계성 강화 등
- (중장기) 공운법 개정, 공공정책국 개편, 부처 책임성 강화, 각 평가체계의 통합과 연계 및 국가성과관리원 신설

단기 개편 방안

단기적 개편방안으로 제안을 다음과 같이 할 수 있다. 국민 중심 관리체계 혁신을 위해선 민간 주도의 공공기관 운영과 관련된 정책의 실질적인 컨트롤타워 역할을 할 수 있도록 권한 및 역할 강화가 필요하다. 법의 개정 없이도 범사회적 공운위 구성 및 공운위 '민간위원 부위원장'직 신설하고 공공정책국장직 개방직화 및 전문위원제 도입 등을 바로 시행할 수 있다고 판단된다.

경영평가 결과가 공공기관의 혁신과 역량강화로 이어질 수 있도록 평가결과에 따른 기관의 책임성 및 기관운영 자율성 강화해야 하고, 국민이 체감하는 공공기관 서비스의 질적 개선을 유도하기 위한 국민 편익 중심의 경영평가체계 구축 필요이 필요하다. 최근 발표된 기재부의 개선방안은 경영평가의 문제점과 개편방안의 내용이 괴리되고 있다. 매년 민간전문가 중심으로 평가단이 임시 구성되고 운영된다는 점, 1년 주기의 경영평가가 갖는 한계, 기관서열화 문제의 실질적 해소 등의 문제를 해결하지 못한 채, 단지 평가과정의 객관성을 높이는 것에 그치고 있어 변죽을 울리는 개편방안을 제시하고 있다고 판단된다. 공공기관 경영평가제도 개편방안을 마련하는 과정에서 이해관계자 참여, 특히 시민 및 노동조합의 참여를 확대하는 조치가 필요하다. 단기개편의 방향성은 아래와 같이 정리된다(표5 참조).

표5. 단기 개편방안 제안

- **(국민 중심 관리체계 혁신) 민간 주도의 공공기관 운영과 관련된 정책의 실질적인 컨트롤타워 역할을 할 수 있도록 권한 및 역할 강화**
  - ○ 범사회적 공운위 구성 및 공운위 '민간위원 부위원장'직 신설
  - ○ 공공정책국장직 개방직화 및 전문위원제 도입
  - ○ 민간 공운위원 역할 강화하고 전문가 영입해야
- **(책임성 및 자율성 강화) 경영평가 결과가 공공기관의 혁신과 역량강화로 이어질 수 있도록 평가결과에 따른 기관의 책임성 및 기관운영 자율성 강화**
- **(국민 편익 중심 평가체계 구축) 국민이 체감하는 공공기관 서비스의 질적 개선을 유도하기 위한 국민 편익 중심의 경영평가체계 구축 필요**
- **ESG 및 사회적 가치 실현의 국제적 기준에 부합하는 점검과 공개 강화**
- **경영평가단 전문성 및 독립성 강화**

기재부 스스로 하지 못한다면 공공기관 경영평가제도를 근본적으로 개편하기 위한 노력이 기재부 바깥에서 행해질 필요가 있다. 경영평가제도는 개별 공공기관에 대한 질적(정성) 평가 중심으로 전환되어야 하며, 개별 공공기관에 특화된 맞춤형 평가가 필요하다. 공공기관 평가제도의 변화와 함께 공공기관 지배구조의 변화가 수반되어야 할 것이다.

중장기 개편 방안

중장기적 개편방안으로 정부조직법 및 공운법 개정을 통해 좀 더 근본적인 문제들을 해결할 필요가 있다. 문제를 해결하는 가장 적극적인 방식은 공공기관의 관리 및 평가 기능을 국무조정실 등으로 이관시키는 방식으로 판단된다.

이러한 구체적인 구조 및 기능의 혁신과 함께 현행 공운법 제9조(운영위원회의 구성)에 명시된 기재부 장관 단독 위원장 체제에서 민간 위원의 주도적 참여를 보장하기 위한 민간 공동위원장 체제로의 전환 필요하다. 또한, 공공부문 ESG 및 사회적 가치 실현 정책(기존 사회적 경제 활성화 포함)과 공공기관의 혁신추진정책을 통합 시행하여야 한다고 판단된다. 중장기적 개편의 방향성은 아래와 같이 정리된다 (표6 참조).

표6. 중장기 개편방안 제안

- (정부조직법 및 공운법 개정) 장기적으로 공공기관의 성과와 책무성 강화를 위한 공운법 개정 논의 필요
- (민간 공동위원장 제도 도입) 현행 공운법 제9조(운영위원회의 구성)에 명시된 기재부 장관 단독 위원장 체제에서 민간 위원의 주도적 참여를 보장하기 위한 민간 공동위원장 체제로의 전환 필요
- (공공정책 통합) 공공부문 ESG 및 사회적 가치 실현 정책(기존 사회적 경제 활성화 포함)과 공공기관의 혁신추진정책을 통합 시행하여 사회적 가치 실현의 우수사례와 국민이 체감할 수 있는 가시적 성과 창출
- (공공기관 혁신 기능 강화) 사회적 가치 실현과 새로운 국민적 요구를 전담할 수 있도록 공공기관 사회적 가치 실현과 혁신을 하나로 통합하고 국민이 체감할 수 있는 혁신적인 사례를 도출토록 지원 강화
- 국제적 기준에 따라 사회적, 경제적, 환경적 성과를 균형적으로 점검·평가하는 평가지표체계, 평가방법 전면 개편
- 기관의 존치평가와 사업의 평가지표개발, 국제적인 공공기관 동향 파악과 분석을 위하여 산재되어 있는 연구와 평가기능의 통합
- (체계적 교육 프로그램 운영) 전문기관이 공공기관 임원에 대한 경영의 전문성 및 리더십 강화 등을 수행함으로써 기관운영의 전략성과 주요사업의 전문성 강화

공공기관은 코로나 위기 상황에서 국민이 체감할 수 있는 사회적 가치 중심으로 운영돼야 한다. 포스트코로나 시대에 국민이 체감할 수 있는 공공기관의 혁신이 필요하다. 공공기관의 사회적 가치 실현은 국민 참여를 통해 실현될 수 있다. 공공기관의 공공성과 다양성을 회복하기 위한 제도개혁을 해야 한다.

이 시대는 코로나 팬데믹의 발현과 포스트 트루스의 조우로 인해 국가정책과 국제관계의 급격한 변화를 경험하고 있다. 포스트코로나 (Post-COVID) 시대는 탈진실의 국제정치 현실과 연계하여 예측 불가한 큰 변화와 혼동을 인류에게 가져다 줄 가능성이 높은 시대라 할 수 있다. 실제 일어난 일보다 개인적인 신념이나 감정이 여론 형성에 더 큰 영향력을 미치는 현상으로 잘못된 정보에 쉽게 분노하고 실망하고 반응하는 "탈진실+포스트코로나 시대"에 우리는 살고 있는 것이다.

이처럼 급격한 환경 변화 속에서 국가와 공공기관은 그 역할에 관해 새로운 혁신이 필요한 시점이 되었다. 과거의 답습이나 필요 없는 절차의 집착을 극복하고 국민 삶의 질에 더욱 집중하는 변화가 필요한 상황인 것이다.

첫째로, 공공기관 역할 혁신을 위해 정부와 우리사회는 무엇보다 공공기관의 역할을 '국민의 유익, 즉 공익성'의 관점에서 이해할 필요가 있다. 이는 공공기관 인적 리더십과 거버넌스 구성의 방향성을 결정하는 가장 중요한 요소라 할 수 있다.

둘째로, 공공기관의 효율성 제고에 대한 패러다임 변화가 필요하다. 공공기관 효율성이란 단순히 예산 대비 효과에 그치는 것이 아니라 국정비전, 국정운영원칙, 국정과제를 심도 있게 이해하여 국민을 위한 공익을 얼마나 실현하는 가에 초점을 두어야 하는 것이다.

마지막으로, 향후 제도개혁의 필요성을 이해해야 하며, 이 과정에서 공운법의 개정과 이를 통한 공공기관 경영평가제도의 개선이 필요하다. 경영평가는 공기업과 준정부기관의 자율·책임경영체계 확립을 목표로 경영노력과 성과를 공정하고 객관적으로 평가하는 제도가 되어야 한다. 특히 공기업과 준정부기관의 공공성 및 경영효율성을 높이고, 경영개선이 필요한 사항에 대해 전문적인 컨설팅을 제공함으로써 궁극적으로 대국민서비스를 개선하는 기회가 되어야 하는 것이다.

04. 공공가치 기반의 공공기관운영법 개정 방향

"공공기관의 운영에 관한 법률(공운법)" 전면 개정 방향은 "자유와 진보" 이다. 국민의 시각에서 "상식과 공정" 의 틀 안에서 준비되고 실행되어야 한다.

우리나라 공공기관 관리의 문제점을 짚어보고, 주요국들의 사례를 살펴본 결과 결국 공공기관 거버넌스 문제의 본질은 관료 폐쇄성·획일적 인사체계, 관리방안, 경영평가에 있다고 판단된다. 이에 대해 공운법과 공공기관 거버넌스 관련 몇 가지 새로운 방향성을 제안하고자 한다. 첫 단추는 기획재정부 소관 공운법을 시대에 맞게 개정하는 것이다. 개정 방향은 아래와 같이 폐쇄성과 획일성을 극복하는데 있다:

- 기획재정부 및 관료 중심의 폐쇄적 관리체계 혁신: 관료중심의 공공기관 통제 위주의 관리체제로 인한 공공기관의 경영자율성, 창의성, 책임성 약화
- 단기 실적중심 평가 극복: 기관간 경쟁 및 단기 실적 중심의 평가에서 중장기 사회경제적 파급 효과로의 평가 패러다임 전환 시급
- 공공성 중심의 정부정책 연계 한계 극복: 효율성과 수익성 중심 경영평가로 인하여 공공성에 대한 책무와 정부정책의 효과 약화되었으므로 다시금 공공의 책무성을 회복해야 함

관료 중심의 폐쇄적 관리 체계에서 투명하고 국민이 체감할 수 있는 제도로 개선하고자하는 노력이 필요하다. 선한 의도로 도입된 공공기관 관리 제도일지라도 공공기관 통제 위주의 관료 중심 관리 체제는 한계가 있기 때문이다. 이러한 개선의제는 다음과 같이 요약될 수 있다:

- 국민중심 관리체계 혁신: 공운위 구성의 대표성과 독립성 강화 및 기재부 및 공공정책국 구조조정
- 공공기관의 책임성 및 자율성 강화: 감독부처의 산하기관 책무성 강화 및 중장기 전략과제의 평가 강화
- 정부정책에 대한 책임성 강화: 정부부처 정책과 산하기관 평가의 연계
- 국민편익 향상에 기여하는 평가: 국민편익 중심의 성과점검 및 평가 강화 및 경영진 자율과 책임경영 강화

위의 4가지 의제를 토대로 공운법 개정안에는 3가지 제도개혁안이 담겨야 한다. 이는 다양성, 협업 중심의 새로운 정부를 추구하는 공공기관 거버넌스 혁신, 공공기관 기관장 인사제도 및 리더십 혁신, 공공기관 평가제도 혁신을 위한 개혁안이라 할 수 있다.

첫 번째로 국민 편익 중심의 경영평가 체계를 구축해야 한다. 일례로 현재는 한전·코레일·가스공사에 대한 경영평가에서 국민이 부담하고 있는 이용요금에 대한 평가는 없는 실정이다. 앞으로는 국민이 체감하는 요금 등 공공기관 서비스를 평가 항목에 추가해 공공서비스 개선을 유도해야 한다.

둘째, 국제적 기준에 맞게 사회적 가치에 대한 경영을 강화해야 한다. 공공기관은 코로나 위기 상황에서 국민이 체감하는 사회적 가치 중심의 따뜻한 운영을 해야 한다. 시민의 세금으로 운영되는 공공기관은 공공성, 공익성, 공동체성 등 사회적 가치 실현을 위해 노력해야 한다.

셋째, 공공기관 현안을 심의·의결하는 공공기관운영위원회(공운위)가 바뀌어야 한다. 현재는 기재부 장관이 단독으로 위원장을 맡고 있다. 앞으로는 민간위원 부위원장직을 신설하는 등 민간위원 대표성을 강화해야 한다. 민간위원에게 정책 정보를 충분히 제공해 민간위원 역할을 강화시켜야 한다.

공공기관 운영에 사회적 약자, 소비자 등 국민의 경영참여를 확대하고, 전기, 가스, 철도, 건강보험 서비스 등 국민생활과 밀접한 공공서비스의 혁신효과를 개선하는 등 중요한 효과를 기대해 볼 수 있다.

1. 공공기관 분류와 평가방식의 전면개정 필요

공공기관의 유형 분류를 재지정하고, 새 유형별 다른 평가제도가 필요하다. 예를 들어, 지금의 공기업과 준정부기관의 분류를 전면 재지정하고, 새로운 유형별 차별화된 관리 및 평가제도를 시행한다. 경영평가 대상을 공기업 위주로 한정하고 (40개 내외), 나머지 준정부기관, 기타 공공기관은 부처별 평가로 전면개편을 제안해 본다. 평가와 함께 준정부기관과 기타공공기관의 예산 및 조직 편성과 관련된 일체 권한을 각 부처로 이관한다. 각 부처는 산하기관의 성과 및 부패 일체에 장관, 담당 관료, 그리고 기관장이 함께 책임지는 제도로 개편해야 한다. 또한, 평가주기는 공기업 위주 40개 내외 기관은 현재처럼 매년 평가를 고려할 수 있다. 준정부와 기타공공기관은 2~3년 주기로 평가하는 방식을 고민할 때이다. 또한, 평가의 70% 비중은 자체평가 및 외부기관들의 평가 내용으로 대체하고, 30%의 평가만 소위 '경평단' 등이 자체평가의 적절성 평가 및 기관장 평가방식으로 진행할 것을 제안한다.

2. 공공기관 운영 책임은 소관 부처가 경영평가는 국무조정실이 책임진다.

공운위 운영 및 경영평가 권한 등을 국무조정실로 이관하는 내용도 고려할 필요가 있다. 기재부의 공공정책국은 국조실과 정부 부처의 공공기관 관리 및 평가를 돕는 '부처 간' 업무로 한정시킬 것을 제안한다. 공공기관 운영 책임은 소관 부처의 장(장관)과 각 기관의 장이 함께하는 것으로 명시한다. 공공기관 평가는 운영평가 중심으로 외부 다면평가와 내부 자체평가를 기본으로 하는 것을 고려할 수 있다. 평가과정과 결과에 대한 평가와 기관장 평가를 국조실 중심을 진행한다. 외부 다면평가는 고용노동부, 권익위, 인권위, 국정원 등의 정부 기관 평가와 투명성기구, (재) 공공상생연대기금 등과 같은 민간부문 비영리 기관들의 외부평가 결과를 활용할 수 있다고 판단된다.

3. 공운법에 국민 참여의 실질화 필요

국민 참여는 형식적인 것으로 그치면 안 되며, 국민 참여의 폭과 깊이가 실질적으로 확대되어야 한다. 공공기관의 역할을 '국민의 유익, 즉 공익성'의 관점으로 바꾸려는 제도적 노력의 핵심과 과제이다. 공운위 구성과 평가과정 전반적으로 국민의 참여와 투명성을 강화해야 한다.

공운법 전면개정을 향하여…

공운법 전면개정은 공운법 개정 이후 시행령 및 규칙 등과도 연계되어 있다. 즉, 이번 공운법 전면개정 노력은 법령개정 이후 시행령 및 규칙 개정의 방향도 구체적으로 제시해야 법의 의도가 적절히 실현될 수 있다.

고도성장기를 주도했던 공공부문의 역할은 더 유효하지 않다. 시대의 변화 속에서 공공부문의 역할 자체의 전면적 개혁과 법 제도의 개정은 선택이 아닌 필연인 시대에 들어서고 있다. 현재의 체제를 유지하고 더욱 통제를 강화한다는 것은 국민을 배신하는 행위라고 판단된다. 공공기관은 점점 뜨거워지는 물속에 있는 개구리처럼 당근과 채찍에 길들여 지고 있는 듯하고, 우물안에 들어가 있는 기재부는 시대의 변화를 거부하는 자기만의 세계에 있는 듯하다.

참고문헌

공공기관 사회적 가치 협의체. 공공기관 사회적 가치 안내서(2019)

공공기관연구센터. 2019 공공기관과 국가정책 제1권. 한국조세재정연구원(2019).

국회예산정책처. (2019). 2020년도 공공기관 예산안 분석I.

국회예산정책처. (2020). 2021년도 공공기관 예산안 분석I.

국회예산정책처. 2021년도 공공기관 예산안 분석 I(2020)

권오성 외, (2009). 공공기관의 책임성 유형과 우선순위에 관한 실증분석, 한국사회와 행정연구. 20(1): 51-74.

기획재정부. (2022). 2022 공공기관 혁신 가이드라인.

기획재정부. 2018년도 공공기관 경영평가 편람(2017)

기획재정부. 공공기관 경영평가제도 개선방안(2017)

기획재정부. 한국조세재정연구원. 2020 공공기관 경영평가 편람(2020).

김태영 외. (2019). 사회적 가치 이해와 평가. 국가공무원인재개발원.

김현희·박광동. (2018). 공공기관의 사회적 가치 강화를 위한 법제 개선방안 연구. 한국법제연구원.

딜로이트 안진회계법인 딜로이트 컨설팅. (2015). 공공부문에서의 이해관계자 분석.

딜로이트(Deloitte). (2020). 지속가능경영, ESG경영으로의 전환을 위한 기업들의 전략적 접근방안. Deloitte Insights. Climate&Sustainability 특집.

라영재. (2017). 공공기관의 사회적 책임에 관한 정부의 역할 연구.

온명근. (2021). 프랑스 공공기관 경영관리 및 평가. 국제노동브리프 2021년 4월호. pp. 29-46.

최현선. (2018). 사회가치를 반영한 공공기관 평가제도 혁신. 조세재정연구원 웹사이트. https://www.kipf.re.kr

한국조세재정연구원(2013), 『주요국의 공공기관 관리방식』, 한국조세재정연구원.

허경선. (2018). 공공기관 임원 선임제도에 대한 소고: 외국 공공기관 임원제도를 중심으로. 재정포럼.

웹사이트

공공기관 경영정보 공개시스템 알리오.

토론문 ①

새로운 정부행정체제의 모색

박 진 (KDI 국제정책대학원 교수)

미래형 정부조직 제언

현행 부처 단위 관리의 폐해

ㅇ 총괄조정 기능 약화: 장관이 부처 이익에 매몰되어 국무위원 시각 상실

- 총리실은 권한과 역량 부족, 대통령직속위원회는 주무부처 지원역할

ㅇ 부처간 칸막이로 다양한 부처간 협력에 제약 → 신속성, 유연성 부족

ㅇ 장차관 보고를 위한 의사결정의 지연: 주무관~장관의 7단계

ㅇ 부처마다 같은 기능을 수행하는 기획관리실, 운영지원과(총무과) 존재

ㅇ 정권 교체시마다 정부조직 개편비용 발생

미래정부조직의 방향: 유연성과 협력성 제고

ㅇ 다 부처 협업을 위한 총괄조정 기구의 강화

ㅇ 의사결정의 신속성을 위해 최종 의사결정단위를 축소 (소부처주의)

새로운 정부조직 관리방식: 실 단위 정부조직 운영

ㅇ 실을 의사결정 최종단위로 확립

- 현재도 대부분의 의사결정은 실국단위에서 확정

ㅇ 조정기능: 국무총리실을 강화하고 대통령 직속 위원회를 활성화

ㅇ 공직자의 인사이동: 실간 이동을 자유롭게 하여 조직이기주의 최소화

- 인사는 인사혁신처에서 총괄하고 실에는 최소한의 운영지원과 존치

* 예외: 국방부, 외교부 등은 군정, 대외관계 등을 고려, 부처 단위 존속

부처단위 관리의 필요성에 대한 반론

ㅇ 대통령이 가진 정무적 판단과 실무적 판단과의 접점으로서 장관 필요?

→ 실국장도 그러한 정무적 판단을 하고 있음.

ㅇ 실국간 일상적인 시너지 창출 위해 부처단위 필요?

→ 이러한 시너지가 일상적인 경우는 많지 않음.

총괄조정기능 강화 위해 장관급 대통령 직속 위원회 설치

ㅇ 위원회를 상설화하고 위원은 관련 실장 및 민간 전문가를 위촉

- 사무처는 계약직 공무원과 총리실, 기획예산 등 중앙관리 부처 출신 공직자로 구성 (주무 실에서의 인사파견 금지)

ㅇ 위원회는 대통령 아젠다 총괄조정, 총리실은 기타 이슈는 총괄조정

ㅇ 대통령실 조직을 위원회와 연계: 수석비서관이 위원회의 간사위원

- 비서관이 위원회 사무국장직 수행 (정부혁신지방분권위원회 모델)

ㅇ 예산실 등 많은 위원회에 참석해야 하는 실에는 부실장제 신설

ㅇ 현행 대통령직속위원회는 주무 부처의 그늘에서 벗어나지 못하는 한계 있으나 새로운 제도하에서는 달라질 것임.

표1 제도개선 전후의 총괄조정 기능 비교

	현재	개편 후
포획 이슈	장관이 부처에 포획	위원장은 여러 실 조정을 해야 하므로 포획문제 없음
부처간 이견	장관간 이견이므로 총리 혹은 대통령의 조정이 쉽지 않음	실장간 이견을 국무총리 혹은 대통령 직속 위원장이 쉽게 조정
대통령 위원회	대통령 직속위원회가 주무 부처의 영향력 하에 있어 그 조정력에 한계	위원회가 중립적 입장에서 조정 가능

이러한 미래형 정부조직 구조로 가기 위한 선결과제

- ㅇ 부처 단위를 줄여가는 소부처주의 적용
- ㅇ 국무총리 권한강화
- ㅇ 대통령직속위원회를 주무 부처로부터 독립적인 사무국 설치
- ㅇ 인사혁신: 5급 공채 폐지, 개방형 확대, 부처간 인사교류 등

가장 중요한 선결과제: 정부가 더 할 일과 그만 할 일을 조직에 반영

- ㅇ 사회통합, 질서유지, 정부개혁 기능은 강화하되 경제기능은 약화 필요
  - 축소 대상: (진입 및 가격) 규제부처, 기업지원 부처, SOC 공급부처
- ㅇ 공공부문내에서도 행정부가 할 일을 국회, 지방정부로 이관할 필요
- ㅇ 특히 정부가 그만 할 일 지적 필요 (Naver블로그"정책뒤집어보기")

  →정부의 기능을 바꿀 정부개혁위원회 등 강력한 추진체계 필요

토론문 ②

새로운 정부 행정체제의 모색

곽노성 (연세대학교 글로벌인재대학 교수)

1. 새로운 정부 행정의 핵심은 데이터

4차 산업혁명은 이미 우리 사회에 많은 변화를 가져왔으며 앞으로 더 파괴적인 혁신을 초래할 것으로 보인다. 그렇다면 4차 산업혁명의 핵심은 무엇일까? 데이터다. 보통 4차 산업혁명의 핵심기술을 데이터(Data), 네트워크(Network), 인공지능(AI)의 첫 글자를 따서 D.N.A라고 한다. 이중 핵심은 데이터다. 네트워크는 데이터 수집을 위한 도구이고 인공지능도 데이터를 활용하는 도구이다.

데이터의 관점에서 우리의 디지털 정부 정책은 절반의 성공을 거두었다. 2020년 OECD 디지털 정부 평가에서 전 세계 1위를 인정받았다. 국민을 대상으로 하는 자료수집과 이를 활용하는 민원서비스는 전 세계적으로 가장 앞서있다. 여기에는 국민 모두에게 번호를 부여하는 주민등록제도가 있다. 그렇다고 전 분야에서 좋은 성과를 거두고 있는 것은 아니다. 데이터를 분석해서 합리적인 정책 결정을 하고 이를 집행하는 분야에서는 주요 선진국과 큰 차이를 보인다.

대표적 사례로 정부의 규제정보시스템을 들 수 있다. 행정규제기본법에 따라 규제를 신설하거나 강화하려면 규제영향분석서를 작성하고 규제개혁위원회 심의를 받아야 한다. 정작 제도의 실효성은 매우 낮다. 우선 분석서 작성이 형식적이다. 데이터 분석이 충분하지 않은 상황에서 주관적으로 정책을 결정하기 때문이다. 그렇다고 분석서가 제대로 공개되는 것도 아니다. 입법예고 단계에서 한번 공개될 뿐 이후 관련 규제 논의가 어떻게 진행되는지는 공개하지 않는다. 규제개혁위원회 심의결과도 키워드 검색을 할 수 없도록 게시판에 회의 차수만 기록하고 주요 내용은 첨부파일로 게시한다.

2. 기술보다 중요한 사람

우리나라의 디지털 정부 정책은 행정의 효과성과 효율성 제고라는 최상위 목표보다는 새로운 기술의 개념에 초점을 맞추고 있다. 블록체인 기술이 뜬다고 하면 블록체인 기술을 적용한 새로운 정보화 시스템을 개발한다. 메타버스가 회자 되면 메타버스 서비스를 개발하고 스마트폰이 보편화되자 많은 정부 기관이 애플리케이션을 개발한다. 대부분의 경우 실질적은 효과를 거두지 못하고 있다. 오히려 정부의 개발사업으로 인해 민간 스타트업이 추진하던 비즈니스를 포기하는 현상까지 발생하곤 한다.

우리나라에서 디지털 정부의 성공사례로 거론되는 국가는 에스토니아다. 인구 130만 명의 소국으로 우리나라의 수원시와 비슷한 규모다. 1990년 초 구소련에서 독립해서 국가 인프라도 갖춰져 있지 않다. 그렇다 보니 블록체인을 활용해서 정부 시스템을 구축할 수 있다. 이미 정보화 시스템을 구축한 5천만 명 규모의 우리나라와 환경이 완전히 다르다.

정작 데이터를 잘 활용하면서 디지털 정부의 본래 취지를 가장 잘 구현하는 미국은 거의 논의되지 않는다. 미국의 규제정보 시스템은 가장 모범적이다. 키워드 검색도 안 되는 우리나라와 달리 미국은 규제영향분석서의 검색은 물론 규제를 설정하는 참고한 문헌, 국민들이 규제에 대해 제기한 의견과 이에 대한 답변까지 모두 찾아볼 수 있다. 정책 결정이 공무원의 주관적 판단이 아닌 데이터에 입각한 객관적 판단을 지향하기 때문이다.

대표적 글로벌 혁신 컨설팅기업인 가트너 그룹은 디지털 전환의 본래 취지를 잘못 알고 있는 경우가 많다고 지적한다. 디지털 전환은 기존에 하던 일을 그대로 디지털로 바꾸는 것이 아니다. 디지털 환경에 맞게 새로운 방식으로 업무를 해야 그것이 진정한 디지털 전환이다. 이걸 어렵게 하는 가장 큰 장벽은 바로 사람이다. 새로운 방식으로 일을 하려면 사람의 생각과 행동, 문화가 바뀌어야 한다. 그런데 대부분 문화가 바뀌지 않는 상황에서 정보화 사업을 하다 보니 오히려 직원들의 불만을 사는 경우가 발생한다. 지금 우리의 행정이 그렇다. 정부의 정보공개 시스템 수준은 20년 전보다 못하다.

현행 정부 행정체계의 디지털 전환에서 가장 먼저 고민해야 할 주제는 직무분석이다. 데이터와 인공지능을 활용한 4차 산업혁명이 본격화되면 책상에서 단순반복 작업을 하던 일이 가장 큰 타격을 받는다. 회계사가 대표적이다. 그렇다고 아예 회계 전문가의 역할이 사라지는 것은 아니다. 오히려 단순반복적인 일은 줄어들고 전체를 보고 판단하는 역할이 더 커진다. 정부도 비슷한 상황을 맞이할 것이다. 기계가 대체할 수 있는 반복 작업은 줄어들고 판단하는 업무가 더 중요해진다. 은행 지점이 사라지는 것처럼 주민센터가 사라지는 게 미래의 정부다. 대신 사각지대에 놓인 복지지원 대상 선별처럼 판단을 요구하는 일은 더욱 중요해진다. 직무분석은 자연스레 공무원의 연봉과 직급체계 개혁을 수반한다.

디지털 정부를 위한 일하는 방식, 문화 개혁이라는 관점에서 보면 디지털 전담부처 신설은 필요성이 낮다. 모든 부처가 디지털 기술을 활용해서 스스로 업무를 혁신해야 하는 상황에서 중앙에서 방향을 지시하는 디지털 전담부처는 오히려 방해가 될 수 있다. 그보다는 정부의 행정개혁 리더십 강화가 필요하다. 디지털은 목적이 아니라 수단이다. 목적은 새로운 방식을 일을 해 보다 높은 성과를 내는 것이다. 이렇게 하려면 행정을 개혁해야 한다.

3. 외과수술식 개혁

행정개혁은 외과수술과 같다. 사람 대상으로 무분별하게 실험할 수 없는 것처럼 행정개혁도 무분별하게 진행하면 안 된다. 확실한 문제를 두고 접근해야 한다. 환자의 상태가 중요한 것처럼 행정개혁도 우리나라의 현실이 중요하다. 전제군주제에 가까운 싱가포르의 공무원 제도는 선거를 통해 정권이 교체되는 우리나라에 현실적 모델이 되기 어렵다. 그렇다고 모든 사람의 말을 듣고 모두가 동의할 때까지 기다리는 리더십도 바람직하지 않다. 그간 협치가 강조되고 시만 사회의 동의가 필요하다는 주장이 광범위하게 퍼져 있다. 하지만 선거를 통해 정권을 교체하는 민주국가에서 시민사회 동의 여부는 잘못된 결과의 책임을 벗어날 이유가 되지 못한다. 이런 이유로 선진국에서는 우리처럼 민간이 정부의 의사결정에 직접 참여하지 않는다.

현행 사일로 방식 정부 시스템의 급격한 변화 등 필요성과 효과가 충분히 확인되지 않은 제도는 자제할 필요가 있다. 장관에 대한 인사 임명권 대폭 이양도 그렇다. 예를 들어 장관의 권한이 강한 것으로 알려진 미국은 정권이 교체될 때 우리처럼 장관과 소수의 정책보좌관만 바뀌는 정도로 진행하지 않는다. 소위 부처의 지도부인 장·차관과 우리의 1급 인사까지 큰 폭의 물갈이가 진행된다. 자연스레 부처를 새 정권이 장악하게 된다. 만일 지금과 같은 상황에서 장관에게 인사권을 대폭 이양하면 공무원들의 그들만의 리그를 더욱 강화하는 결과를 가져올 가능성이 높다. 이로 인한 부작용은 비단 한 부처에 그치지 않는다. 정부 산하 기관은 물론 관련 민간영역까지 광범위한 영향을 미칠 것이다.

토론문 ③

국가인재의 효율적인 관리시스템 구축

김태신 (한국노총 공무원본부장)

떠나는 공직사회와 인재관리 개선방안 토론문

“내가 내는 세금갖고 월급받는 것들이~”

“대학학자금에, 고액연금에, 놀고먹는 공무원 ××들~”

공무원이 현장이나 갈등의 공간에서 마주치면, 시민들로부터 가장 많이 먹는 욕이다.

대한민국헌법 제7조 1항에는 ‘공무원은 국민전체에 대한 봉사자이며, 국민에 대하여 책임을 진다’고 적시해 놓았지만 무색해 진지 오래다. 오히려 헌법 7조가 ‘공무원은 국민의 봉이다’라고 개정됐다는 우스갯소리가 시중에 떠돈다.

시대가 변함에 따라 공무원들도 ‘국민의 봉사자(public servant)’ 보다는 ‘공적인 직무를 처리하는 사람(public employee)’으로 해석하거나 행동하는 사람이 많아지고 있다.

공직에 대한 선호도도 낮아져, 되려 최저치의 공무원시험 경쟁률과 퇴사율로 국정운영에 위협이 될 정도다.

실제 국가공무원 7급 공개경쟁채용시험 경쟁률은 지난해 42.7대 1로 1979년 이후 43년만에 가장 낮다. 지난 2011년 122.7대 1, 2013년 113.4대 1

과 비교하면 절반 이상 하락했다.

9급경쟁률 역시 29.2대 1로 20년만에 최저치다.

8,9급 젊은 공무원들의 공직이탈은 더욱 심각하다.

국가공무원 퇴직자 현황

연도	2017년	2018년	2019년	2020년	2021년
퇴직자수	6,412명	6,867명	7,426명	7,711명	8,501명

※ 퇴직률 8급(62.7%), 9급(56.9%)　　　　자료제공/ 인사혁신처

지난해 재직 5년 미만 퇴직공무원 수는 1만693명으로 5년 전인 2017년 5181명 보다 두배 가까이 급증했다.

공무원 1명당 채용과 교육훈련, 보수 등에 수십억원의 비용이 투입된 고급인력의 손실은 국가경쟁력 약화와 국고낭비로 이어지고 있다.

공무원들은 5통(痛) 세대로 몸살

왜 공직사회에 이런 기류가 형성된 것일까?

3포(연애, 결혼, 출산) 세대로 불리는 MZ세대처럼, 나는 공직사회를 '5통세대'로 규정한다.

우선 '퇴직금'이 없다. 매년 깎이는 '실질임금', 용돈 수준에 불과한 '공무원연금', '기초연금·실업급여'가 없다. '대학학자금'도 없는 등 다섯가지 고통의 세월을 보내고 있다.

첫째, 공직사회 이탈현상에서 공무원의 낮은 보수를 빼놓을 수 없다.

내년도 9급 1호봉 공무원의 경우 기본급 171만5200원에 직급보조비, 정액급식비를 포함해도 최저임금(201만580원)에 미치지 못하고 있다. 물가상승률이 7~8%에 달하고 있지만 보수인상률은 올해 1.4%, 내년 1.7%에 그치고 있다.

지난 5년간 누적 최저임금 상승률은 49%에 달했지만 공무원보수 누적인상률은 9%에 불과해 지난 5년간 무려 40%의 임금이 삭감됐다.

둘째, 모두 4차례 개악에 따라 용돈 수준으로 전락한 공무원연금은 가장 큰 문제다. 낮은 보수에도 공직을 선택한 것은 안정된 노후보장 때문이었다.

노동자라면 당연히 받아야 할 퇴직금도 공무원연금에 녹아있지만 99%의 국민들은 전혀 모르고 있다.

그런 소중한 연금이 개혁이라는 미명하에 깎이고 또 깎인다. 올해도 정부는 국회에 「연금개혁특위」와 기재부에 「연금보건경제과」를 설치해 연금 삭감을 준비 중이다.

셋째, 코로나19 팬데믹 당시 우리 공무원들은 월 100시간이 넘는 근무와 주말을 반납하며 지난 3년간 사투를 펼쳐 대한민국을 지켜왔다. 해외에서 완벽한 K-방역이라며 칭찬을 아끼지 않았다.

화재와 재난재해 현장에서, 각종 사건 현장에서 우리 공무원들은 국민과 국가를 지키는데 헌신해왔다고 자부한다.

하지만 극히 일부 시민들은 우리를 상대로 폭언, 폭행, 악성민원, 심지어 생명까지 위협하며 공무원들의 몸과 마음을 멍들게 했다. 그렇게 공무원들의 자존감은 무너졌다.

넷째, 행정부가 정치권(입법부)에 휘둘리면서 독립성이 훼손되고 삼권분립이 무너졌다. 정치권은 조직과 인사라는 칼로 행정부에 깊숙이 개입했고, 일부 정치공무원은 줄대기에 바빴다. 공무원의 독립성과 자존감은 그렇게 또 한 번 무너져 갔다.

정의로운 국가인재 관리를 위한 제도개선 방안

우리나라는 직업공무원제를 채택하고 있다. 젊은 인재를 공직에 유치해 공직

근무를 명예롭게 생각하고, 정년퇴임시까지 장기간 근무토록 하는 제도다.

나라가 부강하고 행복지수가 높은 '다 함께 사는 세상'을 만들기 위해서는 정부운영의 주춧돌인 공직사회가 건강해야 한다.

첫째, 청백리(공직자)로서 경제적 안정과 자존감을 되찾아줘야 한다.

대한민국 공무원은 국가를 수호하며, 국민에 대한 봉사자로서의 임무를 성실히 수행하는 사람이다. 일반적인 '자본가-노동자'의 관계가 아니라, '국가-공무원(노조)-국민(시민사회)'이라는 독특한 구조의 틀 속에 있다. 교육, 행정, 경찰, 소방, 국방 등 대한민국의 근간을 이루는 조직이 바로 120만 명의 공직자다.

이들이 부정부패나 이권개입에 물들지 않도록 최저임금 또는 물가상승률에 준하는 보수인상과 마지막 보루인 공무원연금의 보장이 필요하다.

싱가포르 공무원처럼 저녁이 있는 삶을 살아가기 위해 경제적 안정과 정치적 독립을 보장해 주어야 한다.

특히 퇴직하고도 연금을 받지 못하는 소득공백자가 올해 1700명 발생했고 향후 96만명이 생기는 만큼 '정년연장'을 사회적담론으로 이끌어 내 사회적 합의를 이뤄내야 한다.

이에 대해서는 지난 2015년 정부와 정치권, 시민단체가 합의하고 서명한 만큼 윤석열 정부는 그 약속을 지켜야 한다.

그리고 청백리로서 그들의 명예와 마지막 자존심을 다시 세워줘야 한다.

둘째, 관료개혁의 첫걸음이 되는 행정고시를 폐지해야 한다.

외무고시, 사법고시가 폐지된 지 수년이 흘렀다. 왜 유독 행정고시만 존치되어야 하는지 의구심이 든다.

시험한번으로 20년의 경력을 뛰어넘게 하는 불정공한 제도는 사라져야 한다. 행정고시 출신은 1%도 안되는데 고위공무원단(3급)을 독점하고 있다. 특히 공직사회 내부에서는 '고시 VS 비고시'로 나뉘어져 조직 갈등을 초래하고 있다.

무엇보다도 7급, 9급에 응시하는 인력도 충분한 자질과 자격을 갖추고 있는 만큼 공개채용한 뒤 실무를 거쳐 능력을 인정받은 사람들을 고위직으로 승진시켜야 한다.

셋째, 9등급의 직급개편 단행이 필요하다.

현재 공무원 계급이 9등급으로 세분화되어 있다보니 한 단계 승진을 위해 직무보다는 인사에 지나친 경쟁이 발생하고, 승진에 누락되면 일을 등한시하는 부작용이 속출하고 있다.

삶의 질 향상과 맡은 바 직무에 충실할 수 있도록 직급체계를 5등급 또는 6등급으로 단순화시켜야 한다. 차제에 소방과 경찰, 연구직 등에 대한 직급개편도 함께 다뤄져야 할 것이다.

넷째, 개방형 직위의 엄격한 채용기준과 운영지침이 필요하다.

개방형 직위제도는 외부의 우수한 민간인재를 폭넓게 유치해 공직사회에 새로운 활력을 불어넣고 정부경쟁력을 높이기 위하여 도입한 제도이다.

하지만 대통령과 단체장들이 개방형 직위를 악용해 선거캠프 인사를 채용하거나 자격미달자를 임용해 시작부터 많은 잡음과 갈등을 일으키고 있다.

이를 방지하기 위해 개방형 직위 채용시 엄격한 자격기준과 운영지침이 뒤따라야 할 것이다. 더 나아가 역량평가를 통한 중간평가를 실시해 성과미달자나 조직에 해를 끼치는 인사는 퇴출시켜야 한다.

공정하고 객관적인 인사평가를 위해서는 공무원노동조합을 참여시키는 인사제도 개선도 반드시 필요하다.

토론문 ④

국가인재의 효율적인 관리시스템 구축

김택동 (국가인재경영연구원 사무총장)

·개혁의 목적과 방향성을 사전에 분명히 해야

· 국가경쟁력 강화와 국민 눈높이에 맞는 개혁이 되어야

· 핀셋으로 일부 수정하는 방식 의미 없어.. 백지에 새로 그려야

· 인사혁신, 어려워도 가야할 길, 용기 있게 디자인하고 시작하자

· 이해관계자와 충분한 공감대 형성과 필요성 인식이 중요

발제문에 언급된 주요내용을 살펴보면, 공직분류제도, 중앙인사행정기관의 필요성, 그리고 공무원 채용제도와 국가공무원법 개정 등을 말씀 주셨습니다. 많은 부분 공감하며 이에 더하여 거시적인 측면에서 공직생태계와 미래관점에서 의견을 드리고자 하며 마지막으로 해결방안을 제안코자 합니다.

우리의 제도와 시스템은 미래를 대비하고 국가경쟁력을 갖추고 있나?

사회전반적으로 진행되고 있는 AI, Big Data, 자동화 등 신기술 발전에 따라 일하는 방식이 크게 변하고 있으며, 특히 민간영역에서는 기업의 생존을 위해 조직형태, 재택근무, 성과보상 등 인사제도와 인재관리 전반에 대대적인 변화의 바람이 불고 있다.

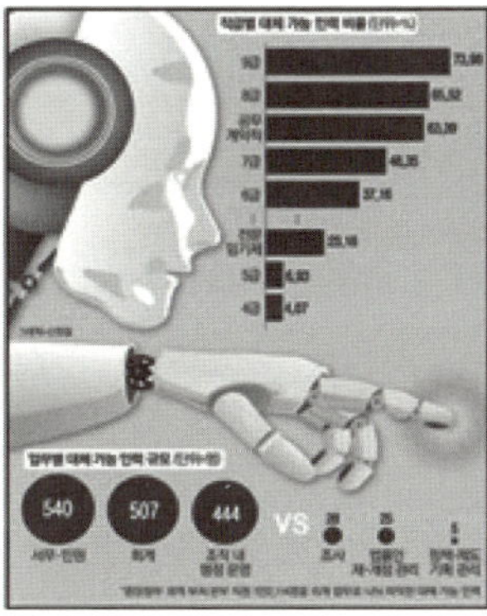

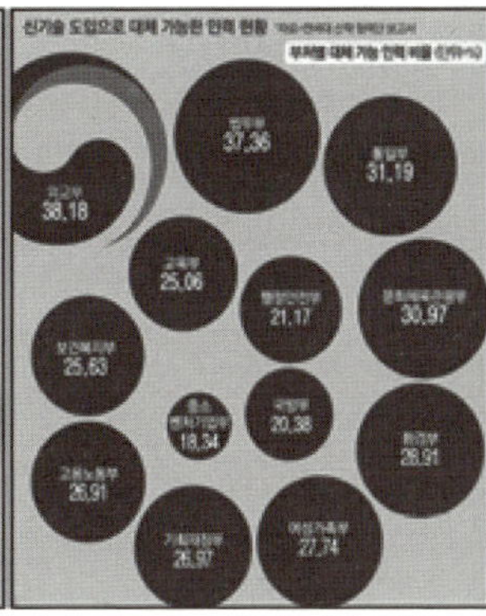

중기 행정 수요와 인력 소요 전망 (한국행정연구원, 2020)

미래 신기술 도입에 따른 정부 인력 운영방안 (연세대 산학협력단, 2021)

인사비전 2045 (인사혁신추진위원회, 2016)

다가올 '디지털플랫폼기반 정부'가 인사행정에 주는 시사점은?

- 디지털플랫폼정부 핵심은 공공정보를 개방 공유하고, 빅데이터와 인공지능(AI) 기술을 토대로 모든 부처간 칸막이를 없애고 데이터를 하나로 연결하고 일원화하는 새로운 정부운영 패러다임을 의미.
- 최근 OECD, 영국정부 디지털서비스청(GDS) 설립멤버 리처드 포프 박사 등 디지털플랫폼정부에 대한 정의를 내린 공통점은 일하는 방식의 혁신을 제시.
- 9월2일 출범한 대통령실 직속 디지털플랫폼정부(DPG)위원회 연말쯤 디지털플랫폼정부 6개 항목에 대한 밑그림 제시 예정.

언론에 보도된 우리나라 공직생태계 현 상황은?

- 중앙 공무원 25%AI로 대체가능…그런데도 정부는 증원(매경21.02.14)
- “열심히 일할 필요 있나”…6급으로 입사해 25년간 승진 못해(매경 21.06.16)
- “이게 다 세금”…올해 공무원 인건비 110조 넘었다(매경21.06.16)

- ‘무능력 철밥통’제재 약속했지만. 5년간 퇴출 고위공무원2명뿐(매경 21.06.16)
- 인사,보상,성과 꽉 막혀…7급은 탈출, 국장은‘납작’(조선22.08.01)
- ‘脫공무원’ MZ세대(조선22.08.02)
- 공직사회 고인물, 5급 공채 없애고 개방해야 흐른다(매경22.08.24)

우리는 3가지 문제를 먼저 고민하고 해결해야 한다.

첫째, 인력에 대한 질적인 구조조정이다.

디지털플랫폼정부 시대에 필요한 인력은 부족한 반면 다음단계로 승진하지 못했나거 직무에서 밀려난 유휴인력이 많다. 비대한 인력과 조직 슬림화를 정리하지 않고는 본원적으로 글로벌 경쟁력을 창출하기 어렵다.

(ex 국가철도공단(49.4%)등 직원 절반이 간부인 공공기관 산재)

둘째, 미래 핵심분야와 행정수용에 인력의 집중 재배치

과학적 조직진단을 통해 수명이 다했거나 쇠퇴한 기능 폐지 또는 축소, 유사 중복분야의 인원감축, 조정된 인원에 대한 미래 핵심분야 교육 및 재배치 필요

셋째, 공공영역 인사개혁 컨트롤타워, 대한민국CHO가 필요하다.

중앙행정기관은 인사혁신처, 지방행정기관은 행안부, 공공기관은 기재부 등으로 분산되어 있는 인사관리를 범정부 차원의 종합적이고 통합적인 인사개혁을 추진할 수 있는 독립된 중앙인사기관의 출범이 필요하며, 새로운 미래정부를 향한 다양한 인력운영과 제도에 대한 대안을 빨리 모색해야.

시대와 환경에 맞는 제도와 시스템 구축 절실

인사개혁은 공공인사생태계 전반을 전방위적이면서 동시다발적인 제도변화를 추구하는 것으로, 몇 가지 부품을 갈아 끼우는 기술 개혁이 아니다. 일종의

사회개혁이며 국가경쟁력을 높이는 일이다.

범정부 차원에서 국회에 특위를 설치하고 이해당사자가 함께 국회에서 논의를 시작해야.

개혁의 목표와 방향은 국가경쟁력 강화와 국민이 원하는 정책과 서비스를 효율적으로 제공하는 것에 초점을 맞춰 정부 인력 운영과 효율화 방안을 백지에 새로 그려야 한다.

토론문 ⑤

공공기관의 효율적인 운영시스템 모색

박수정 (행정개혁시민연합 사무총장)

1. 공공기관 기능조정, 개혁의 추진체계 명확화

공공기관 개혁의 주체가 모호하고, 그 추진체계도 불투명하다. 이를 명확히 해야 한다. 늦었지만 지금이라도, 민간 전문가·시민사회·언론 등의 의견이 충분히 존중되고 반영되게끔 재정비해야 한다. 개혁의 효과를 숙의하고 홍보하여, 대통령의 지원과 정책의지를 담보할 수 있는 체계를 만들어야 한다. 그래야 추진력도 붙고 책임 소재도 분명해진다.

현재 공공기관 개혁은 종합적이고 초 정권 차원의 중장기적인 공공부문 관리 청사진이 부족한 채, 기획재정부장관이 각 주무 부처와 협의해서 결정하도록 되어 있다. 그러다 보니 책임이 완전 분산되어 있다. 개혁이 실패하면 어느 누구도 책임질 수 있는 체계가 아니다. 종합적인 디자인도 조정체계도 분명하지 않고, 로드맵도 치밀하지 않다. 추진체계의 근본적인 재정립이 필요하다.

2. 범거버넌스적 종합체계성 제고

경영평가 거버넌스의 재구축, 재설계는 기재부 주도가 아닌(산하 독립평가기구가 아닌) 범정부 기구가 필요하다(청와대, 국조실, 행안부, 기재부, 소관부처-협의체 또는 대통령 직속기구 또는 민간독립위원회 형태) 국가차원의 범거버넌스적 종합체계성을 키울 때다. 이와 관련하여 해외사례들도 참고할 만하다.

3. 범 정부적 정부혁신체계와의 연계

전반적인 정부혁신체계와 연계하는 문제에 대해서도 각별히 고민해나갔으면 한다. 현재는 행안부의 정부혁신계획과 기재부의 혁신가이드라인 방식으로 분리하여 진행되고 있다. 중앙부처는 전반적인 혁신의 확산을 위한 기제(조직, 인사, 예산상의 인센티브와 문화조성) 강화에 힘써야 하고 대부분 국민에게 제공되는 공공서비스의 접점이 지방자치단체, 공공기관의 지역, 현장에서의 국민수요 기반의 혁신과제, 공공서비스 발굴, 개선, 피드백의 역할을 해야 한다. 이러한 측면에서 전반적인 정부조직, 인사, 재정 측면에서의 개혁방안 설계에 공공기관의 기능, 사업에 대한 검토도 포함하여 종합적으로 검토해야 할 것이다. 초 정권 초 특정 부처 차원을 넘어서는 공공기관 평가 거버넌스의 재설계가 필요하다. 정부조직개편의 큰 테두리에 중앙부처, 지자체, 공공기관, 기타공공기관, 공직유관단체 등 공적영역 전체를 통합적 진단을 통해 국민의 기관으로 다시 탄생케 해야 할 것이다.

4. 기재부와 공공기관운영위원회, 소관부처의 역할 제고

공공기관운영위원회를 앞으로도 계속 공공기관 개혁 기구로 활용하기 위해서는 위원회의 구성과 운영부터 달라져야 할 것이다. 기획재정부가 실제 일방적으로 주도하는 것에서 벗어나야 한다. 특히 공공기관의 기능 조직개편 문제와 관련한 공운위의 역할에는 한계가 분명하여 이에 대한 별단의 대책 강구가 시급하고 절실하다.

기존 조직이 아닌 새로운 조직을 구성한다면, 별도의 상설기구를 설치하여 공공기관 개혁만을 전담케 하는 것이 바람직하다. 경험에 비춰 보면, 기획재정부의 중심 과업은 미시정책보다는 재정·경기·대외정책 등 거시경제 관리

측면에 집중하는 경향이 있어, 공기업 개혁은 우선순위 면에서 밀려왔다. 따라서 공기업과 공공부문의 개혁을 전담할 수 있는 조직을 만들어, 관련부처와 민간이 참여하여 관련 안을 작성할 때부터 실현가능하고 참신하고 다양한 아이디어를 반영할 수 있도록 하고 실질적으로 작동할 수 있는 체계를 구축했으면 한다. 공공기관 경영평가를 하는 원래 목적과 취지에 부합하는 방향과 원칙의 재정립 또한 중요하다.

5. 상시 기능조정기구의 설계

상시 평가제도에 기능과 사업의 평가를 위한 전제조건으로, 경평 주요사업 평가제도의 개편과. 상시 관련 기구 설계가 필요하다. 지방공기업을 제외한 각 부처 산하기관과 공기업, 준정부기관을 포함한 기능재조정 역시 계속해야 한다. 독립평가기구의 경우에도 이와 별도로 상시 기능조정기구와 이를 연계, 조정하는 협의기구가 있어야 한다. 장기간에 걸쳐 기능 재조정을 해가는 해외 사례도 참고해야 할 것이다.

국정운영의 방향과 과제, 상위 레벨의 목표와 원칙, 각 공공영역 본연의 업무 간에 적잖이 불필요하거나 서로 상충하는 요소들이 있다면 수시로 적실성 있게 수정해가는 일을 이러한 성격의 기구로 하여금 수행할 여지를 만드는 것 또한 중요할 것이다. 각 기관특성을 존중하는 경영평가 대신 전반적인 정부업무 평가의 일부로 치부해버리고 마는 일, 국정과제가 과도하고도 빈번하게 경영지표로 신설 수정되는 일, 경영평가 지표의 설정과 적용을 수직적 톱다운 방식 일변도로 획일적이고 경직적으로 해나가는 데서 비롯되는 경영 효율성 저해 같은 제반 문제점들의 개선에도 주력해야 할 것이다.

6. 국민참여의 실질화와 신뢰제고

국민참여의 폭과 깊이를 실질적으로 확대하는 일을 서둘러야 한다. 특히 공공기관 평가에서 전문기술성을 앞세워 국민 참여를 형식적으로 여기는 경우들이 적지 않다. 공공기관 개혁 공공기관 평가의 민주성과 투명성의 측면에서 큰 저해요인이다. 국민참여가 과감하고도 근본적인 사회적 합의까지 실효성 있게 도출할 수 있게끔 제반 준비작업과 여건 마련에 나서야 한다.

공공기관 개혁에 대한 국민신뢰를 얻어야 한다. 현 정부의 개혁과정을 보면 공기업과 관련된 부패와 비리 폭로 중심의 문제제기에 너무 치중하고 있다. 정부 중심의 계획을 일방적으로 발표하고 나서 공기업에 이런저런 문제가 있었다는 식으로 개혁의 공감과 동력을 얻고자 한다면, 국민의 냉소와 의혹과 불신은 사그러들지 않을 것이다. 국민이 참여하고 학습하게 하는 것이 긴요하다. 이런 뜻에서 이제는 전문가주의에서 벗어나 공공기관 개혁에 대한 홍보, 국민참여의 수준과 방법도 재고해야 할 것이다.

7. 조직내부 구성원의 수용성 제고 모색

공공기관의 사업, 기능조정에서 조직내부 구성원의 공감대 형성, 동기부여, 조직문화의 형성 등 수용성을 점검할 필요가 많다. 이를 위한 단계별, 조직특성별 전략, 방안, 시스템 점검이 중요하다. 기관 간 통폐합이나 사업·기능 조정 같은 급작스러운 구조조정은 조직원의 반발, 민영화에 대한 국민적 우려, 이미 조성되어 있는 이익생태계 내에서 치열한 사회적 정치적 갈등을 유발할 우려가 크다. 또, 어느 공공기관의 경우, 국정과제 등이 반영되어 생겨난 조직(일자리창출과, 미세먼지감축과) 등을 계속 없애지 못하고 있다. 인력을 빼내기도 힘든 상황에서 현장 인원을 빼서 본부의 과 단위 부서를 만들면 현장의 상황은 더욱 열악해진다. 노사협력 속에 자율적이고 상시적인 사업 기능 조정의 기반과 문화를 형성해가야 할 것이다.

평가제도와 그 운영에서 정치적 독립성 중립성 일관성을 제고하는 일, 특정 정권의 국정철학을 반영한다 할지라도 그 범위, 방법, 기준 등의 설정에서 엄밀성을 갖추는 일 등은 바로 이 같은 피평가 기관 구성원의 수용성 나아가 국민 신뢰와 직결된다. 매년 주기로 짧은 기간에 진행되는 공공기관 평가의 전문기술성 보완과 일률적인 서열화에 따르는 문제점 개선 역시, 같은 맥락에서 서둘러 추진해야 할 과제다. 공공기관 운영의 효과성 제고를 위해서는 정책과 제도에 대한 공공기관 구성원들의 신뢰가 중요한 동력으로 작동할 수 있다는 지적들에도 더욱 유념해야 할 것이다.

*"공공기관 사업 및 기능에 관현 평가의 필요성과 전제조건", 박수정, 2021, 노동연구원, 자료 요약과 재구성

토론문 ⑥

공공기관의 효율적인 운영시스템 모색

노정란 (명지대학교 미래융합경영학과 교수)

공공기관 혁신에 관한 근본적인 문제의 제기

① 고도성장기를 주도했던 공공부문(정부+공공기관)의 역할이 미래에 어떻게 변화할 것이며, 변화(특히 축소)에 따른 공공부문 재구조화는 어떻게 할 것인가?

② 민간부문의 성장추세와 창의성을 고려할 때 공공재에 대한 현실적 해석(학문적 정의가 아님)을 다시 해야 할 필요성은 없는가?

③ 정부부처와 소속 공공기관의 혁신을 따로 봐야 할 것인지? 아니면 같이 봐야 할 것인지?

공공기관 혁신의 목적과 운영에 대한 검토

공공기관 혁신은 「공공기관의 운영에 관한 법률」 제15조(공공기관의 혁신) 및 「공공기관의 혁신에 관한 지침」에 근거를 두고 있음. 먼저 동법 제15조 제1항은 '공공기관은 경영효율성 제고 및 공공서비스 품질 개선을 위하여 지속적인 경영혁신을 추진하여야 한다.'라고 규정하고 있으며, 동 지침 제9조 제1항 역시 '…(중략)… 기관의 경영효율 향상과 대국민 서비스 개선을 위해 경영혁신전략·계획을 수립하고 추진하여야 한다.'라고 규정하며, '공공기관 혁신'의 목적을 명확히 하고 있음. 즉, '효율성'과 '공공성'이라고 요약할 수 있으며, 이처럼 법령 등에서 정한 공공기관 혁신의 목적은 바람직하다고 생각함. 그런데 학술적으로든 행정적으로든 효율성(효율성 제고), 공공성(공공서비스 개선)의 정확한 의미에 대해 진지하게 고민한 적이 없음. 2가지 모두 비용관점에서 '단기적인 비용절감' 혹은 '서비스 비용 절감'이라는 결과가 있어야 혁신의 성공이라고 받아들이는 경향성이 굳어졌음. 비용절감이 중요한 기준이라는 점은 부정하지 않지만 오직 비용관점에서만 공공기관 혁신을 바라본다면 장기적으로 또는 근본적으로 문제가 발생할 여지가 매우 큼. 오히려 '절감'이라는 도그마에서 벗어나 '적절한 비용'이라는 측면의 고려가 지속가능성을 담보할 수 있다고 생각함. 법령 등에서 정한 공공기관 혁신의 목적이 바람직하다면 이제라도 그 목적에 대한 '나름의 해석'이 필요하다고 봄.

둘째, 운영 측면에서 볼 때 중요한 것은 이 두가지 목적이 보통 Trade-off 관계에 있다는 것, 그리고 모든 공공기관은 2가지 목적을 함께 추구·지향해야 한다는 것임. 물론 정권마다 지향하는 정치이념에 따라 무게중심이 다를 수는 있으나 기본적으로 Trade-off 관계임을 고려한다면 어느 한 쪽이 과도하게 대표되는 것은 법령 제정 취지에도 부합하지 않음. 그러나 과거 2000년 이후 현재까지 각 정권은 정반합(正反合)의 과정을 통해 적절한 균형점을 찾기보다 극단을 오가며 있으며, 공공기관 스스로 혁신의 방향과 정체성을 찾지 못하고 있음. 예컨대 현 정부의 공공기관 혁신에 대해 공공기관 관계자들은 지난 2007년(MB정권)의 경영평가편람을 보면 답을 알 수 있다고 함. 또 다시 극단을 오가는 일이 반복되고 있음.

공공기관 혁신의 구조적·태생적 한계 ①

우리나라는 외국과 달리 정부 주도의 국가발전 단계를 거치면서 정부와 공공기관의 관계가 매우 수직적인 구조를 형성하게 되었음. 또한, 단기성과를 측정하는 공공기관 평가시스템 하에서 공공기관은 정권이 지향하는 이념에 본인들의 혁신방향을 맞출 수밖에 없는 태생적 한계를 안고 있음.

또한, 공공기관이 제공하는 공공재의 가격결정 방식에 대한 심도 있는 검토가 필요함. 공공기관이 제공하는 서비스의 비용은 어떤 경우는 '경제적' 관점에서 더 깊은 고려를 해야 할 경우가 있음에도 대부분의 '정치적' 관점에서 무마되는 경우가 허다함. 예를 들어 최근 한전이 겪고 있는 어려움은 오랫동안 정치적 부담으로 미뤄온 전기요금 현실화의 폭탄이 터진 것임. 현재 한전에게 강요되는 많은 혁신방안이 무의미하다는 것을 모르는 사람은 없음. 미국과 같이 전력산업을 민영화할 것이 아니라면 전기요금을 단계적으로, 선별적으로 현실화하는 중지를 모아야 하며, 그 방법으로 이번에는 '경제적' 관점의 고려가 어느 정도 필요함.

공공기관 혁신의 구조적·태생적 한계 ②

공공재에 대한 국민들의 인식 역시 공공기관의 자율적인 혁신에 어려움을 안겨 줌. 보통 우리나라 국민들은 보통 공공재에 대한 비용지불에 거부감을 갖고 있음. 예전에 문화재청장을 지냈던 유홍준씨는 우리나라 경복궁과 외국의 주요 왕궁의 입장료를 비교하면서 지나치게 낮은 입장료 수준이 결국 문화재에 대한 국민들의 인식수준을 낮추게 되는 결과를 초래한다고 지적한 바 있음(신문기사 검색결과). 공공재의 특수성을 고려하여 철저하게 경제적 엄격성을 대입할 수는 없더라도 적절한 비용에 대한 논의, 예컨대 지불의사(willingness to pay) 등에 대한 검토가 필요하다고 판단함.

윤석렬 정부는 공공기관 혁신을 왜 하나? 무엇을 위해 하나?

지난 8월에 발표한 공공기관 혁신 가이드라인에 따라 혁신계획을 제출해야 하는 공공기관은 350개 全 기관임. '효율성'을 주제로 마련된 가이드라인이기 때문에 350개 全 공공기관은 비용줄이기 측면의 과제발굴(정원축소, 경상경비 절감, 자산매각 등)에 여념이 없음. 그동안 방만하게 운영되던 공공기관의 경우는 불요불급한 비용을 줄이고 절감규모 만큼을 국민에게 편익으로 돌려주는 것이 가장 이상적인 결과물일 것임. 이것은 꼭 필요한 것이기도 하지만 정권차원에서 진행하고 국민에게 보여주어야 할 공공기관 혁신의 성과는 이런 결과물들의 총합이 아님. 왜냐하면 공공기관 혁신을 통해 국민이 기대하는 성과는 몇몇 공기업에게서만 기대할 수 있는 것이 아니며, 그런 결과물은 혁신의 목적과 운영에 대한 진지한 검토가 있어야만 가능함.

결론

단기적으로는 연구자가 발제한 공공기관 거버넌스의 개선 등을 실행해가면서 중기적으로 책임총리제 하에서 공운위는 국무총리를 보좌하여 공공기관 혁신의 철학, 원칙, 목표를 미래 관점에서 재설정하고, 국내 주요 학회들과의 지속적인 연구를 통해 공공재에 대한 해석, 공공부문 재조직화를 꾸준히 고민하여, 공공기관의 경직성을 유연화시켜야 함.

제2부

효율적인 정치시스템 발전방향 모색

제1장

조화로운 정치행정의 협력체계 구축

이덕로 (세종대 행정학과 교수, 한국행정학회 회장(2023년도))

01. 정치개혁의 필요성

국가를 성공적으로 운영하기 위한 제도 개혁의 핵심은 입법부와 행정부의 조화로운 협력체계의 구축이라 할 수 있다. 이는 대통령과 국회의 협력으로 요약된다. 우리나라는 정부수립 이후 한국전쟁, 제1공화국의 4.19에 의한 몰락, 그리고 잠시간의 의원내각제가 도입되었던 제2공화국 이후 정치권의 행위가 제약된 상태에서 행정부가 국가발전의 중추적인 역할을 해왔다. 따라서 민의에 기초하여 국정 운영을 주도해야 하는 입법부의 역할이 제한되었고, 정당간에 빚어지는 지속적인 정치 파행으로 국민도 입법부에 대한 큰 믿음이 없었다고 할 수 있다.

실제로 국민들은 우리나라의 입법부와 행정부의 협력체계를 부정적으로 인식하는 것으로 나타났다. 한국행정연구원의 조사에 따르면 중앙정부와 국회 간 협력이 전혀 혹은 별로 이루어지지 않고 있다고 평가하는 비율은 58%에 달하였고, 결국 국민의 절반 이상이 정부와 국회의 조화로운 협력체계에 대해서는 부정적으로 접근하고 있다<그림 1>.

그림1 중앙정부와 국회 간 협력 인식

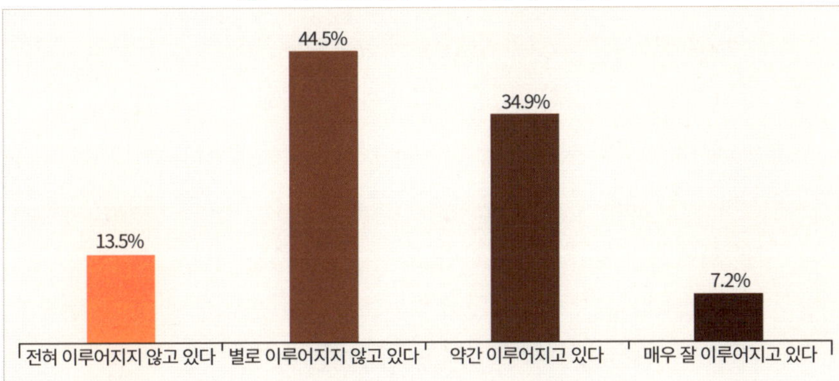

출처: 한국행정연구원(2022) “2021년 사회통합실태조사” p.224를 재구성.

특히 국회에 대한 부정적인 평가는 기관별 청렴도에 대한 인식에서도 확인할 수 있는데, 한국행정연구원의 인식 조사에 따르면 입법·사법·행정부 중에서 가장 신뢰도가 낮은 기관은 입법부 즉, 국회로 나타났다. 행정부로 대표되는 중앙정부 부처가 2.5점, 사법부로 인식할 수 있는 법원이 2.4점으로 집계된 데 반해 입법부인 국회는 2.1점으로, 매년 청렴도 인식이 점차 개선되고는 있지만 중앙정부 부처나 법원에 대한 신뢰도에 미치지 못하고 있다<그림 2>.

그림2 기관별 청렴도 인식

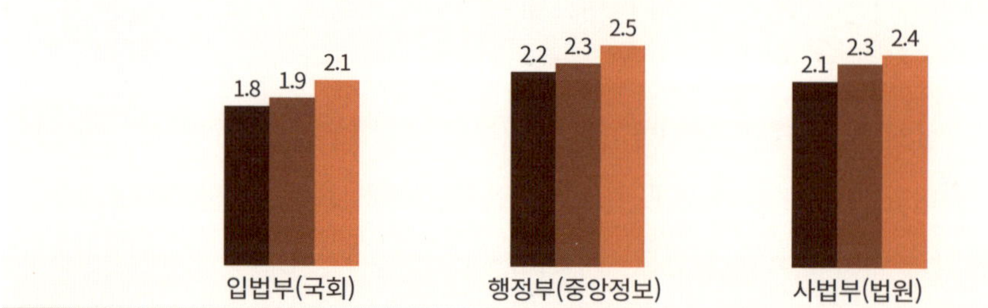

	입법부(국회)	행정부(중앙정보)	사법부(법원)
2019년	1.8	2.2	2.1
2020년	1.9	2.3	2.3
2021년	2.1	2.5	2.4

출처: 한국행정연구원(2022) "2021년 사회통합실태조사" p.64를 재구성; 1~4점 척도.

정치와 행정은 국가운영과 발전의 핵심적인 동력임에는 틀림이 없지만 현재와 같이 약한 수준의 정치행정 협력체계를 강화할 수 있는 방안을 찾기는 쉽지 않다. 다만 민의의 전당인 국회에 대한 믿음을 굳게 하고, 시민들이 자신들의 의사를 국회를 통해 국정 운영에 반영되게 하는 것에서 단초를 찾을 수 있다. 이를 위해서는 역사적으로 강한 대통령의 권한을 기반으로 하는 행정의 기능이 구현되는 다양한 제도적 장치를 재검토함과 동시에 행정에 영향을 미치는 정치영역의 역할에 대한 숙고를 하여야 한다.

원만한 행정운영의 필요조건으로 정치를 고려하기 시작한 것은 그리 오랜 일이 아니다. 해방 이후 전후 질서가 엄존하고 있는 현재까지 우리나라의 운영을 담당해 온 주체는 정치가 아닌 행정이라고 단언해도 과언이 아니다. 일제 식민지에서 벗어난 1945년 8월부터 3년간의 미군정시대, 1948년 정부 수립 이후 발발한 한국전쟁, 그리고 1960년 4·19, 1961년 5·16, 1972년 유신, 1980년 5.18을 거쳐 1993년 14대 김영삼의 집권에 이르기까지 우리나라의 정치는 혼란과 갈등의 연속이었다. 좀 더 극단적으로 말한다면 우리의 정치 현실은 헌법이 추구한다는 민주공화적 정치가 아니었다고 할 수 있다.

국가원수로서의 대통령을 수반으로 한 행정부가 민간에 대한 지원과 통제를 바탕으로 일사분란한 국가 운영을 유지해 온 주체였고, 이를 기반으로 우리나라는 행정부 중심의 눈부신 경제발전을 이룩함으로써 1945년 지구적 최빈국에서 2021년 마침내 유엔무역개발회의(UNCTAD, United Nations Conference on Trade and Development)로부터 공식적인 선진국의 지위를 부여받게 되었다. 그러나 경제적으로, 군사적으로, 심지어 문화적으로 전 세계의 환호를 받는 우리나라에 있어 정치는 여전히 갈 길이 멀다.

행정부 주도의 국정운영에도 불구하고 우리나라에서는 1993년 이래로 줄곧 평화적 정권교체가 달성되고 있는데, 이는 우리의 정치가 일정 정도 성장 과정에 있다는 반증이다. 실제로 정치는 이제 대통령을 중심으로 한 국정운영과 관리의 주체인 행정에 영향을 끼칠 수 있는 정도로 성장하였다. 대통령이라는 행정 수반의 휘하에서 국가 운영의 주체로서 큰 역할을 해왔던 행정은 정당과 국회로 대변되는 정치의 영향권에 있다. 이것이 정치와 행정의 조화의 단초를 정치로부터 찾아야 하는 이유이다.

정치개혁을 위한 대안은 몇 가지로 대별해 볼 수 있다. 우선 정부형태이다. 정치가 미치는 나쁜 영향을 논의함에 있어 첫 번째로 거론되는 것은 소위 제왕적 대통령제라고 할 수 있다. 지나치게 많은 권한이 대통령에 집중되어 있고, 이것이 대통령 중심의 정치로 변질되면서 행정부에 부정적 영향을 준다는 것이다. 이에 따라 정부형태 즉 대통령중심제, 의원내각제, 의원집정부제 등 정부형태와 관련한 검토와 개선이 요구된다.

둘째로 대통령실을 구성하는 정당 출신 비서관들의 정책적 소양이 부족하기 때문에 대통령실이 누리는 무소불위의 권력이 일정한 지향성을 상실한 채 변동성이 심하여 행정에 부정적인 영향을 준다는 것이다. 이에 따라 정당의 정책적 능력을 강화할 수 있는 방안에 대한 논의가 필요하다.

셋째로 지역 정치가 극성하여 소위 말하는 프레임 정치가 난무한다는 것이다. 따라서 이념과 정책이 투영되는 정치로의 회귀를 위하여 선거구제 개편과 이에 따른 행정구역 개편 및 시민 정신의 고양 방법을 논의할 필요가 있다.

특히 선거구제의 개편은 지역주의 문제를 해결할 수 있는 방안으로 주목된다. 현행 소선거구 단순다수제는 정책 선호보다 지역 선호에 의해 선거결과가 결정되는 단점이 있다. 결국 사회경제적으로 다양한 이익집단들의 선호와 이익이 정치과정에 반영되지 못함으로써 의회 민주주의의 발전에 부정적인 영향을 미치게 된다. 반면 한 지역구 내에서 두 명 이상의 의원이 배출되는 중선거구제를 채택할 경우[1] 물론 이경우에도 한 정당에서는 한명의 후보자를 내는 것이 바람직하다.

선거의 결과는 지역주의의 구도에서 벗어나 다양한 민의가 수렴될 수 있는 통로 즉, 양대 정당의 지역적 요구가 균형있게 반영될 수 있는 통로가 마련될 수 있다. 또한 선거제도의 개편에 따라 지방행정구역의 개편은 필연적으로 진행되어야 할 것이다.

이외에도 국회의 운영방식, 지구당 정치의 재도입, 국회의 정책기능 강화 등이 논의될 필요가 있다. 이러한 관점에서 본 장은 한국의 조화로운 정치행정 협력체계의 구축을 위해 대통령과 국회의 역학관계를 조명하고, 각 기관 즉, 행정부와 입법부의 효과적인 협력을 위한 발전 방향을 모색하고자 한다.

02. 제왕적 대통령제와 정치행정 협력

1. 입법부와 행정부의 역할 확인과 조정

한국 정치행정의 역사적 유산

한국의 대통령제는 변형된 대통령제로서 미국식 순수한 대통령제와 구분된

1 물론 이경우에도 한 정당에서는 한명의 후보자를 내는 것이 바람직하다.

다. 미국의 고전적 대통령제가 입법부·행정부·사법부 간의 엄격한 삼권분립에 기초하고 있는데 반해, 한국의 대통령제는 입법부와 행정부가 완전히 독립되지 못한 형태를 갖추었다는 점에서 의원내각제적 요소가 혼합된 정부 형태로 평가된다. 더욱이 한국의 입법부와 행정부의 관계는 역사적·제도적으로 불균형한 상태를 이루고 있다. 즉 의원내각제에서 의회가 갖는 고유 권한인 내각 불신임권은 없는 상태에서 국민으로부터 선출된 대통령이 의회에 강한 영향력을 미치면서 입법부의 권한이 약화된 형태를 보인다. 이처럼 입법부가 대통령과 행정부를 효과적으로 견제하지 못함으로써 대통령 1인에게 지나치게 권력이 집중되어있는 제왕적 대통령제(imperial presidency)의 권력 구조가 한국 정치의 고질적인 문제점으로 지적되고 있다.

한국 정치의 의원내각제적 요소가 배태되게 된 이유는 대한민국 헌법 제정 과정에서 대통령은 국가 원수의 지위와 권한을 갖고, 총리가 정부의 수반으로서 실권을 갖는 권력 구조를 구상하였기 때문이다. 당시의 헌법 초안은 대통령과 총리를 공히 국회에서 선출하고, 국회는 양원제로 구성하도록 규정하는 등 전형적인 내각제적 요소를 포함하고 있었으나 초대 대통령으로 내정되었던 이승만이 대통령이 실질적 권한을 독점하는 대통령중심제를 주장하면서 대통령이 국가의 수반임과 동시에 실권을 쥔 행정부의 수반이 되는 대통령제가 등장한 것이다.

1960년 수립된 제2공화국은 대한민국 헌정 사상 유일하게 의원내각제를 채택하였다. 따라서 제2공화국의 대통령은 국가원수직을 행사하고 국무총리는 행정부의 수반으로서 실권을 갖게 된다. 그러나 제2공화국은 1960년 6월부터 1961년 5월까지 11개월이라는 짧은 기간 존속한 후 붕괴되었고, 이후 박정희 대통령이 집권하던 권위주의 시대에는 대통령의 권한이 더욱 강해지는 정부 형태가 공고화되었다.

이처럼 건국 초기에 정부형태를 구성하는 단계에서 의원내각제를 지향하며 제정된 제헌헌법 이후 행정부가 독주하는 권위주의 시대의 정치 구조의 배경으로서 대한민국의 대통령제에서는 입법부의 역할이 취약할 수 밖에 없었다. 따라서 이와 같은 입법부와 행정부의 불균형을 바로 잡고, 현대 사회가 요구하는 정치행정의 조화로운 협력을 위해서는 국회와 정부의 역할을 재정립할 필요가 있다.

한국 정치행정의 제도적 문제

한국의 입법부가 대통령과 행정부를 효과적으로 견제하지 못하는 이유는 제헌헌법이 제정된 과정이나 권위주의 시대의 유산과 더불어 현행 대통령제가 입법부와 사법부의 독립을 제도적으로 보장하지 않기 때문이다. 미국의 순수한 대통령제와 달리 대한민국 헌법에 따르면 행정부는 법률안 제출권을 가짐으로써 입법부의 역할을 일부 공유하고 있으며, 국회의원은 국무총리 또는 국무위원직을 겸직할 수 있어 대통령의 영향력이 입법부에 미친다고 할 수 있다.

표1 연도별 법령 현황

구분 / 연도	법률		대통령령		총리령·부령		계	
	법령수	전년 대비 증감	법령수	전년 대비 증감	법령수	전년 대비 증감	법령수	전년 대비 증감
2021	1,580	56	1,849	59	1,410	55	4,839	170
2020	1,524	40	1,790	68	1,355	29	4,669	137
2019	1,484	36	1,722	30	1,326	23	4,532	89
2018	1,448	31	1,692	27	1,303	18	4,443	76
2017	1,417	1,417	1,665	1,665	1,285	1,285	4,367	4,367

출처: 법제처(moleg.go.kr)[2]

2 https://moleg.go.kr/esusr/mpbStaSts/statsList.es?mid=a10110010000&srch_csf_cd=120001

헌법 제52조는 국회의원과 정부가 법률안을 제출할 수 있다고 규정함으로써 입법부의 고유 권한인 법률안 제출권을 행정부에게 부여하고 있는데, 이는 사실상 삼권분립의 원칙에 위배된다. 2021년을 기준으로 할 때, 일반 법률의 법령 수는 1,580개인데 반해 행정부가 공포한 대통령령과 총리령·부령은 각각 1,849개와 1,410개로 이를 합치면 일반 법률의 두 배 이상의 행정법령이 제정되었고, 2017년부터 5년간 추세를 살펴보면 행정입법 비중이 눈에 띄게 증가하고 있을 것을 확인할 수 있다. 이처럼 행정입법의 비중이 증대될수록 국회의 기능은 상대적으로 축소되고 있는 것으로 평가할 수 있다.

국회법 제29조는 국회의원이 국무총리 또는 국무위원직을 겸할 수 있도록 규정함으로써 대통령제의 제왕적 요소가 강화될 수 있도록 하고 있다. 대통령제에서 입법부는 행정부의 법집행 등 국정 전반을 감시해야 하며 대통령이 고위 공직자에 대해 행사하는 인사권을 견제하는 역할을 한다. 그러나 국회의원의 국무위원 겸직이 허용됨으로써 국회의 정부 견제 기능이 약화될 수 있다. 즉 국회의원이 정부의 국정 전반에 주요한 결정권을 행사하는 국무위원직을 수행함으로써 결과적으로 본인 스스로를 감시하는 상황이 되어 입법부의 행정부에 대한 견제의 기능이 작동하기 어려운 구조가 되는 것이다(최선 2019, 조한상·신희성 2014). 실제로 역대 정부별 국회의원의 국무의원 겸직 현황을 살펴보면, 전체 국무위원 수에 따라 의원겸직 국무위원의 비율이 상이하긴 하지만 모든 정부에서 국회의원이 국무위원을 겸직하는 현상이 나타났다<표 2> .

표2 정부별 국회의원 겸직 국무위원의 비율

정부	전체 국무위원 수	의원겸직 국무위원 수			의원겸직 국무위원 비율
		총리겸직	장관겸직	합계	
김영삼 정부	115	1	19	20	17.4%
김대중 정부	99	3	12	15	15.2%
노무현 정부	79	2	6	8	10.0%
이명박 정부	52	0	9	9	17.3%
박근혜 정부	46	1	9	10	21.7%
계	391	7	55	62	15.9%

출처: 최선 2019, p.19.

같은 맥락에서 국회의원이 대통령이 임명하는 국무위원을 겸직할 수 있는 경우, 국무위원직을 원하는 국회의원은 대통령이 운영하는 국정 전반에 대해 강한 비판을 가하기 어렵다. 특히 여당 의원들의 경우 대통령에 대한 충성경쟁이 지나치다는 지적이 꾸준히 제기되고 있다.[3]

2. 조화로운 정부형태의 모색

한국의 '제왕적 대통령제'는 승자독식제도로 대통령에 당선되면 대통령 1인에게 모든 권력이 집중되어 다른 국가기구와의 타협이나 협치가 어려운 구조이다. 선거에서 승리한 세력은 대통령을 앞세워 권력을 장악하고, 패배한 야당은 끊임없는 비판과 공격으로 그 권력을 빼앗기 위해 골몰한다. 이런 상황에서 대통령은 국민 모두의 지도자로 자리매김하기 어렵다. 정부 정책에 대한 찬반이 대통령에 대한 지지와 반대로 이어지게 되고, 그 결과 대통령은 정치적 갈등과 대립의 중심에 서게 된다. 이런 문제를 피하려면 무엇보다 대통령에게 과도하게 집중된 권력을 분산시킬 필요가 있다. 총리와 내각이 정책과 관련해서 실질적 권한과 책임을 갖고 국정을 이끌고, 대통령은 국가 지도자이며 국민 통합의 상징으로서 역할을 할 수 있는 권력구조의 도입도 다양한 대안의 일환으로 검토하여야 할 수 있다(강원택 2021).

(1) 한국의 대통령제

한국의 정치행정 즉, 한국형 대통령제하에서 입법부와 행정부가 가지고 있는 구조적인 문제를 해결하기 위해 개헌에 대한 논의는 끊임없이 진행되고 있다. 최근 개헌에 대한 논의는 의회 입법권 강화와 4년 중임 대통령제를 골자로 하고 있으나 이러한 논의 전반의 핵심은 첫째, 정치와 행정의 협치가 이루어지고 둘째, 과도한 대통령의 권한을 분산하는 두 가지 내용으로 정리될 수 있으

3 http://www.sisajournal.com/news/articleView.html?idxno=245904

며 이 같은 권력 구조의 개편은 한국 사회에 적합한 정부형태의 구상으로 실현될 가능성이 있다.

<표 3>은 대통령제, 의원내각제, 이원정부제의 정부형태에서 나타날 수 있는 특징을 부문별로 개관한 내용이다. 먼저 대통령제는 한국 사회에 이행된 길지 않은 역사와 '제왕적 대통령'이라는 비판에도 불구하고 1987년 민주화 이후 우리 사회의 양대 정당이 안정적으로 정권교체에 성공하고 있다는 점에서 상당히 공고해진 정부 형태라고 할 수 있다. 대통령제는 국민이 대통령과 국회의원을 모두 선출함으로써 권력적 정당성이 이원화된다는 점이 지적되지만 동시에 입법부와 행정부가 상호 독립적이고 각각의 임기를 보장하기 때문에 국정 운영이 안정적으로 이루어질 수 있는 속성을 배태하고 있다. 다만 우리의 경우 권위주의 시대에 겪은 대통령 선거 방식과 임기에 대한 부정적인 경험으로 인해 '국민이 선출한 임기가 보장된 대통령'에 대한 제도적 변화는 장기적인 논의의 과정이 필요할 것으로 보인다.

표3 주요 대안적 정부형태 개관

구분	대통령제	의원내각제	이원정부제
민주적 정당성	국민이 의회 및 대통령 선출 (이원적 정당성)	국민이 의회만 선출 (일원적 정당성)	국민이 의회 및 대통령 선출 (이원적 정당성)
의회·집행부 관계	상호 독립, 각각의 임기 보장	정부불신임과 의회해산 가능	정부불신임과 의회해산 가능
국정운영 중심	입법부와 집행부가 균형·견제	의회 다수당 중심	의회 다수당 중심 (대통령이 일부 견제)
대통령 지위	집행부 수반	상징적 존재	집행부 권한 일부도 실질적으로 행사
국무총리 선임	부통령 선출 또는 대통령의 총리 지명	의회 다수파에서 추천/지명/선출	의회 다수파에서 추천/지명/선출
집행권의 행사	대통령이 독점, 총리/각료는 보좌가능	국무총리 또는 내각	대통령과 국무총리가 분점
정당제도	양당제(미국)	다당제가 다수(영국은 양당제)	다당제가 다수
선거제도	-	비례대표제가 다수 (영국·일본 다수대표제)	비례대표제가 다수 (오스트리아)

구분	대통령제	의원내각제	이원정부제
주요 장점	안정적이고 중장기적 시야의 국정운영	책임정치 구현, 효율적인 국정 처리	의회와 집행부 간, 집행부 내부의 권력분점
	의회 다수파를 법률안 거부권 등으로 견제	불신임/해산으로 신속한 갈등 해소 가능	내각제적 책임정치도 동시에 구현 가능
주요 단점	의회와 집행부의 대립과 갈등 가능성	정치현실에 따라 정국불안정 가능성	동거정부, 권한문제로 대통령·총리 간 갈등 가능성
	대통령 임기 고정으로 집행부 책임추궁 곤란	의회 다수파와 집행부의 일치로 인한 견제장치 결여 가능성	동일 정파의 대통령·총리 장악 시 권한 집중 가능성

출처: 이현출 2017, p.183.

(2) 대안적 정부형태: 의원내각제와 이원정부제

의원내각제는 한국에서 지적되는 제왕적 대통령제를 극복할 수 있는 대통령제의 대안으로 제기되고 있다. 특히 의회 다수파와 행정부의 불일치로 인한 정치적 불안정이 발생하지 않는 제도로서 국민을 대변하는 의회의 영향력을 강화할 수 있다는 점에서 이상적인 제도로 간주된다(이현출 2017). 그러나 한국 사회에서 국민들의 국회에 대한 신뢰가 높지 않은 상태에서 의회를 중심으로 하는 책임정치와 국정운영이 지지를 얻을 수 있을지에 대한 의문이 지속적으로 제기됨으로써 의원내각제를 추진하기 위한 동력이 미미한 상태이다.

대통령제와 의원내각제를 혼합한 형태로서의 이원정부제는 외형상 대통령제와 비슷한 부분이 있지만 그 작동원리는 의원내각제적 특징을 갖는다. 이원정부제는 국민들의 직접 선거에 의해 선출되는 대통령이 있고, 동시에 의회가 동의하는 총리와 각료가 있다. 한국에서는 '분권형 대통령제'라는 용어가 활용되기도 한다. 한국의 대통령제는 대통령 1인에게 집행권이 과도하게 집중되는 동시에 국민으로부터 선출된 의회의 대표성이 행정부의 조직과 운영에 적절히 반영되지 못하고 있다는 문제점이 지속적으로 제기됨에도 불구하고, 국회 또한 국민들의 신뢰를 받지 못하고 있기 때문에 의원내각제로의 개헌도 어려운 실정이다. 이러한 상황에서 국회에 행정부 구성 및 운영에 관한 전권을 부여하기보다는 국민이 직선하는 대통령과 국회에서 선출되는 총리 간에 실질적으로 집행권을 분할하고, 국회해산권과 내각불신임권을 각각 대통령과 국회에 부여하는 제도를 도입하자는 것이 '분권형 대통령제'의 핵심이다(이현출 2017).

03. 생산적인 정치행정 협력을 위한 대안 제시

1. 대통령과 국회의원의 임기와 선거 주기의 조정

오늘날 우리 대한민국이 경제적인 측면에서는 선진국이 된 것으로 평가받고 있지만, 정치 분야에서는 긍정적인 평가를 받지 못하고 있고, 국민들의 정치 분야에 대한 신뢰수준도 낮게 나타나고 있다. 현재 5년 단임 대통령제는 국민들의 직선제 개헌과 민주화에 대한 요구에 부응하여 도입되었으나 5년마다 새 정부가 출범하는 과정에서 전임 정부 및 정책에 대한 비판과 정책 뒤집기 현상이 빈발하고, 여야가 뒤바뀐 국회에서는 정당 간의 극심한 갈등과 대립 양상이 초래되는 경향을 보인다. 또한 국회에 의하여 새 행정부의 정책이 제대로 수행되지 못하고 발목이 잡히는 현상도 생겨나는 등 국민이 바라보기에 바람직하지 못한 일들이 빈발하고 있다.[4]

이 과정에서 정당 간의 정쟁은 심화되고 있어서 여당과 야당 간에는 반대를 위한 반대 현상이 만연하고 있으며, 소위 '내로남불'이라는 신조어처럼 자기편은 무조건 옹호하고 상대편은 무조건 비방하는 현상이 일상화되고 있다. 게다가 각 정당들은 정치투쟁 과정에서 승리하기 위하여, 개별 국회의원의 활동을 통제하기도 한다. 이러한 상황에서 국회의원들의 자율성은 점점 축소되어 가고 국회의원이 개인적인 소신에 따라 표결하기보다 정당의 소수 리더들이 방향을 정한 방침에 따라 표결을 하는 부정적인 현상이 보편화되었다.

4 물론 이는 분점정부가 갖는 한계로 미국에서도 흔히 목도되는 현상이기도 하다.

특히 5년 임기의 대통령 선거와 4년 임기의 국회의원 선거 및 지방자치 단체장·지방의원 선거의 일정이 서로 달라서 한해 걸러 선거를 치러야 하는 양상이 전개되고 있다. 이러한 대통령과 국회의원 등 선출직 공직자의 임기와 선거 시기는 대통령의 입장에서는 안정적으로 국정을 운영하기 위한 충분한 시간을 보장받기 어려우며, 오히려 선거를 의식한 선심 공약들이 점차 늘어나 결과적으로 정부의 효율적인 재정 운용에 부정적 영향을 미치고, 또 정부부채를 증가시키는 요인이 되기도 한다. 따라서 대통령과 국회의원 등 선출직 공직자의 임기와 선거 시기에 대한 재검토와 개혁이 요구된다.

(1) 대통령 4년 중임제와 국회의원 중간선거제

대통령제를 채택하고 있는 102개 국가 중 단임제를 사용하는 국가는 우리나라를 포함해 6개국뿐이다.[5] 현행 대통령 5년 단임제는 1987년 6월 항쟁 이후 국민투표를 통해 통과된 개헌에 따른 것이다. 이 때 선거인단을 통해 간접 선출하는 방식에서 국민 직접 투표를 통해 대통령을 선출하는 직선제로 변경되었고, 당시 7년 단임제였던 임기는 5년으로 줄어들었다. 단임제는 한 차례 임기만 재직하는 제도로 대통령에 대한 중간 평가가 불가능하고, 레임덕 현상이 빠르게 진행되며, 정책 연속성이 현저히 저하하는 등의 폐해가 지적된다(강승식 2009). 반면 대통령 4년 중임제의 경우 장기집권과 관권선거의 약점이 있음에도 불구하고 책임정치를 가능하게 하고 국정의 연속성을 높일 수 있다는 장점을 갖는다.

제왕적 대통령제를 극복하는 과정에서 대통령 임기에 대한 논의는 대통령 4년 중임제로 수렴되고 있다. 대통령 4년 중임제의 경우 대통령은 일단 당선이 된 이후에 재선을 위해 민의 반영에 예민할 수 밖에 없고 이는 제왕적 대통령의 폐해를 상당히 해소할 수 있는 방안으로 고려된다. 실제로 유권자의

5 대통령 단임제를 채택하고 있는 국가는 대한민국, 필리핀, 멕시코, 파라과이, 파나마, 콜롬비아이다. 미국을 비롯한 96개국은 연임 또는 중임제를 채택하고 있다.

절반 이상이 대통령 4년 중임제를 선호하는 것으로 나타났다<그림 3>.

대통령의 임기를 4년 중임제로 개헌하는 것과 더불어 고려해야 할 사항은 국회의원 선거와 지방자치단체장, 지방의회의원의 임기와 선거 일정에 대한 개편이다. 특히 국회의원 선거를 중간선거 즉, 대통령의 임기 중반에 치를 경우 대통령에 대한 신임을 묻는 형태가 되어 새로운 형태의 대통령 견제와 국정에 대한 재검토를 물을 수 있는 기회가 될 수 있다. 이와 함께 지방선거를 시기적으로 조절한다면 중앙차원의 입법부와 행정부에 대한 지방차원의 견제와 균형이 달성될 수 있다는 점을 주목할 필요가 있다.

그림3 대통령 권력구조 개편 방안 (단위: %)

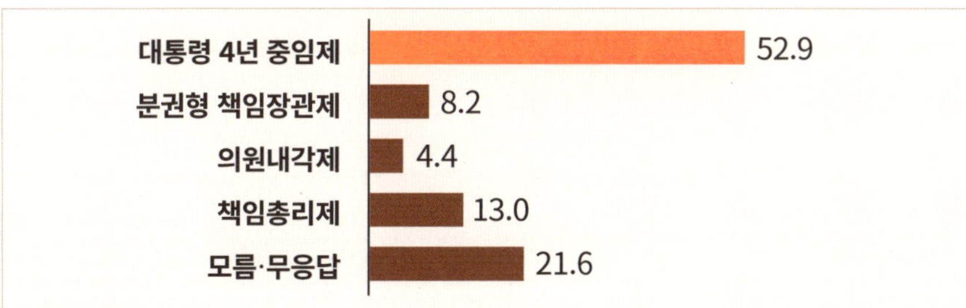

출처: 서울경제[6]

대통령의 임기 중 국회의원 중간선거를 치르는 대표적인 국가는 미국으로 대통령 임기 2년 차에 중간선거가 실시된다. 1862년 이후 미국에서 집권당이 중간선거에서 잃은 의석수는 하원의원의 경우 평균 32석으로 이는 중간선거가 대통령이 속한 여당에 불리하게 작용한다는 의미이기도 하다(허석재 2018). 이러한 이유는 다양한데 첫째, 대통령 선거에서 투표에 참여했던 지지층이 의회선거에서 불참할 수 있고 둘째, 대통령의 국정 운영에 실망한 유권자들이 중간선거에서 야당을 지지하게 될 수 있으며 셋째, 정책적 균형을 원하는

6 https://www.sedaily.com/NewsView/26236EQDPY

유권자들이 중간선거에서 야당을 지지함으로써 정부 정책을 중도 유권자의 선호에 근접하게 만들기 때문이다.

이러한 현상을 역으로 해석하면 대통령은 중간선거에서 분점정부가 출현할 가능성이 높다는 점을 고려하여야 한다. 따라서 대통령 임기 초반부터 국정운영과정에서 시민과 적극적으로 소통하기 위해 국회와의 협력체계를 강화할 필요성에 공감할 수 있을 것이다. 또한 대통령의 국정 운영에 문제가 있다면 오히려 임기 중 야당이 지배하는 국회로 전환되는 것이 합리적일 수 있다.

(2) 대통령 4년 중임제와 대통령과 국회의원 동시선거

전술한 바와 같이 1987년 헌법 개정 이후 대통령 임기가 5년 단임제로 결정되자 대통령 선거는 5년, 국회의원 선거는 4년 주기로 시행되면서 양 선거의 주기 불일치 현상이 문제점으로 지적되고 있다. 여기에 4년마다 치러지는 지방선거의 영향으로 선거의 불규칙성은 더욱 커지고 있으며 안정적인 국정 운영에 어려움을 야기하고 있다. 이와 같은 불규칙한 선거 주기로 인해 국회와 대통령의 지나친 갈등, 과다한 선거비용, 잦은 선거로 인한 국민들의 무관심과 기권율 증가 등의 문제가 지적되고 있다.

이에 대통령 4년 중임제와 국회의원 중간선거제 도입 외의 대안으로 대선과 총선의 동시선거를 통한 선거주기의 일치를 제안할 수 있다. 한국 정치에 있어서 대립과 갈등이 일상화되고 있고, 중장기적 일관된 정책 추진이 어려운 5년 단임제의 한계를 극복하기 위한 방안으로 단점정부의 주도적인 국정 운영을 고려해 볼 수 있다는 것이다. 일반적으로 대통령 선거에서 승리한 정당은 의회 선거에서도 높은 의석 점유율을 나타내는 경향을 보이는데, 이를 후광효과(coattail effect)라고 한다. 대통령과 국회의원의 동시선거에서는 대통령에 대한 지지가 의회 내 동일 정당에 대한 지지로 이어지면서 후광효과가 나타날 가능성이 높아지고, 이로 인하여 대통령이 소속된 정당이 의회의 다수를 차지하는 단점정부가 나타나도록 유도할 충분한 개연성이 있기 때문이다.

대통령의 정치적 지위의 안정과 거대 여당의 독점적 권력에 대한 견제라는 상반된 목표를 지향해야 하는 대통령제의 속성을 고려할 때 대선과 총선 주기의 일치는 대통령의 정치적 지위를 안정적으로 만드는 것과 동시에 여당에 대한 책임정치의 강조를 통해 오히려 권력을 견제하는 효과를 낳는다. 현행 선거 제도에서 나타나는 과도한 분점정부의 발생은 소모적인 정쟁으로 끝나는 경우가 많은데, 이를 제한하는 장치로 작용할 수 있을 것이다. 즉, 동시선거를 통해 불규칙한 주기로 치러지는 현행 선거 제도보다 여대야소의 가능성을 키우는 것은 의회 민주주의의 발전을 제고하는 결과로 귀결될 수 있다. 결국 이 같은 대통령과 국회의원의 동시선거는 입법부와 행정부의 협치를 통한 국정 안정과 견제 및 균형의 원리를 작동시킬 수 있는 권력 구조로 개편하는 방안이 될 수 있을 것이다.

이렇게 대통령과 국회의원 선거가 일치하는 경우 지방선거는 중간선거의 개념으로 활용될 수 있다. 즉 중앙정부의 입법부와 행정부가 단점정부 혹은 분점정부로 구성되는 것과 별개로 중앙정치에 대한 견제를 가져올 수 있는 기제로 활용될 수 있을 것이다.

2. 대통령실의 구성과 운영

대통령제의 기본원리인 견제와 균형의 측면에서 정치와 행정이 독립된 주체로서 협력할 수 있는 개선 방안의 도입이 필수적이라 할 수 있다. 특히 한국의 대통령제는 역사적으로 뿐만 아니라 제도적으로 입법부와 행정부가 일정 정도 한쪽으로 경도된 관계를 맺고 있기 때문에, 제왕적 대통령의 집중된 권한 분산과 임기조정 등을 통한 정부형태의 점진적 변화, 대통령과 국회의원의 선거 주기를 개선을 통한 대통령과 국회의 유기적 상호작용이 가능한 대안을 마련할 필요가 있다.

이러한 입법부와 행정부의 새로운 권력관계의 조정과 함께 반드시 고려되어야 할 점은 정치와 행정의 유기적인 협력체계의 모색이라 할 것이다. 대통령은 정치와 행정의 정점에 있는 국가의 지도자로서 이러한 대통령을 보좌하는 대통령실은 정치와 행정이 교차하며 협력하는 핵심적인 공간이고 제도라고 할 수 있다. 즉 정치권 인사들은 대선캠프와 인수위원회를 거쳐 대통령실의 주요한 직무를 장악하고, 이 과정에서 행정부를 지휘하는 역할을 수행한다. 이때 행정부는 대통령실에 증견공무원들을 행정관으로 파견하여 정치권의 행정지휘를 지원하게 되고, 실제로 행정부와의 연결고리로서의 중책을 담당하게 된다. 이 과정은 정치-행정의 연계와 협력이 일어나는 중요한 국면이고, 대통령의 참모로서의 대통령실은 대통령의 계선기관인 행정부와의 동학을 시작하게 되고, 이 안에서 엽관제와 실적제간의 조화와 갈등의 역학이 배태된다. 따라서 대통령실을 구성하고 운영하는 방식에서 정치행정 협력의 기반이 모색되어야 할 것이다. 이러한 관점에서 대통령실이 효율적으로 작동할 수 있는 정책적 제언을 검토하고자 한다.

(1) 정당을 통한 공식적 선거캠프의 운영

한국 정치에서 정당의 역할이 부각되는 시기가 있다면 정기적으로 도래하는 선거의 시기이다. 특히 대통령 선거의 경우 후보자를 선정하는 과정에서 부터 정당은 역동적으로 움직이기 시작한다. 그러나 대통령 후보자가 선정된 이후 대선캠프 구성부터의 정치과정은 비공식적이다. 즉 대통령 후보자 개인을 중심으로 대선캠프가 조직되면서 정단정치가 아닌 비선정치가 시작되는 것이다.

이에 따른 폐해는 상당하다. 캠프의 구성원들을 인선하는 과정이 파상적으로 진행되다보니 정보의 투명성이 담보되기 어렵고, 이 과정에서 부적절한 인사가 이루어지는 것이다. 실제로 20대 대통령 선거에서 양대 정당의 대선후보 캠프 인사 중에서 외부로 공개된 675명 중 절반이 넘는 356명에게 전과 기록이 확인되었으며 이들의 범죄 유형은 음주운전, 사기, 업무방배, 선거법 위반, 횡령, 배임, 정치자금법 위반 등 다양하게 조사되었다. 또한 국민의힘 대통령 후보자였던 윤석열 캠프가 대규모 선거대책위원회를 해체하고 소규모 기동조직을 만들면서 '예비내각'이라고 할 수 있는 대선캠프에 누가, 어떻게 참여하고 있는지 확인하기 어려웠으며, 더불어민주당 대통령 후보자인 이재명 캠프의 선거대책위원회 고문단 역시 확인하기 어려웠다.[7]

이처럼 검증절차 없이 비공식적으로 구성된 대선캠프는 대통령이 갖는 즉 후보자가 앞으로 갖게 될 막대한 영향력을 기반으로 결국 공당의 제도를 장악하고, 당선 이후에는 캠프의 구성원들이 대통령실을 접수하는 구조가 된다. 이후 집권 기간 내내 대선캠프 인사들이 행정부를 통제하는 것이 보편화된 현상이다. 대선후보가 승리하면 캠프에서 만든 정책이 수조 원의 예산이 들어가는 국가 정책이 되고, 대선캠프 출신이 국가 요직을 차지함으로써 정당을 무력화시키는 것이다. 결국 대선캠프는 비공식 조직이므로 정치적 책임을 물을 수 없기에 무책임의 정치가 난무하게 될 위험이 커진다(강제상 외 2022).

따라서 대선캠프가 보다 제도화될 필요가 있다. 정당을 통해 투명하게 조직된 대선캠프가 선거 과정에서 역할을 하고 이 같은 투명한 과정을 통해 인사영입이 이루어질 때 보다 효과적인 대통령실의 구성과 운영이 가능하게 된다.

(2) 엽관제와 실적제의 조화

대통령실의 구성과 운영은 엽관제와 실적제의 조화로운 구성에서 출발하여야 한다. 이후 이 역학은 대통령실과 행정부처의 관계와 국정 운영 전반으로 확대된다. 정치적 임용으로서의 엽관제(spoils system)는 정치적 승자의 지지자 혹은 동반자를 선거 이후 보상 차원에서 공직에 임용하는 제도적 장치를 말한다. 따라서 이들은 정치권에서 충원되고, 정치적 책임을 대통령과 함께

7 https://newstapa.org/article/WTeiG

진다. 반면 실적제(merit system)는 공무원을 능력에 기초하여 임용하는 제도이다. 자본주의의 발달과 산업화의 진행으로 인한 사회적 발전에 따라 정부의 기능이 확대되자 엽관제를 통해 임용한 공무원들의 전문성이 부족하다는 지적과 정치 권력이 지나치게 개입한다는 문제점이 지적되면서 공무원 임용체계는 실적제로 전면 수정되었다.

역사적인 경로를 볼 때 엽관제가 부정적으로 비춰질 수 있지만 두 제도 모두 장단점이 있다. 엽관제의 경우 보다 진취적이고 적극적인 조직문화를 만들거나 정책을 보다 적극적으로 추진할 수 있는 동인을 얻을 수 있다. 반면 실적제의 경우 정치적인 이해나 개인적 친분이 아니라 객관적 성적을 근거로 공직자로 채용되기 때문에 능력이 출중한 공직자를 충원할 수 있지만 정치적으로는 중립이기에 다소 협소하고 기술적인 차원에서 국정을 바라보게 된다. 따라서 두 가지 제도는 상호 보완적으로 활용되는 것이 적합하다.

대통령실은 이와 같은 엽관제적 속성의 비서관과 실적제적 행정관의 조화 속에서 출발하며, 이들간의 적정한 조화가 결국 대통령실과 정부부처의 원만한 관계의 정립과 정치-행정의 조화를 담보하게 된다.

(3) 참모와 계선의 적절한 운영

계선조직은 기관을 직접적으로 운영하는 기간조직을 말한다. 이러한 계선조직은 최고책임자를 정점으로 수직적 관계를 이루고, 조직의 목표를 달성하기 위하여 직접적으로 정책을 집행하며, 그 결과에 대해 책임진다. 반면 참모조직은 계선조직이 조직 목표 달성의 기능을 원활하게 수행할 수 있도록 보좌하는 기관으로 행정 목표 달성에 영향력을 미칠 수 있다. 이들은 전문적 지식과 경험을 갖춰 합리적인 결정이 가능하며 계선조직의 과중한 업무를 도와줄 수 있다.

한국의 제왕적 대통령제는 중앙집권적 정치체제와 권위주의적 정치문화에서 기인한다. 역사적으로 미국의 대통령은 의회로부터 행정부에 대한 통제권을 회복하기 위해 대통령 참모 기구를 확대하고 참모 인력을 정치적으로 임용해왔다. 그러나 한국의 경우 대통령의 행정부처에 대한 영향력이 막강하였고, 상대적으로 참모의 역할이 미미하였다. 하지만 시간이 경과하면서 대통령 참모조직과 인력이 강화되고 제도화되어감에 따라 이들이 차지하는 정치적·행정적 영향력이 매우 커지고 있다(박대식 2006). 우리의 경우 대통령실은 핵심적인 참모조직이고, 행정부처는 중추적인 계선조직이다.

실제로 이 양자간의 역학관계가 한국의 정치-행정의 핵심이라 할 수 있다. 계선조직과 참모조직 간에는 책임소재나 권한이 명확하지 않거나 지식·능력·행태의 차이, 직무 인식 등의 부조화로 다양한 갈등이 존재할 수 있다. 이와 같은 계선과 참모조직에 대해 책임소재와 권한을 명확하게 하고, 참모와 계선조직이 긴밀한 관계를 유지함으로써 상호 소통이 잘 이루어지도록 할 필요가 있다. 또한 폭넓은 교육과 교류를 통해 참모는 계선에게 실질적으로 도움을 줄 수 있는 권고를 할 수 있게 하고, 이러한 조언을 통해 계선은 참모를 적극적으로 활용할 수 있는 방안을 모색할 필요가 있다. 특히 계선과 참모 간의 적극적인 인사 교류는 상호 간 업무의 차이에 대한 인식을 높여 협력적 업무의 효율성을 강화할 수 있게 할 것이다.

3. 바람직한 국회와 국회의원의 역할

국민들의 신뢰가 최하위권으로 꼽히는 정부기관은 국회이다. 이는 의회라는 조직의 특성상 다른 민주주의 국가들에서도 볼 수 있는 보편적인 현상이다. 의회는 서로 다른 이해관계를 가진 다양한 사회집단이 모이는 곳이며 이러한 집단 간 상반되는 이익으로 인한 갈등이 난무하는 곳이기 때문이다. 국회는 민주주의의 대표성에 기반하여 입법 과정을 통해 각기 다른 입장의 사회집단들을 조정·통합하는 역할을 한다. 따라서 국회에서는 다양한 정치적 이해가 최종적으로 결정될 때까지 다양한 주체의 역할이 요구된다. 이에 대한민국 국회가 어떻게 구성되어 있으며, 각 주체의 바람직한 역할을 무엇인지 살펴보고자 한다.

(1) 국회의 구성요소

대한민국 국회는 크게 네 가지 축으로 구성되어 있다. 먼저 국민에 의해 선출된 국회의원, 전문성과 중립성을 갖춘 심사기관인 위원회, 정당정치를 실현하는 원내교섭단체, 효율적인 국회 운영을 이끄는 국회의장단이다.[8]

국회의원

국회의 구성에서 가장 중요한 단위는 국회의원이다. 국회의원 정수는 지역구 국회의원 253명과 비례대표 국회의원 47명을 합하여 300명이다. 임기는 4년으로, 헌법에 따르면 국회의원은 '국회 구성원으로서의 지위'(헌법 제41조①)와 '국민의 대표자로서의 지위'를 갖는다. 우리 헌법은 국회의원은 국가이익을 우선하여 양심에 따라 직무를 행하며(헌법 제46조), 국민의 대표자로서 소속 정당의 의사에 기속되지 아니하고 양심에 따른 투표, 즉 자유투표(국회법 제114조의2)를 명기하고 있다.

또한 국회의원은 '정당 구성원으로서 지위'를 갖는다. 현대 정당 민주주의하에서 국회의원은 대부분 특정 정당에 소속되어 정당의 의사결정에 참여하고 정당을 대외적으로 대표하는 역할을 담당한다. 한편 우리나라 국회의원은 국회에서 직무상 행한 발언과 표결에 관하여 국회 외에서 책임을 지지 않는 '면책특권'(헌법 제45조)과, 현행범인 경우를 제외하고는 회기 중 국회의 동의 없이 체포 또는 구금되지 않는 '불체포특권'(헌법 제44조①)을 가진다. 이와함께 헌법 준수의 의무(국회법 제24조), 품위유지의 의무(국회법 제25조), 청렴의 의무(헌법 제46조)도 함께 수행한다.

국회의원의 면책특권과 불체포특권은 의회를 절대 권력이나 집권자의

8 국회의 구성에 관한 내용은 박상훈 외(2020)에서 발췌하였다.

부당한 압력 또는 탄압으로부터 보호하는 중요한 제도적 장치라고 할 수 있다. 그러나 우리나라 국회는 면책특권 남용으로 국민의 공분을 사고 있으며, 최근 '정의와 공정'에 대한 요구가 커지면서 국회의원 특권에 대한 엄격한 적용, 심지어 폐지의 목소리가 커지고 있다. 또한 불체포특권은 행정부에 의한 부당한 체포·구금으로부터 자유로운 국회 기능을 보장하는데 그 목적이 있다. 그러나 불체포특권의 남용과 검찰수사가 진행 중인 국회의원의 체포를 막기 위한 '방탄 국회'소집 등의 문제가 끊임없이 제기되고 있다. 외국의 경우 미국, 영국, 독일처럼 면책특권을 인정하는 나라는 그 적용을 엄격하게 하고 있다. 국회의원이 '명예직'인 스웨덴은 면책특권과 불체포특권이 아예 없으며, 이탈리아는 1992년 마니 풀리테(Mani Pulite, 깨끗한 손)로 부패 관련 면책특권을 스스로 내려놓았다.

위원회

전문성과 중립성을 갖춘 심사기관인 위원회도 국회에서 중요한 역할을 한다. 위원회의 전문위원은 전문성과 정치적 중립성을 유지하여야 하며(국회법 제42조), 위원회의 의사일정과 개회일시는 교섭단체 간사와 협의하여 정한다(국회법 제49조). 위원장은 예측 가능한 국회운영을 위하여 특별한 사정이 없으면 의사일정 및 개회일시(매주 월요일·화요일 오후 2시)를 정한다(국회법 제49조의2). 위원회는 본회의 심의에 앞서 의안을 심사하는 기관이며, 현재 17개의 상임위원회와 1개의 상설 특별위원회(예산결산특별위원회)가 있다. 우리 국회가 군부 권위주의 시절 '통법부'라는 오명을 들었을 때는 상임위원장을 청와대가 지명하고, 행정부가 파견하는 전문위원이 업무를 수행하였다. 행정부의 국회 수석전문위원 파견제도는 군사정권이 입법부를 견제하기 위해 도입한 것으로, 1981년 신군부 집권 이후 관행으로 정착되었다. 특히 통일외교통상위, 법사위, 재경위, 국방위, 정무위, 예결특위 등 6개 중요 상임위는 행정부 파견인사가 수석전문위원을 맡아 왔다. 이들은 대부분 1~2년 근무 후 행정부로 승진 복귀하기 때문에 예산과 법안 심사과정에서 행정부 편향적일 수밖에 없었다.

그러나 16대 국회에 들어서 이만섭 국회의장이 입법부 위상 독립을 위해 행정부의 국회 수석전문위원 파견 관행을 깨고, 내부승진을 원칙으로 한다는 방침을 정했다(동아일보 2000/12/24.). 그리고 위원회 전문위원에 대한 '정치적 중립성'유지 조항은 2005년 7월 28일 국회법 개정으로 이루어졌다. 위원회의 전문성은 더욱 강화되어야 할 과제라 할 수 있다.

교섭단체

교섭단체는 원활한 국회 운영을 위한 의원단체로, 국회에 20명 이상의 소속의원을 가진 정당은 하나의 교섭단체가 된다(국회법 제33조). 위원회의 위원 구성, 회의에서의 발언자 수 등을 정할 때 교섭단체 소속의원의 비율이 기준이 되는 등 교섭단체는 국회 운영과정에서 중요한 역할을 맡고 있다. 다른 교섭단체에 속하지 아니하는 20명 이상의 의원으로 따로 교섭단체를 구성하는 것도 가능하다. 즉 서로 다른 '정견과 가치, 이념, 이익'을 가진 집단들이 다투고 경합하면서도 주기적으로 대화와 타협의 '평화협정'을 맺는 것을 국회 운영의 원리로 삼는 것이다.

우리나라의 경우 정당의 당헌에도 원내대표의 권한을 명시하고 있어 우리 국회가 교섭단체를 중심으로 운영되고 있음을 알 수 있다. 예컨대 더불어민주당 당헌 제56조는"원내대표는 국회에서 당을 대표하고 국회운영에 관하여 책임을 가지며, 원내 업무를 통할한다"고 규정하고 있고, 국민의힘도 당헌 제61조에"원내대표는 교섭단체 대표로서 국회운영에 관한 책임과 최고 권한을 갖는다"고 명시하고 있다. 즉 우리나라 주요 정당들은 대중정당 보다는 '원내정당화'를 지향하고 교섭단체 대표의 권한을 명확히 하고 있다.

또한 우리 국회의 경우 교섭단체 소속의원의 입법활동을 보좌하는 교섭단체 정책연구위원(국회법 제 34조)은 소속의원 수 비율에 의하여 정원 및 직급별 배정을 하고 있다(교섭단체 정책연구위원 임용 등에 관한 규칙 제3~5조). 이외에도 국회사무총장, 국회도서관장 등 국회 소속 기관장에 대한 임명권도 교섭단체 간 배분이 관례화되어 있다. 관례적으로 국회사무총장은 원내 제1당이, 국회도서관장은 원내 제2당이 맡고 있다. 외국의 경우 영국이 정당의 역할이 가장 강력한 의회 모델을 대표한다. 다수의석을 가진 정당이 의회는 물론 내각, 즉 행정부를 지배한다. 미국은 정당의 역할이 약한 의회 모델로 알려져 있다. 그렇지만 미국 의회의 상임위원장 배분은 우리나라처럼 교섭단체 의석 비율에 따르지 않고 제1당이 독점하는 승자독식의 원리로 이루어진다.

국회의장단

국회는 의장 1인과 부의장 2인을 두고 있으며, 임기는 각각 2년이다. 의장은 입법부 수장으로서 국회를 대표하고 의사를 정리하며, 질서를 유지하고 사무를 감독한다(국회법 제10조). 또한 의장은 국회의 연중 상시 운영을 위하여 각 교섭단체 대표의원과의 협의를 거쳐 연간 국회 운영 기본을 정한다(국회법 제5조의2). 이외에도 의장은 회의의 질서 유지(국회법 제145조)를 위해 경고나 제지 발언 금지, 퇴장을 명할 수 있다. 의장은 중립의무를 위해 당적 보유가 금지되어 있다(국회법 제20조의2). 부의장은 의장이 사고가 있을 때 그 직무를 대리하거나 대행한다.

국회의장과 관련하여 가장 큰 쟁점은 중립성이다. '통법부'로 불릴 때는 청와대 지시에 따라 의장이 '날치기'처리에 나서거나 여당 단독으로 의안을 처리하는 경우도 있었다. 심지어 민주화 이전에는 의장을 대통령이 지명하기도 했다. 국회법에 의장의 중립의무가 규정되어 있는 지금도 제1당에서 배출한 국회의장이 여당 편을 든다는 야당 측의 오해는 수그러들지 않고 있다.

미국과 영국의 하원 의장은 의회 최고의 지도자로서 높은 권위와 위상을 가지고 있다. 의장 임기도 다수당이 바뀌지 않는 한 새로 구성된 의회에서 기존 의장이 연임하는 관행을 지키고 있다. 다만 미국의 경우 소속정당의 이익을 대표하는 당파적 지도자로서의 역할이 강조되는 반면, 영국은 철저하게 당파성을 배제하고 중립적으로 의회를 이끌어 갈 것을 요구받는다. 한국의 국회의장도 선출과 동시에 당적을 이탈해야 한다는 점에서 중립적 중재자로서의 역할이 강조되는 영국식 의장 모델에 가깝다고 할 수 있다.

(2) 국회의 효과적인 운영방안

국회는 "국가 운영을 위한 국가 수준에서의 모임"이라는 의미가 있다. 이런 국가 운영을 위한 의회의 일반적 역할은 크게 세 가지로 구분된다. 첫째, 국가를 운영하기 위한 규칙으로서 법을 제정하는 역할이다. 입법부로써 의회의 권한은 '법률안 제출권'과 '법률안 결정권'의 두 가지로 구분된다. 우리나라에서는 국회뿐만 아니라 행정부도 법률안 제출권을 갖고 있으나 법률안 결정권은 의회 단독의 몫으로 되어 있다고 할 수 있다. 둘째, 법이 제대로 집행되고 있는지 감독하는 역할을 한다. 법을 국민의 생활 일선에서 '집행'하는 곳은 행정부이다. 일반적으로 의회가 행정부를 견제하는 기능은 두 가지인데, 하나는 정기적이고 일반적인 사안들에 대해서 행정부를 감시·감독하는 것이며 또 하나는 부정기적이고 특정한 사안들에 대해서 행정부를 감시·감독하는 것이다. 셋째는 국민의 세금을 어떻게 집행할 것인지를 결정하는 역할을 한다. 이러한 재정에 관한 역할은 국가 내 다양한 행정기관들이 법을 집행하는 과정에서 필요한 재정을 할당해 주는 역할을 담당하게 된다. 회기 연도가 시작하기 전에 행정 각 기관에 예산을 할당하고 회기 연도를 마친 시점에 그러한 예산이 목적에 맞게 집행되었는지 결산을 통해서 감시·감독한다. 이 세 가지 기능에 기반하는 국회가 효과적으로 운영될 수 있는 방안을 모색해 볼 필요가 있다.

국회 상임위원회 활동 확대

민주주의의 핵심적 가치를 대표성과 심의성으로 볼 때 국회는 이 두 가지 가치가 모두 실현되는 공간이라고 할 수 있다. 국회의 대표성과 심의성이 반영되는 가장 주요한 업무가 법 제정 과정이고, 이에 따라 국회의 입법 과정의 주체와 절차 등에 대한 지속적인 관심이 요구된다. 특히 국회의 법 제정은 단순히 법률을 제정하는데 그치는 것이 아니라 법안 심의를 통해 사회적 갈등을 최소화하고 사회적 불만을 해소하는 과정으로 의회의 사회통합이라는 정치적 목적을 달성시키는 방안이기 때문이다.

국회에서 실질적인 입법 기능이 이루어지는 곳은 상임 및 특별위원회라고 할 수 있다. 사회적으로 다양한 갈등이 등장하면서 각 이슈에 따른 복잡성은 심화되고 있는 실정이다. 이때 국회의 본회의는 국민의 대표기관으로서 상징성은 높지만 특정사안을 구체적으로 다루기에는 규모가 크고 전문성이 확보되지 않는다는 것을 주목할 필요가 있다. 따라서 실질적인 법안의 발의 및 심사뿐 아니라 행정부 감시의 기능까지도 상임위원회를 중심으로 이루어지는 것이 보편적 현상이다(이현우 2009).

제도적 측면에서 보면 국회의 위원회는 회부된 안건을 심사하고 그 결과를 본회의에 보고하는 예비심사의 기능을 담당함으로써 본회의 통과를 위한 보조적 역할을 하지만, 실제로는 상임위원회의 심의결과가 본회의에서 그대로 가결되는 경우가 대부분이기 때문에 법안의 통과여부는 해당 상임위원회에 의해 결정된다고 해도 과언은 아니다. 이처럼 위원회의 역할이 중시되면서 위원회를 더욱 전문화하기 위한 소위원회의 구성 및 활성화도 강조되고 있다(이현우 2009).

상임위원회에서도 의사규칙은 다수결을 기본으로 이루어지지만 사실상 가장 이상적인 위원회 운영방식은 심의(deliberation)를 통한 합의도출이라고 할 수 있다. 따라서 상임위원회에서 참여자들은 개방적이고 폭넓은 참여를 통해 참여자들의 선호가 조정될 수 있는 가능성을 기대하고, 집합적인 의사결정이 이루는 것이 가장 바람직하다. 이러한 원칙에 따른 바람직한 위원회 운영조건은 참여자들의 참석뿐만 아니라 자유로운 의견개진의 기회 및 비판의 기회 균등의 원칙을 기본으로 하는 것이다(이현우 2009). 이러한 상임위원회의 활동을 다각적으로 강화해나갈 때 민주주의의 대표 가치인 심의성이 확보된다고 할 수 있다.

국회 예결산 기능의 전문화

대한민국 국회의 소속기관인 국회예산정책처는 국회의 예결산 및 재정기능을 강화하기 위한 목적으로 2004년 개청하였다. 예산안과 결산안, 기금 분석, 의안 소요비용 추계, 국가재정운용 및 거시경제 동향 분석 및 전망, 국가 주요사업 평가 등을 수행하는 기관으로 핵심 기능은 예산안과 결산에 대한 지원업무의 수행에 있어서 정치적 중립성을 유지하고 영역별 전문성을 확보하는 것이라고 할 수 있다.

조직적으로 국회예산정책처법 제4조에 따르면 국회예산정책처의 장은 정무직이고, 보수는 차관의 보수와 동액으로 하고 있다. 예산정책처장의 정치적 중립을 위해 전문가로 구성된 추천위원회에서 추천된 인물을 국회의장이 임명한다. 현재 예산분석실, 추계세제분석실, 경제분석국, 기획관리관의 2실·1국·1관으로 운영된다<그림 4>. 국회의 예결산 및 재정기능은 적정한 국회예산정책처의 활용을 통하여 달성될 수 있다.

국회예산정책처는 예산에 대한 실질적인 세부 정보들을 확보하고 있는 행정부를 견제하고 감독하는 역할을 수행해야 하기 때문에 예산 업무에 대한 전문성 확보가 더욱 요구된다. 또한 국회의 예·결산 및 재정업무의 전문성 확보를 위해 다음과 같은 몇가지 제도적 장치의 강화가 요구된다.

그림4 국회예산정책처 조직도

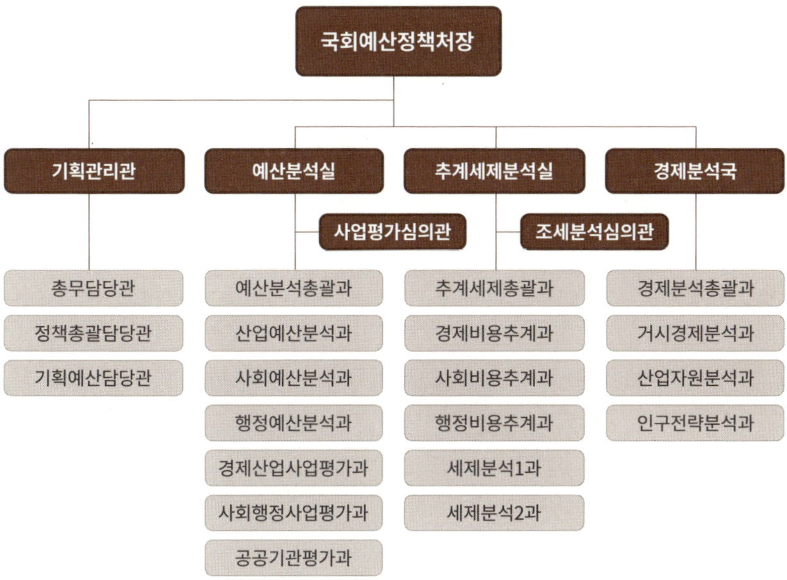

출처: 국회예산정책처(nabo.go.kr)

첫째, 예산안 편성에 대한 국회와 정부의 정보 비대칭성을 해소하고, 재정총량 및 분야별 재원배분계획에 대한 국회의 심사기능을 제고하기 위해 재정총량, 분야별 재원배분계획 등을 본예산 심사에 앞서 국회에서 심사하는 사전예산제도의 도입이 필요하다.

둘째, 국정감사와 예산 심사기간 분리 등 현행 제도를 유지하면서 예산 심사를 충실하게 할 수 있는 방안을 고민할 필요가 있다.

셋째, 예산안 심사의 전문성 제고를 위해 예산결산특별위원회를 상임위원회로 전환하고 예결위원의 다른 상임위원 겸임을 제한할 필요가 있다. 또한 국회의 결산 심사 결과를 차년도 예산안에 반영할 수 있도록 결산 심사를 보다 조기에 실시할 필요가 있다.

넷째, 국회가 전략적 우선순위와 예산의 효과성·효율성에 기초한 예산 심사를 위해 하향식(Top-down) 예산심사 방식을 도입할 필요가 있으며, 이를 위해 정부 예산안 제출 이후 국회 심사 과정에서 예산결산특별위원회가 재정 총량을 심사하여 본회의 의결을 거치도록 하여야 한다.[9]

참고문헌

강승식. 2009. "대통령 임기 제도에 관한 연구." 『원광법학』 제25권 제3호, 9-28.

강원택. 2021. "한국 정치의 위기와 대의민주주의." 『지식의 지평』 제30호, 1-14.

강제상·서원석·이덕로 외. 2022. 성공하는 정부를 위한 제언. 윤성사.

김동원, 고명철. 2013. "국회 위원회 공무원의 입법전문성 확보방안: 국회수석전문위원을 중심으로." 『한국사회와 행정연구』 제24권 제1호, 29-50.

박대식. 2006. "대통령 접근법 비교분석." 『사회과학연구』 제17권, 71-90.

박상훈 외. 2020. "국회의 기능과 역할, 무엇이 문제이고 어떻게 개선할 수 있을까." 국회미래연구원.

이현우. 2009. "국회 상임위원회의 운영: 전문성과 대표성의 재평가." 『의정연구』 제15권 제1호, 145-176.

이현출. 2017. "한국에서의 분권형 개헌 논의: 쟁점과 토론." 『일감법학』 제37호, 177-208.

조한상·신희성. 2014. "개정 국회법상 국회의원 겸직제한 제도에 관한 고찰."

9 https://www.energydaily.co.kr/news/articleView.html?idxno=130781

『의정연구』 20권 1호, 88-115.
최 선. 2019. “한국 국회의원의 국무위원 겸직제도에 대한 비판적 검토.” 『현대정치연구』 제12권 제3호, 5-34.
한국행정연구원. 2022. 2021년 사회통합실태조사. 한국행정연구원.
허석재. 2018. “선거주기 조정 관련 쟁점.” 『이슈와 논점』 제1449호.

제2장

정당 시스템 개혁 방안

장보원 (건국대 정치외교학과 초빙교수)

정당은 민주주의를 구현하는 핵심적인 제도이다. 현대 민주주의에서 정당은 우리 사회를 구성하는 주요 행위자들 예를 들어, 대통령과 정부, 국회뿐만 아니라 시민사회에 이르기까지 다양한 주체들을 연계하고 이들이 안정적으로 작동할 수 있도록 매개하는 역할을 담당한다. 즉 정당은 정치를 구성하는 요소들이 모이는 공간이자 이들을 연결하고 이끌어주는 장치이다.

한국의 정치체제는 정당이 주도적인 역할을 하는 대의민주주의를 표방한다. 국민의 주권을 양도받아 정치를 이행하는 것을 목표로 하는 대의민주주의에서 정당은 국민의 관심과 의견을 반영하는 가장 기본적인 통로가 된다. 그러나 한국의 정당들은 제도적으로 국민들의 지지를 얻지 못하는 것을 넘어 대의민주주의에 대한 불신까지 초래하고 있다.

2020~2021년 한국리서치 조사에 따르면 국가 형태에 대한 선호도 조사

에서 대의민주주의에 대한 선호는 직접민주주의 혹은 강한 리더 중심의 통치와 비교했을 때 가장 낮은 점수인 4.09점으로 나타났다. 직접민주주의에 대한 선호가 6.73점이고 강한 리더 중심의 통치에 대한 선호가 5.54점인 것과 비교하면 정당의 역할이 필연적으로 강조되는 대의민주주의에 대한 선호는 매우 낮은 수치이며, 이러한 국가 형태에 대한 선호 경향은 전 연령층에서 동일하게 집계되었다<그림 1>.

그림1 국가 형태에 대한 선호도 조사[1]

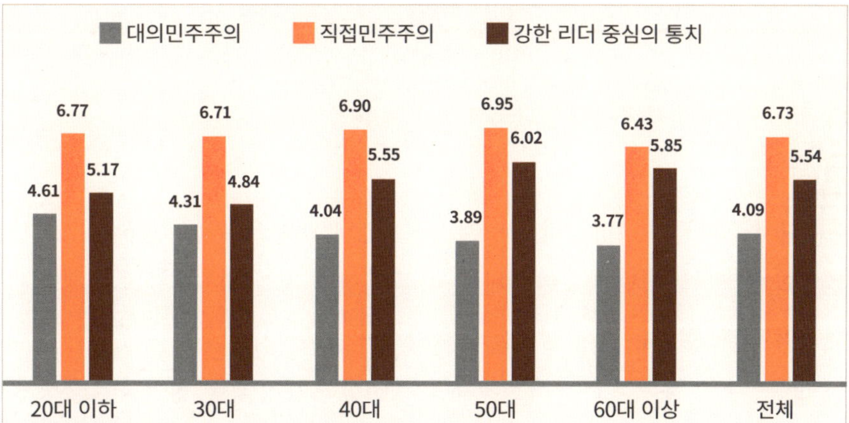

출처: 한국리서치 정기조사 여론 속의 여론(hrcopinion.co.kr)

또한 국민들의 정당 활동에 대한 만족도도 매우 낮은 것으로 나타났다. 한국 정당들의 활동에 대해 어떻게 생각하는지 물어보는 질문에서 '매우 불만족한다'와 '불만족한다'가 각각 47%와 40%로 부정적인 평가가 무려 88%로 집계되었다. 그에 반해 '매우 만족한다'와 '만족한다'의 긍정적 답변은 6%에 그쳐 국민들이 정당정치에 대해 가지고 있는 불만이 매우 높은 수준임이 확인되었다<그림 2>.

1 https://hrcopinion.co.kr/archives/17057

그림2 정당 만족도 조사[2]

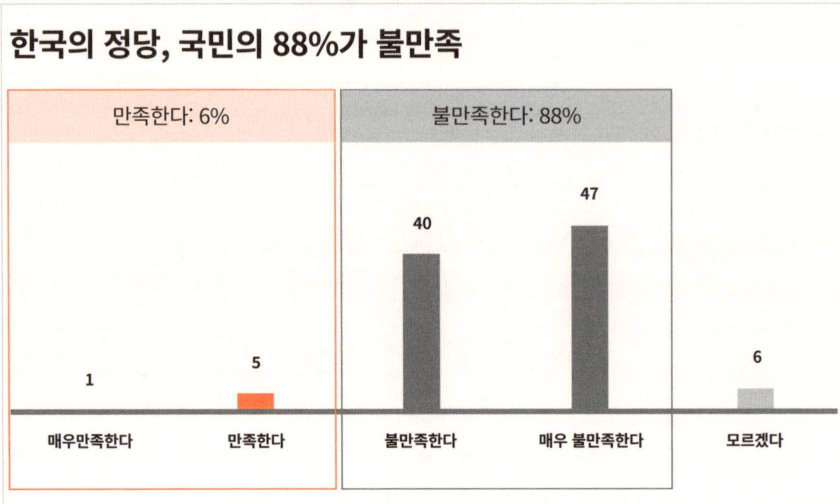

출처: 한국리서치 정기조사 여론 속의 여론(hrcopinion.co.kr)

이처럼 한국의 정당들과 정당에 대표성을 부여함으로써 기능하는 대의민주주의가 국민들로부터 외면받게 된 이유는 한국 정치제도 전반의 문제와 관련되어 있다. 정당은 한국 정치를 이끌어가는 주체이자 국회를 구성하는 강력한 집단임에도 불구하고 선거철에만 정치 전면에 등장할 뿐 일반적인 국정 운영 과정에서는 배제되는 양상을 보여왔다. 이는 시민들의 의사를 집약하고 표현하는 과정을 주도해야 하는 정당이 오히려 주변적인 역할에 머무르고 있는 한계를 나타낸다(장훈 2018). 이 같은 정당의 위상과 역할의 문제점을 지적하기 위한 정당 논의는 한국 정당의 역사적인 경험과 이로부터 비롯된 정당 시스템 문제, 정부형태나 선거제도 같은 정치체제와 연계된 정당의 구조 등 다양한 관점에서 이루어져야 한다. 따라서 본 장은 정치제도 전반에 대한 개혁과 연관된 정당개혁을 다각적으로 고찰하고 한국의 현실에 적합한 정당 시스템 개혁 방안을 제언하고자 한다.

2 https://hrcopinion.co.kr/archives/18059

01. 한국 정당제도 형성과정과 현황

1. 한국 정당의 역사적 배경

한국 정당들의 기원과 발전과정을 살펴보면 현대적인 의미의 정당이 탄생한 서구사회의 경험과는 비교적 다른 환경과 맥락 속에서 정당정치가 발전해왔음을 알 수 있다. 우리의 근대 민주주의는 식민시대의 종식과 함께 외부로부터 유입되었고, 그 과정에서 다양한 이념적 색채를 지닌 정당들이 출현했다(강원택 2018). 그러나 우리 정당들은 자생적으로 대중적인 지지를 얻거나 정치적인 경쟁을 통하여 형성되지 못하고 이미 권력의 정점에 있는 정권으로부터 하향적으로 조직화 된 특성을 갖는다. 그리고 여기에 참여하지 못하거나 참여를 거부한 정치세력이 결합하여 야당을 구성해왔다.

우리나라에서 근대적 의미의 정당 활동이 최초로 인정된 것은 1946년에 발포된 미군정 법령 제55호 정당에 관한 규칙에서 비롯된다. 이 법령은 “어떤 형식으로나 정치 활동에 종사하는 자로서 이루어진 3인 이상의 단체”를 정당으로 등록할 수 있도록 규정했기 때문에 1947년 남한에 등록된 정당은 300개 이상이었다. 과도한 정당의 수에서 알 수 있듯이 해방 이후 한국 사회에는 정치적으로 주도권을 지닌 주체세력이 없었고, 지연과 혈연 또는 소규모의 사회적 연대를 기반으로 한 단체들이 난립했다.[3]

그러나 이승만이 남한에 단독정부를 수립하고 대통령중심제를 도입하는 과정에서 한국민주당이 결정적인 역할을 하면서 한국 사회의 ‘정당’으로서 자리매김하게 되고, 정부 수립 이후에는 이승만 대통령과 갈라서기를 하며 야당 성향으로 변화하게 된다.[4] 이후 이승만의 장기 집권 의지에 따라 대통령 직선제 개헌이 추진되자 권력재창출을 위해 자유당이 창당되었고, 결국 이승만의

3 http://encykorea.aks.ac.kr/Contents/Item/E0050062
4 https://news.khan.co.kr/kh_storytelling/2017/party/

자유당이 대한민국 최초의 본격적인 여당의 기능을 담당하게 된다. 즉 이미 권력을 쥐고 있던 정치세력이 자신의 정권을 유지하기 위해 여당을 조직하는 방식이 채택된 것이며, 이는 한국 역사에서 반복적으로 재현된다.

사실상 제1·2공화국에서 정당정치가 안정적으로 정착되지 못하고 무소속이 강세를 이루기도 하며 체계적인 정당구조를 갖추지 못했기 때문에 제3공화국의 체제 입안자들은 정당체제의 확립을 제도적으로 실현하고자 했다. 이러한 맥락에서 1962년 12월 공포되어 1963년 시행된 정당법이 한국 정당에 관한 기본적인 사항을 규율하게 된다. 제4공화국과 제5공화국을 거치며 정당법에 다소 변화가 있었으나 기존 정당법을 개정하여 시행하고 있기 때문에 제3공화국에서 마련된 정당제도의 근간이 유지되고 있다.

민주화 이전까지 우리나라 역대 정권들은 권위주의 체제 내에서 여당의 경우에는 정치적 정당성이 약하고, 야당의 경우 현실적인 집권 가능성이 매우 떨어진 상태로 유지될 수밖에 없었다. 또한 민주화 이후에도 한국의 정당정치는 과거의 유산으로부터 자유로울 수 없었다. 권위주의 시대 내내 지속된 개인화된 정당구조, 취약한 정부와의 연계, 시민사회와의 하향식, 허약한 연계구조는 민주화 이후에도 정당이 정부나 시민사회와 강한 정책적 연계를 형성하는 정책정당으로서의 성장을 가로막는 중대한 요인으로 작용하였다(장훈 2018).

또한 한국의 안보 상황도 정당정치에 영향을 미칠 수밖에 없었다. 이념적 대립과 외세에 의한 분단, 6·25전쟁 등 분단의 위기와 휴전의 상황은 냉전적 반공 이데올로기가 사회를 지배하도록 하였다. 따라서 한국의 정당정치는 내용적 측면에서는 보수세력 간의 갈등으로 축소되었고, 구조적 측면에서는 진보정당이나 혁신정당의 출현이 어려운 형태였다.

해방 이후 한국정치사에서 명멸한 정당들은 여당의 경우 권력자의 정치적 필요에 의해 조직되어 자율성을 결여하였고, 야당은 분열과 내부 갈등을 반복해왔다. 결국 한국 정당들은 정치권력의 창출자가 아니었다는 점에서 그 역할이 제한적이었다. 그러나 이 같은 역사적 경험에도 불구하고 한국 정당은 주요한 정치적 고비마다 선거를 통해 민심의 흐름을 가장 가시적으로 대표해 온 정치적 기제이다(강원택 2018). 따라서 이론적·현실적으로 한국 정당의 개선 방안을 모색하는 과정은 향후 정당정치의 발전과 대의민주주의의 성공을 위해 필요하다.

2. 정당이론과 정당의 역할

의회 내에서 다양한 시민사회의 요구가 반영되고 조율되면서 최종적으로는 법적으로 제도화되는데 가장 유의미한 영향을 미치는 변수는 정당 유형이라고 할 수 있다. 정당 유형에 대한 이론적 검토는 정당의 본질과 목적을 명확히 함으로써 정당의 기능을 재정의하는데 유용하다. 정당 유형에 대한 이론적 논의는 큰 틀에서 계급적 이익을 대변하는 대중정당 모델을 기반으로 하는 '대중정당론'과 원외정당조직으로부터 자율성이 확보된 형태의 유연하고 느슨한 정당 모델을 기반으로 하는 '원내정당론'으로 구분해 볼 수 있다.

대중정당론: 시민사회와의 강력한 연대

대중정당론은 유럽 초기의 보편적인 정당이었던 간부정당에 대응하여 등장한 정당 유형이다. 노동자를 위시하여 사회적으로 배제된 약자나 하층계급의 지지를 기반으로 형성되었다. 보통선거권이 확대되면서 필연적으로 정당정치가 강화되는 정치적 환경의 변화는 유권자 즉, 정당을 지지하는 일반 대중이 당원이 되어 정당 의사결정과정에 유의미하게 참여하기 시작하였다. 따라서 대중정당은 선거에서의 당선보다 지지기반인 대중의 이익 대표에 치중하며 이를 위해 중앙당과 지구당 등 조직체계를 강화하고 이념적 정체성을 확립하기 위해 노력하는 특징을 갖는다(안철현 2012).

한국의 정당정치는 전술한 바와 같이 정권을 획득한 집권당으로부터 하향식으로 조직되었기 때문에 일반 대중과의 연계가 취약한 측면이 존재한다. 이 같은 한국 정당의 조직적인 맹점을 극복하는 방안으로 제시된 대중정당 모델은 이념적 성향을 공유하는 일반 당원들이 자발적이고 적극적으로 정당 활동을 함으로써 정당의 의사결정과정에 참여하는 하는 것을 목표로 한다. 전후 서유럽 국가들에서 보수와 진보 진영의 유권자들이 각각 우파와 좌파 정당에 대해 계급적 투표를 통해 압도적인 지지를 보내고, 이들 정당들은 계급을 기반으로 하는 정책들을 토대로 정부를 운영해 온 것이 대중정당론이 추구하는 국정 운영이다.

이러한 대중정당을 위해서는 명확한 이념적 구분을 기반으로 하는 계급적 균열 구조가 정당의 핵심적인 논리가 되어야 한다. 하지만 우리나라의 정당정치는 대중정당론의 기대와 전혀 다른 방향으로 진행되어왔다(윤종빈 2017). 정당들의 경쟁 구도는 계급적 이념 혹은 정책에 대한 대결보다 특정 인물을 중심으로 하는 지역적 연고에 매몰되는 경향을 보여왔다. 또한 대중정당은 자발적 당원 확보가 정당 활동에 가장 핵심적인 사안임에도 불구하고 당원을 확보하는 것이 어려운 한국 사회에서 당원 중심의 의사결정과정이나 정당 민주화의 실현 가능성에 대한 논쟁이 지속되고 있다.

원내정당론: 정책정당으로의 지향

원내정당론은 이론적으로 근대화 시기 이후의 탈산업사회 등장에 따른 정당 유형론이라고 할 수 있다. 원내정당이란 국회에 소속 국회의원을 보유한 정당으로 원내정당론 역시 국회 내 현역의원들이 중심이 된다. 20세기 후반 서구 사회의 탈산업화 및 정보화가 산업구조, 계급구조의 변화를 초래하고 정보에 대한 접근성을 크게 향상시켰으며 집단 소속감 보다는 개성이 중시되는 방향으로 가치가 변화했다(안철현 2012). 따라서 산업화와 경제성장의 결과 노동자들의 소득이 증대되고 계급 간 경제적 격차가 감소함에 따라 계급을 기반으로 한 정당일체감은 약화되고 노동자들을 계급적으로 동원하는 것이 사실상 어렵게 되었다(안철현 2012).

따라서 원내정당론은 이미 대표자로 선출된 국회의원들이 원내에서 교섭단체를 구성하여 전문적인 역할을 수행할 것을 강조한다. 여당은 정부의 국정운영에 참여하고, 입법부로서의 여야는 행정부를 감시하고 견제할 것이 요구된다. 대중정당론에서 강조하는 일반 당원의 역할은 현저히 떨어지며, 오히려 정당은 선거시기에 적극적으로 가동되고 일반적으로 중앙당이 중심이 되는 정당 유형이라고 할 수 있다.

이러한 원내정당론은 탈이념화와 탈근대화 시기 대중정당론이 쇠퇴하며 그 필요성이 대두되었으나 현실적인 적용까지는 과제를 안고 있다. 무엇보다 원내정당론은 대의민주주의의 요체인 정당의 기능을 약화시킨다는 비판을 받는다. 당원을 중심으로 하는 당의 조직보다 현역의원이 중심이 되는 구조로서 당원보다 당 지도부 혹은 유권자의 역할이 강화되기 때문이다. 이념적 특성이 약화됨으로써 정당들은 중도적 입장으로 수렴하는 포괄정당(catch-all party) 혹은 엘리트지도부에 의한 선거의 승리만을 목적으로 하는 선거전문가정당(electoral professional party)의 경향을 보인다. 따라서 원내정당이 성공하기 위해서는 지역구를 기반으로 하는 유권자들과의 소통이 강화되는 원외정당적 기능도 보완될 필요가 있다.

3. 한국 정당제도의 현황

(1) 한국의 양당 우위 정당제

대한민국 헌법은 제8조에서 정당의 의미를 규정하고 있다.[5] 헌법은 정당에 대한 자유로운 설립과 복수정당제를 보장하고 있으며 민주주의의 원칙에 입각

5 제8조

① 정당의 설립은 자유이며, 복수정당제는 보장된다.

② 정당은 그 목적 · 조직과 활동이 민주적이어야 하며, 국민의 정치적 의사형성에 참여하는데 필요한 조직을 가져야 한다.

③ 정당은 법률이 정하는 바에 의하여 국가의 보호를 받으며, 국가는 법률이 정하는 바에 의하여 정당운영에 필요한 자금을 보조할 수 있다.

④ 정당의 목적이나 활동이 민주적 기본질서에 위배될 때에는 정부는 헌법재판소에 그 해산을 제소할 수 있고, 정당은 헌법재판소의 심판에 의하여 해산된다.

하여 정당을 운영하도록 규정하고 있다. 반면 민주적 질서에 반하는 정당에 대해서는 헌법재판소의 심판에 의해 해산할 수 있음을 명시하고 있다. 또한 정당의 운영은 정당법과 정치자금법, 공직선거법 등에 의해 제한된다.

2022년 한국에는 약 50개의 정당이 등록되어 있고, 원내정당은 더불어민주당, 국민의힘, 정의당, 기본소득당, 시대전환 등 5개이다. 이 중 21대 국회에서 의사진행에 관한 안건을 협의하기 위하여 의원 20인 이상으로 구성되는 교섭단체는 더불어민주당과 국민의힘의 2개 정당이다.

표1 원내정당별 의석수 및 교섭단체 구성 현황[6]

교섭단체	정당	지역구	비례대표	계	비고(%)
더불어민주당		154	15	169	56.52
국민의힘		93	22	115	38.46
비교섭단체	정의당	1	5	6	2.01
	기본소득당	0	1	1	0.33
	시대전환	0	1	1	0.33
	무소속	4	3	7	2.34
합계		252	47	299	100

출처: 열린국회정보 정보공개포털 (https://open.assembly.go.kr/portal/assm/assmPartyNegotiationPage.do)

한국의 정당체계는 양당제와 다당제의 구조를 모두 겪었으나 대체로 양당제의 형태가 빈번하게 눈에 띄며 20대 총선으로 이후에 양당제의 모습이 고착화되어 있는 형태이다. 주요 양대 정당의 당원 수는 300만~400만 명 가량이며 그 중 정기적으로 당비를 내는 후원당원은 15%~20% 내외로 집계된다. 일반 당원의 경우 미국 주요 정당의 당원 수가 국민의 10%~15% 가량인 것을 고려할 때 한국인의 정당 가입 비율은 상대적으로 낮은 편인 것을 알 수 있다.

6 국회법 제33조제2항 및 제3항에 따른 보고 기준

표2 주요 정당별 당원 수[7]

정당	일반당원	후원당원	후원당원 비율
더불어민주당	4,053,466	(권리당원) 896,296	22.11%
국민의힘	3,489,924	(책임당원) 569,059	16.30%
정의당	53,080	(진성당원) 39,872	75.12%

출처: 중앙선거관리위원회(2021) "2020년도 정당의 활동개황 및 회계보고"
(https://www.nec.go.kr/cmm/dozen/view.do?cbIdx=1129&bcIdx=151337&fileNo=2)

(2) 정당 정책연구소의 현황과 과제

이러한 정당들은 정당법 제38조에 따라 정책연구소를 설치하고 있다. 정책연구소는 정치, 법, 정책 등을 위해 기초가 되는 내용이나 제도를 개발 및 연구하거나 대안을 수립하는 독립기관이다. 원내정당의 경우 모두 정책연구소를 두고 있는데, 이들 연구소는 별도 법인으로 설치·운영되고 있다. 정치자금법 제28조는 경상보조금을 지급받는 정당의 경우 그 경상보조금 총액의 30% 이상을 정책연구소에 지급하도록 규정한다. 이러한 정치자금법과 정당법에 기초한 정당 정책연구소의 예산은 중앙당을 통해 지급되기 때문에 사실상 정당 정책연구소들은 당의 통제에서 벗어날 수 없는 구조적인 문제가 있다.

표3 주요 정당별 정책연구소 수입 내역 (단위: 백만원)

정당명	정책연구소	합계	전년도이월	보조금 지원금	보조금 외 지원금	기타
더불어민주당	민주연구원	8,442	1,003	5,389	2,000	50
국민의힘	여의도연구원	8,736	1,718	5,792	1,194	32
정의당	정의정책연구소	1,065	186	875	4	0

출처: 중앙선거관리위원회(2021) "2020년도 정당의 활동개황 및 회계보고"
(https://www.nec.go.kr/cmm/dozen/view.do?cbIdx=1129&bcIdx=151337&fileNo=2)

또한 정당 정책연구소의 인력 현황을 살펴보면 주요 3개 정당의 정책연

7 국회법 제33조제2항 및 제3항에 따른 보고 기준

구소의 석박사급 연구인력이 부족한 것을 확인할 수 있다. 여의도연구원과 정의정책연구소의 연구원 현황을 살펴보면 박사급 연구인력이 각각 11.5%와 30.8%에 그쳐 석사급과 기타 연구 인력에 비해 박사급 연구인력이 차지하는 비율이 낮은 것을 알 수 있다. 또한 민주연구원의 경우 연구원의 수에 비해 직원의 수가 현저히 많은 것으로 나타났는데, 이는 정책연구소의 활동이 정책개발을 중심으로 이루어지고 있는가에 대한 의문을 낳기도 한다.

2015년 정기보고에서 정당 정책연구소의 박사급 연구인력이 여의도연구원 18명(25.0%), 민주연구원의 전신인 민주정책연구원 17명(25.8%), 정의정책연구소의 전신인 미래정치센터 1명(7.1%)으로 집계된 것과 비교하면 정의정책연구소 외 양대 정당의 박사급 연구인력의 수는 오히려 감소한 것을 확인할 수 있다. 또한 정의정책연구소의 경우에는 2015년에 비해 박사급 연구인력은 1명 증가하였으나 전체 연구원 수는 오히려 감소한 것으로 나타난다.

이처럼 연구인력의 절대적 감소와 박사급 연구인력의 낮은 비율은 정책연구소의 활동이 박사급 연구인력을 중심으로 운영되기 어렵다는 점을 암시한다. 즉 정책연구소의 활동이 정책개발을 중심으로 이루어지기 어려운 구조이며 이는 연구의 질을 하락시키는 요인으로 작용할 수 있을 것이다.

표4 정책연구소의 연구 인력 현황

	연구원				직원		
	박사	석사	기타	합계	자체고용	외부파견	합계
여의도 연구원	6	17	29	52	1	0	1
	11.5%	32.7%	55.8%	100.0%			
민주 연구원	14	6	0	20	50	0	50
	70.0%	30.0%	0.0%	100.0%			
정의정책 연구소	4	6	3	13	1	1	2
	30.8%	46.2%	23.1%	100.0%			
합계	24	29	32	85	52	1	53
	28.2%	34.1%	37.6%	100.0%			

출처: 2021년도 정책연구소 현황 및 연간 활동실적 저자 재구성.

02. 제왕적 대통령제와 정당의 구조

1. 대통령제에서 '매개체'로서 정당의 역할

한국의 '제왕적 대통령제'는 승자독식 제도 아래 일단 대통령으로 당선되면 권력의 분산이나 협치보다 권력을 독점한 대통령이 행정부에 강력한 영향력을 미치는 것을 넘어 여당에 대한 장악력까지 갖게 되는 구조이다. 한국 정치의 역사적 경험은 이 같은 대통령의 절대적인 권력으로 인해 정당이 유의미하게 국정 운영에 참여할 수 있는 통로가 제한되어왔으며 이와 같은 정당정치의 저발전은 정당과 시민사회의 허약한 연결고리로 나타났다고 볼 수 있다. 따라서 한국의 대통령제하에서 정당의 위치와 역할은 '정당과 대통령 관계'와 '정당과 시민사회 관계'의 두 가지 관점에서 조명해 볼 수 있다.

먼저 정당과 대통령의 관계에서 정당의 역할은 단순히 미미한 것을 넘어 대통령의 강한 지배를 받는 구조를 유지해왔다. 역사적으로 우리나라의 권위주의적 발전국가 시대를 주도한 것은 대통령과 관료조직이었는데, 이러한 맥락 속에서 정당이 정책결정과정에서 차지하는 역할과 위상은 크게 위축되어 있었다(장훈 2018). 또한 정당은 시민사회와의 관계에서도 서구 정당 유형에서 나타나는 바와 같이 시민사회에 이념적 지향을 제시 및 공유함으로써 당원을 동원하고 이들과의 결속을 강화하는 모습으로 발전하지 못했다. 특히 지역적 지지를 기반으로 하는 정당 지도자 개인의 카리스마나 리더십이 주목받는 정치 상황이 지속되면서 정당은 정책적 기능을 강화하기보다 선거 시기에만 동원되거나 소모적인 정쟁에 매몰되는 모습을 보여왔다.

그렇다면 한국의 제왕적 대통령제하에서 정당은 어떠한 구조와 운영방식을 통해 '매개체'로서의 역할을 하는 것이 바람직한가? 이에 대한 답을 위해 정부형태와 정당구조의 조응을 고찰하면 다음과 같다. 대통령제는 대통령 1인이 국가원수와 행정부 수반의 권한을 모두 가진다. 또한 승자독식구조에 기반하여 선출된 후 임기를 보장하는 것을 원칙으로 하기 때문에 제왕적 성격의 대통령이 탄생하기 쉽다. 이러한 한국식 대통령제의 문제를 해결하기 위해 권력 분산과 책임정치 실현에 대한 논의가 활발하게 이루어지고 있으며 그 과정에서 의원내각제와 분권형 대통령제에 대한 논의가 대안으로 거론되고 있다.

내각제는 이론적으로 행정부의 수반과 국가 원수의 권한이 서로 다른 두 사람에게 분리되어 있고, 비교적 여러 정당이 국정 운영에 참여하기 때문에 일상적으로 연립정부를 구성한다는 점에서 권력이 분산되는 성격을 갖는다. 임기가 정해져 있는 대통령제와 달리 총리나 내각이 국민적 지지를 잃었을 경우 즉각적으로 의회나 내각을 해산시켜 정권을 교체할 수 있다는 점에서 제왕적 대통령제의 과도한 권력 집중을 희석시킬 수 있을 것이다.

그러나 한국의 대통령제는 평화로운 정권교체를 여러 차례 겪으며 현실적으로 공고화된 정부형태라는 점에 유념할 필요가 있다. 특히 한국은 권위주의 시대에 대통령의 임기와 선거방식에 대한 민주화 즉, 대통령의 임기를 5년 단임제로 제한하고 국민이 직접 대통령을 선출하는 방식을 달성하기 위한 치열한 투쟁의 경험이 있기 때문에 국민적 공감대 없이 의회가 총리를 선출하는 방식의 내각제로의 전환은 어려울 것으로 보인다. 실제로 2009년 자문위원회의 검토 당시에도 전문가 내 의원내각제가 장기적으로 바람직하다는 견해가 다수였음에도 불구하고 국민적 동의를 얻기 어렵다는 이유로 도입이 어렵다고 판단되었다(이현출 2017).

이와 같은 정치문화에서 한국이 대통령제를 유지한다고 했을 때 현행 대통령제의 민주성과 책임성을 높이는 방안이 정당 시스템 개혁과 조응하는 것이 가장 중요한 과제라 할 수 있다. 무엇보다 정당이 시민사회와의 관계에서 민의를 적절히 수렴하는 창구로서의 대표성을 높이고, 정당과 대통령의 관계에서 대통령의 대행정부 및 대의회 권한을 분산시킴으로써 대통령과 행정부로부터의 영향력에서 정당을 분리시키는 과정이 필요한 것으로 보인다.

2. 선거제도에 따른 정당의 구조

정당과 선거는 그 체계와 제도가 상호 조응한다. 한국에서는 현행 선거제도에 대한 개선의 필요성이 꾸준히 제기되어 왔다. 단순다수제와 소선거구제를 결합시킨 승자독식 구조의 국회의원 선거제도가 사표의 대량생산을 야기하며 이에 따라 대표성과 비례성이 약화된다는 문제점이 지적된 것이다(임혁백 외 2017). 이러한 국회의원 선거제도의 대표성과 비례성의 문제는 한국의 지역주의 정치문화와 결합하여 한국 정당정치의 효율성을 더욱 저해시켜왔다.

한국의 경우 대통령과 국회의원의 선출 방식이 권력의 정통성을 이원화시킨다. 이처럼 입법부와 행정부 권력의 정통성이 이원화 되어 있는 구조에서는 분점정부(divided government) 또는 여소야대(minority government)가 나타날 가능성이 높아진다. 사실상 대통령제하에서 분점정부의 등장은 대통령제의 강점으로 인식되는 강한 국정 운영의 동력을 약화시킬 수 있다는 점에서 치명적일 수 있다. 따라서 의회 내 다당체계가 확립될 가능성을 높이는 선거제도의 대표성과 비례성 강화는 대통령제 정부형태에 부적절한 정당체계로 분류될 수 있다는 점을 고려해야 한다. 다당제 정당구조와 약한 정당기율은 의회 내 정당 파편화로 귀결되어 대통령의 정치적 위기를 증폭시킬 수 있기 때문이다(박명호·이동은 2019).

그러나 여전히 한국의 선거제도는 비례대표의 비중이 낮고 지역구와 비례대표의 투표가 서로 무관하다는 지적을 받아왔다. 이를 개선하고자 2018년 준연동형 비례대표제가 도입되었으나 공직선거법 개정에 강하게 반대하던 당시 자유한국당(현 국민의힘)이 합의 없이 일방적으로 공직선거법이 통과되자 비례대표용 위성정당인 미래한국당을 창당하게 된다. 이후 선거법 개정에 찬성했으며 자유한국당의 위성정당 창당에 반대했던 더불어민주당도 비례대표용 연합위성정당인 더불어시민당을 창당함으로써 강한 비판을 듣게 된다.

이러한 양당의 비례정당 창당은 지역구 의석은 적지만 정당 득표는 많은 정당을 배려하는 준연동형 비례대표제의 취지를 무색하게 만들었다.

결국 한국의 정당체계는 양당체계가 우위에 있는 다당체계이며 동시에 지역주의에 의존적인 역사적 경험을 가지고 있다. 이는 한국의 대통령제와 지역적 특수성에 기반한 정당체계로서 서구 사회의 정당 유형으로 완전히 파악되기 어려운 한계가 있다. 현재 시점에서 중요한 점은 다당체계를 지향하는 선거제도에 대한 논의보다 과거 경험해온 바와 같이 지역과 인물에 의존하는 정당이 아니라 이념과 가치에 기반하는 민의를 정당이 대변하고, 결과적으로 대표성과 비례성을 확보하는 정당체계를 구성할 수 있는 틀로서 선거제도를 설계할 필요가 있다.

3. 정당 정책연구소의 역할

정당이 민의가 반영된 정책을 입안하는 정책정당으로 발전하기 위해서는 정당 정책연구소의 역할이 중요하다. 국민의 요구를 정책에 반영할 수 있는 독자적 제도가 필요하다는 인식에 따라 정당의 정책연구소가 2004년 정당법 개정을 통해 법제화되었다. 정당법과 정치자금법은 정당 정책연구소의 설립과 재정 지원을 규정하고 있는데, 실제로 정책연구소의 활동은 기대에 미치지 못하고 있다. 특히 정당의 정책 비전과 공약 개발을 담당해야 할 정책연구소의 전문성과 인력 부족으로 단기적인 선거전략을 마련하는 역할에 그치고 있다는 지적은 정책연구소의 설립 취지를 무색하게 한다(이정진·임채진 2015).

한국의 정책연구소는 독일 정치재단의 장점인 시민에 대한 민주주의 교육과 미국 정책연구소의 장점인 전문적인 정책연구소의 역할을 동시해 추구하는 것을 목표로 해왔다. 이를 위해 정책연구소는 다음의 세 가지 역할을 한다. 첫째, 체계적이고 전문적으로 정책을 연구하고 개발하여 정당에 입법 아이디어와 조언을 제공한다. 둘째, 정책 개발에 필요한 조언과 자문을 얻을 수 있는 외부 전문가 네트워크를 형성하고, 일반 국민의 여론을 파악하는 활동을 한다. 셋째, 당원과 공직선거 후보자뿐 아니라 정당 지지자를 육성하고 결집시키는 교육활동을 한다(서현진·임유진 2016). 이 같은 정당 정책연구소의 실질적 발전 방안에 대한 시사점을 얻기 위해 해외 사례를 소개한다.

(1) 독일의 정책연구소 사례

독일은 제2차 세계대전 이후 정당정치를 통한 대의 민주주의를 정착시키는 과정에서 정치재단(Politische Stiftung)을 설립하여 정당의 정책연구소로서의 기능을 담당하도록 하였다. 정치재단을 통해 과거 국가사회주의를 불식시키고 현대 민주주의가 지향하는 정당정치의 기틀을 바로잡은 것이다. 이러한 독일 정치재단은 독일의 헌법 정신에 기초하여 자유민주주의와 정치적 다원주의를 표방하고 있다(신두철 2011).

독일 정치재단은 국가의 지원으로부터 재정을 마련하기 때문에 국고보조금에 의지하여 운영되는 한국 정책연구소와 유사한 면이 있다. 즉, 이념적 성향이 일치하는 정당이 존재하며, 이러한 정당이 정치재단의 실질적인 존립의 이유로 작용한다. 또한 본래 자체적인 자금으로 설립되었으며, 기업과 시민들의 기부금 등 자체적으로 재원을 확보할 수 있는 방안이 마련되어 있으나 현재 운영비의 대부분을 국가보조금에 의존하고 있다.

그러나 법적인 근거나 규정에 근거하면 독일 정치재단은 한국의 정당 정책연구소와 같이 실제 정당과 조직적으로 연계되어있는 형태가 아닌 독립적인 비영리 전문 연구기관이다(조진만 외 2019). 다시 말해서 독일의 정치재단은 특정 정당과 정치적 이념과 가치를 공유하고, 정당의 정책 방향을 제시한다는 점에서 연관성을 갖지만 목적이나 조직, 재정, 활동 등 거의 모든 측면에서 정당으로부터 완전히 독립되어 있다(이정진·임채진 2015). 따라서 정당들의 선거 과정에 개입하는 등의 정치적 활동은 엄격히 제한된다.

이러한 독일의 정당 관련 정책 연구기관들은 정당의 정책적 기반을 제공하는 싱크탱크로서의 역할보다 일반 시민을 대상으로 정치적 인식능력을 고양시키는 시민교육기관으로서의 역할이 강조된다(이정진·임채진 2015). 사실상 국가의 재정적인 지원도 민주시민교육이라는 공익에 기여한다는 측면에서 이루어진다고 볼 수 있다. 독일에서 가장 오래된 역사를 가지고 있는 프리드리히 에버트 재단(Friedrich Ebert Stiftung)과 초대 독일 수상이었던 콘라드 아데나워가 설립한 콘라드 아데나워 재단(Konrad Adenauer Stiftung)이 대표적인 사례라고 할 수 있다.

콘라드 아데나워 재단은 일반 시민들을 대상으로 정치교육을 한다. 사회적으로 다양한 계층의 일반 시민들이 참여하여 직접민주주의나 대의민주주의, 정당정치, 사회주의, 자본주의 시장경제 등 사회적 이슈에 대해 토론할 수 있는 공론장을 만들어 주는 것이다. 또한 우수한 학생이나 연구자를 지원하는 장학 프로그램을 마련함으로써 정치적 이념이 확산될 수 있는 네트워크를 구성하기도 한다.

프리드리히 에버트 재단도 콘라드 아데나워 재단과 크게 다르지 않게 정당의 주요 활동이 민주시민교육에 집중되어 있다. 프리드리히 에버트 재단의 경우 유럽의 노동운동사에 대한 방대한 자료를 소장하고 있는 '사회 민주주의 사료관'을 운영함으로써 정치교육의 자료실로서 역할하도록 한다.

이처럼 독일의 정당 정책연구소들은 정당을 뒷받침하는 정책연구사업 이외에 민주시민교육, 장학사업, 국제교류협력사업, 문화진흥사업 등 다양한 분야에서 활발한 활동을 전개하고 있으며, 이는 단기적인 선거전략 연구에 치중한 우리의 정책연구소 활동과 비교되는 점이다(이정진·임채진 2015).

표5 콘라드 아데나워 재단과 프리드리히 에버트 재단

정당명	콘라드 아데나워	프리드리히 에버트
설립연도	1964년	1925년
주요활동	민주시민교육과 국제협력	민주시민교육과 국제협력
정치성향	기독교민주당	사회민주당
기능적 성격	정당 공익재단	정당 공익재단
재원조달	국고지원	국고지원
예산	1억 2천만 유로	1억 3천9백만 유로
직원수	560명	617명
부서	정치자문, 유럽 · 국제협력, 정치교육, 문서보관, 영재양성 문화, 의사소통,교육운영 , 행정	정치아카데 미, 대내협력 사회와 정치경재, 국제개 발협력, 국제협력 , 장학지원, 문서보관, 자금운용, 인사채용

출처: 한의석(2015)

(2) 미국의 정책연구소 사례

미국에는 2만 개 이상의 다양한 정책연구소가 설립되어 활동하고 있는데 이들은 특정한 정당에 속하지 않는 독립적인 연구기관이다. 전술한 바와 같이 일반 시민을 대상으로 하는 교육기관의 역할이 강조되는 독일 정치재단과 다르게 미국의 정책연구소들은 싱크탱크로서의 역할이 강조된다. 이러한 싱크탱크들은 재정적으로 독립되어 있는 형태로 한국 정당 정책연구소의 개념과 등치하지 않지만, 브루킹스연구소(Brookings Institution)와 헤리티지재단(Heritage Foundation), 진보정책연구소(Progressive Policy Institute) 등은 정당과 밀접하게 연관된 연구기관으로 정치적 비전과 정책개발을 지원한다(이재철·당위남 2018).

1927년 로버트 브루킹스가 설립한 브루킹스연구소는 학문적인 연구를 중점적으로 하는 대학 수준의 중도적 싱크탱크로 분류된다. 반면, 헤리티지재단은 쿠어스의 창업자인 조지프 쿠어스의 기부로 1973년 설립된 기관으로 미국 주요 보수주의 운동가 및 지식인들의 산실로 기능하고 있다(한의석 2015).

표6 브루킹스연구소와 헤리티지재단

정당명	브루킹스연구소	헤리티지재단
설립연도	1916년	1973년
주요활동	정책연구	정책연구
정치성향	중도(민주당)	보수(공화당)
기능적 성격	민간 정책연구소	민간 정책연구소
재원조달	개인·기업 후원	개인·기업 후원
예산	1억 3천 2백만 달러 (2012)	8천 1백만 달러(2012)
직원수	377명	334명

출처: 한의석(2015)

이들 연구기관은 공화당과 민주당 등 특정 정당에 대한 이념적인 유사성을 가지고 있으나 재정적인 측면에 완전히 분리되어 있다. 즉 한국이나 독일과 같이 국가나 정당의 보조금에 의존하는 것이 아니라 기업이나 개인의 기부금으로 재정을 충당하는 형태이다. 또한 조직적으로도 정당이 개입할 수 없기 때문에 독립적인 민간 연구기관으로 이해하는 것이 적절하다.

이 같은 주요 연구기관들은 정당과 관련된 과제뿐 아니라 미국의 정책과 긴밀하게 연관된 주제를 연구대상으로 삼아 정부 정책에 영향을 미치는 경우도 많다. 또한 정부 및 정당과의 지속적인 교류를 통해 공공정책 분야에 대한 실용적인 연구를 수행하는 등 정치적 싱크탱크로서의 역할을 수행하고 있다(이정진·임채진 2015).

03. 정당시스템 재검토 및 개혁 방안

1. 정당에 대한 재정의

한국의 대통령제와 정당정치는 '87년 체제'를 따르고 있다는 점에서 오늘날 우리가 경험하는 민주주의의 위기는 결국 87년 체제의 한계를 드러내 보인 것이라고 할 수 있다(강원택 2021). 전술한 바와 같이 한국의 정당들은 강한 국가-약한 정당의 유산을 내재한 채 국정 운영에 영향력을 미치지 못함으로써 민주주의의 주요한 가치인 대표성과 심의성을 소화나는 정치적 기제로서의 역할을 다하지 못하고 있다.

한국의 정당은 민주주의의 대표성과 심의성을 달성할 수 있는가?

먼저 정당은 사회의 여러 집단, 계층, 지역을 대표하여 민의를 반영하고 갈등을 조정하는 역할을 한다. 한국 의회민주주의의 대표성의 위기는 대의민주주의의 근간인 정당과 시민사회와의 긴밀한 정치적 연계를 구축할 때만 극복이 가능할 것이다. 결국 정당 본연의 역할, '매개체'로서의 정당으로 돌아갈 필요가 있다. 정당은 각계각층의 국민들이 요구하는 다양한 이해관계를 표출시키고 집약하는 과정에 더욱 적극적으로 임해야 한다. 선거를 통해 국민에게 선택된 정당은 책임감을 갖고 국정을 수행하면서 한국 대의민주주의의 대의 역할을 주도하여야 한다(박영환 2016). 이러한 정당의 대표성은 정당을 통해 민의가 가장 효율적으로 반영될 수 있는 선거제도와 정당조직체계를 고찰함으로써 달성 방안이 모색될 수 있을 것이다.

반면 현대사회의 민주주의는 대표성만으로 작동될 수 없으며 심의의 과정이 보다 중요한 절차로 떠오르고 있다. 이는 정당이 유권자와의 연계에서 한걸음 더 나가 시민사회의 요구를 효과적인 정책으로 반영해야 함을 의미한다. 영국의 정치가 버크는 정당은 '구성원 전원의 지지를 받는 특정 원리에 입각해서 공동의 노력으로 국가적 이익을 추진시키는 것을 목적으로 하는 일단의 사람들의 결합체'라고 정의하며 정책정당을 강조하였다. 즉 현대사회의 다양한 요구가 심의의 과정을 거쳐 정책적으로 달성되도록 하는 정당의 역할이 중요하다. 물론 현대사회에서 정권의 획득과 유지를 목적으로 하는 정당에 대해 정책정당의 완전한 재현을 요구하는 것은 어려운 일이지만 정당의 주요 역할로서 정책정당을 위한 제도적 방안 모색이 필요한 시점이다.

2. 제도적 개선과 정당 구조의 개편

한국은 제헌헌법에서 규정하는 대통령제 혹은 남북이 대치하는 불안한 안보 상황에 적용되는 대통령제의 논의를 떠나 1987년 민주화 이후 양대 정당을 통한 평화적 정권교체가 다수 이루어진 비교적 안정적인 대통령제 정부 형태를 갖추고 있다고 평가할 수 있다. 또한 현실적으로 내각제는 관용과 타협이 가능한 성숙한 정당 문화가 존재하지 않을 경우 효과적인 의사 결정을 내리지 못하는 국가의 불안정성이 초래되기 때문에 안보 위기의 대응에 적합하지 않을 수 있다(송석윤 2010). 따라서 현실적으로 대통령제를 유지한다고 보았을 때 한국의 정당 시스템 개혁을 어떻게 바라볼 수 있을까?

삼권분립을 통한 제왕적 대통령의 권력 분산

한국의 제왕적 대통령제를 개혁하기 위해서는 삼권분립의 공화제적 대통령제를 내각제처럼 운영해 온 관행의 모순과 고리를 끊고, 각 권력 기관들이 독립성과 자율성을 가지고 서로의 기관을 상호 견제하고 균형을 잡도록 하는 개혁이 필요하다(채진원 2022). 이를 위해서는 행정부의 수장인 대통령이 입법부를 구성하는 정당에 미치는 영향력의 연결고리를 약화시킬 필요가 있다. 즉 한국의 제왕적 대통령제가 가지고 있는 입법부와 행정부의 과도한 연계라고 지적되는 내각제적 요소를 타파해야 할 것이다.

제왕적 대통령이 여당에 영향력을 행사하여 국회의원의 국무위원 인사

단행이나 중앙당 지도부의 공천이 결정되는 폐해를 막기 위해서는 대통령이나 당 지도부가 정당의 의사결정과정에 결정적인 역할을 하는 구조에 대한 변화가 요구된다. 국회의 기능과 국회의원들의 자율성을 정상화함으로써 정당의 최고 의사결정기구가 의원총회가 되도록 하며, 일반 당원들의 요구에 예민하게 반응하는 조직적 의사소통의 구조를 만들 필요가 있다.

양당체계의 대표성 강화를 위한 중대선거구제

대통령제하에서 정당체계가 다당제인 경우 행정부의 다수 정당과 입법부의 다수 정당이 일치하지 않는 분점정부가 출현할 가능성이 높아지는데 이러한 여소야대의 정국은 정치적 교착 상태를 악화시킬 수 있다. 즉, 대통령제 정부형태는 의회 내 다당제 경향을 억제하는 속성을 갖는다(박명호·이동은 2019). 따라서 이미 한국 사회에서 공고화된 현행 대통령제와 양당제를 유지함과 동시에 한국 정당정치의 모순 즉, 지역주의나 대표성 약화 등의 문제를 극복할 방안을 모색해 볼 필요가 있다.

정당에 대한 지역적 지지기반이 뚜렷한 한국의 정당정치 지형에서 해당 지역에서 민의가 반영될 수 있는 통로는 지역주의에 기반한 특정 정당으로 한정되어왔다. 이 같은 구조는 선거제도가 개편되지 않을 경우 변화하기 어려울 것으로 판단된다. 따라서 각 지역의 민의가 다양한 통로로 국회에 전달될 수 있도로 하기 위해 하나의 지역구 내 두 명의 의원을 선출하는 중선거구제가 대안으로 고려될 수 있다. 이러한 중선거구제는 한국 선거제도의 고질적인 문제인 승자독식 이후 낙선자에게 던져진 표, 즉 사표의 비중을 낮춤으로써 비례성을 높이는데 기여할 것으로 판단된다. 따라서 중선거구제로의 개편은 한국사회의 지역주의를 완화시킬 수 있는 기제로 작용할 것이며, 이후 행정구역 개편이 합리적으로 이루어질 수 있는 토대를 마련하는 것으로 보인다.

지구당 정치의 재검토

지구당은 현행법의 시·도당에 대응하는 제도이다. 정치개혁의 일환으로 전개된 2004년 정당법 개정에 의해 지구당이 폐지되면서 격렬한 찬반 논쟁이 시작되었다. 그 논란은 정당이 대의민주주의를 대표하는 기관으로서 지구당이 시민사회와의 강한 연대를 조직해야 한다는 대중정당론과 정당이 원내 의원 활동에 집중하기 위해서는 지구당을 저비용 구조로 축소하는 것이 바람직하다는 원내정당론의 이론적 논쟁으로 요약된다. 2005년 지역조직의 부재에 따른 문제 해결을 위해 당원협의회가 만들어졌으나 사무소와 유급 직원이 없는 임의기구로 제 역할을 하지 못하고 있는 가운데 현장 정치인들 중심으로 지구당 부활론이 제기되었고 그에 대한 찬반 논란은 여전히 진행 중이다(안철현 2015).

표7 지구당 부활 논의의 역사

국회	일시	내용
16대 국회	2004년 3월	· 정당법 개정에 따라 폐지
17대 국회	2004년 4월	· 민노당 반발하며 헌법소원했으나 기각
	2005년 8월	· 지구당을 대신할 '당원협의회' 신설
18대 국회	2008년 7월	· 여야, 지구당 부활 합의했으나 정개특위 최종합의 불발
	2010년 11월	· 여야, 지구당 부활 합의. 여론 반발에 불발
19대 국회	2015년 11월	· 여야, 지구당 부활 합의, 정개특위서 선거구획정에 밀림
20대 국회	2018년 11월	· 노회찬 사망 후 관련법 발의, 현역 불참에 동력 잃음
21대 국회	2021년 3월	· 민주당 혁신위, 지구당 부활안 등 혁신안 발표
	2021년 6월	· 송영길-이준석 지구당 부활안 합의, 연말 정개특위 구성

출처: 중앙일보[8]

8 https://www.joongang.co.kr/article/24109207#home

최근에는 2021년 7월 양당의 대표가 17년 만에 지구당 제도 부활에 의견을 모으기도 했다.[9] 이러한 지구당 부활 논의는 기본적으로 찬반 모두 대의민주주의의 풀뿌리 조직으로서 지구당의 필요성을 부인하지 않는다. 다만 고비용 저효율 구조, 비민주적 운영 등 지구당 정치의 폐해를 우려하는 것이다. 따라서 지구당을 부활함으로써 시민사회와 적극적인 소통 창구를 만드는 것은 정당과 시민사회의 협력적 관계를 구성하는데 필수적이다. 그러나 합리적인 풀뿌리 민주주의의 운영을 위한 정당의 조직적 개선에 수반되는 문제점은 정당법과 정치자금법 등을 통한 관리가 필요할 것으로 보인다.

3. 정당 정책연구소 활성화를 통한 전문성 강화

정당 정책연구소는 2004년 정당법 제29조의3에 정책연구소의 설치 및 운영에 관한 규정이 신설되면서 설치되었다. 정치자금법 제18조 보조금의 배분 규정에 의해 보조금 배분의 대상이 되는 정당은 중앙당에 정책연구소를의무적으로 설치하도록 하였으며, 이러한 정당 정책연구소들은 국가보조금을 기반으로 운영된다. 따라서 일반 국민들에게 정당 정책연구소가 설립 목적이나 취지에 따라 적실하게 운영되는지 여부를 보고해야 한다. 정당법 제35조에 따라 정책연구소는 연간 활동실적을 중앙선거관리위원회에 보고하고, 당해 정당의 인터넷 홈페이지에 게시하는 등의 방법으로 공개하고 있다. 중앙선거관리위원회도 정책연구소로부터 보고 받은 연간 활동실적을 당해 인터넷 홈페이지 등을 통해 공개한다. 또한 중앙선거관리위원회는 매년 정당학회나 선거학회 등의 관련 학계에 의뢰하여 정책연구소에 대한 지속적인 평가를 실시하고 그 결과를 공개해왔다.

정책연구소의 핵심적인 역할은 전문적인 정책 연구 개발이다. 따라서 정책연구소에 대한 평가는 정책적 전문성 부분에 집중되었다. 지난 평가 결과는

---

9 https://www.donga.com/news/Politics/article/all/20210713/107921860/1

대체로 형식적으로는 독립된 기관이지만 중앙당의 정치적인 활동을 지원하는데 집중되어 있다는 점에서 부정적이었다. 이런 평가 결과에 따라 각 정당의 정책연구소는 정책개발의 정치화 현상을 지양하고 정책 전문기관으로서 자리매김하기 위해 시급하게 해결되어야 할 문제점과 개선방안에 다양하게 대처하고자 노력하고 있다(서현진 2012).

이러한 맥락에서 정당 정책연구소가 그 위상을 확립하고 기능을 다하기 위해서는 연구소의 전문성을 강화하여 정책 개발 기능을 제고해야 할 것이다(이정진·임채진 2015). 이를 위해 국고보조금 배분 방식 개선, 박사급 연구 인력 충원, 운영 자율성 확보, 재정 자립도 강화 등을 제안한다.

첫째, 정책연구소에 대한 국고보조금 배분 방식을 개선해야 한다. 현재 정책연구소의 수입 가운데 국가에서 지원되는 정당지원금이 차지하는 비중이 절대적이다(이재철·당위남 2018). 한국과 같이 재원의 90% 이상을 국고보조금으로 충당하는 독일 정치재단의 경우 정당을 매개하지 않고 연구소가 직접 교부금을 지원받는다. 결국 정책연구소의 역할 강화를 위해서는 중앙당을 거치지 않고 연구소가 직접 보조금을 지원받을 수 있어야 한다.

둘째, 박사급 연구 인력 충원을 통한 연구의 전문성 강화이다. 정책연구소의 연구 인력 구조를 살펴보면 박사급 연구 인력이 차지하는 비율은 불과 23%에 그쳐 정책개발을 위한 인력 충원이 필요함을 알 수 있다. 특히 이러한 비율은 정책연구소의 설립 이후 오히려 축소되는 추세이기 때문에 연구인력 감소 원인을 파악하여 보완할 필요가 있다.

셋째, 정책연구소의 운영 자율성 확보이다. 연구소가 중장기적 시각으로 미래 비전과 전략을 개발할 수 있도록 중앙당의 단기 정치적 이슈로부터 독립적일 필요가 있다. 실제로 정책연구소에서 이루어진 다수의 과제는 추진 기간이 1개월 이하였다. 즉 연구소의 자율성 확보를 통해 주도적인 연구 활동이 이루어질 수 있도록 해야 할 것 것이다.

넷째, 정책연구소의 수입 구조 개선을 통한 재정적 자립도 향상이다. 최근 국회에서 논의되고 있는 것처럼 정책연구소에 후원회를 허용하는 것도 방안이 될 수 있다. 민간 기금으로 운영되는 해외 사례를 통해 연구소가 국가나 특정 정당 및 기업에 치우침 없이 다양한 재원을 확보할 때 독립성이 높아짐을 알 수 있다(서현진·임유진 2016). 민간 재원에 의존하는 미국 정책 연구기관뿐만 아니라 한국과 비교적 유사하게 국가 지원금으로 운영되는 독일의 정치재단도 일반 시민이나 기업으로부터의 기부가 허용된다. 이러한 재원 확보를 위한 경쟁을 지속하는 과정에서 정책 연구의 전문성과 정책 생산성이 향상되는 효과가 나타날 수 있다. 다만 법인이나 단체의 기부를 허용할 경우 나타날 수 있는 대기업의 과도한 영향력, 여당에의 기부 쏠림 현상, 기부금이 정당의 정치자금으로 전용될 가능성 등 부작용에 대한 검토와 정치권 내 합의가 선행되어야 할 것이다.

참고문헌

강원택. 2018. "한국 정당 정치 70년: 한국 민주주의 발전과 정당 정치의 전개." 『한국정당학회보』 제17권 제2호, 5-31.

강원택. 2021. "한국 정치의 위기와 대의민주주의." 『지식의 지평』 제30호, 1-14. 서현진, 임유진. 2016. "정당 정책연구소의 재정 자립 방안에 관한 연구." 『미래정치연구』 제6권 제1호, 27-46.

박명호·이동은. 2019. "'협치와 문제해결의 정치'를 위한 '한국형 선거제도'의 모색." 『사회과학연구』 제26권 제4호, 346-364.

박영환. 2016. "한국 의회민주주의의 대표성 평가: 정당의 대표 역할을 중심으로." 『국제정치연구』 제19집 1호, 245-268.

송석윤. 2010. “정당해산심판의 실체적 요건: 정당해산심판제도의 좌표와 관련하여.” 『서울대학교법학』 51(1), 27-65.

서현진. 2012. “한국 정당연구소의 정치교육 기능에 대한 연구: 2006~2010년 정치교육 활동 자료 분석을 중심으로.” 『한국정치연구』 제21권 제1호, 101-129.

서현진·임유진. “정당 정책연구소의 재정 자립 방안에 관한 연구.” 『미래정치연구』 제6권 제1호, 27-46.

신두철. 2011. “지구화시대의 정당정책연구소 모델과 전략: 독일 콘라드 아데나워 정치재단과의 비교관점에서.” 『한독사회과학논총』 제21권 제3호, 3-26.

안철현. 2012. “대중정당론과 원내정당론 논쟁에 대한 비판적 고찰.” 『사회과학연구』 제28집 4호, 117-133.

안철현. 2015. “지구당 부활 논쟁의 재검토.” 『한국지방자치연구』 제16권 제4호, 137-156.

윤종빈. 2017. “한국 정당운영의 현황과 당내 민주주의 실현을 위한 과제.” 『선거연구』 제8호, 207-228.

이재철·당위남. 2018. “정당 정책연구소의 현황과 과제: 여의도연구원, 민주정책연구원, 미래정치센터 분석.” 『사회과학연구』 제25권 제3호, 57-76.

이정진·임채진. 2015.“정당 정책연구소의 현황과 개선과제.” 『이슈와 논점』 제1072호.

이현출. 2017. “한국에서의 분권형 개헌 논의: 쟁점과 토론.” 『일감법학』 37권, 177-208.

임혁백 외. 2017. “헌정구조와 정당체제·선거제도의 조응성에 관한 연구: 비교연구를 통한 바람직한 한국의 헌정구조 도출.” 국회입법조사처.

장훈. 2018. “정책정당의 부침과 한국 민주주의 30년: 정책정당발전의 역사적, 이론적 제약과 한국 정당의 변동.” 『한국정당학회보』 제17권 제3호, 5-33.

조진만 외. 2019. 해외 국가 정당의 정책연구소 운영 현황과 한국에의 개선방안에 관한 연구. 덕성여자대학교.

중앙선거관리위원회. 2021. 2020년도 정당의 활동개황 및 회계보고.

채진원. 2022. 제왕적 대통령과 정당. 푸른길.

한의석. 2015. “정당 정책연구소 발전방안 모색: 외국의 사례와 한국적 함의.” 『미래정치연구』 제5권 제1호, 49-67.

제3장

미래 정치지도자의 양성시스템

김미선 (건국대 사회과학연구소 특임연구원)

01. 정치지도자의 역할 및 미래 정치인재 양성의 필요성

1. 정치지도자의 바람직한 역할 : 베버의 지도자론

막스 베버의 정치지도자와 리더십 이론에서는 지도자의 카리스마와 정당의 관료제를 핵심적인 개념으로 사용하여 지배의 형태 또는 권위의 유형에 대해 설명하고 있다(Weber, 1918). 대부분의 선행연구들은(Breiner, 1996; Wellen, 1996; Mommsen, 1965; Wrong, 1970; Gerth and Mills, 1974) 카리스마는 제도적 관행과 전통에 기반한 합리적 경영을 넘어서는 권위의 유형이기 때문에 카리스마적 지배는 관료제적 지배와 대립된다는 견해를 공통적으로 제시한다(공보경, 2003). 즉, 관료제와 카리스마를 상호대립하는 관계로 보고 이 두 개념은 양립불가능하다고 주장한다.

그러나 베버가 강조한 카리스마는 제도적 관행과 전통에 대한 복종을 거부하는 개혁가를 의미하는 것이 아니다. 이보다는 대중들의 지지위에서 정치적 대표성과 법적 평등이라는 세가지 요소가 상호균형적인 관계를 유지하는 민주적 리더십으로 해석하는 것이 더욱 타당하다. 베버가 정치지도자론에서 중요한 자질로 제시했던 카리스마를 이같이 이해할 때, 관료제화는 정치적 민주화를 초래하며, 관료제적 지배는 합법적 지배의 가장 순수한 유형이라는 베버의 주장[1]을 수용할 수가 있다(Weber, 1919b; 1921; 2002; 공보경, 2003: 재인용).

이러한 맥락에서 보면, 바람직한 정치지도자는 전통적 관행과 합리적 혁신의 조화속에 카리스마적 자질을 갖춘 민주적 리더라고 정리할 수 있다. 그렇다면 최근의 한국정치 여건에서 베버의 고전적인 정치지도자론이 미래 정치지도자의 양성에 유용한 이론적 토대가 될 수 있는가의 문제를 검토할 필요가 있다. 지금까지 정치학, 행정학, 경영학 등 리더십에 관한 학제간 연구(박찬욱 외, 1997; 양길현, 2001; 공보경, 2003; 정윤재, 2003; 이현출, 2004)가 활발히 진행되어 오면서 축적된 결론은 공통적으로 정치지도자는 민주주의에 대한 신념과 역사의식, 공동체의 비전을 제시할 수 있는 능력, 미래 사회에 대응할 수 있는 전문지식과 경험, 정의감이나 도덕성 등을 제시하고 있다. 핵심은 도덕적인 사상과 민주적인 실천을 겸비한 리더십이다.

이들의 논의를 종합해보면, 분단과 중앙집권적 정당구조, 정책정당의 결여, 그리고 비생산적인 의회 등 오늘날 한국정치의 여건을 고려하더라고, 이 연구들에서 주장하는 정치지도자가 갖추어야 할 리더십은 베버의 논점과 크게 다르지 않음을 알 수 있다. 즉, 베버가 제안한 정치지도자론은 현대 한국정치가 요구하는 정치지도자의 민주적, 도덕적, 사상적 리더십 뿐아니라 민주정

1 베버에 의하면 합법적 지배의 가장 순수한 유형으로서 성립된 관료제적 지배는 제정된 법규의 운용에 대한 신뢰에 의한 지배이다. 따라서 명령자 자신도 그 법규에 복종하며 명령자의 지배권도 그 법규의 범위 내에서 정당화되며, 부여된 권한은 개인적 동기나 감정적 영향을 철저히 배제한 상태에서 합리적 규칙 또는 형식주의에 따라서 행사된다(Weber, 1919b: 524-525; Weber, 2002: 562-563).

치, 국제정치, 국가전략 등에 관한 지식과 능력을 포괄하고 있는 것으로 이해할 수 있다. 이는 한국적 정치현실에 맞는 그리고 정치개혁을 선도할 한국형 미래 정치인재상을 정립하는데 중요한 지향점을 보여주고 있다.

2. 미래 정치인재 양성의 필요성①: 아리스토텔레스의 이상국가론

"이상국가는 교육으로 완성된다."

이상국가의 실현을 위해서는 무엇보다 교육이 중요하다고 본 아리스토텔레스는 통치자 계급만을 위한 엘리트 교육이 아니라 모든 시민에게 기회를 공평하게 주는 평등한 교육을 강조한다. 이러한 아리스토텔레스의 명제는 미래 정치인재 양성을 위한 민주시민교육의 중요성과 이를 수행하는 주체가 공교육이 되어야 한다는 당위성을 지지해준다. 아리스토텔레스가 제안하는 바람직한 교육의 모습은 다음과 같다.

첫째, 최선의 삶을 추구하는 훌륭한 인간을 길러내는 것을 목표로 삼아야 한다. 따라서 교육은 실용적인 기술, 순수 학문, 덕(德)이라는 세가지 요소를 함양하는 것이 궁극적 목표이다. 이 때 기술과 학문 교육은 덕의 실천에 도움이 되는 수단적 목표이며, 양덕(養德)이 최우선적의 교육 목표이다.

둘째, 교육은 '육체의 탁월성, 욕구의 탁월성, 지성의 탁월성'의 순서로 이루어져야 한다. 인간은 신체에서 시작하여 욕구, 지성의 순서로 발달하여 성장해가는 것이 자연의 섭리다. 그러므로 여기에 따르는 것이 이상적인 교육이라는 것이다.

셋째, 교육의 목적과 수단, 중용을 중시해야 한다. 가령, 체육과 음악 교육의 목적은 운동선수나 연주가를 만드는 것이 아니라 신체와 영혼의 조화로운 발달에 있다. 그리고 이성에 의한 교육과 습관에 의한 교육이 조화를 이루어야 한다.

바람직한 교육을 통해 청소년들이 탁월한 민주시민으로 자라날 때, 이상국가는 비로소 실현될 수 있다는 것이 아리스토텔레스의 이상국가론이다. 따라서 국가는 교육에 적극적으로 관심을 가져야 한다. 내가 가진 권리를 나만을 위해서 쓰는 것이 아니라 공동체 전체의 이익을 위해 쓸 때, 이상국가의 실현은 앞당겨진다. 시민의 이타심은 어릴 때부터 교육으로부터 완성된다.

3. 미래 정치인재 양성의 필요성② : 국회의 대표성 위기

대의 민주주의가 시민들의 의사를 대변하는 정치시스템으로 작동하기 위해서는 무엇보다 대표성이 높아야 한다. 한 사회의 인구 통계학적 특성에 따라 의회가 구성되어 연령별, 성별, 지역별, 직업별 등 특정한 기준에 따라 어떤 집단이 과대 또는 과소대표되지 않을 때, 대의 민주주의는 시민들의 가치관과 이해관계를 가장 잘 반영하는 좋은 제도로 작동한다(장승진 외, 2021).

그러나 한국 의회의 연령별 대표성은 심각한 불균형상태에 있다. 21대 국회의원들의 연령을 분석해보면, 50대가 177명(59%)으로 가장 많은 비중을 차지하며, 그 다음으로는 60대(23%, 69명), 40대(12.6%, 38명), 30대(3.7%, 11명), 70대(1%, 3명), 20대(0.7%, 2명)순으로 나타난다.

전체 국민 중 50대 이상 인구 비중은 41.1%인데 반해 21대 국회에서 50대 이상 국회의원 당선자가 전체 의원의 83%를 차지하고 있다는 사실은 우리나라 국회의 구성이 특정 연령층에 편중되어 있다는 과대 대표성의 문제를 여실히 보여준다. 특히 20~30대 당선자는 지역구 6명, 비례대표 7명을 합하여 총 13명, 전체 의원의 4.4%에 불과한데,[2] 이는 이들의 인구비율인 43%에 한참 못미치는 수치이다.[3]

2 20대 국회에서 만 30세 미만 의원은 전무했다.

3 국제의원연맹(IPU)의 「의회 내 청년 정치인」(Youth Participation in National Parliaments, 2021)에 따르면 한국의 2030 청년 정치인 비율은 3.7%로 110개 국가 중 107위다. 유럽 주요 국가들의 2~30대 청년 국회의원 비율은 노르웨이 34.3%, 덴마크 30.7%, 스웨덴 31.4%, 핀란드 29%, 독일 11.6%로 우리나라보다 월등히 높다.

그림1 국회대표성의 불균형: 국민-국회의원 연령별 구성 비교 (2021년 기준)

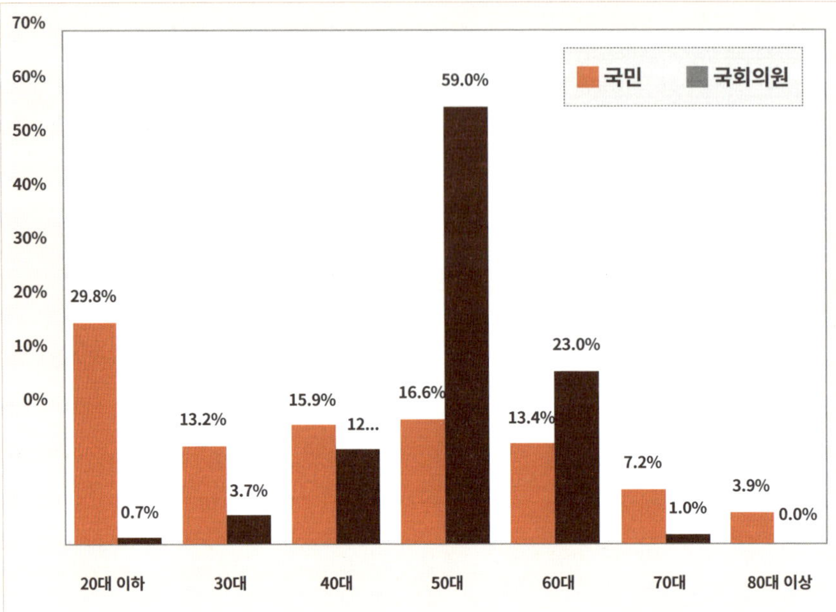

자료: 국가통계포털, https://kosis.kr/ 참고후 재구성.

이뿐만이 아니다. 전체 국민의 평균 연령은 42.1세인데 반해 국회의원의 평균연령은 55.5세로 국회의 고령화가 국민의 고령화 추세를 능가한다. 국제의원연맹의 2018년도 보고서에 따르면, 한국 국민과 평균 연령이 유사한 5개국과 비교하면 국회의원 평균 연령이 전부 한국보다 낮다. 또한 세계 최고령 국가로 손꼽히는 일본마저도 국회의원의 나이가 한국보다 젊다.

세상은 점점 빠르게 변화하고 있다. 가치가 다원화되고, 기술이 발전하고, 경제적 이해관계는 점점 더 복잡해진다. 취약계층은 다양해지고, 특히 사회주도층이던 청년들이 소위 삼포세대로 불리우면서 이들의 사회적 안녕은 갈수록 위태로워진다. 그만큼 새로운 정치적 의제는 쌓여가고 청년의 절박한 요구도 커졌지만 정치권은 더 늙어가고 있다.

의회 구성의 대표성에 대한 세대간 불균형의 원인은 저출산 고령화 등 다양한 사회적 요인에 기인하고 있지만, 정치 입문의 조건(재력, 경력, 인맥, 지역세력 등)을 갖출 수 있는 유리한 연령대가 50대로 맞춰져 있기 때문이라는 점도 부인할 수 없는 사실이다. 기존 정치인이 기득권을 강화하기 위해 만들어놓은 정치로의 진입장벽은 정치 신인에게 더욱 가혹하게 작동되면서 청년층이 정치로 입문하는데 구조적인 제약요인이 되고 있다. 따라서 국회 비례의 불균형 문제, 특히 청년층에 대한 대표성 결손 상태는 인구사회학적 요인과 제도적 요인이 결합하여 나타난 복합적인 결과라고 할 수 있다.[4]

그림2 국회의 고령화: 국회의원 평균 연령 국제 비교

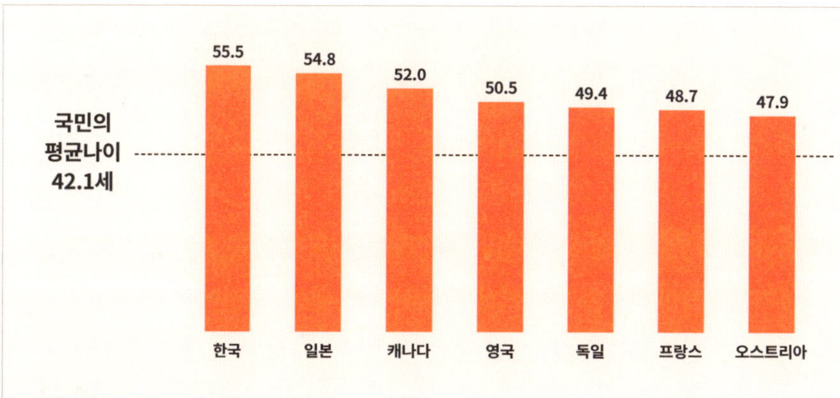

국제의원연맹(IPU), 2018년.

이처럼 특정 연령층에 대한 대표성의 결손 상태는 대의민주주의의 작동원리를 위배한 것에 해당한다. 국회 대표성의 위기는 결국 다양해진 국민의 이해관계와 요구, 가치 등 민의를 제대로 대변하지 못하게 하며, 그 피해는 청년층이 고스란히 떠안게 될 것이다. 이것이 미래의 정치인재 양성에 대한 논의에서 청년정치인에 주목하여야 하는 이유이다.

4 덧붙여 청년정치인을 발굴하고 양성하기 보다는 '인재 영입'이라는 명분하에 이벤트식 충원방식을 택해왔던 정당의 인재충원방식도 청년층의 저조한 대표성 문제를 악화시킨 원인으로 지적된다(장승진 외, 2021).

02. 미래 정치인재에 대한 현황과 이슈

1. 청년층의 정치참여 증대와 다변화

청년세대는 정치에 무관심하고 정치 참여 수준이 낮다는 것은 일반적으로 받아들여지는 사회적 통념이다. 이같은 인식이 고착화된 것은 청년[5]들이 사회초년생으로서 취업이나 주택 등의 문제에 직면해있어 정치에 관심을 가질 여유가 부족하다는 점, 그리고 의회나 정부기관의 구성에서 청년 비율이 낮아 정책결정과정에 참여하여 얻는 기대이익 즉 정치 효능감이 낮다는 점 때문이라고 볼 수 있다(이정진, 2021).

연령별 투표율이 최초로 기록된 1992년 대통령 선거에서 20대 투표율은 20~24세는 69.8%, 25~29세는 73.3%로, 80%를 넘긴 타 연령층의 총 투표율에 비해서 낮았다. 총선과 지방선거에서도 비슷한 양상이었다. 2008년 총선에서 청년층의 투표율은역시 20대 초반은 32.9%, 20대 후반은 24.2%에 불과하여 총 투표율 46.1%에 못 미칠 뿐 아니라 역대 총선 중 가장 낮은 수치를 기록했다.

하지만 2010년 치른 지방선거부터 시작해 대선, 총선에서 20대의 투표율은 꾸준하게 상승하고 있다. 2017년 대통령 선거에서 20대 전반은 77.1%, 후반은 74.9% 투표율을 보였다. 이는 통계청이 집계한 1992년도부터 2017년 대선 투표율 중 가장 높은 수치이다. 총선 역시 유사한 맥락을 보였다. 이후 2018년에 시행된 7대 지방선거와 2020년 실시한 국회의원 선거에서도 이같은 양상은 지속되었다. 이러한 경향을 볼 때, 대체로 청년들은 정치에 무관심하여 투표율이 낮다는 일각의 논리는 점차 설득력을 잃어가고 있음이 분명하다.

특히 최근 들어서는 투표권을 행사하는 전통적인 방법 외에 다양한 방식으로 청년들의 정치참여가 나타나고 있다. 청년층의 새로운 정치참여 행태는 온라인에서 쉽게 확인할 수 있다. 청년들이 주로 활동하는 인터넷 커뮤니티에

5 청년이란 만 19세 이상 34세 이하인 사람을 말한다(「청년기본법」 제3조).

서 정치 이슈에 대한 논쟁이 활발하게 이루어지고 있고, SNS를 통해 자주 등장하는 밈(Meme) 현상은 빠른 속도로 광범위하게 퍼져 특정 이슈에 대한 논쟁을 공론화시킨다. 젊은 정치인들이 SNS를 적극적으로 활용해 정치에 대한 사회적 관심을 높인 것도 청년들의 정치 참여와 관심이 확대되고 다양화되었음을 보여주는 대목이라고 할 수 있다.

올해 실시한 제20대 대통령 선거와 제8회 전국동시지방선거에서는 거대 양당의 수장이 MZ세대를 대표했으며, 그 어느때보다 2030세대가 부동층(swing voter)으로서 각광받았다. 이제 청년층은 정치무관심 세대가 아닌 선거전략에서 집중공략이 필요할 정도의 타겟 집단으로 부상하였다.

그림3 2030세대 주요 선거별 투표율

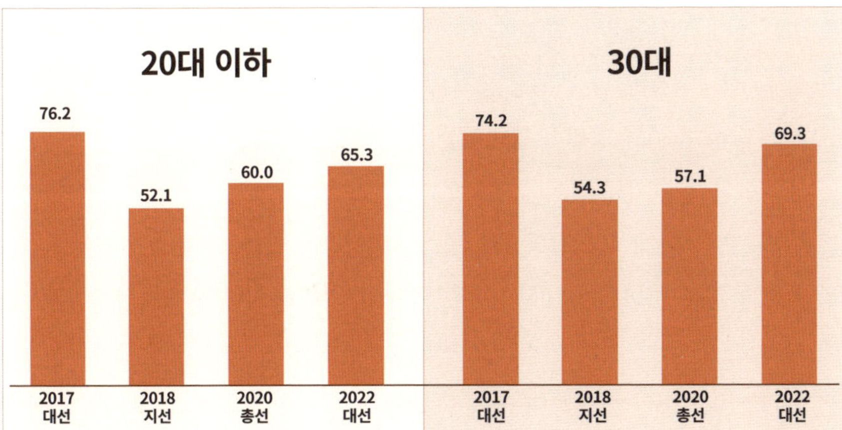

자료: 중앙선거관리위원회 선거통계시스템, 재구성.

2. 청년정치의 역사와 민주화의 주역

대한민국 민주화 운동에서 주류는 늘 청년이었다. 3·15 부정선거, 군사 쿠데타 등 불의가 세상을 뒤엎었을 때마다 이에 저항하며 청년들은 광장으로 뛰쳐나왔다. 대한민국 최초의 민주화운동이었던 4·19 혁명 당시에도 대학생들이 먼저 거리로 나오면서, 사회 각계각층의 시민들이 이들과 함께 독재에 맞서 싸웠다. 6월 항쟁 역시 청년들의 역할이 컸다. 야권 정치인들이 직선제 쟁취라는 제도적 큰 틀을 주도했다면 학생들은 열렬한 대항의 열기로 직장인들까지 감응하게 했다. 2010년대 들어서는 최순실 국정농단 사태에 반발한 청년들이 촛불을 들고 광장으로 모여들었다. 이렇듯 대한민국 민주화 혁명을 주도한 것은 청년이었다. 우리가 청년정치인을 논할 때 빼놓을 수 없는 대한민국 정치사의 두 거인이 있다. 바로 양김 YS와 DJ다.

YS는 1954년 26세에 대한민국 최연소 국회의원으로 당선됐다. 이 기록은 현재까지도 깨지지 않고 있다. YS는 당시 대통령이었던 이승만이 사사오입 개헌을 통과시키자 불의를 참지 못하고 자유당을 탈당해 민주당에 입당했던 소신을 가진 청년이었다. 그가 30대던 무렵, 박정희 군부 세력이 5·16 쿠데타를 일으켰다. YS는 군정 연장에 반대하며 야권에서 민주화 운동을 이어나갔다. 그는 정치적 탄압과 보복성 테러를 당하기도 하였으나 두려워 움츠러들기보다 더 강하게 군부 정권을 압박하는 용맹함을 보였다.

DJ 또한 청년기에 정치에 입문했다. 그가 본격적으로 의정활동을 시작한 것은 1963년 제6대 국회의원으로 당선되면서부터였다. DJ는 1964년 자유민주당 소속 김준연 의원에 대한 민주공화당의 구속 동의안을 저지하기 위해 국내 최초로 필리버스터(합법적 의사진행 방해)를 벌였다. 원고도 없이 즉석에서 5시간 19분 동안 발언하며 구속 동의안을 저지시켰다. 이를 계기로 초선이었음에도 불구하고 정계에서 스포트라이트를 받기 시작하였고, 이후 YS의 40대 기수론에 동참하며 신민당 대통령 후보가 되기도 했다.

YS와 DJ는 청년정치인으로서 소신과 신념을 갖고 불의에 저항하며 끊임없이 도전을 반복하는 모습을 보여줬다. 오늘날의 청년 정치인, 나아가 모든 미래 정치인재들이 배워야 할 모습이다.

3. 미래 정치인재 확보를 위한 제도적 개선 : 정당법과 공직선거법의 개정

2022년 1월 11일 국회는 정당에 가입할 수 있는 연령을 현행 만 18세(국회의원 선거권이 있는 자)에서 만 16세로 낮추는 내용의 정당법(제22조) 개정안을 의결하였다. 개정안은 만 16세 이상 국민이라면 누구나 정당의 발기인 및 당원이 될 수 있다는 내용을 담고 있다.[6]

이는 국회의원 선거와 지방선거의 피선거권 연령을 만 18세로 낮추는 공직선거법 개정안[7]이 2019년 12월 말 국회를 통과하면서 정당 가입 연령도 낮춰야 한다는 지적에 따른 후속조치였다.[8] 만 18세에 피선거권을 행사하기 위해서는 그 전에 정당에 가입해서 공천을 받아야 하기 때문이다.

이러한 정당법과 공직선거법의 개정안은 청소년의 정치참여를 위한 법제도적 인프라 확충이라는 소기의 목적 외에 참정권의 확대라는 민주주의의 발전을 촉진할 것이다. 실제로 제8회 전국동시지방선거(2022. 06. 01)에서 구·시·군의회 의원선거에서는 10대 출마자 2명이 나왔고, 광역의원 비례대표선거에서는 4명, 기초의원 비례대표선거에서는 1명의 10대 출마자가 나왔다. 한편 올해 대통령선거 투표권을 처음으로 행사한 18세의 경우 71.3%의 투표율을 나타내 20대(71.0%), 30대(70.7%)와 비슷한 투표율을 보였다. 이러한 현상은 법제도의 변화가 사회변화를 야기한다는 제도주의적 관점으로 이해할 수 있다. 즉 정당법과 공직선거법의 개정이 청년층에 대한 정치적 수요(투표율)와 공급(출마자수)을 증대시키는 결과를 가져왔음을 의미한다.

---

6 다만, 18세 미만은 정당 가입시 법정대리인의 동의서를 함께 제출해야 한다는 단서조항이 있다.

7 2020년 4월 15일 실시된 제21대 국회의원선거부터는 선거일 기준 만 18세가 된 청소년들도 선거권을 가지게 되었으며, 이로서 약 53만명의 새로운 유권자가 탄생하였다.

8 피선거권이 만 18세로, 정당가입 최소 연령이 만 16세로 하향됨에 따라, 고등학교 1학년이면 정당에 가입할 수 있고, 고등학교 3학년부터는 지자체장이나 국회의원 출마도 가능해진 것이다.

표1 연령대별 최근 선거 투표율 (단위 : %)

구분	18세	19세	20대	30대	40대	50대	60대	70대	80세 이상
'22 제20대 대선	71.3	72.5	71.0	70.7	74.2	81.4	87.6	86.2	61.8
'17 제19대 대선	-	77.7	76.1	74.2	74.9	78.6	84.1	81.8	56.2
'12 제18대 대선	-	74.0	68.5	70.0	75.6	82.0	80.9 (60대 이상)		
'07 제17대 대선	-	54.2	46.6	55.1	66.3	76.6	76.3 (60대 이상)		
'20 제21대 총선	67.4	68.0	58.7	57.1	63.5	71.2	80.0	78.5	51.0
'16 제20대 총선	-	53.6	52.7	50.5	54.3	60.8	71.7	73.3	48.3
'22 제8회 지선	32.8 (20대 이하)			38.4	42.7	54.5	68.4 (60대 이상)		
'18 제7회 지선	-	54.1	52.0	54.3	58.6	63.3	72.5	74.5	50.8

주: 제8회 지방선거 투표율은 선관위의 공식 자료가 아니며, 공중파 3사의 출구조사 자료임
자료: 중앙선거관리위원회 선거통계시스템. https://ww54.3w.nec.go.kr/ 재구성.

03. 세계 주요국의 정치인재 양성시스템[9]

1. 미국

(1) 미국 정당의 특징과 청년조직에 대한 이해

미국정치에서 정당은 서유럽 정당정치와 비교해 상대적으로 당원의 역할이 더 강조되고, 분권적 구조와 운영을 특정으로 한다. 당내 청년 정치인 발굴, 각급 공직 선거 공천에서 청년에 대한 배려가 중앙당의 방침에 의해 제도화되어 있는 것은 아니다. 그러나 느긋한 형태의 분권적 구조가 오히려 청년조직의 발전과 청년 정치의 활성화를 이끈 측면도 있다.

9 청년정치인에 대한 해외사례는 장승진·박선경·김은경·정진웅(2021). 정당의 청년정치인 교육 및 충원시스템 연구: 해외사례를 중심으로. 국회입법조사처 정책연구보고서의 내용을 발췌하여 요약함

미국 정당에서 청년조직은 중앙당의 통제와 지도를 받기보다는 자율적인 활동을 보장받는다. 10대 고등학생부터 대학생, 그리고 직장인 청년들에 이르기까지, 그리고 지역(local) 단위의 클럽 활동에서부터 전국 단위의 중앙 연합체 조직까지 청년들은 다양한 정당 활동을 경험한다. 당의 선거운동에 적극적으로 참여하기도 하고, 소속 정당의 가치 지향에 맞는 이슈를 학습하고 홍보하면서 당과의 일체감을 강화하기도 한다. 무엇보다도 청년 당조직의 리더로 성장하면서 직업 정치인으로서 갖추어야 할 여러 능력과 자질을 함양한다. 이런 성장과정이 후에 정치인으로서 성공하는데 큰 자양분이 되는 것이다. 또 10대에서부터 정당 구성원으로서 훈련을 받고, 성인이 되면서 자연스럽게 당내 다른 청년조직 활동으로 연계되면서 체계적인 성장 과정을 밟는 것도 큰 장점이다.

(2) 청년 정치인 발굴 및 교육시스템

민주, 공화 양당은 청년 조직 구성과 편제 측면에서 유사한 형태를 보여준다. 선거권을 보유한 당 청년들은 일반 청년조직과 대학생 조직에 양분되어 소속되며, 그 아래 연령대인 고등학생 또는 10대 청소년들의 조직도 견실하게 운영되고 있다.[10]

미국 정당은 공천이 주(state) 정당 차원의 경선을 통해 이루어지고 있고, 경선 절차와 방식은 주 정당의 규칙이나 소재한 주의 선거 관련 법령에 따라 결정되기 때문에 청년 정치인이 당에 의해 체계적으로 발굴되는 것으로 보기는 어렵다. 이보다는 청년조직에서 다양한 경험과 활동을 통해 정치 지도자가 갖추어야 할 능력을 배양하는 형태라고 보는 것이 더 정확하다.

---

10 민주당의 경우 청년민주당(Young Democrats of America, 이하 YDA), 대학생 민주당(College Democrats of America, 이하 CDA)이 존재하고, 그 아래로 고등학생 민주당(High School Democrats of America, 이하 HSDA)이 활동하고 있다. 공화당 역시 청년 공화당(Yong Republicans, 이하 YR)과 대학생 공화당(College Republicans, 이하 CR)으로 구성되며, 여기에 10대 공화당(Teen Age Republicans, 이하 TAR)이 조직되어 있다.

특히 양당의 청년조직 모두 당의 중요 그룹으로 존재하면서도 당의 통제로부터 벗어나 독자적으로 운영되고 있다. 이 때문에 청년들이 전체 당을 위한 도구적 존재에 머무르지 않고, 스스로 목적 의식적인 그룹이 되어 그 안에서 성장하는 형태가 된다.[11] 따라서 청년조직에서의 활동과 리더로서의 성장해가는 과정 자체가 정치인으로서 응당 갖추어야 할 능력을 배양하는 교육 과정이 된다고 할 수 있다.

10대 조직인 HSDA, TAR부터 선거권을 갖는 연령대의 CDA, YDA, CR, YR에 이르기까지 각 조직은 학교 또는 지역 단위의 클럽에서부터 청년들이 성장할 수 있는 다양한 활동들을 전개한다. 토론회와 세미나 등을 자체 조직하여 당의 가치를 습득하고, 주요 현안에 대한 이해를 확장하면서 당과의 일체감(party identification)을 강화한다. 또, 독립적인 조직 운영, 당 선거운동, 지부 단위에서의 유권자 동원 활동 등을 통해 정치인으로서 갖추어야 할 조직 관리 능력을 배양한다. 이런 일련의 조직 활동 자체가 정치인으로 성장하기 위한 좋은 교육과 훈련이 되는 것이다.

전국 단위 차원에서 단기 교육 차원의 특별 프로그램을 운영하기도 한다. CDA는 매년 전국대회(National Convention)를 개최한다. 이 대회에서는 단순히 조직 운영과 관련한 회합의 자리를 넘어, 부대 행사를 통해 정부 운영과 선거 운동을 어떻게 해야 효율적으로 진행할 수 있는지 등의 주제로 다양한 부대 행사가 마련된다. YDA도 비슷한 프로그램을 운영한다.

민주당 고등학생 조직인 HSDA도 Annual Summit을 개최하여 소속 지역 공동체에 복귀해 효과적으로 조직을 운영하고 성장시킬 수 있는 전략과 방법에 관한 교육프로그램을 운영한다.

---

11 YDA는 조직의 의의와 목표를 민주당 후보의 당선에 기여 하는 것과, 진보적 가치의 이슈를 사회적으로 옹호하고 확산시키는 것에 두고 있다. 그리고 차세대 진보 진영의 리더를 훈련시켜 배출하는 것을 조직의 중요한 역할로 제시하고 있다. 이에 비해 YR은 스스로를 미국 사회에서 보수적 가치를 행동에 옮기는 젊은 리더로 규정하고, 공화당의 미래로 평가하고 있다. 나아가 새로운 젊은 보수주의자들을 발굴하여 이들을 미래 지도자로 육성하고 나아가 공화당 후보로 성장시킨다.

YR은 National Conference를 활용하여 각종 교육프로그램을 진행한다. 컨퍼런스의 주요 프로그램은 주 단위 조직과 지역 클럽 대표자들 간 미팅, 주요 선출직 정치 지도자들과의 대화, YR 활동가를 위한 훈련, 정당 리더십 훈련, 핵심 보수주의 정책 토론 등으로 채워진다. 캠퍼스 지부 단위에서 CR은 Volunteer Strike Force라는 캠페인 프로그램을 운영하여 CR 구성원을 당의 자원봉사 기회에 연결시켜주고, 공화당 후보를 도우며 나아가 공화당 아젠다를 심화시킬 수 있도록 해준다.

TAR은 클럽을 중심으로 지역사회에서 활동하면서 공화당의 가치를 습득한다. 이를 통해 당대 이슈가 국가와 개인의 삶에 어떤 영향을 미치는지 공부하게 되고, 적극적으로 활동하는 회원이 TAR의 리더로 성장할 수 있도록 한다. 고등학교를 졸업한 이후 많은 TAR 회원 출신들이 지방선거에 출마하여 공화당 전국 지도자들과 네트워크를 형성할 수 있도록 돕는다. 특히 TAR은 소속 회원들이 고등학교를 졸업한 이후 자연스럽게 YR이나 CR에 입회해 당 활동을 지속하며 성장할 수 있도록 유도한다.

2. 영국

(1) 영국 정당의 특징과 청년조직에 대한 이해

영국 정치에서 청년은 2019년 총선 하원의원 당선자의 20%만이 20~30대라는 측면에서 충분한 대표성을 가진다고 보기에는 어려움이 있으나, 1979년 이후 하원의원의 평균 연령이 50세를 넘긴 적이 없고, 30대의 당수, 40대 초반의 총리가 지속적으로 배출되고 있다는 점을 감안한다면 영국의 청년 정치 수준은 비교적 높다고 평가할 수 있다.

영국 정당들의 전당대회는 당에 대한 소속감만을 강조하는 분위기 속에서 치러지는 보여주기식의 행사가 아니라, 실질적인 정책을 논하는 공론장의 역할을 한다.

영국의 보수당은 15세부터 노동당은 14세부터 정당의 가입 및 활동이 가능하여 대다수의 청년정치인들은 20대 시절부터 특정 정당의 청년조직 활동을 펼칠 수 있다. 보리스 존슨(Boris Johnson) 전 총리는 대학 시절부터 보수당원으로 활동했으며, 토니 블레어(Tony Blair) 전 총리도 대학 졸업 직후 노동당에 입당했다. 그 외에도 수많은 영국의 청년 정치인들이 정당 내 청년조직에서의 활동을 시작으로 정당에 들어와 각 지구당에 소속되면서 구의원이나 시의원직을 통해 선출직에 도전해 경험을 쌓는다. 그리고 이들이 지역구 활동에 주력하며 정치적 경험을 쌓아나가는 과정 속에서 자연스럽게 영국의 청년 정치인들은 풀뿌리 민주주의에 기반하여 다양한 경험과 경력을 쌓고 준비된 인재로서 중앙무대로 나아갈 준비를 한다.

영국은 오랜 의회민주주의의 역사가 있는 국가이다. 그렇기에 영국의 두 정당은 청년을 새로운 정치적 계층으로 여기는 것이 아니라 사회의 일원으로써 바라보고 있으며, 다양한 사회 배경의 젊은이들이 정치에 적극적으로 참여할 수 있는 환경을 조성하고 있다.

(2) 청년 정치인 발굴 및 교육시스템

영국에서는 청소년 시기부터 시민교육을 바탕으로 정치교육을 지속적으로 받고, 대학생이 되면 정당의 청년조직으로 자연스럽게 정치적 활동을 이어간다. 때문에 영국 정당에는 새로운 청년들이 계속해서 유입된다.

영국의 보수당과 노동당은 1990년대 중반 이후 국가적으로 청소년들에 대한 시민교육을 강화하였고, 의회는 자체적으로 "영국의회의 국민과의 연결(Parliamentary outreach)"프로그램을 운영하여 의회 운영에 대해 연구하고, 입법 심사에 참여할 방법을 제공하며, 각 지역과 의회의 연관성을 보여주는 등의 세부 프로그램을 운영하고 있다(이지수 외, 2011).

보수당은 보수당은 새로운 의회가 구성되면 후보 승인 명단 작성을 시작하는데, 지구당의 추천을 받은 인사들 중에서 중앙당이 과거의 정당 활동, 경력 및 개인의 능력 등을 감안하여 인터뷰를 통해 명단을 선정한다(권석하, 2020). 후보 승인 명단에 포함되면 그때부터 중앙당에서 후보자들을 대상으로 다양한 훈련과 교육을 시행한다. 이는 일반 청년을 위한 교육프로그램이라기보다 후보군 명단에 포함된 후보를 대상으로 한 소수의 예비 정치엘리트를 위한 교육훈련의 성격을 가진다(영국주재관, 2019). 즉, 교육보다는 후보군 선출과정이나 공천과정에 있어 엄격한 절차를 거치게 함으로써 장기적인 안목으로 차세대 정치인을 발굴하는데 집중하고 있다고 할 수 있다(권석하, 2020).

노동당은 보수당에 비해 상대적으로 일반 청년을 대상으로 많은 프로그램을 제공한다."미래후보계획 프로그램(The Future Candidate Program)"을 운영하여 신규 회원 안내, 정당 활동 참여 방법, 시의원 및 지역 선거 후보자 모집, 시의원의 역할, 선거운동, 도어스텝(Doorstep) 캠페인, 홍보물 제작, 디지털 캠페인, 지역 정당 운영, 정책 개발 등 다양한 내용에 대해 웨비나(web+seminar)를 진행하고 있다.

3. 독일

(1) 독일 정당의 특징과 청년조직에 대한 이해

독일은 정당의 청년조직이 발달한 대표적인 사례이다. 정당 내 청년조직의 역사가 깊고, 정당 내 청년조직의 위상이 높은 편이며 여러 가지 당내 제도들도 청년 정치가 활성화하는데 기여하는 방향으로 제도화가 되어있다.

독일의 청년조직의 운영과 관련된 독특한 특징은 할당제와 재정적·제도적 독립성이다. 정당마다 청년 의원에 대한 할당제(newcomer quota)가 존재하여 정당 후보자 공천은 청년조직의 전당대회를 통해 전적으로 청년조직 내부에서 결정하며 모당은 전혀 개입하지 않는다. 또한, 독일 정당 내 청년조직은 구조상 모당에 소속된 직능조직이지만, 법적으로 모당과 독립적인 법적 지위를 가진 독립조합(Unabhangiger Verein)이다. 이러한 법적 지위의 독립성과 정부의 국고보조금 지원으로 인해 모당으로부터의 재정적 독립이 가능하다.

(2) 청년 정치인 발굴 및 교육시스템

연동형 비례대표제인 독일의 정당제도 하에서 정치인의 발굴은 정당 외부에서 시작되는 것이 아니라, 정당 내부에서 시작된다. 다양한 당내 활동을 통해서 인지도와 경험을 쌓은 사람들이 당내 각종 조직에서 대표로 선출되어 활동하고 이후 지역구나 정당명부 후보자 선출을 위한 선거에서 승리하여 후보가 되는 상향식 방식이다. 즉, 정당이 청년정치인을 "발굴"하는 것이 아니라 청년 당원들을 청년정치인으로 "성장"시키는 것이다.

독일은 연방정부 차원에서 민주시민 양성을 위한 교육시스템이 잘 되어 있는 편이며, 이런 민주시민교육 시스템이 청년 정치인 양성에도 큰 기여를 하고 있다. 특히 민주주의 교육을 실행하는 정치교육기구로서 연방정치교육센터(BPB, Bundeszentrale fÜr politische Bildung)가 존재하는데, 주로 아동과 청소년을 대상으로 다양한 정치참여프로그램을 진행하고 있다.

정당별로도 청년 정치인을 위한 다양한 프로그램이 있다. 이는 중앙당이 아니라 사민당의 공식적인 청년조직인 JUSOS에서 독자적으로 운영된다. JUSOS의 주된 활동들을 보면, 토론회나 세미나, 포럼 등을 개최하여 당내는 물론이고 독일 정치의 중요한 현안들에 대해서 논의한다. 사안에 따라서 공식 성명서나 입장문 등을 게시하고, 다양한 정치적 안건에 대한 일반 당원 및 청년 당원들의 글을 싣는 온라인 매거진을 발행한다. 이런 활동들은 청년 정치인에 대한 하향식 교육이 아닌 동등한 당원으로서 수행하는 정당활동의 일환으로 간주된다. 청년 당원들은 다양한 정치 활동을 통해서 스스로 정치를 학습하며 미래 정치인으로 성장하게 되는 것이다.

4. 스웨덴

(1) 스웨덴 정당의 특징과 청년조직에 대한 이해

스웨덴은 30세 이하 청년정치인의 비율이 13.32%로(IPU 2018년 보고서) 전 세계 2위에 해당할 만큼 청년 정치가 매우 활성화되어있다. 스웨덴의 청년들은 일찍이 청년조직에 가담해 활동하면서 조직 운영 능력, 정치적 의사 표현 방법을 배양하고 당의 이데올로기를 강화한다. 그리고 이런 경험을 토대로 청년들이 공직 선거에 적극적으로 출마하고 있다.

스웨덴은 청년정치인의 발굴과 교육시스템이 단순히 정당 정치 수준에 국한되지 않는다는 점이 특징적이다. 청년들이 참여하는 정당의 정치교육은 대중운동의 전통과 평등을 강조하는 스웨덴 정치의 오랜 정치 문화와 맞닿아 있다. 따라서 단순히 당파성을 가지고 진행되는 교육을 뛰어넘어 시민들까지 참여하는 하나의 정치 축제의 장으로 전개된다.

따라서 청년과 청년조직을 위해 공직 후보자 공천 등에서 제도적으로 특혜를 주는 방식을 채택하지는 않는다. 다만 청년조직의 대표가 당 전체의 중요 의사결정 기구의 당연직 멤버로 보장하고 있는 것은 의미가 있다. 중앙당 이사회와 당 집행위원회가 대표적인 기구이다. 이를 통해 청년조직은 당의 중요 조직으로서 존중받는다고 인식한다. 당 차원의 특혜와 보장보다는 청년조직 자체가 활성화되면서 다양한 활동과 경험을 통해 미래 정치 지도자로 성장하는 것이 주된 특징이라고 할 수 있다.

(2) 청년 정치인 발굴 및 교육시스템

스웨덴에서 청년들은 리더십 교육과 정치활동을 경험하며 능력을 배양한다. 이런 과정을 거쳐 제도권 정치 참여에 적극적인 동기를 갖게 되고, 이 같은 과정이 국회의원, 지방의회의원 등에 출마하는 데 긍정적인 영향을 미친다 (Lundin, Skan and Zetterberg, 2011).

스웨덴에서 한 세기 넘게 제1당을 유지하고 있는 사회민주당은 2009년 그들의 공식 청년연맹(SSU)과 함께 봄메쉬벅 캠퍼스(Campus Bommersvik)를 설립하였다. 봄메쉬벅 캠퍼스는 사민당 구성원만을 위한 교육기관이 아니라 다양한 대중운동과 노동 운동 조직원을 교육 대상으로 하고 있다.

정치인에 특화된 교육 프로그램으로는'알메달렌 정치주간(Almedalsveckan)'이 있다. 알메달렌 정치주간은 스웨덴 남부 비스비(Visby)에서 매년 7월에 일주일 동안 열리는 정치축제의 장이다. 1974년까지는 사민당이 주민과 토론하는 장소로 개최되었으나 1991년부터는 스웨덴 내 의석을 보유한 모든 정당과 정치인, 각계각층 인사, 시민단체와 비영리단체, 언론, 기업, 시민이 모여 자유주제로 연설하고 토론하는 행사로 발전하였다(김희진, 2019).

스웨덴 정당이 실행하는 정치교육은 단순히 개별 정당의 독자적 교육이 아니라 대중운동의 전통과 평등을 강조하는 스웨덴의 독특한 전통과 연결되어 있다. 따라서 단순히 차세대 지도자를 배출하는 것을 넘어 풀뿌리 정치와 민주주의 운영의 기본 원칙을 학습하는 시스템으로 자리잡고 있다(유태환, 2018).

5. 노르웨이

(1) 노르웨이 정당의 특징과 청년조직에 대한 이해

노르웨이는 30세 이하 청년 정치인의 비율이 세계에서 가장 높은 나라이다(IPU, 2018). 스웨덴의 사민당과 마찬가지로 노르웨이 제1당인 노동당이 청년 정치인을 발굴·육성하는 특별한 시스템을 구비하고 있지는 않다. 다만 당의 공식 의사결정기구에서 노동자청년동맹(Arbeidernes ungdomsfylkin, Worker's Youth League, 이하 AUF)의 대표를 중요한 구성원으로서 존중하고 있으며, 국회의원와 주의원 선거 후보자 공천과정에서 AUF가 공식적으로 참여할 수 있도록 하여 청년이 조기에 공직 후보자로 출마하는데 도움이 되는 제도를 일부 제한적으로 운영하기도 한다.

노르웨이의 청년정치가 활성화된 것은 이러한 제도적 보장보다는 청년조직의 자체 활동에서 기인하는 바가 크다. AUF는 지역 단위로 다양한 워크숍과 테마 행사를 기획하고 참여하면서 정치지도자로서의 자질을 증진시킨다. 이 과정 자체가 좋은 정치교육이 되는 것이다.

(2) 청년 정치인 발굴 및 교육시스템

청년들을 발굴하여 정치인으로 육성하기 위한 공식 프로그램을 중앙당이 운영하고 있지는 않다. 그러나 카운티 수준에서 120개 이상의 지역에 존재하는 AUF 지부는 테마 이브닝, 워크샵 등을 개최하면서 전국 회원간 유대 강화와 당의 정책 방향에 대해서 공부하고 정치적 식견을 기른다. 이러한 AUF 조직에서의 활동과 훈련 과정이 자연스럽게 정치교육이 되는 것이다. 청년조직에서 활동하면서 자연스럽게 정치인에게 요구되는 자질 함양과 당원으로서 갖추어야 할 정책적 이해도를 증진하는 것이 좋은 청년 정치인이 되는데 자양분이 된다는 사회적 공감대와 정치적 문화가 약 100년에 걸쳐 청년조직의 역사를 만들어낸 원동력이라 할 수 있다.

스웨덴 사민당 사례와 마찬가지로 노르웨이 AUF도 청년들 간 유대를 강화하면서 집중적인 정치교육을 받을 수 있는 여름 정치캠프를 매년 운영하고 있다. 우퇴위아라고 불리는 이 캠프는 AUF 청년들이 정치인으로 성장하는데 중요한 역할을 한다. 전국에서 온 AUF 청년들이 노동당 동지로서 관계를 강화하고 강좌와 토론을 통해 정치 지식을 습득하고, 노동당 지도부도 청년들을 만나고 당의 노선과 계획을 홍보하는 기회로 활용한다.

스웨덴과 노르웨이와 같은 스칸디나비아 국가지도자의 상당수가 정당의 청년조직 출신이라는 공통점은 정당 차원에서가 아닌 사회 전반에 걸친 청년조직의 활동은 차세대 정치지도자의 능력을 함양할 뿐만 아니라 민주주의의 발전에 기여한다는 시사점을 제공한다.

6. 뉴질랜드

(1) 뉴질랜드 정당의 특징과 청년조직에 대한 이해

뉴질랜드는 여성이 참정권을 획득한 세계 최초의 국가였으며, 현재 정치영역에서 다양성의 선두주자로 불리우는 국가이다. 다양한 계층으로 구현된 높은 대표성은 청년세대에도 적용된다. 뉴질랜드에서 청년의 정치참여가 활발히 이뤄질 수 있는 데에는 몇 가지 특징이 있다.

첫째, 정치 교육이다. 뉴질랜드 선거관리위원회는 학교와 연계하여 학생들에게 정치 교육을 체계적으로 실시하고 있다. 이는 단순한 이론적 교육에서 그치는 것이 아니라 학생들의 실생활 및 사회 전반에 걸쳐 나타나는 정치적 상황에 대한 이해를 도모하고, 실제 대표를 선출하거나 선거 운영 등을 지원하고 있다. 또한 정당 및 시민단체 등의 활동이나 의회의 역할에 대한 교육을 통해 학생들 스스로 정치적 견해를 표출하는 방법에 대해 구체적으로 교육하고 있다. 나아가 학생들이 의회의 선거에 출마하거나 지역의 대표로 활동하기 위한 로드맵 등을 안내하여 일찍부터 정치인의 꿈을 키울 수 있도록 지원한다. 이러한 교육을 통해 뉴질랜드 청년들은 다양한 청년 조직의 구성원으로서 정당 및 의회에 참여하게 되고, 그러한 경력을 바탕으로 젊은 나이부터 의회에 진출하고 있다.

둘째, 청년을 위한 정부의 지원조직이다. 뉴질랜드는 12세에서 24세 사이의 청년 노동문제를 해결하고 청년층이 사회 전반의 의사결정과정에 참여할 수 있도록 지원하는 청년개발부(Ministry of Youth Development)라는 부처를 두고 있다. 청년개발부에서는 기금을 조성하여 청년층을 위한 각종 워크샵을 개최하고, 지방의회에 청년 위원회(Youth Council)를 설립하며 의회에서의 청년 의회(Youth Parliament)를 지원한다.

셋째, 청년의 참여를 적극적으로 수용한다. 의회에서는 3년마다 16세에서 18세의 청년들이 청년 의회를 개최하고 있으며, 각 정당에서도 청년의 참여가 활발히 이뤄지고 있다. 노동당의 경우는 15세부터 정당에 가입할 수 있으며, 국민당은 12세 이상이면 당원으로 활동할 수 있다. 어린 나이부터 정당에 직접 참여하여 청년조직 활동을 하면서 정치적 커리어를 구축할 수 있는 제반 환경이 마련되어 있으며, 이는 청년 대표로 성장하는 발판이 된다.

넷째, 청년들의 눈높이에 맞는 다양한 활동이 전개된다. 각 정당의 청년조직은 정치적인 활동만을 하는 것이 아니라 다양한 문화 행사 및 파티 등을 통해 사교모임을 갖는다. 청년들은 여기에서 자유롭게 자신들의 견해를 나타낼 수 있고, 정당이나 의회 및 지방의회는 청년들과 쉽게 소통할 수 있다.

(2) 청년 정치인 발굴 및 교육시스템

뉴질랜드는 학생들의 정치 교육을 중요하게 다루고 있으며, 이를 위해 선거관리위원회에서는 학생들을 위한 체계적인 교육시스템을 구축하고 있다. 학교에서 실시하는 모의 선거에 필요한 모든 것을 제공하고 있으며, 학생들에게 실제 후보자에 대한 정보와 정당 및 선거제도에 대해 가르치고 직접 투표 경험을 제공한다. 뉴질랜드 전역의 1,033개 학교에서 130,000명 이상의 학생들이 프로그램에 등록하여 선거관리위원회의 교육 및 지원을 받는다.

이러한 교육은 5단계의 커리큘럼으로 이루어져 있으며, 교사를 위한 가이드 자료 또한 준비되어 있다. 1단계에서는 그룹에 소속되는 것이 얼마나 중요한지 이해하고, 사람들의 다른 역할과 참여의 일환으로의 책임 등에 대해 배우게 된다. 2단계에서는 사회·경제·문화적 역할 및 권리, 책임 등을 이해하고, 자신의 요구를 충족하기 위해 선택할 수 있는 방법이나 사회발전에 기여하는 다양한 방법 등을 학습한다.

3, 4단계에서는 학생들이 자신의 삶에 영향을 미치는 결정에 대해 발언권을 갖도록 장려하는 것을 목표로 한다. 3단계에서는 그룹이 규칙을 만들고 구현하는 방법을 이해하고, 사람들이 어떻게 결정하게 되는지를 배우게 된다. 4단계에서는 집단의 리더십이 획득되고 행사되는 방식이 지역사회와 사회에

어떠한 영향을 미치는지 다루고, 공식 또는 비공식 조직이 어떻게 커뮤니티에 영향을 미치는 결정을 하게 되는지, 또한 사람들이 개별적으로 참여하는 방식 및 지역사회의 반응 등에 대해 이해하게 된다. 5단계에서는 뉴질랜드 정부가 작동하는 방식에 대한 학생들의 이해를 심화하기 위해 투표를 학생들의 삶과 연결하는 것을 목표로 한다.

7. 소결: 해외사례에서 보여준 미래 정치인재 양성을 위한 6가지 교훈

(1) 미래 정치인재 양성을 위한 제도적 기반 확립

모든 국가에서 정당가입 연령이 법정 투표연령보다 낮았다. 사례대상 국가 모두 투표연령은 18세였는데, 정당내 청년 조직 가입 연령은 12세~15세였다. 즉, 성인이 되기 전부터 청년들에게 충분한 기간 동안 다양한 정치적 경험을 쌓을 기회를 제도적으로 보장하고 있다. 우리나라 역시 정당법과 공직선거법의 개정을 통해 청년층의 정치활동 보장은 물론 미래 정치인재 양성을 위한 제도적 기반은 마련되었다고 평가할 수 있다.

(2) 청년 조직의 지위와 위상에 대한 제도적 배려와 존중

정당 내에서 운영되고 있는 청년 조직의 지위와 위상이 높았다. 당헌당규를 통해 청년 조직을 명문화하여 그 조직의 대표성을 공식화한다. 또한 청년 조직의 대표가 당연직으로 정당의 최고의사결정기구에 반드시 참여하도록 명시함으로써 실질적으로 청년의 목소리가 정당 내부 의사결정과정에 반영될 수 있도록 보장한다. 청년 조직의 목소리가 일상적인 당무는 물론이고 후보자 공천과 같이 중요 의사결정과정에도 반영되고 있는 것이다. 청년조직을 당의 중요조직으로 존중하고 있음을 보여주는 대목이다.

(3) 청년 조직의 독립성 확보

청년 조직은 모당에 소속된 하위 조직이지만, 청년 조직 내 의사결정은 모당으로부터의 완전한 독립성을 보장받는다. 청년조직의 대표를 선출하는 과정에 모당이 전혀 관여하지 않으며, 청년 조직 내부의 의사결정과정을 통해 모든 것을 결정하고 있다. 또한, 청년조직은 모당과 별개로 자신들의 정치적 의견이나 정책 등을 다양한 플랫폼을 통해서 자유롭게 발표하고 있다.

특히 독일의 경우는 청년 의원 할당제로 공천 등에 관한 의사결정이 전적으로 청년조직 내부에서 결정되고, 독립조합 형태의 법적 지위를 가져 자율적인 운영이 가능하며, 국고보조금 지원으로 재정적으로도 자유롭다. 의사결정, 조직운영, 예산 모든 차원에서 모당으로부터의 독립되어 있다.

(4) 청년조직 자체 운영 프로그램의 활성화

청년정치인 양성과 교육을 위한 다양한 활동과 프로그램이 전개되고 있지만, 중앙당이 주도적으로 기획하고 청년 조직을 동원하는 방식보다는 청년 조직이 자체적으로 운영하는 방식이 주류를 이루고 있다. 이들 중에는 스웨덴의 봄메쉬벅이나 알메달렌 정치 주간, 노르웨이의 우퇴위아 여름 캠프처럼 오랜 전통과 큰 규모를 가진 정치활동 프로그램도 찾아볼 수 있다.

(5) 청년정치를 위한 국가의 지원조직

국가 차원에서 청년정치 활성화를 위한 구조적인 노력을 기울이는 사례도 있다. 독일의 연방정치교육센터나 뉴질랜드의 청년개발부 등 중앙정부 차원에서 정식 부처를 두고 청년의 정치교육과 대표성 향상을 위한 다양한 제도를 시행하고 있다. 이 외에도 뉴질랜드 의회는 정식 의회와는 별도로 청년들로만 구성된 청년의회를 3년마다 개최하여 청년들의 정치참여 기회를 제공하고 있다.

(6) 정치교육과 민주시민교육의 병행

스웨덴 정당이 실행하는 정치교육은 단순히 개별 정당의 독자적 교육이 아니라 대중운동의 전통과 평등을 강조하는 스웨덴만의 독특한 정치문화와 연결되어 일반 시민을 대상으로 한 교육프로그램을 운영한다. 영국의 보수당과 노동당이 운영하는 정치교육도 시민교육에 기반하고 있으며, 뉴질랜드의 선거관리위원회는 학교와 연계하여 학생들에게 체계적인 정치교육을 지원하고 있다. 독일 역시 연방정부 차원에서 민주시민 양성을 위한 교육시스템을 운영하고 있다.

04. 한국형 정치인재상(像)의 정립

1. 정치지도자상(像) : 공감·대변능력, 문제해결능력, 강한 의지와 비전

미래 정치인재 양성시스템을 논의하기 위해서는 먼저 한국형 정치인재상을 정립해야 한다. 직업으로서 정치를 대하는 정치지도자와 생활로서 정치를 대하는 민주시민을 구분해서 각각의 역할과 기대에 맞는 인재상을 정립하는 것이 필요하다.

먼저 정치지도자의 인재상에 대한 고민은 유권자가 어떤 정치인을 바라고 있는가로부터 시작되어야 한다. 그리고 이에 대한 해답은 진보·보수와 관계없이 대의민주주의에서 사회적으로 합의된 정치인의 전형(stereo type)에서 찾아야 한다(전용기, 2022).

한국사회에서 정치인에게 기대하는 모습은 첫째, 국민들의 사상, 문제인식, 이해관계 등에 공감하고 이를 정책적으로 대변하는 사람이다. 대변능력은 탄탄한 대인관계와 그 속에서 쌓아올린 조직력을 바탕으로 축적된다. 조직력이 강한 정치인이 민의를 더 효과적으로 대변할 것이기 때문이다.

둘째, 문제해결능력이 뛰어난 사람이다. 문제해결능력은 한 사람이 오랜 기간 밟아온 경력과 이루어낸 성과들이 층층히 모여서 함양된다. 예기치 못한 불확실한 상황에서 발생하는 다양한 사회문제를 민주적으로 해결한 경험이 풍부한 정치인에게 국민들이 기대와 신뢰를 보내는 이유이다.

셋째, 사회발전을 위한 제도개혁에 강한 의지와 비전이 있는 사람이다. 강한 의지력은 기존의 정치엘리트 집단이 독점했던 정치풍토를 개혁하고 '보통 사람'에게도 정치 입문의 기회를 보장하기 위한 민주주의의 안전장치로 작동할 수 있다. 강한 의지와 비전을 갖춘 보통 사람이 거대정당의 기득권과 지역감정을 타파하고 정치권으로 자유롭게 들어갈 수 있도록 정치인재의 pool을 확장하는 것, 이것이 앞으로 우리가 나아가야 할 정치개혁의 지향점이자 미래 한국형 정치지도자상의 핵심 요소이다.

2. 청년정치인상(像) : 겸손, 소신, 유연한 자세, 문제해결능력, 소통능력

향후 우리나라 정치개혁에서 중추적인 역할을 수행할 청년정치인은 훌륭한 정치인으로 성장하기 위하여 기성 정치인이 갖추어야 할 전형적인 인재상에 더하여 요구되는 자질과 역량을 갖추어야 한다.

청년 정치란 다음 세대를 위한 정치이다. 따라서 청년정치인은 중앙정치의 커다란 의제에 집착하기보다는 지역 현안에 대한 구체적인 의제를 만들고 해결하는 것에 집중하는 것이 바람직하다. 이를 위해서는 겸손과 소신, 유연한 자세, 문제해결능력, 소통능력을 갖추어야 한다.

첫 번째로 청년정치인이 갖추어야 할 자질은 '겸손'이다. 청년 정치인은 정치경력이 길지 않고 인지도, 조직력 등이 탄탄하지 않다. 때문에 아직 독자적으로 자기 정치를 하기에는 부족한 것이 많다. 겸손한 자세로 기성세대와 함께 어우러져 도움과 지원을 받아야 한다.

두 번째로 소신을 가져야 한다. 이는 용기를 갖고 할 말을 해야 한다는 의미이다. 소위, 예스맨이 되지 말라는 것이다. 겸손하게 기성세대와 원만한 관계를 형성하는 것은 중요하다. 하지만 신념도 없이 예스맨이 된다면 기회가 왔을 때 '자기 정치'를 펼칠 수 있는 역량을 갖추지 못한다. 기성 정치인들과의 관계를 위해 의견을 수용하는 것도 중요하나 때로는 정당과 지역 뜻에 반하더라도 용기를 가지고 할 말은 해야 한다.

세 번째는 유연한 자세이다. 상대가 잘못된 것이 아니라 다르다는 것을 인정하는 자세를 의미한다. 정치에는 수많은 사상과 담론이 오간다. 다양한 의견이 있는 만큼 청년 정치인들도 자신과 생각이 다른 사람들을 만나게 된다. 그 상황에 직면했을 때 유연하게 상대를 인정해야 한다.

네 번째는 문제해결능력이다. 21세기는 다방면에서 사회 변화가 급속하게 발생한다. 디지털화되는 시대에서는 청년 정치인들이 상대적으로 능력을 발휘하기 유리하기 때문에 사회문제에 대한 해결능력을 연마해야 한다.

마지막으로 소통하는 능력도 중요하다. 정치라는 것은 최종적으로 지역주민들의 표를 받아야 한다. 주민들에게 먼저 다가가 그들의 의견을 경청하고, 그들의 일상과 가까운 의제를 만들어내며 지역주민과 함께 해결해나가야 한다. 능동적인 소통을 통해 지역주민들로부터 신뢰를 얻어야 한다.

3. 민주시민상(像) : 상호 관용, 제도적 자제

정치인재를 가장 광의의 개념으로 해석하면 정치인재는 민주시민역량을 갖춘 모든 국민을 의미한다. 이들이 갖추어야 하는 바람직한 모습은 하버드 대학에서 민주주의를 연구하고 있는 두 정치학 교수, 스티븐 레비츠키와 대니얼 자블렛이 그들의 저서(2018)에서 제안한 상호관용과 제도적 자제로 압축할 수 있다.

먼저 상호 관용이란 상대를 정당한 경쟁자로 인정하는 것을 말한다. 그들

역시 우리 사회를 더 나은 사회로 발전시키고 싶어하는 우리사회의 구성원 중 하나라는 것을 인정하는 것을 의미한다. 물론 경쟁자의 주장에 동의하지 않거나, 그 주장을 혐오할 수 있다. 그럼에도 그들을 정당한 존재로 인정해야 한다. 경쟁자들도 우리와 마찬가지로 올바르고 국가를 사랑하고 헌법을 존중한다고 가정하는 것이다. 비록 그들의 생각이 어리석고 잘못된 방향으로 나아가고 있는 것으로 보인다고 해도, 적어도 그들을 위협적인 존재로 바라보지 않는 것이다. 결론적으로 상호 관용이란 자신과 다른 의견도 인정하는 집단 의지를 뜻한다. 스티븐 레비츠키와 대니얼 자블렛(2018)은 상호 관용의 규범이 힘을 발휘하지 못할 때 민주주의는 위기를 맞이한다고 경고한다.

두 번째는 자신의 권한을 신중하게 사용하는 것을 뜻하는 제도적 자제[12]다. 여기서 '자제'란 지속적인 자기통제, 절제와 인내 또는 법적 권리를 신중하게 행사하는 태도를 의미한다. 또한 법을 존중하면서도 동시에 입법 취지를 훼손하지 않는 자세를 말한다. 자제 규범이 강한 힘을 발휘하는 사회에서는 정치인, 언론인, 노동자 등 어떤 계층이 제도적 특권을 함부로 사용하려 들지 않는다. 비록 자신들에게 주어진 제도적 권리가 합법적인 데두리 안에 있는 것이라 하더라도 기존의 사회체계를 위태롭게 만들거나 사회갈등을 심화시킬 여지가 있다면 제도적 권리의 사용을 자제하는 것이다.

상호 관용과 제도적 자제는 밀접하게 얽혀 있다. 이 둘은 때로 서로를 강화한다. 상대를 정당한 경쟁자로 받아들일 때 우리는 자제의 규범도 기꺼이 실천하려 든다. 자제 규범의 실천은 우리 사회가 관용적인 집단이라는 이미지를 상기시킴으로써 선순환의 구조를 만들어낸다.

12 제도적 자제는 민주주의보다 더 오랜 전통을 가지고 있는 관습이다. 왕의 권력은 신에게서 부여받았다고 주장했던 시대에 어떤 법도 왕권을 제한하지 못하였다. 그럼에도 불구하고 민주주의가 등장하기 이전에 유럽의 많은 군주는 권력 행사를 자제했다. 신의 뜻을 따르고 왕권을 수호하기 위해서는 지혜와 절제의 덕목을 갖추어야 했기 때문이다. 셰익스피어의 유명한 역사극에서 리처드 3세가 왕의 권한을 함부로 휘두르는 폭군으로 등장했을 때 그 왕이 어긴 것은 법이 아니라 관습이었다(스티븐 레비츠키&대니얼 지블랫. 2018. 『어떻게 민주주의는 무너지는가』. 어크로스. 역: 박세연).

05. 정치인재 양성시스템의 미래 방향

1. 사회발전의 디딤돌이자 민주주의의 마중물: 민주시민으로서의 가치교육

"훌륭한 국가가 되려면 정치에 참여하는 시민들이 훌륭해야 한다."
- 아리스토텔레스

"사회가 변하려면 사람이 변해야 하고 사람이 변하려면 교육이 먼저 변해야 한다."
- 루소

"정부의 수준은 시민의 수준 이상일 수 없다."
- 플라톤

대표적인 고전 사상가들은 모두 국가의 발전의 핵심은 시민이라고 하면서, 시민교육의 중요성을 한 목소리로 강조하고 있다. 이들의 사상에 기반하여 민주시민교육을 정의하면, 미래사회에서 스스로 생각하고 자발적으로 행동하며, 자신의 행동에 대해 책임질 수 있는 건강한 시민으로서의 역량을 갖출 수 있도록 교육하는 것이다.

민주시민교육의 정의를 이같이 내린다면 학교는 학생들이 민주시민으로서 살아갈 수 있도록 이끌어야 할 막중한 책임을 지고 있다. 그럼에도 불구하고 현재 학교, 지자체, 의회, 정당, 여러 공공기관에서 운영되고 있는 시민교육은 보통 일회성 교육으로 끝나는 정치캠프나 이벤트행사가 대부분이다.

이러한 문제를 바로잡기 위해서는 학교가 민주시민교육의 핵심 주체가 되어야 하며, 정치교육이 아닌 가치 교육을 실천해야 한다. 교육의 최종 목표가 나눔과 실천이라고 한다면, 민주시민으로의 성장을 위한 가치교육 역시 절차적, 형식적 민주주의를 기계적으로 습득하는 것이 아니라 시민성의 형성과 실천이 중심이 되어야 한다.[13]

13 교육정책디자인연구소 시민모임. '학교, 민주시민교육을 실천하다.' 2020. 내용 일부를 발췌.

(1) 시민성의 형성과 실천을 위한 가치교육 3단계

첫째는 시민에 대한 기초교육이다. 시민교육이 왜 필요한지, 시민은 어떻게 형성되어 왔는지, 그리고 시민으로서 권리는 무엇이며, 그러한 권리의 바탕에 내재되어 있는 보편적인 공적 가치는 무엇인지 등에 대해 교육하는 것이다. 인권과 자유, 공익, 정의, 자유, 평등 뿐만 아니라 공동체에 대한 가치를 배우는 단계라고 할 수 있다.

둘째는 다양성 시대에서의 시민감수성 교육이다. 이는 미래 시민으로서의 필터를 가지고, 시민으로서 노력할 수 있도록 태도와 의지를 가지며, 자신과 타인의 권리를 존중할 수 있는 기술과 방법을 익히는 단계이다. 혐오 현상이 점점 심해지는 사회속에서 편견과 사회적 약자에 대한 포용성 부족 상태에서 벗어나 공동체에서 공적 가치를 지키기 위한 지속적인 실천이 가능하도록 토대를 다지는 가장 중요한 시민교육이다.

셋째는 참여와 실천 교육이다. 참여와 실천 교육은 연대와 협력을 통해 시민으로서 사회문제에 적극적으로 개입하여 공적 가치를 실현하는 단계이다. 이 단계에서 가장 중요한 것은 첫 번째와 두 번째 시민교육이 충분히 녹아들고 생활속에서 실천한 이후에 적용해야 한다는 점이다. 인권존중에서부터 시작하여 시민감수성을 높임으로써 시민에 대한 가치를 내면화하고 실천하는 단계로 나아가는 것이다.

(2) 가치교육의 의의와 공교육과의 만남

시민으로서의 교양과 감수성을 키우고 주체적으로 참여와 자치를 경험하고 지역의 시민으로 확장하는 다양한 실천을 통해 깨어있는 시민으로 성장해 나가는 것이야말로 민주시민 양성을 위한 가치교육의 궁극적 목표이다.

어린이와 청소년을 위한 민주시민교육은 뉴질랜드의 사례처럼 공교육의 영역으로 끌어와 학교가 주도해야 한다. 그리고 일반시민을 위한 민주시민교육은 지방자치단체가 어린이의회나 청소년의회를 운영하는 핀란드의 사례나 선관위가 중추적인 역할을 하는 뉴질랜드의 사례처럼 정파적 편향성의 우려를 불식시킴과 동시에 보편적인 가치교육에 집중할 수 있도록 정당보다는 선관위나 지방자치단체, 의회와 같은 공공기관이 주도하는 것이 바람직하다.

정치개혁이 필요하다는 것은 모든 국민이 공감하는 사실이다. 그러나 정치개혁이 이루어지기 위해서는 큰 틀에서 생각하면 국민 모두가 그 개혁의 대상이 된다는 의미이기도 하다. 이는 민주시민교육이 정치교육이 아닌 보편적인 가치교육이 되어야 한다는 이 글의 주장과도 연결된다. 시민의식은 가치교육을 기반으로 형성된 시민성이 사회 전반으로 실천되어야 가능한 일이다.

2. 정당의 사회적 책임: 미래 정치엘리트 양성을 위한 정치교육

청소년 및 일반시민을 대상으로 하는 민주시민 가치교육은 학교가 주도하고 공공기관이 지원하는 방식이라면, 직업정치인에 대한 정치엘리트 교육은 정당이 담당해야 한다. 정당은 본질적으로 정권의 획득이라는 정치적 목적을 갖는 집단이기 때문에 정치교육의 효과를 극대화할 수 있다.

정당의 주요 기능 중 하나는 새로운 정치인을 발굴하고 정치엘리트로 교육시켜 이들을 원내 정치인으로 성장시키는 것이다. 정당의 정치적 이해관계에 맞는 정치지도자를 '찾기'에 앞서 '키워내는 것'은 정당이 마땅히 수행해야 할 의무이다. 이러한 관점에서 보면 미래 정치엘리트 양성을 위한 정치교육은 정당이 지켜야 할 사회적 책임의 문제로 보는 것이 합당하다.

(1) 정당의 정치교육에 요청되는 기본원칙

정당에 의한 정치교육은 종종 당파성 및 편향적 사상의 주입 등에 대한 우려가 제기되기 때문에 몇 가지 기본원칙을 수립하고 준수되어야 한다. 첫째, 정권을 비롯한 대내외적 압력으로부터 독립성 확보가 필요하다. 둘째, 정당 내부적으로도 민주주의가 보장되어야 한다. 셋째, 민주시민의 형성이라는 본질적 목적을 실현하기 위한 정치교육 기회가 보장되어야 한다. 넷째, 시민의 정치참여 기회 확대를 통한 정치교육이 보장되어야 하며 평등한 참여가능성이 보장되어야 한다. 다섯째, 이념적으로는 다원주의에 기초한 다양성의 존중을 기반으로 해야 하며, 여섯째, 편향성, 사상주입의 문제를 극복하기 위한 개방성에 기초한 비편향성이 추구되어야 한다. 일곱째, 정치교육에 필요한 재정적·행정적 지원이 법제도적으로 뒷받침되어야 한다. 여덟째, 국가는 정치교육을 위해 필요한 지원을 하되 그 내용 및 범위에 대하여 개입·간섭하지 않아야 한다(이재희, 2022).

(2) '당내당' 구조의 청년조직 활성화

정당 안에서 청년정치인이 체계적으로 성장할 수 있는 정치교육시스템을 모색하기 위해서는 유럽을 비롯한 민주주의 선진국에서 일반화된 구조인 당내당 방식을 참고할 필요가 있다.

당내당은 청년 당원들로만 구성된 조직을 소속 정당 안에 두는 작은 정당이다. 공간과 인력은 물론 청년당 대표에게 독자적인 의결권, 인사권, 재정권을 주고 모당과 별개로 활동할 수 있지만 일반 정당처럼 정식으로 국가에 등록하는 정당은 아니다. 하지만 선진 사례에서 살펴본 바와 같이 정당내 청년조직의 다양한 정치활동은 청년정치인을 발굴하고 교육하는 훌륭한 정치 실습의 장이 된다.

우리나라 정당들도 2020년 무렵부터 당내당을 갖추려 하고 있지만 아직은 미흡한 수준이다. 민주당의 전국청년당은 당 대표가 당내 최고의사결정기구에 참여하지 못하고, 정책을 발표할 때도 정책위와 상의한 뒤 지도부에 전달해야 하는 등 독립된 의결권이 없다. 국민의 힘의 당내당인 청년의힘은 지난 1년 동안 정식 활동이 없었다. 청년정의당도 예산을 쓰려면 모당과 협의해야 하는 등 모당에 종속된다(장승진 외, 2021).

이러한 한계를 극복하기 위해서는 당원의 정치세미나, 청년정치포럼, 청소년 정치캠프 등 활발한 정치교육 프로그램이 가동되어야 한다. 이러한 과정 속에서 개인은 정치적 소양을 갖추고 정치입문을 위한 인재가 양성될 수 있다. 유럽 민주주의 선진국들처럼 정당 내 청년 조직을 독립시켜 위상을 높이고, 중앙과 지역에서 정당의 의사결정 과정에 참여하게 해야 한다. 청년 정치인이 실제 정치를 일상적으로 경험하여 정치경력을 쌓을 수 있는데 효과적이기 때문이다.

이러한 정치교육은 민주시민교육과 맥을 같이하며, 궁극적인 목적은 도덕과 가치를 전파하고 설교하는 정치인이 아니라 스스로 도덕적으로 올바른 가치지향적 행동을 하는 정치인을 양성하는 것이다.

(3) 정치교육 협력거버넌스

여야가 첨예하게 대립하고 있는 현재의 정치 상황에서 정당이 당장 정치교육을 주도적으로 담당하기에는 무리가 있다. 정당의 당헌당규, 재정상태, 교육역량 등 고려해야 할 요소가 산재해있기 때문이다. 따라서 현실적인 대안으로 민간의 고등교육기관과의 연계를 통한 협력적 거버넌스 구축을 제안하고자 한다. 정치교육을 위한 협력적 거버넌스는 정당은 정치교육에 필요한 재정 지원과 정치교육 수요를 관리하는 역할을 담당하고, 실제 교육과정 개발이나 운영 등은 민간 교육기관이 담당하는 체계이다. 정당과 대학원 간 MOU 체결을 통해 정치인재 양성을 위한 교육인프라를 상호 지원하는 거버넌스 체계를 구축함으로써 미래 정치지도자 양성시스템을 확립할 수 있다.

■■그림4 정치교육 협력거버넌스

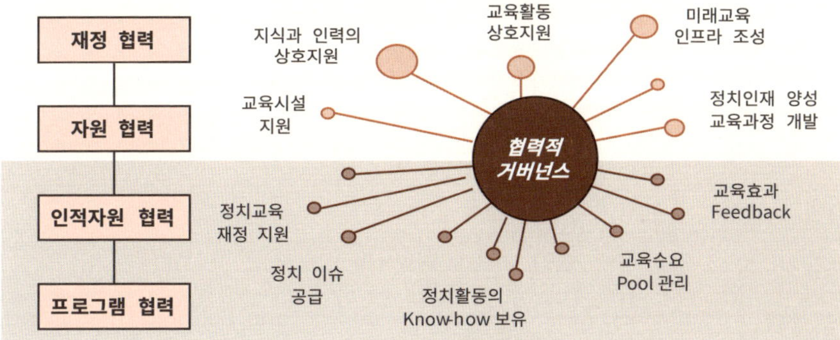

참고문헌

공보경. 2003. 막스베버의 정치지도자론. 21세기 정치학회 제13권 제2호. 1-22.

박세일. 2006. 대한민국 선진화전략. 파주: 21세기 북스.

. 2008. 대한민국 국가전략. 파주: 21세기 북스.

박찬욱·정윤재·김남국. 1997. 『미래 한국의 정치적 리더십』 서울: 미래인력연구센터.

스티븐 레비츠키, 대니얼 지블랫. 2018. 『어떻게 민주주의는 무너지는가』. 어크로스. 박세연(역).

양길현. 2001. "21세기 남북한 정치지도자의 바람직한 리더십과 치적."

이정진. 2021. 청년 정치참여 현황과 개선과제. 이슈와 논점, 제1803호. 국회입법조사처.

이재희. 2022. 정당에서의 정치교육과 청소년 정치활동 참여: 청소년의 참정권 확대를 위한 관점에서의 검토. 법과인권교육연구, 제15권 제2호. pp. 89-111.

이택휘·염홍철·한용원·김세중·정윤재·양병기·김왕식·박재정·김상태·신 진·황

태연·김영수·양길현. 『남북한의 최고지도자』. 서울: 백산서당.
이현출. 2004. 넉넉한 대통령, 그 한국적 지도자상을 위하여. 역사와 사회 32권 pp. 181-190. 국제문화학회.
장승진·박선경·김은경·정진웅. 2021. 정당의 청년정치인 교육 및 충원시스템 연구: 해외사례를 중심으로. 국회입법조사처 정책연구보고서.
정윤재. 2003. 『정치리더십과 한국민주주의』. 서울: 나남출판.
전용기. 2022. 정치개혁 2050. 연속토론회 Ch.1 왜 지금 정치교체인가.
Breiner. Peter. 1996. Max Weber and Democratic Politics. Ithaca and London: Cornell University Press.
Gerth. H. H. and C. Wright Mills. 1974. "Introduction." From Max Weber: Essays in Sociology. London and Boston: Routledge & Kegan Paul.
Mommsen. Wolfgang J. 1965. "Universalgeschichtes und politisches Denken bei Max Weber." Historische Zeitschrift. Vol. 201. 557-662.
Weber, M. 2002. Wirtschaft und Gesellschaft Grundriss der verstehenden Soziologie, hrsg von Johannes Winckelmann, 5 Aufl . TÜbingen [zuerst 1922].
Weber. Max. 1919b. "Politik als Beruf." Gesammelte Politische Schriften. 4. Aufl. TÜbingen: Mohr. 1980. 505-560.
Wellen. Richard. 1996. Dilemmas in Liberal Democratic Thought since Max Weber. New York: Peter Lang.
Wrong, Dennis H. 1970. "Max Weber." Dennis Wrong. ed. Max Weber. Englewood Cliffs, New Jersey: Prentice-Hall. 1-76.
서울로컬뉴스(http://www.slnews.co.kr)
시사오늘(시사ON)(http://www.sisaon.co.kr)

제4장

한국의 정당 개혁과제와 방향

이옥남 (시장경제와민주주의연구소 소장)

01. 서론

2022년 6월, 여당인 국민의힘은 지방선거에서 승리한 후 당 차원의 혁신위원회를 설립하여 당을 쇄신하겠다고 공언했다. 선거에서 이긴 정당이 혁신을 우선 과제로 내세운다는 것은 흔한 일은 아니다. 통상 혁신위는 선거에서 패배한 정당이 개혁을 통해 유권자에 한 걸음 더 다가가 정권을 되찾기 위한 노력의 일환으로 설치되었다. 당시 이준석 당 대표는 언론인터뷰를 통해 "즉시 당 차원에서 혁신위원회를 설치하기로 했습니다. 당원 민주주의를 더 효율적으로 구현하고 공천제도에 있어 적절한 수정을 할 수 있는 방안을 연구하는 정당 개혁을 목표로 하는 그런 혁신위원회를 출범시키기로 했습니다."라며 '당원 민주주의 실현', '공천제도 개혁'을 주요 혁신 과제로 제시하면서 정치 개혁의 범위를 정당 개혁으로 한정시켰다. 이 전 대표의 혁신위 활동 방향성이 시사하는 바는 크다. 우선, 우리나라 정당은 민주화 이후 거의 35년여 동안 '당내 민주화'와 '공천 개혁'이 주요 개혁 의제였지만, 여전히 해결해야 할 개혁과제로 남아 있다는 것이다. 둘째, 당 차원에서의 정치 개혁을 정당 개혁으로 한정시키면서 실현 가능한 개혁에 집중하겠다는 것이다.

한 언론사의 분석에 의하면, 현재 전 세계 민주주의 체제는 위기를 맞고 있다(조선일보, 2022). 대의제민주주의가 제대로 작동하지 않은 틈을 타 포퓰리즘이 득세하고, 일부 국가에서는 과거 권위주의 또는 전체주의적 지도자가 국민의 지지로 등장하고 있다. 이러한 현상은 비단 신생민주주의 국가뿐만 아니라 일부 서구 민주주의 국가에서도 나타나고 있다. 이스라엘과 브라질 유권자들은 과거 통치체제로 되돌아가는 복고형(復古型) 지도자를 선택했다. 이탈리아에서는 무솔리니 파시스트 독재를 승계한다는 강경 우파 정치인이 총리로 당선되었다. 대표적 자유민주주의 국가이자 초강대국 미국에서는 2022년 11월 중간선거를 계기로 트럼프 전 대통령이 "다시 미국을 위대한 국가로 만들 것(Make America Great Again·MAGA)"이라는 구호를 앞세우며 대선에 재도전할 것을 시사했다. 트럼프는 공화당 강경파들의 열렬한 지지를 얻고 있다. 중국 지도자 시진핑은 최근 끝난 제20차 전국인민대표대회에서 연임 제한을 제거하여 장기 집권의 토대를 마련했다. 반대파는 숙청하고 지도부를 자신의 측근들로만 구성했다. 이러한 현상을 두고 일각에서는 '자유민주주의(liberal democracy)'가 '비자유민주주의(illiberal democracy)'로 퇴행하거나 '연성 독재(soft autocracy)'로 역행한다고 평가한다.

이 시점에서 대한민국의 자유민주주의 체제는 제대로 작동하고 있는지 묻지 않을 수 없다. 2021년 7월, 유엔무역개발회의(UNCTAD)는 한국을 '개도국'에서 '선진국' 그룹으로 지위를 변경했다. 1964년 UNCTAD가 설립된 이후 처음 있는 일이다. 경제 규모나 군사력 기준으로만 보면 한국은 세계 10위권의 강국이다. 대한민국은 산업화와 민주화를 동시에 이루었고, 각 분야에서 세계 기록을 경신하며 눈부신 발전을 이루었다. 하지만 정치 분야에서의 후진성은 경제력, 군사력의 수준과 대별되는 이중적 구조를 보인다.

이는 한국의 대의제민주주의의 핵심적인 기제인 정당과 국회가 제대로 기능하지 못하는 것에서 기인한다고 볼 수 있다. 1987년 민주적 이행(democratic transition) 이후, 대한민국 정치는 시대적 변화에 맞추어 변화와 발전을 추구해 왔다. 정치 개혁에 대한 국민적 열망에 부합하여 정치권은 개혁과 혁신을 이루어왔다. 그 결과 제17대 국회에서는 여야 모두 당정 분리를 통한 원내정당화를 부분적으로 추진했다. 각 당에 원내대표체제가 구축되고 의원총회는 당론 결정의 중심이 되었다. 정당은 공직 후보자 선출에 국민참여경선제도를 도입하였고, 정당 운영에 탈(脫)권위를 시도하여 민주적 정당 운영을 지향했다. 2012년에는 이른바 '국회선진화법' 처리로 국회에서의 물리력 행사가 현저히 줄어들었다.

지속적인 정치개혁에도 불구하고 21세기 대한민국 정치는 비상적 상황이 일상화가 되고 있다. 주요 정당의 수명은 평균 3년을 넘기지 못하고, 이례적이어야 할 비상대책위원회(비대위) 체제는 관행처럼 굳어지고 있다. 2022년 3월, 대선 후 국회 1·2·3당이 모두 비대위 체제가 되는 진기한 상황을 맞았다. 비대위는 당 지도부가 정상적으로 가동할 수 없는 비상하고 특별한 상황에서 가동되는 임시 기구다. 원내 주요 3당이 동시 비대위 체제로 전환한 것은 정당 스스로 국민의 대의 기능을 다 하지 못하고 당내 파벌로 인해 당이 정상적으로 작동하지 못한다는 것을 여실히 보여준 것이다. 대의제민주주의가 정상적으로 작동하는 나라의 정당에는 비대위 체제는 존재하지 않는다. 정당 지도부의 책임정치 풍토가 정착되었기 때문일 것이다.

정당과 함께 대의민주주의를 구현하는 실체인 국회는 어떠한가. 다양한 국민의 정치적 의사를 집약하고 대변하는 정당은 국회에서 정책과 입법을 입안한다. 그 과정에서 타협과 협상은 필수적이다. 그러나 정파 간 이해관계를 조절하고 협상하는 절차는 건너뛴 채 다수당에 의한 일방적 '입법독주'는 관행처럼 굳어지고 있다. 강행처리 된 법안들은 곧 부작용을 드러냈다. 이른바 '공수처법'에 의해 설립된 공수처는 역할이 유명무실화되었고, '대북전단살포금지법'은 북한 인권을 외면한다는 국제적 비난에 직면하게 되었다. '부동산 3법'은 부동산 시장을 교란시켰고, 소위 '검수완박법'은 국민의힘과 법무부가 헌법재판소에 권한쟁의심판을 청구하여 현재 심리 중에 있다. 다수당의 이러한 행태는 국회의원 한명 한명이 입법기관으로 독립성과 자율성을 가졌다기보다는 당의 기율과 당론이 지배적인 한국의 정당 관행 보여주는 것이라고 할 수 있다. 프랑스 출신 학자 토크빌(Tocqueville, 2012)은 1835년 `다수의 폭정(tyranny of the majority)`이라는 개념을 들어 소수 의견 존중 없는 절대적 다수의 전횡이 얼마나 위험한지를 일찌감치 설파했다.

자유민주주의 체제는 대의제 또는 대표제를 통해 국민의 주권이 행사되는 체제를 의미한다. '국민의 대표(representative)'는 선거를 통해 선출되며, 선출된 권력은 일정 기간 국민의 주권을 위임받아 권력을 행사하는 것이다(노재봉 외, 2018). 이를 대의제민주주의라고 하며, 대의제는 자유민주주의 체제의 근간을 이룬다. 대의제민주주의가 구현되는 곳이 국회이며, 국회 구성원 다수는 정당 소속으로 정당을 매개로 국회에 입성하여 민의를 대변한다. 따라서 정당이 제대로 기능하지 못하면 국회가 제대로 작동하기 어려우며, 효율적 정당 시스템 구축과 정당 개혁은 정치 개혁의 출발점이라고 할 수 있다.

그동안 한국 정치는 후진성과 비효율성을 극복하기 위해 '정치개혁' 또는 '정치혁신', '정치쇄신'을 기치로 정치권은 물론이고 학계에서도 활발한 논의와 해결책을 마련하기 위해 노력을 지속해서 경주해 왔다. 그 결과, 일부 개혁의 성과도 있었지만 선진국 수준의 정치발전을 위해서는 아직도 풀어야 할 과제가 많다. 이 글에서는 대의제민주주의의 가장 기본적인 정치 단위인 정당이 정치 개혁의 출발점이 되어야 한다는 점을 인식하고, 그동안 시도했던 정당 개혁이 미진했던 원인을 규명하고자 한다. 원인 규명 후 한국적 정치 풍토와 현실에 부합하는 정당 개혁은 어떠한 방향으로 이루어져야 하는지 논의하고자 한다.

02. 왜 정당 개혁인가?

1. 정당의 기능과 역할

자유민주주의 체제는 국민의 대표(representatives)를 통해 국민주권이 행사되는 체제로 대의민주주의(representative democracy)에 의해 작동된다. 현대 대의민주주의에서 정당(political party)은 체제가 실질적으로 작동하는 데 필요한 정치조직이다(Schattschneider, 1942). 정당은 시민통합과 동원, 정치적 이익 표출과 집약, 공공정책 수립, 정치지도자의 충원, 그리고 의회와 행정부를 구성하는 다양한 기능을 한다(Bartolini and Mair, 2001).

키이(V. O. Key, 1964)는 정당의 기능을 세 가지 측면으로 나누어 설명한다. 즉, 조직으로서의 정당(parties as organization), 정부 속의 정당(parties in government), 유권자 속의 정당(parties as the electorate)이다. 조직으로서의 정당은 지지자의 정치적 이해를 대변하고 정치엘리트를 육성하고 충원하며, 중앙당과 지구당 조직의 역할 구분을 통해 정당 활동을 도모한다. 정부 속의 정당 기능은 정부 내 다수파를 창출하고 정부를 구성하며, 정부 관료의 통제를 통해 책임성을 확보한다. 또 의회 내에서 이해를 조직화하며 정당 기율을 유지하는 것이다. 유권자 속의 정당은 유권자들의 정치 참여를 유도하며, 시민에 대한 정치교육을 통해 정당과 유권자들 간 소통의 기능 등을 담당한다.

한국의 정당은 현실정치에서 역할과 권한이 강하며, 정부 기관 내 높은 위상을 가지고 있다고 할 수 있다. 우리나라는 정부 운영에 있어 입법, 사법, 행정이 상호견제와 균형을 이루게 하여 권력이 어느 한쪽에 집중되는 것을 경계하는 삼권분립의 원칙을 따르고 있다. 그러나 정치 현실에서는 엄격한 의미의 삼권분립이 이상적으로 구현된다고 하기 어려운 측면이 있다. 집권당이 다수당 또는 소수당인가에 따라 입법부인 국회의 권한은 달라진다. 국회 내 여당이 다수당이 되면 행정부를 견제하기 보다 여당은 사실상 (행)정부와 한 편이 된다. 다수당이 국회를 점유하기 때문에 행정부는 소수 정당에 의해 견제될 뿐이다. 대통령제에서 권력의 정점에 있는 대통령은 정당 공천을 통해 선출된다. 따라서 정당이 배출한 대통령은 대법원장이나 대법원 판사 등 사법부 주요 인사권을 행사하면서 여당의 정치적 성향과 부합하는 인물을 선택하는 경우가 많았다. 이러한 상황에서 사법부의 독립성은 의심받을 수밖에 없다.

정당은 법적으로 임의단체이며, 국민의 정치적 의사 형성에 참여하기 위한 자발적인 결사체다. 단체와 협회 같은 다른 사회적 결사체도 정치적 목표를 성취하고, 정치적 의사결정 과정에 영향력을 미치려고 노력한다. 하지만 오직 정당만이 선거에 참여할 수 있다. 정당은 공천을 통해 대통령, 지방자치단체와 국회의 핵심 공직 후보자를 선출한다. 국회의원 선거는 실질적으로 정당에 대한 유권자의 선택이나 마찬가지다. 또한 정당은 정부의 중요정책형성에 영향력을 행사한다. 이에 우리나라 헌법은 정당을 일반 결사와 분리하여 별도의 규정을 두었으며, 헌법 제8조에서는 정당 설립의 자유를 보장하고 있는 것이다.

정당은 또한 조직된 국가 영역에 진입하여 영향력을 행사할 수 있다. 국회법 제33조 제1항에서는 정당의 교섭단체권을 인정하여 정당과 국가기관인 의회 사이의 교차관계를 인정하고 있다. 국회의원 대부분은 당직을 겸임하고 있고, 다수의 의원은 정당에 소속되어 있다. 의원은 당의 추천과 지원으로 당선되고 재선을 위해서는 정당의 공천을 의식하여 당의 구속력을 받는다. 정당은 원내교섭단체와 소속 국회의원을 통해 제도화된 국가의 영역 안에서 활동하고 있다(정태호, 2005).

정당은 사법부에도 영향력을 행사한다. 법원과 헌법재판소 구성에 직간접적으로 영향을 미친다. 헌법은 대법원과 헌법재판소는 대법관과 헌법재판관에게 조직적, 민주적 정당성을 매개하기 위해 정치적 방식으로 구성해야 함을 명시하고 있다. 따라서 최고법원의 구성에 대통령과 국회, 그리고 사법 기관의 배후에 정당 관여의 필요성과 정당성을 인정하고 있는 것이다(정태호, 2005).

국가는 정당의 중요성과 역할을 인정하여 정당에 대한 국가의 보호 의무와 함께 정당이 정치자금으로부터 자유로운 상황에서 그 기능을 할 수 있도록 운영에 필요한 자금을 국고보조금의 형태로 지원하는 것이다.

2. 우리나라 정당 특징

비교정치학자 마이어(Mair, 2011)는 정당의 변화 단계를 설명하면서 첫 번째 단계로는 초기 서구 민주주의 역사에서 드러나듯이 정당은 간부정당(cadre party)의 형태를 띤다는 것이다. 간부정당은 19세기 후반 선거권이 제한되어 있을 때 국가와 시민사회에 양쪽에 연관된 소수 엘리트를 중심으로 운영되는 형태다. 이후 선거권이 확대되면서 시민사회가 성장하며 시민사회는 국가와 분화된다. 정당은 분리된 국가와 시민사회 간 가교역할을 하며 지지자와 당원에 의존하는 대중정당(mass party)으로 변모한다. 대중정당의 정치적 기반은 외부조직 있으므로 간부정당보다 강한 결속력과 규율을 따른다. 20세기 중반 보통선거가 일반화되고 대중매체의 발달과 더불어 정당은 이념적 색채가 희석되면서 포괄정당(catch-all party)화 된다. 포괄정당은 국가와 더욱 긴밀한 관계를 형성하면서 국가를 통해 대중매체에 영향을 행사하여 카르텔 정당(cartel party)으로 변모한다. 정당은 국가 재정원조를 분배하고 제도화하여 국가보조금을 받으면서 준국가기관의 위상을 갖는다. 만약 정당이 선거에서 패배해 국가에서 배제되면 정당의 생존 자체가 어렵게 된다. 따라서 이상적 조건은 모든 정당이 함께 살아남을 수 있는 카르텔을 형성하는 것이다. 그 결과 선거 승자와 패자 간의 격차가 줄어들었고 대부분의 정당이 국가 기구안에 일정 부분 들어와 있는 것이다(피터 메이어, 2011). 정당이 이러한 변화 단계를 거치는 것은 시대적, 사회적 변화에 부응하기 때문이다.

정당 개혁의 관점에서 우리나라 정당 발전 모델은 '대중정당모델(mass party model)'과 '원내정당모델(parliamentary party model)'로 양분되어 논의되어왔다. 대중정당모델을 주장하는 학자들(최장집, 2007; 박찬표, 2002)은 의원 중심의 원내정당화는 정당 조직을 약화시키며, 보수 엘리트 지배구조를 대변하여 민중들의 정치참여를 제한한다고 비판한다. 한국 사회는 계층적, 계급적, 이념적 균열이 내재하여 있으므로 이 같은 균열을 조직화하여 대변할 수 있는 대중정당모델이 적합하다는 것이다.

대중정당은 다시 유권자형 정당과 당원형 정당으로 나눌 수 있으며, 유권자형 정당은 당원 수에 비해 지지유권자의 수가 많고 유권자와 결합력을 보이는 정당을 의미한다. 유권자형 대중정당은 당원과 당원의 정치 참여보다 유권자의 지지확보에 초점을 맞춘다. 우리나라 양대 정당은 당비를 내는 책임당원을 기준으로 보면 당원형이라기 보다는 유권자형 대중정당에 가깝다고 할 수 있다. 당원형 정당은 진성당원 중심으로 당의 운영이 이루어지는 것으로 정의당이 그 모형이라고 할 수 있다(정태호 2005). 대중정당모델에서는 지구당 활성화와 진성당원제의 확대, 이념적·계급적 정체성 강화를 통해 당원과 유권자의 이해관계를 대변할 수 있으며 한국적 현실에 적실성이 있다는 것이다.

원내정당모델을 주장하는 학자들(정진민, 2007; 채진원, 2009)은 후기산업사회와 세계화, 정보사회화, 탈냉전화 등 변화하는 환경에 따라 현대 사회에서는 대중정당모델보다 원내정당모델이 더 효율적이라는 것이다. 이러한 환경에서는 정당이 소수 진성당원의 뜻 보다는 유권자의 반응성에 따른 정책 역량 강화를 중시하는 원내정당모델을 추구해야 한다는 것이다. 원내정당모델은 후보선출과 선거운동 지원과 같은 선거 관련 업무와 당원관리, 자금 모금은 당의 원외조직이 맡고 정책개발과 입법 등의 업무는 정당의 원내조직이 맡음으로써 정당의 기능이 이원화된다는 것이다. 따라서 의원들은 입법과 정책개발에 집중할 수 있으며 개개인의 자율성이 확대되어 입법부의 기능이 강화된다는 것이다. 원내정당화를 위해서는 중앙당은 축소하고 지구당 운영을 개혁하며, 개방형 국민경선제 등을 도입해야 한다는 것이다. 미국의 정당 모델이 전형적인 원내정당화 모델이라고 할 수 있다.

대중정당모델과 원내정당모델 외에도 중립적 시각(강원택 2009)이 존재한다. 중립적 시각은 대중정당과 원내정당론에 치우친 한국의 정당 연구를 비판하며, 순차적이고 일방향적인 정당조직의 진화에 문제를 제기한다. 한국의 정당은 진화과정에서 하나의 방향으로 변화하지 않았으며, 한국의 특수한 정당의 발생과 변화과정에 따라 복합적 양상을 띨 수 있다는 것이다. 실제로 한국의 정당모델은 대중정당모델론적 요소가 다분하지만 원내정당의 요소도 포함되어 있다.

한국의 정당 특성이 복합적 양상을 띠는 것은 우리나라 정당 형성과 발전의 과정도 한국의 역사적, 사회적, 정치적 맥락에서 기인하기 때문이다. 근대국가 형성기 혼란스러운 해방정국에서 정당은 난립하였으며, 건국 이후 권위주의 체제 아래에서 정당은 외형을 갖추었고, 민주화 이후 꾸준히 변화와 발전을 이루었다. 한국 정당은 한국의 정치체제와도 조응하면서 특유의 모델을 형성하였다. 한국은 대통령제를 채택하고 있지만 행정부가 법안을 제출할 수 있도록 허용하고 있고, 국무총리제도와 국회의원이 장관을 겸직하도록 할 수 있어 내각제적 요소도 포함되어 있다. 이러한 상황에서 정당도 대통령제와 내각제적 요소 사이에서 우리 정치 실정에 맞는 고유한 모델을 형성하였다고 볼 수 있다.

3. 우리나라 정당 개혁과제와 방향

민주화 이후 정당은 정치 개혁의 대상이자 주체로 꾸준히 정치 개혁을 추진했다. 여당의 경우, <표 1>에서와 같이 2005년부터 2022년 현재까지 13번의 정치 개혁 관련 위원회를 설립하여 당 차원의 쇄신을 추구했다. 야당도 당내 기구 설립을 통해 개혁과 혁신 작업을 지속적으로 추진했다. 양당의 지속적인 혁신 기구 설립과 활동 내용을 보면 백가쟁명식의 정치 개혁안이 망라되었다고 해도 과언이 아니다. 정당 차원의 혁신 노력 결과, 원내정당화가 일부 진행되어 상임위 중심의 입법 활동이 강화되었고, 유권자와 당원에 공천권을 분산하는 국민참여경선 제도도 일부 도입하였다. 공관위 구성이나 운영을 당헌 당규에 포함시켜 제도화하고 투명화하는데 기여했으며, 정치에 문호를 개방하여 청년, 여성, 사회적 약자를 포함한 정치 신인의 비율을 확대시켜 왔다. 그럼에도 정치 개혁을 통한 정치 발전은 선진국 수준에 한참 못 미친다고 할 수 있다.

표1 역대 국민의힘 당 혁신 관련 위원회 운영 현황

연도	명칭 (위원장/ 위원 수)		운영 기간	주요 내용	비고 (반영여부)
'05	한나라당	혁신추진 위원회 (홍준표 외 17인)	9개월	당권·대권 분리	반영
				대선후보·광역단체장 후보 선출방식	반영
				지도체제 개편	반영
				책임당원제 도입	반영
				비례대표 국회의원 전략지역 30% 반영	반영
				시·도당공천관리위원회 별도 설치	반영
				각종 위원회 개편	반영
				당원협의회 도입, 의원총회 위상 강화	반영
'09		쇄신 특별위원회 (원희룡 외 14인)	2개월	국정운영 쇄신(당·정·청 관계 충실화, 서민정책 강화 등)	미반영
				당 운영 쇄신(최고위원회와 별도로 중앙당 및 원내운영위원회운영, 지역당정협의 활성화 등)	미반영
				원내운영 쇄신(의원중심, 상임위 중심 원내 민주화 실현 등)	미반영
				공천제도 쇄신(전면적 상향식 공천 원칙, 지방의원공천 시 후보자추천위원회 제도 도입 등)	일부 반영

<table>
<tr><th>연도</th><th colspan="2">명칭
(위원장/ 위원 수)</th><th>운영
기간</th><th>주요 내용</th><th>비고
(반영여부)</th></tr>
<tr><td rowspan="4">'10</td><td rowspan="11">한나라당</td><td rowspan="4">국민지향공천 제도 개혁 특별위원회 (나경원 외 20인)</td><td rowspan="4">11개월</td><td>국민참여 경선 원칙 도입</td><td>일부 반영</td></tr>
<tr><td>선거일 6개월 전 공관위 구성, 3개월 전 공천 완료 원칙</td><td>미반영</td></tr>
<tr><td>전략지역 20% 초과금지 원칙</td><td>미반영</td></tr>
<tr><td>현역/신인/비례 등 신청자별 객관화된 심사기준 마련</td><td>미반영</td></tr>
<tr><td rowspan="7">'11</td><td rowspan="7">비상 대책위원회 정치 쇄신분과 (이상돈 외 6인)</td><td rowspan="7">2개월</td><td>개방형 국민경선 80%, 전략공천 20%</td><td>반영</td></tr>
<tr><td>현역 의원 평가 기준</td><td>반영</td></tr>
<tr><td>비례대표 선정 시 국민배심원단 참여</td><td>미반영</td></tr>
<tr><td>지역구에 여성 후보자 30% 공천</td><td>미반영</td></tr>
<tr><td>공관위 구성 시 당내 인사 비율 1/3</td><td>반영</td></tr>
<tr><td>도덕성 기준 강화 및 엄격한 적용</td><td>일부 반영</td></tr>
<tr><td>당 대표와 최고위원폐지 등 원내중심정당화</td><td>미반영</td></tr>
<tr><td rowspan="4">'12</td><td rowspan="28">새누리당</td><td rowspan="4">정치쇄신 특별위원회 (안대희 외 8인)</td><td rowspan="4">3개월</td><td>정당개혁(국회의원 여야 동시 국민참여 법제화, 선거시 정당 후보선출 기한 법제화 등)</td><td>일부 반영</td></tr>
<tr><td>국회개혁(불체포특권 폐지, 예결위 상설화 등)</td><td>일부 반영</td></tr>
<tr><td>사법개혁(특별감찰관제, 상설특검 도입)</td><td>반영</td></tr>
<tr><td>국정운영 개선(국무총리 국무위원 제청권 보장, 기회균등 위원회 설치 등)</td><td>반영</td></tr>
<tr><td rowspan="6">'13</td><td rowspan="6">정치쇄신 특별위원회 (박재창 외 9인)</td><td rowspan="6">5개월</td><td>공천제도 개혁(비례 홀수번 여성 부여, 기초단체장 정당 공천 폐지 등)</td><td>일부 반영</td></tr>
<tr><td>정당운영체계 및 지도체제 개선</td><td>일부 반영</td></tr>
<tr><td>각종 국회개혁</td><td>일부 반영</td></tr>
<tr><td>선거구획정위원회 개혁</td><td>미반영</td></tr>
<tr><td>정당부설 정책연구소 독립</td><td>미반영</td></tr>
<tr><td>유권자 온라인 선거운동 체제 정비</td><td>일부 반영</td></tr>
<tr><td rowspan="7">'14</td><td rowspan="7">당헌당규 개정 특별 위원회 (이한구 외 10인)</td><td rowspan="7">7개월</td><td>상향식 공천 전면 확대 실시</td><td>일부 반영</td></tr>
<tr><td>비례대표 지방의원 추천 시 여성청년장애인 우선 고려</td><td>일부 반영</td></tr>
<tr><td>책임당원 권익 증진</td><td>반영</td></tr>
<tr><td>청년인재육성본부, 대학생위원회 설치</td><td>일부 반영</td></tr>
<tr><td>뉴미디어 및 빅데이터 담당 부서 신설</td><td>반영</td></tr>
<tr><td>정당부설 정책연구소 재단법인 독립</td><td>반영</td></tr>
<tr><td>지방자치제도 개선</td><td>미반영</td></tr>
<tr><td rowspan="6">'14
~
'15</td><td>새누리를 바꾸는 혁신위원회 (이준석 외 11인)</td><td>1개월</td><td>당내 상설인사검증기구 설치 등 윤리성 강화
- 국회의원 논문표절, 부동산 투기, 이중국적 등 검증 기준 마련
- 후보자들의 자기검증 위한 '레드 리프트' 제도 도입 등</td><td>미반영</td></tr>
<tr><td rowspan="5">보수혁신 특별위원회 (김문수 외 19인)</td><td rowspan="5">7개월</td><td>국회의원 특권 내려놓기</td><td>미반영</td></tr>
<tr><td>국회윤리특별위원회 기능 강화</td><td>미반영</td></tr>
<tr><td>출판기념회 전면 금지</td><td>미반영</td></tr>
<tr><td>중앙선관위 산하 선거구획정위원회 설치</td><td>미반영</td></tr>
<tr><td>국회윤리특위 강화</td><td>미반영</td></tr>
</table>

연도	명칭 (위원장/ 위원 수)		운영 기간	주요 내용	비고 (반영여부)
'17	자유한국당	제1기 자유한국당 혁신위원회 (류석춘 외 10인)	5개월	국회의원 특권 내려놓기	미반영
				선거, 공천 개혁	미반영
				국회 개혁(국회 회기 일정 법제화, 수시 국정감사 실시 등)	미반영
				정당개혁(당원협의회 활동강화, 당회계감사위원회 설치, 정당국고보조금 수입·지출 계좌 분리 등)	일부 반영
'18		제2기 자유한국당 혁신위원회 (김용태 외 8인)	2개월	국회의원 특권 전면 폐지	미반영
				양육, 교육제도 개혁	미반영
				전문 병사제 도입 등 국방 제도 개혁	미반영
				공공부문 경쟁체제 도입	미반영
				규제혁파	미반영
				노동시장 유연화	미반영
				노조의 무분별한 파업 금지 제도화	미반영
				산업혁명 인프라구축	일부 반영
				당내 민주화 강화 및 청년참여 확대	일부 반영
'19		신정치혁신 특별위원회 (신상진 외 20인)	1개월	정책혁신	일부 반영
				당 의사결정 구조 혁신	미반영
				대국민 소통 및 홍보 혁신	일부 반영
				당 소속 국회의원 직능단체 전담제	미반영
				공천혁신	일부 반영
'22	국민의힘	국민의힘 혁신위원회 (최재형 외 14인)	6개월	인재 참여·관리 공천	-
				당원이 중심이 되는 정당	-
				당 기구 및 시스템 혁신	-

무엇보다 정당 조직의 운영과 정당 문화에 있어 당 대표와 지도부 중심의 중앙집권적이 수직적 의사결정 과정과 공천 문제는 수십 년 간 정치 개혁대상으로 꼽힌다. 독일의 사회학자 로베르트 미헬스(Michels, 1964)는 '과두제의 철칙(Iron law of oligarchy)'을 주장하면서 현대사회의 모든 조직이 복잡해지고 관료화하면서 최고지도층과 조직의 엘리트 집단에 권력이 집중된다고 분석했다. 한국 정당의 당 대표제와 중앙당 체제는 정치적 자원과 영향력이 소수에 집중되어 있으며, 한국 정당 조직도 과두제의 철칙의 예외가 아님을 알 수 있다.

정당 대표 권한의 핵심은 공천이다. 공천은 의원들의 생사가 걸린 문제이기 때문에 실질적 공천권을 가진 당 대표를 놓고 정당 내부 엘리트 간 권력투쟁이 벌어진다. 보스 중심으로 계파를 형성하여 권력구조를 개인화하여, 당내 권력투쟁에 실패하면, 탈당과 창당, 이합집산이 반복된다. 그 결과 민주화 이후 정당의 평균 존속 기간은 3년을 넘지 못했다. 이 과정에서 한국 정치는 퇴행을 거듭했다.

이러한 한국 정당정치의 폐해를 두고 '당내 민주주의' 또는 '정당 민주화'의 개념이 보편적 대안으로 제시되고 있다. 우선 '당내 민주주의'나 '정당 민주화'는 개념이 모호하고 당내 민주주의의 구체적 기준이나 판단 근거를 제시하지 못한다. 2022년 8월 법원은 국민의힘 이준석 전 당 대표가 낸 국민의힘 비상대책위원회 전환 가처분정지 신청에 대해 무효 판결을 했다. 판결에서 재판부는 "정당의 자율성 원칙에 따라 정당 내부 의사결정은 최대한 존중돼야 하지만 그렇더라도 당원 의사를 반영해야 한다는 정당 민주주의 원칙과 민주적 내부질서를 해하는 경우까지 허용될 수 없다"며 '정당 민주주의 원칙'을 들어 법원이 정당 내부 문제에 개입하는 선례를 남겼다. 당시 일각에서는 "굉장히 모호한 당내 민주주의를 법원이 하나 하나 따지고 판단하는 것은 적절하지 않다. 법원이 정당 민주주의에 자기 잣대를 너무 강하게 제시하는 것은 곤란하다"는 지적이 나왔다. 정당 민주주의라는 모호한 개념은 명확성의 원칙이 바탕이 되어야 하는 법적 논리에 인용됨으로써 또 다른 논란을 자초하게 된 것이다.

당내 민주주의나 정당 민주화는 그 진정한 의미가 개념화되고 규정되었다기보다는 정치 현상의 결과를 정당화시키는 용어로 사용되고 있다. 당 대표를 비롯한 당 지도부의 공천권 행사와 당론제 등 일부 권위주의적 요소를 제외하면 우리나라 정당 운영과 조직은 상당 부분 민주화되고 다원화되었다. 그럼에도 당내 민주주의와 정당 민주화를 정당 개혁의 목표로 삼는다는 것은 정당 운영과 활동의 다양한 측면을 반영하지 못한 것이라고 할 수 있다.

앞서 기술했듯이 우리나라 정당 모델은 어느 한 방향으로 형성되지 않았다. 대중정당모델의 책임정당적 요소와 원내중심정당모델의 요소가 복합적으로 혼재된 우리나라 정당 현실에서 책임 정당과 당내 민주주의는 상호 모순적 경향을 보일 수 있다. 당내 민주주의를 강조하다 보면 권력이 분산되어 정당의 결집력이 약화되고 이에 따라 정당은 정책적 일관성을 견지하기 어려울 수 있다는 것이다(한국선거학회 2012).

정당 내부 민주주의와 정당의 대외 경쟁력은 별개라는 주장도 있다. '정당이 얼마나 민주적이어야 하는가'에 대해 극단적 당원 민주주의를 강조하는 쪽에선 '당내 민주주의 없이 당 밖의 민주주의도 없다'는 주장을 한다. 반면, 샤츠슈나이더(Schattschneider, 1942) 같은 현실주의 정치학자들은 국가라는 정치공동체에 중요한 것은 '정당이 주체가 되는 민주주의'이지 '정당 내부의 민주주의'는 아니라는 것이다. 물론 정당 내부 운영이 민주적이면 정당에 대한 유권자의 신뢰가 커지는 장점이 있다. 문제는 내부 민주주의가 잘 작동한다고 해서 그 정당의 대외 경쟁력까지 함께 상승하는 것은 아니라는 데 있다. 당내 민주주의가 강조되는 정당은 대부분 사회운동 조직에 뿌리를 둔 운동정당이나, 규모가 작은 계급·이념 정당이다. 한국에서는 정의당이 대표적 사례라고 할 수 있다. 이 유형의 정당은 집권보다는 정치적 영향력 확대가 최대 관심사가 될 것이다(신진욱·이세영, 2022). 따라서 당내 민주주의가 정당 개혁의 기준이 되기보다 정당이 시대적, 사회적 변화에 발맞추어 유권자와 지지자의 사회적 요구를 제때 반영할 수 있는 효율적 내부 기제를 확보했는지 여부가 되어야 한다.

정당 개혁의 기준과 함께 고려해 봐야 할 사항은 한국의 정당들이 지속적으로 정치 개혁을 추진했지만 성과가 미약한지에 대한 원인을 분석하는 것이다. 여당의 사례를 기준으로 분석하면, 우선 정당에서 그동안 추진해온 정치 개혁 과제는 국회 개혁과 정당 개혁의 구분 없이 동시적으로 진행되었음을 알 수 있다. 엄밀히 말해 국회 차원의 정치 개혁은 정당에서보다 국회 내 여야 의원들로 구성된 '정치개혁특별위원회'에서 추진하는 것이 바람직하다고 할 수 있다.

<표 1>에서 2014년 보수개혁특별위원회의 정치 개혁 내용을 보면 국회의원 특권내려놓기, 국회윤리특별위원회 기능강화, 출판기념회 전면 금지, 중앙선관위 산하 선거구획정위원회 설치, 국회윤리특별위원회 권한 강화 등 국회 차원의 개혁과제가 대부분이었다. 이러한 과제들은 특정 정당이 주도권을 가지고 여론에 힘입어 개혁의 바람을 일으킬 수 있지만 국회법 개정 및 정당법 개정 등 법 개정이 뒷받침되어야 하고 무엇보다 국회 내 정당 간 합의가 있어야 가능한 일이다. 따라서 단일 정당 차원의 국회 개혁과제는 추진에 있어 한계가 있다는 것을 인정해야 할 것이다.

둘째, 당내 개혁 저항 세력의 존재와 규모는 개혁의 중요한 변수다. 당내 저항 세력은 변화나 개혁에 대해 실질적인 거부권을 행사하는 세력들로 당내 거부 세력(veto player)이라고도 할 수 있다. 당내 영향력을 안정적으로 장악하고 있는 세력은 당내 세력균형의 변화를 꺼리기 때문에 새로운 변화를 가져오는 개혁보다 현상 유지를 선호한다. 개혁에 대한 당내 거부 세력이 강하면 전면적 개혁이 아니라 부분적 개혁에 그칠 수 있지만, 당내 거부 세력이 약한 경우에는 전면적 개혁의 수용이 가능하다. 거부 세력의 존재는 정당개혁의 추진 결과에 영향을 미치는데 다른 시기에 비해 첨예한 세력 갈등이 제기되는 선거 국면에서는 강한 거부 세력의 존재가 정당개혁을 제약할 수 있다(박경미, 2013).

여당의 경우, 당 대표를 비롯한 당 지도부가 개혁의 비토 세력으로 역할을 한 사례가 많았다. 당 차원의 혁신 작업은 혁신위원회에서 혁신안을 마련한 후 최고위 의결을 거쳐 당론으로 채택되는 일련의 과정을 거친다. 혁신위원회에서 심도 있는 논의를 거친 개혁안이 실제 개혁으로 이어지기 전 최고위를 통과하지 못하고 좌절된 사례는 많다. 따라서 개혁은 당 대표와 당 지도부의 결단 없이는 달성하기 어려운 것이 현실이다. 반대로 당 지도부가 개혁의지를 가지고 혁신안을 받아들이면 쉽게 개혁으로 이어진다. <표 1>에서와 같이 2005년 한나라당 '혁신추진위원회'는 당권·대권 분리, 지도체제 개편, 의원총회 위상 강화, 당 상임위원장제 도입, 각 종 위원회 개편, 시·도당 공관위 별도 설치 등 굵직한 개혁과제들이 당 지도부의 지지하에 모두 실현되었다.

셋째, 독점적 정당 체제는 정치의 수요자인 유권자에 대한 정책경쟁을 약화시키며 개혁의 필요성도 줄어든다. 그동안 국회의원선거 결과와 대통령 선거 결과를 종합해 보면 우리나라는 양당제에 근접한 정당 체제가 형성되었다고 볼 수 있다. 대부분 공직선거에서 제1당과 제2당 간의 유효한 경쟁이 이루어지고 있고 선거제도도 양당 중심 체제 형성에 기여했다. 민주화 이후 다당제가 잠시 유지되었지만, 대통령제를 뒷받침하기 위해 정당은 이합집산의 과정을 거쳐 양당 중심의 독과점체제를 유지하는 카르텔 정당 체제가 이루어졌다. 정치 뿐만 아니라 경제의 영역에서도 독과점체제에서는 구조적으로 경쟁이 잘 이루어지지 않는다.

보수와 진보를 대변하는 양대 정당 체제에서 보수와 진보 가치를 추구하는 유권자는 선택의 폭이 줄어든다. 그나마 진보 정당 지지자의 경우, 더불어민주당과 정의당 사이 선택의 여지가 있지만 보수 정당 지지자의 경우, 국민의힘 외에는 지지를 보낼 수 있는 원내 정당이 없다. 따라서 사표 방지 심리에 따라 어쩔 수 없이 국민의힘에 지지를 보낼 수밖에 없다. 국민의힘 입장에서는 개혁이나 변화에 대한 적응성이 낮아 질 수밖에 없는 것이다.

넷째, 개혁 대상에 대한 충분한 이해와 연구 없이 해외 사례를 한국적 현실에 기계적으로 적용하면 성공하기 어렵다. 제20대 국회에서 정치적 유불리를 앞세운 채 독일식 연동형 비례대표제에 대한 이해가 부족한 상황에서 준연동형 비례대표제를 골자로 한 공직선거법 개정을 통한 선거제도 개혁을 시도했지만 결과는 실패로 이어졌다.

준연동형으로의 제도 개편은 소선거구제에서 나타나는 사표 문제와 소수 정당 배제 구조에 대한 개혁 대안으로 추진됐다. 비례대표 비중의 확대를 전제로 한 제도였다. 그러나 비례대표 규모 확대는 이뤄지지 않은 채, 배분 방식에서만 기존의 병립형과 다르게 전체 정수를 기준으로 바꿨다. 지역구의 사표는 그대로 남는다. 지역구 축소를 통한 비례 확대는 현역 지역구 의원들의 기득권에 막혔고, 의원 정수 확대는 집권 여당 스스로가 국민 여론에 맞서 설득할 의지가 없었다. 결국 지역구와 비례의 비율이 5.2 대 1인 구조에 단서 조건이 많은 '누더기' 연동형 비례제가 됐다. 이에 선거제도 개혁 논의 과정에서 지적된 비례대표 의석 확보를 위한 다수당의 위성정당 창당 가능성은 현실이 됐다. 결국 준연동형 비례제는 위성정당이라는 의도치 않은 결과를 낳았고, 양당의 위성정당은 선거 이후 합당의 과정을 거쳐 사라졌다.

다섯째, 특정 세력이나 특정 상황을 염두에 둔 개혁은 실패 가능성이 높다. 개혁은 공정해야 하며, 특정 세력과 상황을 위한 개혁은 당원이나 지지자들의 공감대를 얻기 어려우며 설사 무리하게 개혁을 관철시킨다고 하더라도 지속하지 못한다. 대다수가 동의할 수 있고 공감할 수 있는 개혁과제는 여론의 동력을 얻어 추진될 가능성이 높아진다.

결국 정치 개혁이 성공하기 위해서는 개혁의 주체와 개혁 수준(level)이 맞아야 하며, 무엇보다 당 대표를 비롯한 당 지도부의 개혁 의지가 중요하다. 개혁하려는 대상에 대해서는 충분한 연구와 합의 과정이 있어야 하면, 개혁안은 한국의 정치적 현실에 부합해야 한다. 아무리 선진국의 좋은 제도라고 할지라도 한국의 정치사회적 맥락을 무시한 채 기계적 도입을 통한 개혁은 성공하기 어렵다. 또한 개혁은 특정 세력이나 특정 상황을 염두에 두기보다 다수가 공감하는 공정한 개혁이 이루어져야 한다.

2022년 8월, 국민의힘 혁신위에서 당원을 대상으로 실시한 정치개혁 과제에 대한 여론조사 결과(<그림 1> 참고), 당원들은 가장 시급한 정당 개혁 과제로 '투명하고 예측 가능한 시스템 공천'을 1순위(51.3%)로 꼽았다. 인재 영입과 육성 방안 개선, 당원 대상 교육 강화가 각각 38.5%로 공동 2위, 다음으로 당원 관리 및 당원협의회 활동강화 28.2%, 시민사회 네트워킹 강화 20.5%, 당내 각종 위원회 및 당 기구 활성화 15.4%, 인재 데이터베이스 구축 7.7%순으로 조사되었다.

그림1 혁신과제 우선순위에 대한 당원 여론조사

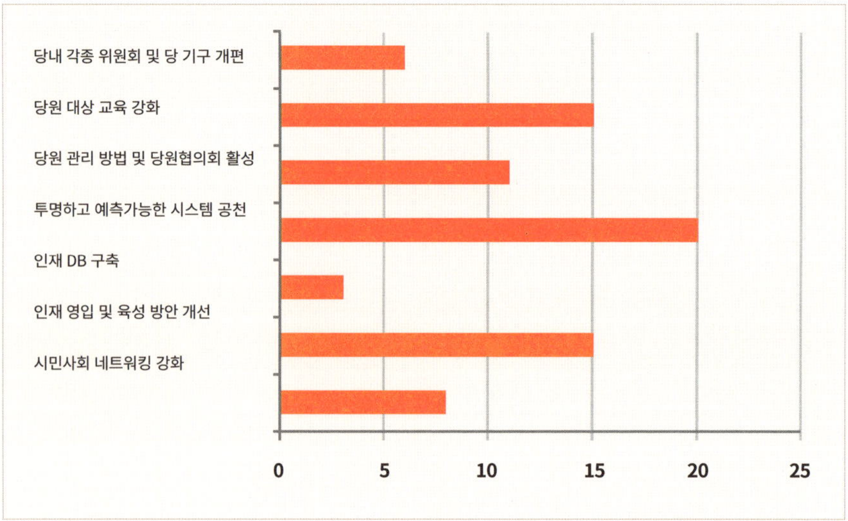

2021년 한국리서치에서 한국 정당 발전에 대해 18세 이상 유권자들을 대상으로 여론조사한 결과에 의하면(<그림 2> 참고) 당내 중앙조직과 지방조직의 수평적 구조에 대해 가장 부정적인 인식을 가졌으며, 다음으로는 당의 정강 및 정책에 대한 당원의 의견반영, 공직선거후보자결정에 대한 당원의 의견반영, 당내 소통을 위한 디지털 기술의 활용 순으로 부정적 인식을 나타냈다. 이는 바꿔말하면 개혁의 필요성이 요구되는 분야라고 할 수 있다.

그림2 한국 정당 발전에 대한 여론조사

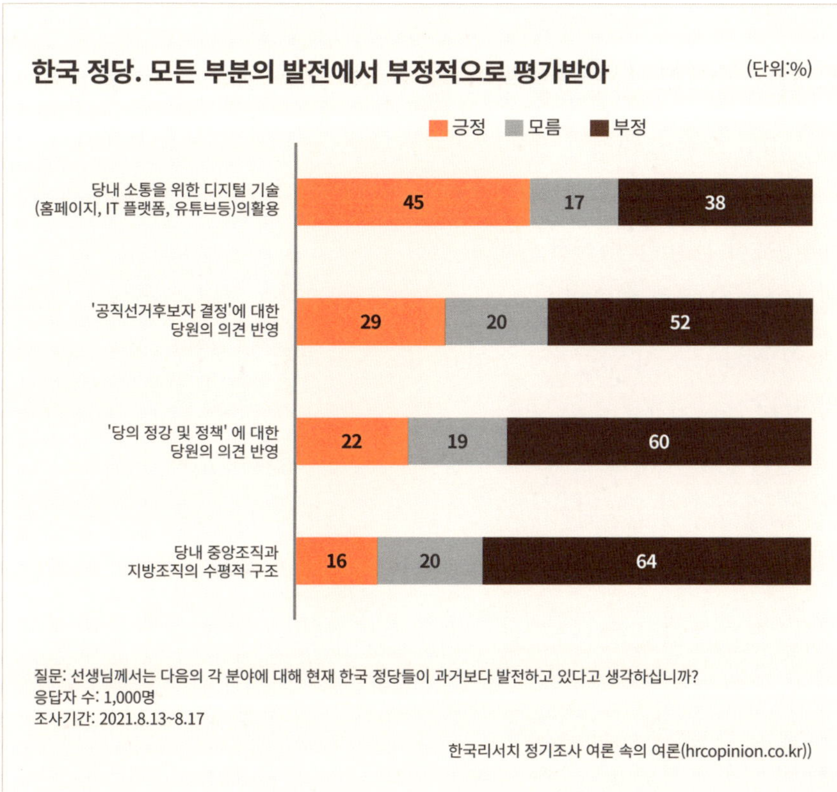

정당 개혁에 관한 당내 여론조사와 당외 여론 조사 모두에서 정당의 공천제도 개혁은 핵심 개혁과제임이 확인되었다. 공천제도는 개혁은 당원의 의견이 반영되는 방향으로 추지되어야 하며, 투명하고 예측 가능한 시스템 공천을 확립해야 한다. 이를 위해서는 공천권에 있어 막대한 영향력을 행사하는 당 지도부의 권한을 축소하거나 분산하여 당원에게 공천권을 돌려주고 공관위 구성과 운영, 공천룰 선정에 있어 투명하고 예측가능 한 시스템을 확립하라는 것이다.

03. 정당 개혁 방향

1. 원내중심정당은 해결책이 될 수 있나?

한국 정당 개혁 논의에서 자주 지적되는 것은 당 대표와 중앙당 체제, 당 지도부에 의한 하향식 공천제도 등으로 특징되는 과두제 지배체제다. 인사권, 재정, 조직 운영 등 핵심적 권한을 가진 당 대표는 막상 극소수의 국민에 의해 선출되어 정치 전반에 막대한 영향력을 행사한다. 흔히 말하듯이 국민의 1%에 해당하는 지지를 받아 당선된 정당의 대표가 정치판을 좌지우지하는 격이다.

한국 정당의 당 대표제와 중앙당 체제는 정당조직에 있어 정치적 자원과 영향력이 소수에 집중되어 미헬스가 설파한 과두제적 지배체제의 속성을 여실히 보여준다. 이에 대한 대안으로 제시된 것이 원내중심정당화다. 원내중심정당이란 정당의 주요 권한이 중앙당이 아닌 국회 내 의원총회로 이동하는 것이다. 원내대표가 최고지도자가 되며 의원총회가 최고의사 결정기관이 된다. 당 대표, 최고위원, 사무총장 등 중앙당 지도부가 당의 공천권부터 자금이나 정책결정권을 장악하고 있는 하향식 정당구조를 국민대표기관인 의회 중심으로 재편하자는 것이다. 중앙당은 폐지되거나 축소되며, 평상시에는 정책이나 입법 활동을 지원하고 선거 때는 후보들의 선거 업무를 지원하게 된다. 중앙당 지도부도 대폭 축소되거나 폐지된다.

원내중심정당은 고비용 저효율의 정당구조를 청산할 수 있으며 국회가 정쟁으로부터 자유로워지며 보스 중심의 수직적 구도에서 벗어나 의원 개개인이 독립 입법기관으로서 정치의 주체가 되어 자율성을 확보할 수 있다는 것이다. 미국의 사례가 원내중심정당의 대표적 모델이라고 할 수 있다. 대중정당모델과 비교되는 원내정당모델의 특성은 <표 2>와 같다.

표2 '대중정당모델'과 '원내정당모델'의 비교 (출처: 채진원, 2009)

구 분	대중정당모델	원내정당모델
정당 기율·이념성향	강함/ 수직적	약함/ 개방적/ 포괄적
정당 연대감·당원 동원력	강함	약함
유권자 반응성·연계	약함	강함
주요 활동원과 행위자	진성당원	원내의원 및 일반 유권자
원내 의원의 역할	대리자	대표자
의원과 당의 관계	종속적	독립적
의원 자율성	약함	강함
강조 정당 개념	조직수준의 정당	공직수준/ 유권자 수준의 정당

정치권과 학계에서도 원내중심정당화를 정당 개혁의 주요 대안으로 여기며 이에 대한 논의를 오랫동안 지속했다. 최근 여당과 야당 모두 당 대표 리스크를 겪으면서 원내정당화에 대한 논의가 재조명되고 있다. 원내정당화는 장기적으로 우리나라 정당 정치의 폐해를 상당 부분 해결할 수 있을 것이다. 하지만 정당의 발전 모델에서 보듯이 우리나라 정당은 대중정당과 원내정당 모델의 요소가 복합적으로 녹아 있다. 실제 미국 정당을 원내정당이라고 하지만 원외 정당 조직이 없는 것은 아니다. 전국적 차원, 주차원, 지역 차원에서 정당조직을 가지고 있다. 미국의 원외 정당 조직은 유럽 정당에 비해 조직이 약하고 느슨하며, 과거 정당 보스 중심의 정당 운영 체제가 약화되었지만 연전히 중요한 정치적 기능을 수행하고 있다(한국선거학회, 2012).

전면적인 원내정당화를 실현하려면 여야 합의가 우선되어야 한다. 원내정당을 선언한 정당이 당장 선거에서 불리한 결과를 얻게 된다면 정당 개혁의 명분에도 불구하고 원내정당을 결단하기가 쉽지 않다. 여야는 모두 당 대표제를 폐지하고 원외 정당 사무국 조직을 선거 전문, 후원인, 자원봉사자 관리체제 등으로 개편해야 한다. 당원 의사에 따른 공천제도, 야당을 경쟁자로 인정하는 합리적 정치문화, 국회의원의 입법 활동 활성화 등의 전제조건이 갖추어져야 하는데 이러한 조건들은 하루아침에 되는 것이 아니다. 지역편중 구도가 기울어진 상황에서 원내정당화를 도입할 경우, 특정 지역의 소외를 심화시킬 수 있다. 국민의힘에는 호남을, 더불어민주당에는 영남을 대변할 의원이 없기 때문이다.

2018년 자유한국당이 대통령 선거, 총선, 지방선거에서 연달아 패배하자 당시 김성태 권한대행은 중앙당 폐지를 골자로 한 원내정당화를 선언했지만, 선언으로 그치고 말았다. 최근 국민의힘 일각에서는 당 대표 징계라는 초유의 사태를 맞으며 당 대표 제도의 폐해를 들어 원내정당화 도입에 대한 논의가 재점화 되었지만 당내 공감대를 형성하지 못했다. 민주당은 새로운 당 대표를 선출하는 과정에서 당 대표 권한을 오히려 강화하는 단일지도체제를 선택했고, 국회 차원의 정개특위에서는 지구당 체제의 부활이 본격적으로 논의되면서 원내정당화와는 거리가 먼 현상이라고 할 수 있다.

한국적 정치 현실에서 원외 조직을 축소시키고 원내 조직만을 강화하자는 주장은 적실성이 떨어진다. 주지하다시피, 한국의 정당은 민주화 이후 상당 부분 원내정당화가 실현되었다. 17대 국회에서는 여야 공히 '의원총회'가 당론 결정의 최고기구로 자리매김했다. 과거에는 대통령 또는 당총재가 지명한 '원내총무'가 대신 의원들이 직접 선출한 원내대표가 원내 정치를 총괄 지휘하게 되었다. 정당 기능이 축소됨에 따라 300여 명에 이르던 중앙당 사무처 직원들도 100명 내로 줄었다. 즉, 원외조직의 발달에 맞추어 원내조직을 발전시켜 균형을 이루는 것이 더 현실적인 대안이 될 것이다. 유권자 속의 정당, 정부 속의 정당이라고 정당 고유의 기능을 수행하기 위해서는 두 조직 모두 필요하다.

한편, 원내정당화의 주요특성으로 정당 기율이 약해 의원의 독립성과 자율성이 강하다는 것이다. 그러나 현실은 꼭 그렇지 않다. 지난 2021년 1월 13일 미국 하원은 도널드 트럼프 대통령에 대한 탄핵소추안을 가결했다. 표결결과를 찬성 232표, 반대 197표였다. 민주당 222명 전원 찬성했으며, 트럼프 대통령이 속한 공화당에서도 10명의 찬성표, 즉 이탈표가 나왔다. 반면, 2016년 12월 9일 국회 본회의에서 가결된 박근혜 대통령 탄핵 소추안 표결결과는 재적의원 300명 가운데 299명이 투표에 참여해 찬성 234명, 반대 56명, 기권 2명, 무효 7명으로 가결 처리되었다. 전체 찬성표 234표 중 야권과 무소속 의원 172명이 모두 찬성이라 가정하면 산술적으로 여당 이탈표는 62표라는 계산이 나온다. 미국 의원들은 유권자들의 의사에 민감하게 반응하여 스스로 당기율을 강화시키는 측면이 있으며, 당시 새누리당의원들은 당기율보다 유권자들에 반응한 것이라고 할 수 있다.

2. 당 대표 권한 축소 및 분산

1987년 민주화 전후 여당의 경우 대통령이 당총재를 겸임하면서 당대표 역할을 했다. 여당의 차기 대선 후보가 결정되면 대통령은 총재직을 사퇴해 해당 후보에게 당권을 이양했다. 이후 여당 총재인 대통령이 당 대표를 임명하면서 대통령은 당에 대한 지배력을 유지했다. 2002년에는 여야 모두 당·청 분리 제도를 도입하면서 인사권을 가진 대통령이 여당을 지배할 수 없게 되었다. 이후 각 정당은 당의 최고의사결정 기구인 전당대회를 통해 당 대표를 선출하였다. 여당의 경우 대통령이 당에 대해 여전히 영향력을 행사하지만 당 대표의 독자적인 권한이 형성되기 시작했다.

당 대표는 당을 대표하여 강력한 리더십을 발휘하며 당무와 정당 운영에 영향력을 행사하게 되었다. 당 대표는 국가의전 서열에서 여당 대표가 7위,

야당 대표는 8위다. 당 대표는 현역 의원은 물론이고 정치 신인의 정치생명 여탈권을 좌우하는 공천권과 당의 주요 요직에 대한 인사권, 당 예산 집행 및 편성 등 재원 배분의 권한을 가지고 있다. 이러한 당 대표의 권한은 당헌 당규상 명시되어 있으며, 당 대표의 주요 권한은 <표 3>과 같다.

표3 당헌 당규상 당대표 지위와 주요 권한

근거	지위와 권한	내용
당헌, 당규	법적, 대외적으로 당을 대표하고 당무 통할	당론을 주도하는 등 영향력 행사
	주요회의 소집	중앙당 주요당직자 회의, 의원 소집 등
	인사권	당직자 주요 인사에 관한 임면권 및 추천권
	위원회 구성	공천관리위원회, 윤리위원회, 조강특위 등 위원장 선임
	예산권	당 예산을 편성하고 집행

당 대표는 법적, 대외적으로 당을 대표하고 당무를 통할하며, 중앙당 주요 당직자, 최고위원회 등 회의를 소집할 수 있다. 주요 당직에 대한 임면권과 추천권을 가지며, 당의 위원회 구성과 당 예산을 편성하고 집행할 수 있다. 당헌 당규상 의결기구를 거쳐 국회의원 후보자 등 인사권한을 행사할 수 있지만 당 대표는 전략공천이나 비례대표 공천에 실질적 영향력을 행사한다. 명시된 권한 외에도 당 대표가 되면, 대외적 지명도가 올라가기 때문에 평당원이나 평의원에 비해 정치적 지명도 형성에 유리하며 이는 곧 영향력이 확대로 연결된다. 당 대표 프리미엄을 이용하여 대선후보로 발돋움한 예도 적지 않으며, 당 대표가 대통령이 되거나 심지어 대선에서 실패하고 난 이후에도 당 대표가 된다.

당 대표는 권한이 막강한 만큼 책임론에서 자유로울 수 없다. 임기는 2년

이지만 선거에서 패배하거나 당내 분란 등으로 인한 정치적 책임론이 제기될 경우 중도 하차하는 경우도 허다하다. 과거 새정치연합의 경우 계파갈등이 첨예했던 2000년대 초반, 당 대표 임기는 평균 5개월을 넘지 못했다. 주요 선거가 없는 정치 비수기에는 당 대표의 실권과 영향력이 줄어들기도 한다.

당 대표의 권한 중 가장 주목을 받는 것은 공천권이다. 당헌 당규상 공천관리위원회를 통해 공천이 확정되지만 전략공천이나 비례대표 공천 등에서 당 대표의 영향력은 암묵적으로 행사되고 있다. 정당 개혁의 주요 대상으로 상향식 공천이나 완전국민 참여경선이 실현되지 않는 것도 당 대표의 권한과 맞물려 있다고 할 수 있다. 그렇기 때문에 당 대표의 막강한 권한은 계파정치의 원흉으로 지목되기도 한다.

따라서 각 정당은 공천 개혁의 실마리를 당 대표 권한을 축소하거나 분산하려는 것에서 찾으려 하고 있다. 당 대표 권한이 강한 단일지도체제를 집단지도체제로 변경함으로써 당 대표 권한의 분산을 추구하는 방안이 있으나 집단지도체제는 당이 위기에 처해 있을 때 강력한 리더십을 발휘하지 못하는 단점이 있다. 2022년 8월, 민주당 당 대표 선출 시 민주당 내부에서 집단지도체제에 대한 논의가 있었다. 민주당 전당대회 준비위원회는 논의 끝에 8.28 전당 대회에서 당 대표와 최고위원을 별도로 선출하는 단일지도체제를 유지하며 당 대표 권한을 강화시키는 쪽으로 결정했다.

공천 시 당 대표의 권한을 견제하기 위해서는 공심위원장을 포함한 공심위 구성을 전국위원회 또는 최고위원회에 이관하고 배심원단제도를 실효적으로 운영하는 방안 등도 논의되고 있다. 최근 여당 혁신위원회에서는 공관위 구성에 있어 일정 비율을 최고위원 추천으로 할당하여 특정 세력에 의해 공천이 좌우되는 것을 방지하는 안이 논의되고 있다. 이러한 아이디어는 국민의힘 혁신위 구성 당시, 혁신위가 이준석 당 대표의 '사조직'이라는 논란에 휩싸이자 국민의힘 지도부가 최고위원이 각자 몫으로 혁신위원을 추천한 것을 두고 고안한 것이다. 또한 공천과정에서 당 대표의 영향력을 견제하기 위해, 공천과정에서 자격심사위원회, 전략공천위원회, 공천관리위원회 설립을 통해 공천시스템을 분리해서 상호 견제하는 이른바 '공천 삼권 분립'에 대한 논의도 진행 중이다. 공천 삼권분립의 핵심은 3개 위원회의 위원장을 모두 다른 사람으로 임명하여, 공천시스템을 나누면 계파갈등도 줄어들며 인재를 적재적소에 배치할 수 있는 장점이 있다.

3. 공천제도 개혁

정당의 주요 기능 중 하나는 정치엘리트 충원이다. 우리나라 정당법에도 정당은 "국민의 이익을 위하여 책임있는 정치적 주장이나 정책을 추진하고 공직선거의 후보자를 추천 또는지지함으로써 국민의 정치적 의사형성에 참여함을 목적으로 하는 국민의 자발적 조직"이라고 정의하고 있다. 또한 공직선거법은 정당은 공직후보자 추천 방식에 있어 소속 당원을 공직후보자로 추천하되 민주적 절차를 따라야 한다고 명시하고 있다. 법 상으로 공천에 관한 민주적 절차를 규정하고 있음에도 불구하고 현실은 민주적 절차에 의해 이루어지지 않고 있으며 이에 대한 제재 규정은 없다.

후보선정방식은 당내 권력관계 뿐만 아니라 그 권력관계를 규정한다. 샤츠슈나이더에 의하면 '후보선정절차의 성격은 정당의 성격을 결정한다. 후보를 선정하는 주체가 바로 정당의 주인이다. 따라서 후보 선정과정은 정당의 권력 배분이 어떻게 되어 있는가를 볼 수 있는 가장 좋은 지점'이라는 것이다(Schattschneider, 1942; 전용주, 2010). 민주화 이후 한국 정당의 후보 선정과정을 보면 국회의원 선거를 기준으로 17대 국회에서는 경선제를 시행하다 18대 국회에서는 당내 외 인사가 참여하는 공심위를 통해 1차적으로 후보 검증과 선정이 이루었졌으며, 최고위 의결을 통해 확정지었다. 19대 국회부터는 주요 정당이 일부 지역에서 복수로 경선(개방형 국민경선 또는 국민참여

경선)을 실시하기도 했지만 여전히 공심위를 통한 공천이 주로 이루어졌고, 암묵적으로는 당 대표와 지도부의 영향력이 공심위에 투영되었다. 샤츠슈나이더가 지적대로 공천 과정에서 당 대표의 영향력은 한국 정당의 권력 배분에 있어 그 무게 중심이 어디에 있는지 알 수 있는 대목이다.

공천제도 개혁을 주장하는 이들은 "공천권이 당 대표에게 있다는 것 자체가 반민주적이며 혁파해야 대상이며, 당권 싸움과 권력투쟁의 뿌리이고 당 분열의 씨앗이 된다"며, "공천권은 당원과 국민에게 있다"며 "이를 제도화하고 시스템화하는 것이 공천 개혁의 핵심"이라고 역설한다. 이에 대한 대안으로 그동안 제시되었던 것은 예측가능한 시스템 공천을 위해 공천관리위원회를 조기에 구성하고, 공정한 경선 룰을 정하는 것이다. 정당 대표의 밀실 공천을 지양하고, 공천권을 당원과 유권자에게 돌려주는 상향식 공천으로 개방형 국민참여경선제, 권역별 국민참여경선 도입으로 정치적 참여를 확대시켜 공천 과정에서 민주적 정당성을 확보해야 한다고 주장한다.

국민참여경선제는 원내정당주의자들을 중심으로 공천제도에 대한 민주적 개혁안으로 거론된다. 문제는 당 대표의 권한이 강화된 한국의 정당정치 현실에서 어떻게 당 대표로 하여금 공천 실권을 내려놓게 하여 국민참여경선제의 실현 가능성을 어떻게 보장받는가이다. 한때는 여야 모두 '오픈 프라이머리(open primary)'를 법제화하여 공천의 개방성과 민주성을 높이고 당내 소수 권력에 의해 좌우된 공천권을 국민에게 돌려주자는 논의가 확산되었다. 중앙선거관리위원회도 2015년 정치관계법 개정의견을 통해 대선과 총선, 지방자치단체장 선거에서 선거권을 가진 국민이 참여하고 선거관리위원회가 관리하는 국민경선안을 제안했다.

오픈 프라이머리는 공천과정의 투명성과 공정성을 확보하고 유권자의 관심과 참여를 노여 정당의 기반확대로 이어지며, 진성당원을 찾기 어려운 한국의 정당 현실에서 정당의 지지기반을 넓힐 수 있는 점이 장점으로 꼽힌다. 반면, 반대론자들은 후보자 추천은 정당의 고유권한이며, 선관위 관리하에 일괄적으로 경선을 실시하는 것은 정당의 자율성을 침해한다는 것이다. 장기적으로 정당 기반을 약화시키며 조직선거나 동원선거의 가능성, 선거비용으로 정치신인이나 소수자의 공천 기회를 축소시킨다며(이정진, 2015) 찬반 논란이 일었다. 여야는 오픈 프라이머리 법제화를 두고 발생하는 여러 쟁점들에 대해 논의를 거듭했지만 이견을 좁히지 못해 법제화는 이루어지지 못했다.

정당 공천제는 정당을 통해 이루어지는 대의제민주주의 작동의 필수 요소이다. 문제는 국회의원선거, 지방자치단체장 및 기초의원, 광역의원 선거 등 각 급 선거에서 당 대표를 비롯한 소수의 실력자들이 공천권을 전횡한다는 것이다. 그렇다면 현재 요식절차로 진행하고 있는 국민배심원단 제도의 실효적 운영 등을 통해 공천과정을 견제할 장치를 마련하는 등의 공천 개혁안이 적실성 있는 대안이 될 수 있다. 또한 공천권을 일반 국민에게 완전히 넘기는 것 보다 현행과 같이 일부 지역을 중심으로 실시하여 제도적 미비점을 보완하여 점차 확대하는 방안을 모색하는 것이 현실적이라 할 수 있다.

또한 현역 의원이나 지방자치단체장 등에 대한 정기 평가를 차기 선거에서 재공천 심사에 반영하는 것이다. 현재 민주당은 현역 의원과 지방자치단체장에 대한 평가 제도를 도입하여 실시하고 있다. 국민의힘도 혁신위 차원에서 현역 정치인에 대한 평가 제도 도입을 논의하고 있다. 선거 직전에 평가위원회를 설립하여 활동하는 민주당과는 달리 당의 공식기구를 통해 1년에 한 번씩 정기적인 평가를 실시하며, 등급별 평가 점수를 기준으로 공천시 감·가산점을 적용하여 차등화한다는 것이다. 따라서 성실 의정을 펼친 유능한 의원에게는 재선의 기회를 보장하며, 하위 10%는 컷오프를 적용하여 평가를 실효화 한다는 것이다.결국 한국적 현실에 맞게 공천과정에서 정당의 다양한 주체가 개입하여 서로 견제와 균형을 이루어 점진적 공천개혁을 이루는 것이 현실적 대안이라고 할 수 있다.

4. 정당조직과 정치자금 개혁

우리나라 헌법은 미국과는 달리 정당 설립과 운영에 관한 기본 원칙을 명시하고 있다. 헌법상 정당의 설립은 자유이며 복수정당제를 보장하고 있으며, 정당의 목적·조직이 민주적이어야 하며 국민의 정치적 의사 형성에 참여하는데 필요한 조직을 가져야 한다는 것이다. 즉, 정당제도는 정당의 설립과 활동의 자유가 보장되어야 하며 정당이 민주적 내부질서를 유지할 수 있도록 하며, 국민의 정치적 의사형성에 필요한 최소한의 조직과 요건을 갖추어야 한다. 헌법이 보장한 정당활동의 자유 원칙에도 불구하고 2004년 개정된 당원협의회 사무실 설치 금지, 지방정당제한 등은 여야 모두 정당 활동의 제약으로 지목되고 있다.

정당 개혁의 딜레마는 한쪽에서는 당 대표와 중앙당으로 대표되는 원외정당을 국회의원의 자율성이 보장되는 원내정당화를 통해 정당 민주화를 주장하며, 다른 한편에서는 2004년 지구당 폐지를 비롯하여 정당에 대한 과잉 규제는 대의제민주주의에서 정당의 기능을 급속히 약화시켰으며 사실상 정당의 기능을 부정하는 것이라고 비판한다. 과거에는 정당 내부적으로는 중앙당의 과두제적이고 중앙집권적 체제가 주요 개혁대상으로 논의되었다면, 현재는 당 조직과 운영 시스템의 현대화가 개혁 의제로 논의 되고 있다.

최근 여야 정당은 디지털 정당에 대한 논의를 활발히 진행하고 있다. 디지털 정당에 대한 논의는 더불어민주당에서 먼저 시도했다. 민주당은 정당의 정책 생성과 당원과의 소통에 있어 디지털플랫폼을 구축하였으며, 국민의힘당에서도 MZ세대(밀레니얼+Z세대)의 정치참여 열망을 체계적으로 조직하고, 정당의 운영 시스템과 조직을 4차 산업혁명 시대에 맞게 디지털정당으로 탈바꿈을 시도하고 있다. 디지털플랫폼은 정당 내부 의사결정 과정을 변화시킬 수 있다. 현재 국민의힘과 민주당은 중앙당, 시도당, 지역 당원협의회 등 중앙집권적 조직을 갖추고 있다. 중앙당의 지시 하달과 조직 동원 등에는 효율적이지만, 아래로부터의 요구를 중앙당이 받아들여 검토하려면 여러 단계를 거쳐야 한다.

디지털 정당화를 통해 당 지도부와 실시간 의사소통 플랫폼이 구축된다면 조직 슬림화, 비용 절감 등이 가능할 것이다. 디지털 정당이 구축되면 유권자와 소통 방식도 바뀔 것으로 보인다. 코로나 19가 확산되면서 체육관 전당대회, 당원 간담회 같은 오프라인 창구가 급속히 줄어들고 당 안팎의 소통도 축소되고 있는 상황에서 실시간 당과의 유기적 소통이 가능한 디지털플랫폼 구축은 시대적 변화에 부합하는 정당 개혁이라고 할 수 있다.

정치자금은 "대의민주주의가 제대로 실행되는데 필요한 민주주의의 젖줄(Money is the mother's milk of politics)"이라는 말이 있다. 정치자금은 민주주의를 유지하는 비용이며 정치활동에 필수적 재원이다. 유권자의 입장에서는 정치자금은 자신들의 정치적 의사와 지지를 표현하는 효율적인 수단이다. 따라서 우리나라뿐만 아니라 전 세계 민주주의 국가에서는 정치자금을 합법적으로 조달할 수 있는 제도적 장치를 마련하였다. 정치자금이 순기능을 다하기 위해서는 정당 등 정치활동의 행위자의 관점에서 합법적이고 원활한 조달이 보장되어야 하고, 사회구성원에게는 정치적 의사표현 수단이 되어야 하며, 일련의 정치자금은 투명하게 집행되고 공개되어야 한다(윤석근, 2015).

이러한 전제를 가정하면 우리나라 정치자금 조달 방식과 집행에 있어 그동안 수없이 많이 논의되었던 국고보조금 비율, 정치자금 수입과 지출규제 개선, 회계 보고의 투명성 확보 등 개선과제가 산적해 있다. 무엇보다 우리나라 정당의 수입구조에 있어 과도한 정당국고보조금의 비율은 정치 효능감이나 국민의 정치에 대한 신뢰도, 정당의 자생력 등을 고려하면 조정이 불가피해 보인다. 중앙선관위에서 해마다 발행하는 '정당의 활동 개황 및 회계 보고(2020)' 자료에 의하면 정당의 총수입에서 국고보조금은 주요 정당 수입의 상당 부분을 차지한다(<그림 3> 참고).

그림1 정당의 수입총괄 (출처: 중앙선관위)

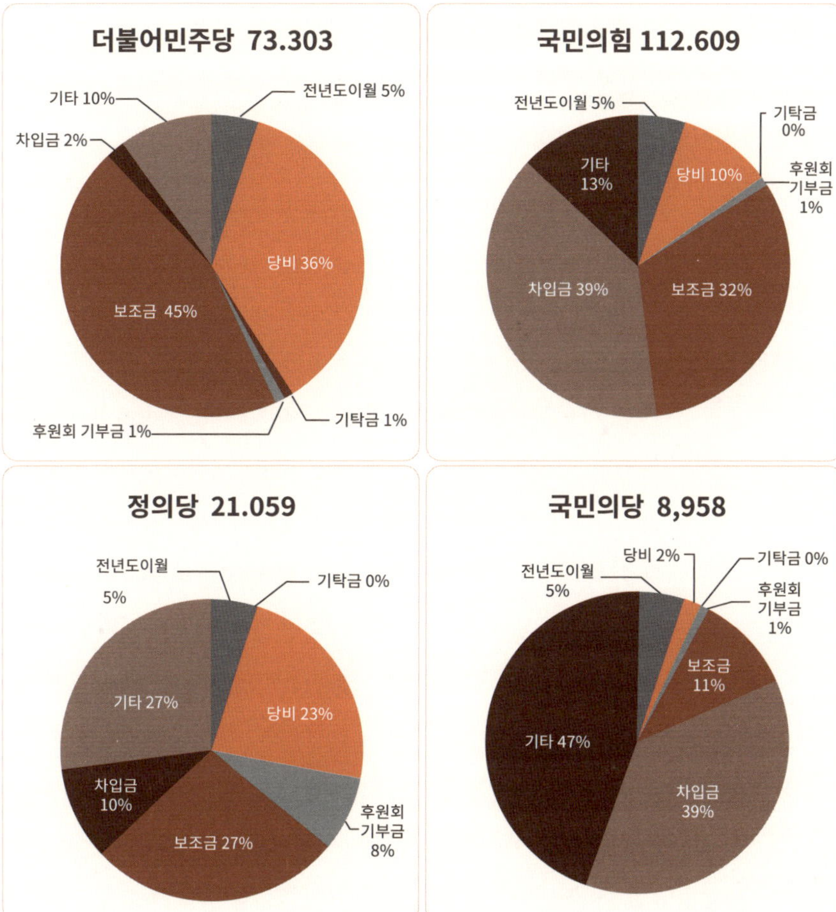

정당은 국고보조금뿐만 아니라 당원들의 당비를 포함한 정당의 수입과 지출을 투명하게 집행하고 당원과 유권자들에 적극적으로 공개해야 한다. 현재 소극적으로 정당의 회계 내역을 공개하고 있지만, 외국의 사례에서와 같이 인터넷에 상시 공개해야 한다. 미국의 경우, 연방선거위원회가 정치활동위원회(PAC)로부터 제출되는 모든 보고서류를 48시간 이내 인터넷에 공개하고, 영국은 정당의 회계 보고내용과 고액기부금 내역은 인터넷에 상시공개하여

정치자금 투명성을 확보하고 있다(윤석근, 2015). 우리나라도 2014년 지방선거부터 후보자 정치자금 인터넷 공개를 시범적으로 실시하였는데 첫 번째는 참여율 28.3%, 두 번째는 45.1%, 세 번째는 72.5%로 참여 비중이 높아졌다. 따라서 정치자금 공개를 전면적으로 확대하여 투명성을 제고하고 국민의 신뢰를 회복할 필요성이 있다.

5. 당원 참여 확대 및 당원권 강화

중앙선관위 조사에 의하면 2020년 현재 중앙선관위에 등록된 정당은 44개이며, 총당원 수는 8,771,263명이다. 더불어민주당이 4,053,466명으로 전체 46.2%를 차지하며, 다음은 국민의힘 3,489,924명으로 39.8%, 민생당 380,399명으로 4.3%, 우리공화당 326,658명으로 3.7% 순이다(<그림 4> 참조). 우리나라 인구수 대비 당원 비율은 총인구의 16.9%에 해당하며, 선거인수 대비 19.9%를 차지한다. 당비를 내는 당원을 민주당은 권리당원, 국민의힘은 책임당원이라고 민주당과 국민의힘의 권리·책임당원 수는 각각 72만여 명과 57만여 명이라고 한다.

영국의 노동당 당원은 50만 명 정도이며, 독일 사민당 당원 수는 40만 명이 조금 넘는다. 인구 대비로 두 나라 모두 2% 미만이다. 대표적인 당·국가 중국의 인구 대비 당원 비율은 6% 정도라고 한다(서울신문, 2022). 최근 10년간(2010~2020) 당원 수 추이를 살펴보면 소폭이지만 꾸준히 상승하는 흐름이다(<그림 5> 참고). 2010년과 비교하면 450만 명이 늘었다.

당원이 10년 전에 비해 큰 폭으로 증가한 이유는 자발적 당원 가입보다 주기적으로 선거를 치르면서 공직 선거 입후보자들이 당내 경선에서 득표율을 올리기 위해 직능단체, 종교단체, 노동조합, 체육계 등을 통해 당원 가입을 동원했기 때문이라는 분석이다. 최근에는 이른바 극성지지층이라 일컫는 '팬덤(fandom)' 당원이 온라인 입당을 통해 대거 유입된 것도 당원 증가의 이유라고 한다.

그림4 정당별 당원 수(출처: 중앙선관위, 2021)

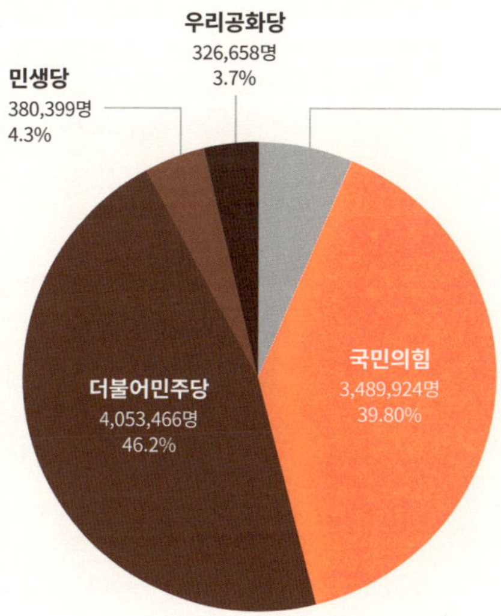

정당	당원 수	비율
정의당	53,080명	0.60%
국민의당	16,023명	0.20%
열린민주딩	40,456명	0.50%
기본소득당	19,879명	0.20%
시대전환	6,945명	0.10%
가나코리아	5,365명	0.10%
가자평화인권당	6,707명	0.10%
가자환경당	7,487명	0.10%
거지당	9.505명	0.10%
국가혁영당	29,757명	0.30%
국민새정당	9,032명	0.10%
국민참여신당	5,773명	0.10%
기독당	5,272명	0.10%
기독자유통일당	17,529명	0.20%
깨어있는시민연대당	6,005명	0.10%
남북통일당	5.496명	0.10%
노동당	11,045명	0.10%
녹색당	8,738명	0.10%
대한당	5.540명	0.10%
대한민국당	6,657명	0.10%
독도한국당	11,906명	0.10%
미래당	12,903명	0.10%
민중민주당	9,869명	0.10%
새누리당	36,217명	0.40%
신자유민주연합	5,706명	0.10%
여성의당	9,901명	0.10%
자유당	5.454명	0.10%
자유의새벽당	12,051명	0.10%
자유한국	21 6,949명	0.10%
중소자영업당	5,668명	0.10%
직능자영업당	5,195명	0.10%
진보당	68,931명	0.80%
친박신당	8,392명	0.10%
친박연대	5,257명	0.10%
통일민주당	5,253명	0.10%
한국국민당	6,879명	0.11%
한국국민당	7,070명	0.10%
한나라당	5,790명	0.10%
한반도미래연합	8,483명	0.10%
홍익당	6,651명	0.10%

총당원수 8,771,263

문제는 증가한 당원 수에 비해 당원이 실질적으로 당원으로서의 역할과 권리를 행사할 수 있는 제도적 장치는 미흡하다. 최근 한 연구 결과에 의하면, 정당의 주요 정책결정에 있어 중앙당 지도부와 국회의원이 가장 큰 영향력을 행사하며, 반면 책임당원과 일반당원의 영향력은 미약한 것으로 드러났다(한

그림5 최근 10년간 인구수 대비 당원 수 추이(출처: 중앙선관위, 2021)

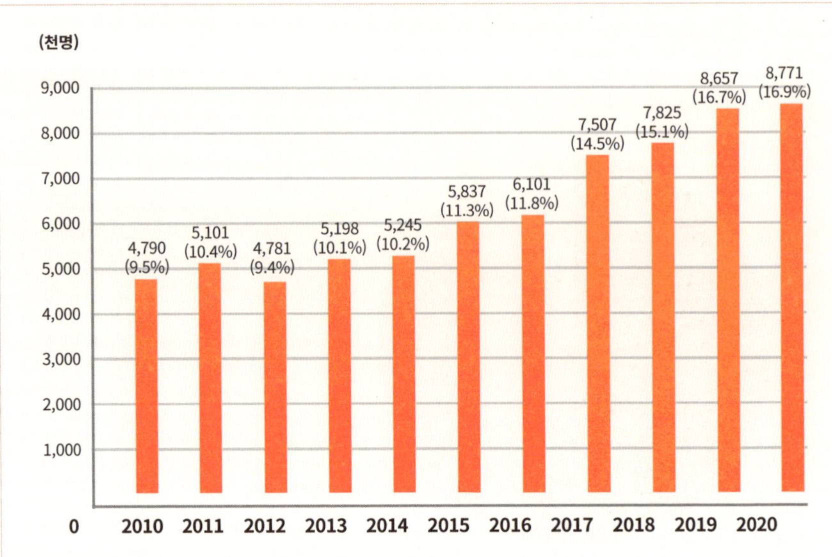

국정치학회, 2019). 이러한 결과는 중앙당에 의한 수직적 의사결정과정이 그대로 반영된 것이라고 할 수 있다.

최근 민주당은 '당원존'을 설치하여, 권리당원이면 누구나 정책을 제안하고 정당은 일정 조건이 갖추어지면 수렴하게 하는 제도적 장치를 마련했다. 국민의힘도 최근 디지털정당화를 목표로 당원 의견을 수렴할 수 있는 일종의 당원커뮤니티 개념의 디지털플랫폼 개발에 착수했다. 이는 당원이 커뮤니티에서 의제를 공론화하여 당 공식기구와 상호 협업을 통해 당론으로 채택 될 수 있도록 하여 당원들의 정치적 효능감 향상을 도모할 수 있을 것으로 기대된다.

또한 각 정당은 핵심당원의 정책현안, 당무운영 관련 활동 공간을 확대하고 당원을 세분화하여 당원 등급별로 전당대회 대의원 선출, 당론과 정책 결정에 참여하는 등 당권을 강화할 수 있는 유인체계를 논의 중이다. 당원 교육과 당원협의회 활동을 보완하여 지역 차원에서의 정당활동을 장려하고, 공직선거 출마 희망자 등에 구체적 선거전략과 각종 선거 실무를 교육하는 등 맞춤형 연수 프로그램을 고안하는 등 정당 차원에서 당원 중심의 정당이 되기 위한 여러 노력을 경주하고 있다.

04. 결론: 개혁은 왜 성공하기 어려운가?

민주화 이후 우리나라 주요 정당은 개혁과 혁신의 노력을 지속해서 경주했다. 여당의 경우, 2005년 한나라당 시절부터 현재 국민의힘까지 12차례 '혁신위원회(또는 정치쇄신특별위원회)'를 설립하여 당의 개혁과 혁신을 논의하였고 현재도 논의 중이다. 민주당도 '정당혁신추진위원회'를 설립하여 수시로 정치 개혁과 혁신을 위해 노력을 지속하였다. 양당의 혁신 노력 결과, 정당 운영에 있어 권위주의적 요소가 줄어들었고 당원 중심의 민주적 정당을 위한 장치가 마련되는 등 일부지만 성과가 있었다.

그러나 오랜 혁신과 개혁 노력에도 불구하고 공천제도 개혁과 같은 큰 틀에서의 개혁은 이루어지지 않고 있다. 그동안의 정치 개혁이 큰 성과를 거둘 수 없었던 이유는 당 차원의 정치 개혁을 추진하면서 야당과의 합의가 필요한 국회 개혁이나 행정부와의 협업이 필요한 정부 개혁 과제까지 포함시켜 개혁의 주체와 개혁 수준의 불일치가 개혁 실패의 원인이 되었다. 둘째는 당내 주도권과 영향력을 행사하는 세력이 비토세력으로 역할 할 때 개혁은 좌절된다. 따라서 성공적인 개혁을 위해서는 당 지도부의 의지와 결단이 무엇보다 중요하다고 할 수 있다. 셋째, 개혁 대상에 대한 충분한 연구와 개혁 주체들 간 합의가 충분하지 않을 경우에도 개혁은 이루어지지 않는다. 아무리 좋은 선진국의 제도라고 할지라도 한국의 정치적 맥락을 무시한 채 기계적 도입에 의한 개혁도 성공하기 어렵다. 우리나라의 실정에 맞고, 시대적 변화에 조응하는 실현가능한 정치개혁이야 한다. 또한 개혁은 특정 세력이나 특정 상황을 염두에 두기보다 다수가 공감하는 공정한 방향으로 이루어져야 한다.

따라서 정치 개혁에 성공하기 위해서는 정치 조직의 가장 기초적인 단위라고 할 수 있는 정당 차원의 개혁이 선행되어야 한다. 정당은 대의제민주주의의 핵심 기관이며, 대의제민주주의의 꽃이라고 일컫는 선거제도에서 유권자들의 정치적 의사를 결집하고, 공직후보자를 선출하는 등 중차대한 역할을 하고 있다. 정당은 각 국가의 권력 구조와 정치체제에 따라 다양한 모델을 형성하며 변화와 발전을 거듭하고 있다. 따라서 대중정당모델 또는 원내정당모델 등 학문적 틀은 개혁의 방향 설정에 많은 시사점을 줄 수 있다. 반면, 정치현실은 이론적 틀에 부합하지 않는 경우가 많다. 우리나라 정당의 경우, 대중정당모델의 요소가 많지만 시대적 변화와 더불어 원내정당화가 상당히 진행되었다. 이러한 배경에서 정당 개혁의 해결책으로 정당 민주화만 강조하여 완전한 원내정당화를 추진하고 공천권을 온전히 국민에게 돌려주는 완전국민경선제 도입을 주장하는 것은 현실적으로 가능하지도 않고 한국 정치 현실의 맥락에 완전히 부합하지도 않는다.

한편, 정치 개혁 작업에 참여한 경험이 있는 사람들은 누구나 공감하듯 개혁에는 희생과 헌신이 따라야 한다. 과거의 경험에서 보듯, 정당 개혁을 위해서는 당 대표와 지도부의 결단은 중요하다. 과거 17대 국회에서 원내정당화의 물꼬를 튼 것도 여야 당 대표와 지도부의 결단과 의지가 있었기 때문에 가능했다. 영국의 사례에서도 보수당은 의원이나 당수 중심의 간부정당조직이라는 한계의 절감하고, 노동당은 노동조합의 영향력 과대 현상이라는 문제점을 당 스스로 인지했다. 양당은 외부 사회의 변화에 맞추어 당의 체질을 변화시키지 않고서는 선거에 승리할 수 없다는 절박함으로 당 지도부가 먼저 당내 개혁을 추진하였다. 최근 미국 공화당의 사례는 유권자에 의한 '티파티 운동'으로 아래로부터의 개혁에 성공한 사례라고 할 수 있다.

개혁은 혁명과는 달리 하루아침에 이루어지기 힘들다. 헌팅턴(Hungtington, 1968)은 "성공적인 혁명이 드물다면 성공적인 개혁은 더욱 드물다(Revolutions are rare. Reform, perhaps, is even rarer)"고 했다. 개혁이 어려운 이유는 부분적 변화를 추구하기 때문이다. 구체제를 전복하여 하루아침에 새로운 체제를 만드는 혁명과 달리 잘못된 부분만 바꾸는 것은 말처럼 쉬운 일이 아니다. 따라서 정치 개혁의 방법론에 있어서도 당위론적이고 명분 위주의 개혁안보다 '실현가능한' 대안을 가지고 한국의 정당과 정치 발전의 토대 위에서 출발해야 한다. 나아가 시대적 변화에 맞춰 점진적인 개혁으로 가는 것이 성공적인 개혁의 길이라는 것은 이미 알려진 역사의 교훈이다.

참고문헌

강원택. 2009. "한국정당연구에 대한 비판적 검토." 『한국정당학회보』 8권 2호.

노재봉·김영호·서명구·유광호·조성환 지음. 2018. 『한국자유민주주의와 그 적들』. 서울: 북앤피플.

내일신문. 2004. "<원내정당화 본격화> 원내정당화 첫 장을 연 한해". 12월 30일자.

박경미. 2013. "한국의 정당개혁 담론 변화와 정당의 적응성." 『한국정치연구』 제22집 제2호.

박찬표. 2002. "한국 정당민주화의 과제: '정당민주화'인가 '탈정당'인가?". 『정당의 민주화에 관한 각국 사례 비교』. 한국의회발전연구회 연구보고서.

서울경제. 2022. "조해진 "지금이 정당혁신·공천개혁 적기...정치개혁으로까지 확장해야". 6월 7일 자.

서울신문. 2022. “바람 빠진 정당, 바람 탄 당원… 그 잘못된 만남의 뒤끝, 팬덤 정치[박상훈의 호모 폴리티쿠스]”. 10월 5일 자.

손희두. 2001. “정당 국고보조금 제도의 헌법상 문제점”. 『법제연구』 제21호. 147-174.

신진욱·이세영, 2022. “정당은 왜, 팬덤 정치에 휘둘리는가.” 『한겨레 21』. 4월 22일 자.

윤석근. 2015. “정당법·정치자금법 개정방향”. 국회 정치개혁특별위원회 제3차 공청회자료.

이정진. 2015. “오픈프라이머리 법제화 논의와 쟁점.” 『이슈와 논점』 제1045호. 국회입법조사처.

전용주. 2010. “한국 정당 후보 공천제도 개혁의 쟁점과 대안”. 『현대정치연구』 제3권 제1호. 37-69.

정석원·이현우. 2020. “정의당의 변화: 원내정당화 현상을 중심으로”. 『미래정치연구』 제10권 1호. 123-153.

정진민. 2007. “민주화 이후의 정치제도: 원내정당화를 중심으로.” 『국가전략』 13권 2호. 115-140.

정태호. 2005. "정당국가에서의 당내민주주의의 개념과 본질". 『헌법논총』 16집. 헌법재판소. 479-548.

조선일보. 2022. “[김대중 칼럼] 일대 쇄신이 답이다.”11월 8일 자.

중앙선거관리위원회. 2021. 『정당의 활동개황 및 회계보고(2020)』. 중앙선거관리위원회.

통계청. 2022. “2021 한국의 사회지표”. 통계청.

채진원. 2009. 『민주노동당의 변화와 정당모델의 적실성』. 경희대학교 일반대학원 정치학과 박사학위논문.

최장집. 2005.『민주화 이후의 민주주의』. 서울: 후마니타스.

피터 메이어 저. 2011. 김일영, 이정진, 함규진 등 역. 『정당과 정당체계의 변화: 접근과 해석』. 서울: 도서출판 오름.

한국선거학회. 2012. 『정당의 정책정당화 및 민주적 운영 등을 위한 제도개선 연구』. 중앙선거관리위원회.

한국정치학회. 2019. 『생활정치 활성화와 정당민주주의 실현을 위한 정당제도 개선안: 당원협의회를 중심으로』. 선거연수원.

Bartolini, Stefano and Peter Mair. 2001. "Challenges to Contemporary Political Parties." In Larry Diamond and Richard Gunther, eds. Political Parties and Democraacy. Baltimore: Johns Hopkins University Press.

Huntington, Samuel P. 1968. Political Order in Changing Societies. New Haven: Yale University Press.

Key, V. O. 1964. Politics, Parties and Pressure Groups. New York: Crowell.

Michels, Robert. 1962. Political Parties: A Sociological Study of the Oligarchical Tendencies of Modern Democracy. New York: The Free Press.

Schattschneider, E. E. 1942. Party government. New York: Farrar & Rinehart.

Tocqueville, Alexis de. 2012. Democracy in America. Vol 1. Eduardo Nolla eds. Translated by James Schleifer. Indiana: Liberty Fund.

토론문 ①

공공개혁의 정치경제학

김태기 (중앙노동위원회 위원장, 전 단국대 경제학과 교수)

한국은 정치가 경제사회발전을 저해하고 있다. 국민 전체보다 선거 등에서 정파의 이익에 부합하는 특정 집단의 요구에 더 충실하다. 이에 따라 국회의원 입법이 많아질수록 경제성과는 저하되었다. 법안의 대부분은 정부의 규제와 보호를 위한 것이기 때문이다. 하지만 이는 공공부문 확대와 세금 낭비로 이어져, 개인과 기업 즉 민간부문의 경제활동을 위축시켰다. 뿐만 아니라 이익집단의 정치세력화로 제도혁신은 후퇴하고 사회 갈등과 불평등은 커졌다.

민주화 이후 국회의원이 발의하는 법안은 폭발적으로 증가했다. 13대 국회(1988-1992) 570건에서 20대 국회 2만3천여건으로 40배, 21대 현재 국회 전반부는 20대 보다 이미 118%나 증가했다. 국회의 입법 건수는 연 평균 2,200건으로, 영국(79배), 독일(16배), 미국(11배)등과 비교할 수 없을 정도로 많다. 한국은 국회의원 발의 법안에 대해 정부 발의 법안과 달리 규제영향평가가 면제된다. 입법이 졸속 심사이기에 위헌도 가장 많은 나라다.

정치의 실패는 국부의 축적을 저해했다. 경제성장률은 1990년대 평균 7%에서 2000년대 5%, 2010년대 3%로 급속히 하락했고, 소득불평등을 보여주는 지니계수도 악화했다. 전체 고용이 늘어도 저임금·비정규직 등 불완전 취업이 대부분이었다. 고용의 80% 이상인 중소기업과 75%인 서비스업은 비스의 공공화 요구 등으로 규제에 찌들었다. 그 결과 혁신과 생산성이 약화되면서, 저임금 일자리가 늘었고, 청년은 공공부문 취업 준비에 매달렸다.

민주화가 경제성과를 후퇴시킨 이면에는 규제와 보호의 역설이 있다. 평등에 대한 욕구는 공공부문의 기능과 고용 확대를 수반했지만 사회의 경직성과 불신을 키웠다. 공공부문의 업무와 근로조건은 정치적으로 결정되고, 노조의 입김도 강해 도덕적 해이와 재정 낭비가 발생한다. 하지만 다른 나라와 달리 우리는 공공개혁을 못했다. 공공무문에 입사하기는 어렵지만 신분이 보장되고, 임금은 호봉에 따라 자동으로 올라가며, 창의적인 일을 하기 어렵다.

공공부문이 커지면서 공공노조의 힘도 강해졌다. 우리나라는 공공부문의 노조 조직율이 70% 정도로 민간부문보다 7배 가까이 높다. 다른 나라도 높지만 그 차이가 2-3배 정도에 지나지 않는다. 임금과 근로조건 결정에 노사는 담합적이다. 대리인인 공무원 및 공공기관 종사자의 임금은 주인인 국민보다 훨씬 높다. 뿐만 아니라 공공기관의 경직적인 임금·고용관행은 민간 기업에 부(-)의 외부효과를 일으켜 경제 전체로 보면 자원의 활용도를 저하한다.

사실상 정부가 재정을 책임지는 교육은 공공부문 확대의 역설을 보여준다. 교육 지출 비중은 계속 늘어 국내총생산 대비 5% 이상으로 세계에서 가장 높은 나라에 속하나 교육의 질은 후퇴했다. 대졸자 비중은 가장 높지만 고숙련 인력 부족은 심각하다. 교사노조의 입김이 세지면서 교육자치제가 고장나 교육재정은 이들이 장악한 초중등에 고정적으로 투입된다. 하지만 학교교육에 대한 정보가 부족한데다 교육감 후보가 누구인지도 모르는 선거를 한다.

우리나라 민주주의는 위기에 처해있다. 정치 민주화는 정파 싸움으로 사회갈등을 키우고, 다른 나라에 없는 헌법의 경제 민주화는 이익집단 키우기로 악용되면서, 민주화는 저성장·양극화의 결과를 낳았다. 공공부문도 이익집단에 휘둘려 국가발전시스템의 구축에 제대로 기여하지 못했다. 이런 만큼 국가운영체계를 전환하는데 공공개혁의 중요성은 더 크다. 공공부문은 스스로 확장하는 속성이 있기에 지금이 마지막 기회라 생각하고 개혁을 해야한다.

공공개혁에 성공한 나라는 그 주체이자 대상인 정부부터 문제를 자각했다. 우리나라는 정부의 역할이 모범이라고 평가받다가 이제는 OECD가 수수께끼라고 평가할 정도로 후퇴했다. 규제를 만들고 집행하는 정부가 개혁의 걸림돌이기 때문이다. 서울대학교 정부경쟁력연구소의 정부성과지표를 보면 한국은 2016-2019년 OECD 35개국 중 25위에 지나지 않는다. 공공부문의 서비스 수준과 노력을 평가하는 세계은행의 정부유효성지수도 한국은 낮다.

정부의 역할은 국민의 안전과 재산을 지키는 것을 넘어 경제활동 지원으로 확대된다. 하지만 정부가 하지 않아도 될 일을 하거나 해서 안 될 일을 하면 정부는 국민에 짐이 된다. 우리나라는 현대 국가에서의 정부 역할에 대한 철학이 결여되어 있다. 법치주의가 흔들리고 포퓰리즘이 성행하면서 정부에 대한 신뢰가 저하되고, 정부가 모든 문제를 해결해야 한다는 착각이 판친다. 법을 만들고 세금을 거두며 재정을 푸는 정부의 힘이 오·남용되고 있다.

유능한 정부는 민주주의 발전과 성장 동력 제고 및 양극화 해소에 필수다. 하지만 국민이 깨어있고 정치 리더가 애국심을 가져야 유능한 정부를 만들 수 있다. 어떤 나라든 개혁은 위기의식 하에 이루어졌다. 우리나라가 직면하고 있는 경제·안보 위기는 공공개혁의 기회가 될 수 있다. 공공개혁 없는 규제개혁과 규제개혁 없는 경제성장은 모두 허상에 지나지 않는다. 뜻있는 지식인·언론·시민단체가 국민의 자각과 정치인의 애국심을 고취해야 한다.

———

토론문 ②

효율적인 정치시스템의 방향 모색

안재흥 (아주대 정치외교학과 명예교수)

위 연구는 '정치시스템'이 효율적으로 작동되기 위해서는 정치제도의 개혁이 필요하다는 주장을 제시하고 있다. 정치제도 개혁의 대상으로는 의회-행정부 관계, 정당 시스템, 정당조직 및 정당의 정치지도자 충원을 들고 있다. 제시하는 제도 개혁에 찬성한다. 예컨대, '선출직 공직자와 선거 시기'를 조율해야 한다거나, '대선캠프'를 정당 중심으로 구성해야 한다거나, 정당의 공천제도를 상향식으로 개혁해야 한다거나, 원내 중심 정당으로 정당조직을 재편해야 한다거나, 정당정치를 주도할 차세대 지도자를 정당의 자율적 조직 운영을 거쳐 충원해야 한다거나 하는 제도 개혁은 우리 사회에서 꾸준히 제기되어왔던 이슈이며 찬성한다.

본 토론문에서는 위의 제도개혁연구를 보완하기 위해 몇 가지를 제언한다. 첫째, 선거제도 개혁이 바람직한 대안인가 하는 것이다. 대체로 "소선거구 단순다수제"에 의한 양당제보다는 "중선거구제"에 의한 다당제를 선호하는 것으로 판단된다. 이론적으로 비례대표제는 사회적 소수를 대표하기 때문에 바람직한 선거제도임이 분명하다. 그러나 남미의 사례가 보여주듯이, 대통령제와 비례대표제는 제도적으로 친화적이지 않다. 일각에서는 서유럽의 다당제와 안정적인 의회-행정부 관계를 예로 들며 비례대표제를 주장한다. 그러나 서유럽 정치의 역사를 되돌아보면, 서유럽은 비례대표제로 인한 다당제로

20세기 초중반 이래 1980년대 초까지 정치적 불안을 겪었다. 제2차 세계대전 이후 1960년대까지 정치적 안정을 이룩했던 기간이 예외적으로 여길 정도이다. 서유럽의 의회-행정부 관계는 1980년대 중반부터 소수연립정부에 기초하여 안정적으로 운영되고 있다. 그렇다면, 비례대표제-다당제임에도 불구하고 서유럽에서 의회-행정부 관계가 안정적으로 유지되어 정치경제를 발전시키고 있는 원인을 무엇인가 하는 시각에서 접근하는 것이 타당할 것이다.

둘째, 정당개혁을 다루기 앞서서 한국 정치에서 정당은 어떠한 존재인가 하는 질문을 던질 필요가 있다. 정당은 이념 또는 이익(interest)를 중심으로 사회적 갈등을 조장하여 국민의 정치적 참여를 유도하는 한편, 정책형성 과정에서 정당 간 타협 내지는 연합을 통해 사회적 통합을 촉진시킨다(Rokkan and Lipset 1969). 양면적 역할을 수행해야 하는 정치 조직이 정당이다. 사르토리(Giovanni Sartori)가 주장하듯이, 정당의 어원, part는 부분으로서 '분열한다'는 의미를 지니고 있지만 동시에 '참여와 공유한다'는 의미도 담고 있다. 버크(Edmund Burke)는 부분의 시각에서 "국가 이익(national interest)"이라는 전체의 이익을 추구하는 조직으로 근대 정당을 정의한 바 있다(Sartori 1976). 이러한 시각에서 본다면, 민주화 이후 당명(黨名) 및 정치 행태를 볼 때, 한국의 정당은 정암 조광조가 경계했던 '독치(獨治)'를 추구하는 정치 조직인지, 국가의 이익을 위한 공치(共治)를 추구하는 정치 조직인지 되돌아볼 필요가 있다. 전체의 한 부분으로 인식하는 것에서부터 협치가 논의되어야 할 것이다.

셋째, 직접민주주의 요소를 도입하는 것은 어떤지 제언한다. 한국 정치에서 갈등의 진원지는 여당과 야당 간의 의회-행정부 관계이며, 더 깊이 파고들면 승자독식을 판가름하는 대선이다. 민주화 이후 대선과 관련이 없는 일반 법안의 경우 단점정부보다는 오히려 분점정부에서 법으로 정해지는 비율이 높았다. 그러나 문제는 대선에 영향을 미친다고 판단되는 주요 법안의 경우 쟁점화되어 의회-행정부 관계를 마비시켜왔다. 예컨대, 매년 년 말에 그해에 쟁점이 되어 의회-행정부 관계를 마비시키거나 여야 관계를 악화시킨 법안들을 모아서 국민투표에 부치자 것이다. 이 경우 국민투표의 결과가 대선 판도에 영향을 미칠 것이기 때문에 정당들은 오히려 쟁점 법안의 경우 조정을 통한 타협으로 선회할 가능성이 크다고 판단된다.

마지막으로, 급속히 변화하는 세계에서 정치의 사회적 '의미(meaning)는 무엇인지 되새겨볼 것을 제안한다. 대중정당은 정당이 사회적 이익을 대변해 정치에 연계시는 이념정치의 결과, 형성된 조직이다. 대중정당 이후 정당조직은 표류하고 있다. 포괄정당, 그리고 카르텔정당 등은 탈산업화、탈이념화의 시대에 나타나고 있는 정당조직이며, 원내 중심 정당의 등장도 이러한 연장선상에서 이해된다. 국민참여경선제는 정당의 후보를 선출하는 바람직한 상향식 공천의 방법이 아니라, 당원 수가 급격히 감소하는 현실을 반영해 나온 고육책이다. 한국에서 정당은 "선거의 승리로 정치권력을 장악하려는 집단"(Eldersveld 1982)으로 변화될 가능성이 크다. 이 경우, 국민은 정서적으로 정당에서 이탈할 가능성이 크며 좌 쪽으로건 우 쪽으로건 포퓰리즘은 더욱 심화될 것이다. 이념 지향 정당정치의 쇠퇴는 역설적으로 일반 국민 수준에서는 옳고 그름을 분별해 상대를 증오하는 포퓰리즘을 증폭시킬 것이다. 역사에서 해결의 실마리를 잡으면 어떠한가. 16세기 체제 변혁의 시기에 정암 조광조와 율곡 이이는 맥락에 따라 다르며, 그리고 체험을 통해서만이 드러나는 도(道)를 실천하자는 도학(道學) 정치를 대안으로 제안한 바 있다. 원효가 꿈꾸던 '융이불일(融二不一)'의 '담연'(湛然)함과 그 맥이 닿아 있다. 옳고 그름의 기준이 다중화되고 그 선택이 대중화되고 있는 현실에서 되새겨볼 만한, 우리의 기억에 남아있는 선현들의 지혜이다.

토론문 ③

국민들이 요구하는 국회와 정치시스템은 무엇인가?

박명호 (동국대 정치외교학과 교수)

다수결 민주주의의 한국

지금 우리나라의 민주주의와 정치는 어떤 모습인가? 이 질문에 대답하기 위해 우리는 민주주의를 구분할 필요가 있다. 전 세계의 다양한 민주주의를 이상형(Ideal Type)의 두 종류로 단순화해야 현실의 민주주의를 이해할 수 있다.

라이파트(Lihphart)에 따르면 세상의 민주주의는 두 종류다. "다수제(Majoritarian) 민주주의와 협의제(Consensus) 민주주의"다. '다수제' 민주주의는 우리가 민주주의하면 흔히 떠올리는 유형이다. 다수제 민주주의에서 입법부는 다수결 투표의 선거제도에 의해 구성되며 대표적 사례가 영국이다. 반면'협의제' 민주주의는 비례대표제를 통해 득표율만큼 국회 의석을 차지한다. 그래서 타협과 소수의 권익보호가 중요한 요소이다.

다수제 민주주의와 협의제 민주주의는 두 차원 10개의 지표(Indicators)에 따라 그것은 첫째, 단일 정당이 정부를 통제하느냐다. 즉 하나의 정당이 정부내각을 구성하느냐 아니면 여러 정당의 연정을 통한 권력공유 형태의 내각으로 정부를 구성하느냐다. 둘째, 대통령제든 내각제든 행정부가 입법부보다 강하냐 아니면 행정부-입법부의 균형이냐이다. 셋째, 양당제냐 아니면 다당제냐이다. 물론 양당제냐 다당제냐는 선거제도의 영향력이 크다. 따라서 선거제도와 함께 가는 경향이 강하다. 넷째, 소선거구+단순다수제 선거제도냐 아니면 비례대표제 선거제도냐다. 다섯째, 각자도생(各自圖生)의 다원적 경쟁의 이익집단 사회냐 아니면 협력과 합의를 우선하는 '협동(協同)'적인 이익집단 사회냐다.

이에 따라 '단일정당이 정부내각을 구성하고, 행정부가 입법부에 비해 상대적으로 우위에 있으며, 소선거구+단순다수제의 총선제도로 양당제이고, 다원적 이익집단 경쟁의 사회이면 다수결(多數決) 민주주의'가 된다. 반대로 '여러 정당이 연정(聯政)의 정부내각을 구성하고, 행정부-입법부의 힘의 균형이며, 비례대표제의 총선제도로 다당제이고, 협동지향적인 이익집단의 사회라면 협의제(協議制) 민주주의'가 된다.

다수제 민주주의와 협의제 민주주의를 구별하는 또 다른 차원의 5개 지표는 첫째, 단원제냐 아니면 양원제의 입법부냐이다. 입법과정의 견제와 균형 또는 일방적이냐를 말하는 지표다. 둘째, 헌법 개정이 상대적으로 쉬운지 아니면 어려운지냐다. 셋째, 입법부가 위헌법률여부를 판단하느냐 아니면 헌법적 독립기관이 위헌법률을 판단하느냐다. 넷째, 행정부가 중앙은행을 통제하느냐 아니면 독립적인 중앙은행이 존재하느냐다. 다섯째, 연방제냐 아니면 중앙집권제냐이다.

이에 따라 '단원제이며, 헌법 개정이 상대적으로 쉽고, 입법부가 위헌법률에 대해 판단하며, 행정부가 중앙은행을 통제하고, 중앙집권적 국가이면 다수결 민주주의'가 된다. 반면 '양원제이며, 헌법 개정이 상대적으로 어렵고, 헌법상 독립기관에 의해 위헌법률심사가 이뤄지며, 중앙은행이 독립적이고, 연방제 국가면 협의제 민주주의'가 된다. 권력 독점적이면 다수결 민주주의에 가깝고 권력 분산 그리고 견제와 균형을 지향하면 협의제 민주주의에 가깝다.

라이파트 기준에 따르면 우리나라는 '다수결 민주주의'다. 우리나라는 '단일정당이 정부내각을 구성하며, 행정부가 입법부에 비해 상대적으로 우위에 있고, 양당제이며, 승자독식의 소선거구+단순다수제의 국회의원 선거제도를 사용하고, 다원적 이익집단의 사회이자, 단원제 국회'이기 때문이다.

다수결 민주주의와 독점의 정치

대한민국의 다수결 민주주의는 현실적으로 '독점(獨占)의 정치'로 우리에게 익숙하다. 독점의 정치는 '권력의 독점'이다. 독점의 정치는 현실적으로'대립과 교착의 의회정치'로 나타나며 그 바탕에는 '정당 집단주의와 무(無)책임 정당제'가 있다.

따라서 향후 우리의 민주주의와 정치는 독점의 정치와 반대방향으로 나아가야 한다. 우리는 분권, 견제와 균형의 방향으로 나아가야 한다. 이를 통해 정치의 공공성을 제고해야 한다. 대표와 분권의 민주주의는 책임과 능력이 함께하는 민주주의다.

우리나라에서 독점의 정치가 불가피한 것은 두 가지 때문이다. 하나는 '대통령제의 내각제적 운용'이고 다른 하나는 선거제도다. 대통령제의 내각제적 운용은'정부 여당 대(對) 야당 대립의 일상화'이다. 국회와 정부형태의 문제이다.

보다 근본적으로 볼 때 독점의 정치를 가능하게 하는 것은 선거제도이다. 특히' 소선거구+단순다수제의 국회의원과 단순다수결의 대선제도'가 결정적이다. 그래서 선거제도 개혁이 중요하다. 다수제 선거제도는 다수결 민주주의의 핵심으로서 권력독점의 정치를 가능하게 한다.

한국 민주주의의 미래-'분권, 견제와 균형의 민주주의'

독점의 정치는 다수결 민주주의 최악의 현실형(型)이다. '독점과 배제의 정치'다. 라이파트에 따르면 "우리나라는 효과적인 정부와 민주주의 질(質)의 측면에서 최고의 성과를 거둔 나라는 아니다." 그의 연구대상 36개국 중 25위와 26위에 불과했다. 독점과 배제의 정치 때문이다.

따라서 앞으로 우리의 민주주의는 협치(協治)의 정치와 협의제 민주주의를 지향해야 한다. 협치의 정치와 협의제 민주주의의 핵심은 '분권 그리고 견제와 균형'이다. 이를 위해서는 물론 제도적 개선과 함께 정치인과 리더십도 중요하다. 공공성과 문제 해결능력의 거버넌스는 '제도와 사람의 조건'이 함께 갖춰졌을 때 가능하기 때문이다.

하지만 견제와 균형'의 협치 또는 협의제 민주주의를 위한 제도개선에는 중요한 조건이 있다. '제도적 정합성'이다. 하나의 정치제도 변경을 논의하면서 변화된 그 정치제도 자체의 정치적 효과만을 고려할 수 없기 때문이다. 모든 정치제는 서로 궁합이 맞아야 한다. 그게 제도적 정합성(整合性)이다.

예를 들면 국회의원 선거제도의 개선을 논하면서 변화된 국회의원 선거제도 자체가 가져올 수 있는 정치적 효과만을 고려할 수 없다는 뜻이다. 따라서 우리 정부형태와 가장 적합하게 조화되면서 순기능적으로 작용할 수 있는 국회의원 선거제도를 선택해야한다.

결국 선거제도가 핵심이다. 선거제도에 따라 정당의 활동과 정당의 모습이 바뀐다. 나아가 국회의 구성과 활동이 바뀌게 된다. 이렇게 보면 분권 그리고 견제와 균형의 협의제 민주주의를 위한 정치개혁의 출발점은 선거제도 개혁이다.

강한 정파성과 정치적 양극화의 극복과 능력의 민주주의

최근 정당 지지도를 보면 일관된 흐름이 보인다. NBS의 11월 첫 주 정당 지지도를 보면 '국민의힘 33% 민주당 31%'로 양당 모두 1~2 % 포인트 하락했다. 갤럽조사도 '국민의힘 32% 민주당 34%'였다.'30% 후반 또는 40% 초반의 민주당과 30% 후반의 국민의힘 지지율'로 양당 모두 "찐" 지지층에 제한되어 있다는 뜻이다.

국가애도기간 마지막 날 "윤석열 정부퇴진"과 "정치적 이용 반대"를 외치는 집회가 동시에 개최되는 모습은 오늘 대한민국의 정치적 양극화를 상징한다. 핵심 지지층만을 바라보는 강한 정파성의 정당정치 또한 그 밑바닥에 자리한다.

정치적 양극화는 강한 정파성과 함께 '민주주의 퇴행'을 가져오는 환경적 조건으로 알려져 있다. 민주주의의 퇴행은 '민주주의의 특성이 불연속적이고 점진적으로 잠식되는 현상'을 말하는데 민주주의의 전복과 달리 상대적으로 장기간 진행되는 특성을 갖는다. 여기에 민생과 경제위기가 악화되면 사람들은 민주주의에 대한 믿음을 잃게 된다.

정파성과 양극화는 정당과 정치인의 정치 엘리트는 물론 시민에게 동시에 적용되며 상호작용하게 된다. 정파성은 일종의 '사회적 정체성'으로 특정 정당에 대한 강한 애착과 일체감을 갖는 정치 엘리트와 시민들이 이슈와 현안 그리고 정책 등을 이해하는 시각을 제공하는 '정보의 지름길'이다. 정당 리더십 또한 특정 이익집단이나 강성 지지층에 포획되어 있다면 정치적 양극화는 더욱 악화된다.

강한 정파성과 정치적 양극화는 '정체성 정치'로 이어질 가능성이 높다.이 때 정치는 우리가 아닌 그들을 무력화 하거나 제거하려는 시도나 노력을 정당화하고 정치는 결국 '선과 악 대결적 구도'로 바뀐다. 한국 민주주의의 위기다.

토론문 ④

공공개혁과 국가운영체계 대전환 방안

정현호 (정책벤처 인토피아 대표/한국청년정책학회 이사장)

국가인재경영연구원에서 대한민국의 중장기 비전으로 미국과 중국에 이어 G3국가로 도약하고, 1인당 국민소득 10만 달러 달성을 위한 총제적인 국가경쟁력 강화를 제시했다.

이와 함께, 모든 분야와 영역에서 총제적인 국가경쟁력 강화를 위해 공공개혁과 국가운영체계의 대전환이 일어나도록 정부, 국회, 지역의 주체가 근원적인 과제와 해결방안을 찾아내고, 국가 생태계의 변화와 혁신을 만들어 내는 것을 과제로 제시했다. 이에 대해 국가운영 및 관리(국정관리)에 대한 다음과 같은 사고에 입각해 토의를 하고자 한다.

기획전제의 중요성 : 올바르고 정확한 기획전제가 필요하다.

기획전제란 새로운 국가기획을 하기 전에 기획의 바탕이 되는 근거를 말한다. 대한민국이 직면한 도전과 위기, 그리고 예상되는 미래, 현재 우리의 정치현실과 경제상황을 냉정하게 현실적으로 진단해야 기획의 전제가 단단해진다. 그래야만 성장 및 혁신전략/복지전략/지역전략 등에 대한 방향과 기조를 정립하는 과정에서 정치적 갈등을 줄일 수 있다고 생각한다.

국가운영 및 관리 인식 체계

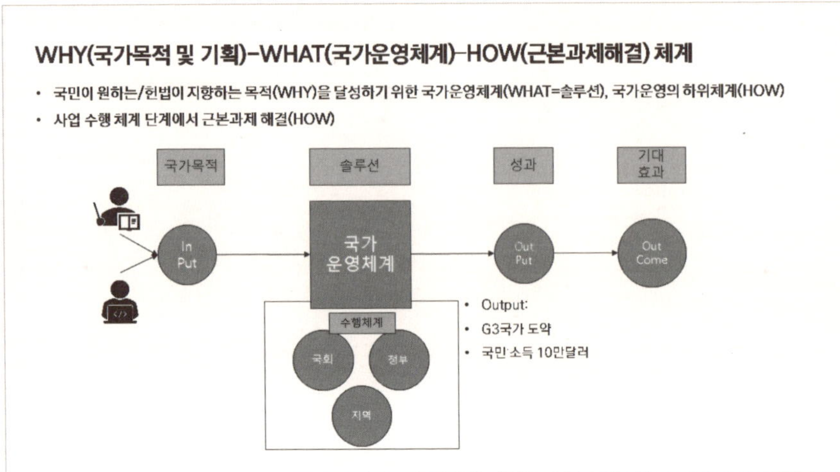

새로운 국가 생태계를 만들기 위한 공공개혁의 비전을 세우기 위해 총제적이고 통합적인 기획전제 자체를 정립하려는 시도가 많지 않은 것 같다. 각 국책연구소 등 국가기관은 기존의 학문적 분석도구로 수치를 분석하고 발표하고, 통계와 인덱스는 발행하지만, 국가발전과 경제성장, 복지확대, 정치갈등과 사회갈등을 극복할 수 있도록 돕는 분석과 비전의 씨앗을 제시하고 있지 않아 보인다.

대한민국이 현재 어디까지 왔는가를 정확히 진단하기 위해 노력이 선행되어야 우리의 새로운 국회와 정치시스템에 대안의 현실성이 향상될 것이라고 생각한다.

올바른 접근 : 국회와 정치시스템 개혁 방안은 국민중심 국가역할 재설계에 있다.

공공개혁과 국영체계 대전환을 위해 국민들이 요구하는 국회와 정치시스템이 무엇인가를 논의하고 있다. 국민들이 요구하는 국회와 정치시스템, 국민들

국가운영시스템 대전환을 위한 접근법

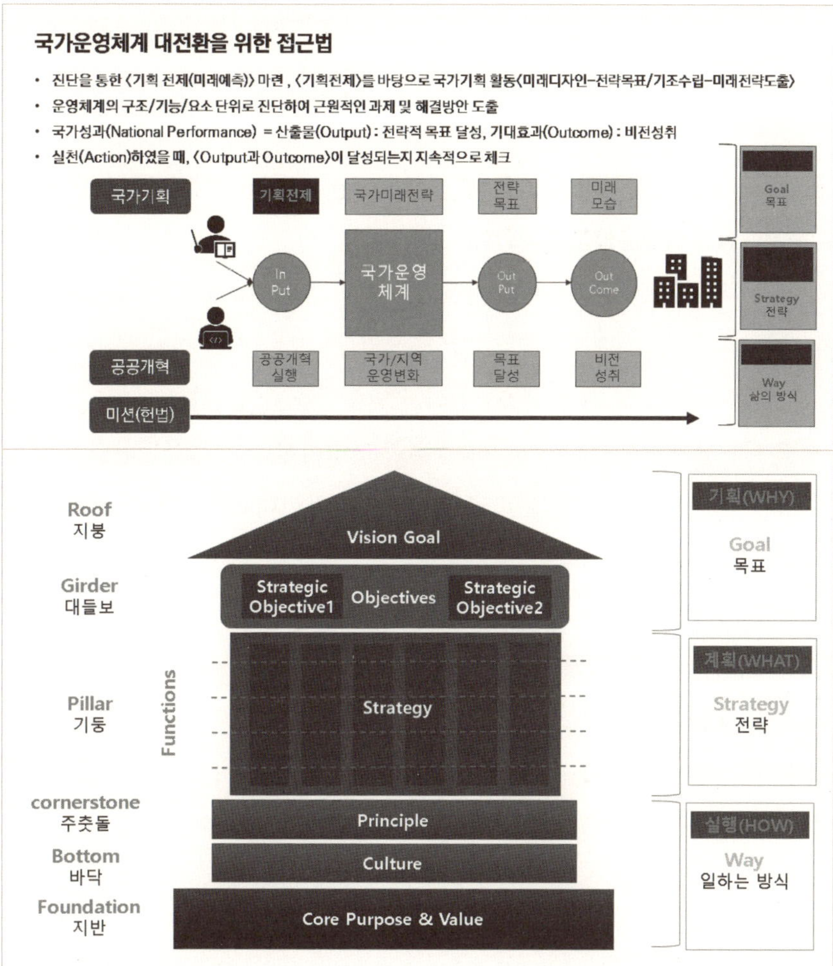

이 살고 싶은 삶이 가능한 대한민국의 모습, 국민들이 원하고 기대하는 이 시대의 국가의 역할에 대한 고민이 함께 되어야 국민들이 요구하는 국회와 정치시스템의 얼개가 나올 것이라 기대 된다.

국민들이 원하는 삶과 행복한 삶이 중심에 두고, 그러한 삶을 실현하기 위한 국가의 역할에 대한 인식과 철학이 진지하게 성찰되어야 한다. 그리고 그러한 국가의 역할을 실현하기 위한 최적의 조직체가 무엇인지 논의되어야, 국민들이 요구하는 국회와 정치시스템에 대안을 찾을 수 있다고 생각한다.

대한민국의 정치철학과 국가운영철학에 대한 논의가 제대로 돼야 한다.

1. 정치안정과 국민통합에 기여한다.

국가의 목적함수에 해당하는 국가운영철학과 정치철학에 대한 정치적 합의와 사회적 합의가 이뤄지고 있지 않다. 정치갈등으로 인한 정치 불안정과 국민분열은 역사적으로 항상 국가위기와 국민불행을 가져왔다.

정치안정과 국민통합은 국가운영철학과 정치철학에 대한 방향의 정립과 올바른 기획전제로부터 출발한 중장기적인 국가미래전략이 있을 때 발생할 수 있다고 생각한다.

2. 공공개혁의 동력을 제공한다.

보수 진보 정치 진영에서 찾고 있는 자유와 평등에 대한 인식 차이, 자유와 평등의 기초 위에 구성되는 공정과 (사회)정의의 실현의 적용과 현상에 대한 국민 인식차이를 그대로 둔 채 공공개혁을 위한 동력을 확보하기 어렵다고 생각한다.

여전히 국민의 행복과 대한민국의 미래를 위한 정치철학과 국가운영철학이 정립되지 않으면, 여야 정치갈등으로 법안을 국회를 못 넘고, 정책은 저항에 부딪힐 것이다.

3. 국회와 정치시스템 참여자 의식 수준을 높여 공익의 질을 높인다.

우리가 토론하고 대안을 찾고자 하는 국회와 정치치스템 속에 결국 사람이 참여한다. 국가의 기획과 변화를 만드는 주체에 있는 국회와 정치시스템에서 직무를 수행하는 개인의 의식과 사상이 어떠하냐에 따라서 국회와 정치스템을 거쳐 나오는 결과물은 결정되기 마련이다.

4. 지속적으로 혁신을 만들어 가는 국가생태계의 문화 토양을 제공한다.

그것이 선행되어야 정책과 제도의 선택이 변화하고, 국회와 정부의 작동양식이 달라지고, 새로운 국가 생태계의 변화와 혁신을 만들 문화가 잉태될 수 있는 변화의 힘이 생긴다고 생각한다.

국가의 목적부터 명확히 설정하는 노력이 필요하다.

이 시대에 맞는 새로운 정치철학과 국가운영철학이 정립 되어야 그에 맞는 공공개혁의 명분도 힘을 얻을 것이리고 생각한다.

대한민국에서 자유에 대한 사상과 평등에 대한 사상, 공정과 상식의 사상에 대한 고민과 논의가 많아져 자유롭고 정의로운 대한민국으로 나아갈 수 있는 기반이 생긴 것 같다.

비민주적인 자유민주주의도 아니고, 비자유적인 민주주의도 아닌 자유와 평등의 적절한 실현과 제한에 대한 논의를 거쳐 적절히 융합된 자유민주주의 사상과 철학이 국민이 원하는 방향이 아닐까 한다.

자유와 평등을 적절히 융합한 자유민주주의 철학과 이념도 정립되고, 우리의 국제적/국내적 현실을 정확히 진단해야 올바른 비전과 대안이 담긴 국가미래전략이 도출 될 수 있다. 그러한 전략에서 도출된 과제와 해결방안이 근원적인 해법이라고 생각한다.

제3부

미래 지방자치와 교육자치 발전 방안 모색

제1장

신성장 시대의 중앙정부와 지방정부 간 협력방안

전광섭 (호남대학교 행정학부 교수, 한국지방자치학회 회장(2023년도))

01. 서론

중앙정부의 권한을 지방정부로 이양 및 위임하면서 지방정부의 권한이 증대되고 있다. 그럼에도 불구하고 지역은 여전히 다양한 위기를 겪고 있다. 수도권으로의 인구 및 경제집중으로 인한 지역소멸, 수도권과 지역간 격차의 심화 등을 들 수 있다. 이는 수도권의 과도한 발전을 초래함으로써 국가경쟁력을 저해하게 된다. 이에, 새로운 중앙정부와 지방정부의 관계로의 전환이 필요하다.

그동안 우리나라는 지속적으로 지역균형발전정책을 추진하였지만 수도권과 비수도권의 격차는 심화되고 있다. 2021년 현재 수도권에는 인구의 50.3%, 1,000대 기업 수의 86.9%가 집중되어 있다. 지역에서 가장 심각한 사회문제는 '인구감소'로 인한 지역소멸인데, 2022년 3월 신규소멸위험에 진입한 기초지자체는 11개이고, 특히 제조업 쇠퇴 지역(통영시, 군산시 등) 및 수도권 외곽(포천시, 동두천시)으로 확산되고 있다.

우리나라 지역균형발전은 정책은 지속적이고 연속성을 지니기 보다는 정부의 이념별로 차이가 발생했다. 진보정부인 참여정부와 문재인 정부는 목표의 우선순위를 형평성에 두고 주요 대상을 비수도권으로 설정하였다. 반면에 보수정부인 이명박 정부와 박근혜 정부는 효율성과 삶의 질을 목표로 광역경제권과 지역행복생활권에 수도권을 포함시켰다. 윤석열 정부는 '공정'이라는 가치와 '시장친화적 지역발전' 정책이라는 점에서 기존 정부들과 차이가 난다.

이에 본 고에서는 역대 정부의 중앙정부와 지방정부간 협력 정책의 핵심인 지역균형발전정책들을 평가하고, 지역균형발전정책의 주요 이슈들과 중앙정부와 지방정부 협력제도 사례들을 살펴보며 신 성장 시대의 중앙정부와 지방정부의 협력방안으로서 신 지역균형발전정책의 비전과 방향을 제시한다.

02. 역대 정부의 중앙정부와 지방정부 간 협력 평가 : 지역균형발전정책을 중심으로

1. 역대 정부의 지역균형발전정책 고찰 : 형평성 vs 효율성

그 동안 우리나라는 정권의 교체와 관계없이 다양한 형태로 지속적으로 지역균형발전정책을 추진하였다. 역대 정부의 지역균형발전정책을 비교하면 다음과 같다(류종현, 2022).

(1) 참여정부 : 다핵형·창조형 선진국가 건설

먼저 참여정부는 지역문제의 근원을 '수도권 일극 집중과 지역 간의 불균형 심화'로 인식하였다. 지역균형발전정책의 목표를 형평성에 초점을 맞추어 다핵형·창조형 선진국가 건설을 목표로 설정하였고, 국가균형발전특별법, 국가균형발전위원회, 국가균형발전5개년계획, 국가균형발전특별회계 등을 통해 혁신정책, 균형정책, 산업정책, 공간정책, 질적발전정책 등을 추진하였다. 중요한 정책수단으로는 비수도권 지역의 시·도, 시·군·구를 대상으로 장소기반정책인 세종·혁신·기업도시, 혁신클러스터, 신활력사업, 지역특구 사업들을 추진하였다. 이를 통해, 균형발전제도 마련, 자립형 지방화 추진, 수도권 일극집중 구조를 다핵형 공간구조로 전환하는 성과를 거두었다.

(2) 이명박 정부 : 일자리·삶의 질이 보장되는 경쟁력 있는 지역 창조

이명박 정부는 지역문제의 근원을 '지역의 글로벌 경쟁력 취약'에서 찾았다. 효율성을 중시하여 지역균형발전정책의 목표를 일자리·삶의 질이 보장되는 경쟁력 있는 지역 창조로 설정하였다. 이러한 목표 달성을 위하여 국가균형발전특별법, 지역발전위원회, 지역발전5개년계획, 광역·지역발전특별회계 등을 통해 전 국토 성장잠재력 극대화, 신성장동력 발굴·지역특화발전, 행·재정 권한 지방이양, 수도권·지방 상생발전, 기존 지역발전 시책 발전·보완 등을 추진하였다. 중요한 정책수단으로는 시·도, 시·군·구+기초생활권(163개), 광역경제권(5+2개), 초광역개발권(4+3개)을 대상으로 장소기반정책인 광역경제권, 기초생활권 정책과 공간연계정책인 30대 SOC사업들을 추진하였다. 이를 통해, 3차원 지역발전정책 추진, 광역화와 연계한 재정분권 도입, 특별회계 규모 확대 등의 성과를 거두었다.

(3) 박근혜 정부 : 국민행복과 지역희망

박근혜 정부는 지역문제의 근원을 '지역주민들이 체감하는 낮은 삶의 질 수준과 행복지수'에서 찾았다. 삶의 질을 중시하여 지역균형발전정책의 목표로 국민행복과 지역희망을 설정하였다. 이러한 목표달성을 위하여 국가균형발전

특별법, 지역발전위원회, 지역발전5개년계획, 지역발전특별회계 등을 통해 지역행복생활권 기반 확충, 일자리 창출·지역경제 활력 제고, 교육여건 개선·창의적 인재양성, 지역문화·생태 복원, 사각 없는 지역 복지·의료 정책 등을 추진하였다. 중요한 정책수단으로는 시도, 시군구 + 지역행복생활권(63개)을 대상으로 사람기반정책인 복지·의료·보건·교육·문화, 장소기반정책인 창조경제혁신센터 설립 등을 추진하였다. 이를 통해, 지역희망(HOPE) 프로젝트, 지역행복생활권사업, 지역 특화발전 프로젝트 추진 등의 성과를 거두었다.

(4) 문재인 정부 : 지역주도의 자립적 성장기반 마련

문재인 정부는 지역문제의 근원을 '수도권과 지방의 발전 격차와 지속가능한 국가발전 저해'에서 찾았다. 형평성을 중시하여 지역균형발전정책의 목표로 지역주도의 자립적 성장기반 마련을 설정하였다. 이러한 정책목표 달성을 위하여 국가균형발전특별법, 국가균형발전위원회, 국가균형발전5개년계획, 국가균형발전특별회계 등을 통해 안정되고 품격있는 삶(사람전략), 방방곡곡 생기도는 공간(공간전략), 일자리가 생겨나는 지역혁신(산업전략) 정책 등을 추진하였다. 중요한 정책수단으로는 비수도권 지역의 시도, 시군구+초광역권(메가시티)을 대상으로 장소기반정책인 국가혁신클러스터, 도시재생 뉴딜과 사람기반정책인 교육·원격의료 정책 등을 추진하였다. 이를 통해, 국가균형발전의 법·제도 및 추진체계 복원, 지역 주도의 자립적 혁신성장 제시 등의 성과를 거두었다.

2. 윤석열 정부의 지역균형발전정책 : 공정·자율·희망

윤석열 정부는 역대 정부들이 효율성, 형평성, 삶의 질 등을 가치로 설정한 것과 다른 가치를 설정하였다. 윤석열 정부는 지역균형발전정책의 3대 가치로 '공정·자율·희망'을 설정하고 3대 약속으로"진정한 지역주도 균형발전", 혁신

성장 기반 강화를 통한 좋은 일자리 창출", "지역특성 극대화"를 선언하였다. 세부적인 15개 국정과제로는 지역주도발전을 위한 지방분권과 지방재정력 강화 등 6대 국정과제, 혁신성장 강화를 위한 지방투자 및 기업이 지방이전 촉진과 공공기관 지방이전 등 6개 국정과제, 고유 특성 극대화를 위한 지역사회의 자생적 창조역량 강화 등 3개 국정과제를 제시하였다.

이는 구체적으로 지방재정력 강화, 지방교육 및 인적자원 양성체계 개편, 지방자치단체의 기획 및 경영역량 제고, 지방자치단체 간 협력 기반 강화, 지방자치단체의 자기책임성 강화, 지방투자 및 기업 지방이전 촉진, 공공기관 지방 이전, 농산어촌 지원강화 및 성장환경 조성, 대형 국책사업을 통한 국토의 새로운 성장거점 형성, 기업기반 지역혁신생태계 조성 및 역동성 제고, 신성장산업의 권역별 육성 지원, 지역사회의 자생적 창조역량 강화, 지역 특화 사회·문화 인프라 강화, 지역 공약의 충실한 이행 등이다.

표1 윤석열 정부의 15대 국정과제 및 실천과제

국정과제	실천과제 (76개)	
지방분권 강화	• 국가와 지방자치단체 간 기능 재조정 • 지방자치단체의 기관구성 다양화 • 주민자치위원회 및 주민자치회의 개선 • 지방분권 사전평가제도 개선 • 지방자치단체의 자치권 강화	• 지방의회의 자율권 확대 • 자치경찰권 강화 • 특별자치시·도의 법적·행정적 위상 제고(제주·강원·세종)
지방재정력 강화	• 지방재정 권한 강화를 위한 재정자주도 기반의 목표 설정 • 균형발전특별회계 및 국고보조금 제도 개선 • 지방 자주재원 확충	• 지방보조금 통합관리시스템 구축 및 재정진단 • 현금성 복지사업 관리제도 도입 • 지방재정 위기 관리제도 개선
지방교육 및 인적자원 양성체계 개편	• 학교 교육 다양화를 위한 교육자유특구 운영 • 지역대학에 경쟁력 제고를 위한 지자체 책임성 강화 • 학교 등 교육기관에 대한 규제와 평가 제한	• 지방교육재정교부금 지원을 지역대학까지 확대 • 공공기관 지역인재 의무채용 확대 • 개방과 공유에 기반한 고등교육 생태계 조성
지방자치단체의 기획 및 경영역량 제고	• 지방자치단체의 정책기능 확대 • 지방자치단체 간 정책경쟁 촉진 • 지방자치단체의 인적 역량 제고를 위한 규제 완화	• 중복감사와 직무감사 개선으로 적극행정 분위기 조성
지방자치단체 간 협력 기반 강화	• 초광역지역정부(메가시티)의 설치 및 운영 • 지방자치단체 간 관계 개선	• 분권혁신특구의 조성 • 지방자치단체조합 등 지자체간 협력 활성화
지방자치단체의 자기책임성 강화	• 주민투표제도의 개선 • 지방감사제도의 독립성 강화	• 지방의회의 투명성 제고 및 역할 확대

국정과제	실천과제 (76개)	
지방투자 및 기업 지방이전 촉진	• 조세 및 규제특례지역(기회발전특구) 지정 및 운영	• 지방투자 및 기업 지방이전 활성화를 위한 제도 개선
공공기관 지방 이전	• 공공기관 추가 이전 • 주변지역 상생발전을 통한 지역발전 선도	• 혁신도시 활성화를 통한 지역혁신거점 기능 강화
농산어촌 지원강화 및 성장환경 조성	• 농어촌 청년뉴타운 조성 • 쾌적한 친환경축산단지 조성 • 농산어촌 생활인프라 구축 이웃사촌 돌봄 주민운동	• 기술자본집약형 스마트팜 혁신 클러스터 조성 • 농촌소득원개발특별지구 조성 • 산촌, 어촌의 특화사업 확대
대형 국책사업을 통한 국토의 새로운 성장거점 형성	• 미래전략도시 행정수도 세종 완성 • 대구경북 통합신공항 조기 건설 및 항공물류 산업화	• 새만금 국제투자진흥지구 개발 • 제주 제2공항 조속 착공 및 신항만 건설
기업기반 지역혁신 생태계 조성 및 역동성 제고	• 지역균형발전을 위한 예비타당성조사 제도 개편 • 지방대학 기반 「혁신 캠퍼스 타운」 조성	• 지역기업 글로벌 혁신성장생태계 조성 • 지역 소상공인 및 중소기업 정책금융 지원 강화
신성장 산업의 권역별 육성 지원	• 지역주도 신산업 육성 및 글로벌 경쟁력 제고 • 글로벌 신산업·혁신특구 지정 및 육성 • 지역 산업단지 고도화 • 지역일자리 역량강화 및 지역맞춤형 일자리 사업 재구조화	• 지역금융 지원체제 강화 • 혁신융합캠퍼스(산학융합지구) 활성화 • 지역혁신 벤처펀드 조성 및 지역투자 플랫폼 구축 • 개별 지역기업 밀착-원스톱 서비스 추진체계 개편
지역사회의 자생적 창조역량 강화	• 지역대학을 활용한 로컬크리에이터 인력 양성 • 골목산업 생태계를 뒷받침하는 로컬 인프라 구축 • 로컬 브랜딩, 골목상권 육성 및 산업화 촉진	• 동네마을·로컬 브랜딩 마스터플랜 수립 및 정책연계 강화 • 중앙-지역 정책연계 투자협약제도 유연성 확보 • 참여, 협력, 혁신을 통한 로컬 창조생태계 구축
지역 특화 사회·문화 인프라 강화	• 지역의 기초 '사회문화 · 인프라' 개념 정립 및 강화 • 지역특화 로컬 콘텐츠 타운 조성	• 각 지역 고유의 문화체육· 관광 · 인프라 조성 및 활력 제고 • 지역 공동체 인프라 조성 및 지역 커뮤니티 활동 촉진
지역 공약의 충실한 이행	• 국정과제와 연계한 지역균형발전 정책 수립으로 시너지 제고 • 지역공약 이행률 포함한 지역균형발전 지표 재편해 지속적 관리	• 지역공약 총괄·조정·점검하는 추진체계 마련해 실천 동력 확보 • 공약사업 중심으로 지역주민 의견 수렴해 지역정책 체감도 제고

출처: 지역균형발전 비전 대국민 발표(2022.4.27.)

(1) 문재인 정부의 지역균형발전정책은?

특히, 자치분권을 국정과제로 내세웠던 문재인 정부의 지역균형발전정책은 자치분권과 균형발전의 성과를 낼 수 있는 정치적 지지기반 구축과 지방의 폭넓은 공감대를 형성했음에도 불구하고 기대만큼 상응하는 가시적인 성과를 거두지 못했다는 점이다. 육동일(2022)에 의하면, 원인으로는 첫째, 상대적이고 가치함축적인 지역균형발전의 개념과 철학을 기반으로 하면서도 구체적인 비전과 목표가 부재했다. 또한, 추진전략이 관 주도, 중앙정부 중심, 공급자 중심, 획일적, 지방 줄 세우기, 하드웨어 중심으로 동조과잉(overconformity) 현상이 발생하였고, 장기적, 지속적, 종합적, 체계적 정책과 사업의 결여, 동일 정책의 재포장 등을 초래하였다. 그리고 비전과 목표 정립 및 추진 과정에서 지역과 주민의 공감대 형성 결여로 무관심과 냉소주의를 초래하였고, 수도권과 비수도권 간 및 비수도권 간의 공생의지와 상생전략이 실종됐다는 점이다.

3. 윤석열 정부의 지역균형발전정책

(1) 윤석열 정부의 지역균형발전정책 : 지역주도형, 시장친화형 지역발전

윤석열 정부와 역대 정부의 지역균형발전정책은 어떠한 차이가 있을 까? 윤석열 정부는 지역주도의 시장친화형 균형발전으로서 '선(先)분권 후(後) 보완'이라고 할 수 있다. 즉, 윤석열 정부의 지역균형발전정책이 역대 정부의 기존 정책과 가장 차이점은 '공정'이라는 개념을 도입한 '지역주도형 정책'과 '시장친화형 지역발전'정책이라는 점이다. 특히, 윤석열 정부의 지역균형발전정책의 특징은 지방투자 및 기업의 지방 이전 촉진을 활성화한다는 점이다(대통령직인수위 발표자료, 2022.4.27.).

(2) 지역균형발전 위한 청사진으로 기회발전특구 제시

이를 위하여 『기회발전특구(Opportunity and Development Zone)』를 지역균형발전 위한 청사진으로 제시하였다. 이는 기업 및 개인에게 파격적인 세제지원과 규제 특례를 통해 지역으로 기업이전을 촉진하고 이들이 감면받은 세금을 기회발전특구에 재투자하게 하는 플랫폼 역할을 중시한다는 점이다. 예를 들어, 특구 이전 및 투자재원 마련단계에선 양도소득세 이연 및 감면, 창업자에 대한 증여세 감면, 취득세 및 재산세 감면 혜택, 특구 내 기업운영단계에선 법인세 및 소득세 감면, 특구 개발펀드에서의 금융소득 관련 소득세 감면, 특구 내 중소 및 중견기업의 가업승계 요건 완화 혜택, 특구 내 자산 처분 단계에선 자산 등의 양도소득세와 법인세, 상속세 감면 혜택 등을 들 수 있다. 이와 관련하여 지방정부는 자체 성장전략에 부합하여 각각의 특화모델과 규제특례를 선정할 수 있다. 이런 점에서 윤석열 정부의 지역균형발전 정책은 중앙의 하향식 특구선정방식이 아니라 지방정부의 자체 실정에 맞는 특화모델이라는 점이다.

(3) 형평성, 효율성, 삶의 질 vs 공정·자율·희망

역대 지역균형발전정책들을 비교하면, 진보정부와 보수정부의 지역균형발전 정책이 차이가 난다는 점을 알 수 있다. 진보정부인 참여정부와 문재인 정부는 목표의 우선순위를 형평성에 두고 주요 대상을 비수도권으로 설정한 반면에 보수정부인 이명박 정부와 박근혜 정부는 효율성과 삶의 질을 목표로 광역경제권과 지역행복생활권에 수도권을 포함시켰다. 이는 정치이념의 차이가 지역균형발전의 차이를 초래한다는 점을 의미한다.

03. 신 성장 시대 중앙정부와 지방정부 간 협력을 위한 몇 가지 질문

1. 메가시티는 지역발전의 만병통치약인가?

(1) 메가시티는 핵심도시를 중심으로 기능적으로 연결된 대도시권

메가시티는 무엇인가? 그 개념은 아직 불분명하다. 메가시티가 무엇인지 파악하기 전에 '초광역협력'이 무엇인지를 알아보는 것이 필요하다. 정부발표에 의하면, 초광역협력은 지역 주도의 연계·협력을 통해 단일 행정구역을 넘어 超광역적 정책·행정수요에 대응하여 지역의 경쟁력을 제고하는 것이 목적이다. 메가시티가 인접지역 간 협력의 한 형태로서 경쟁력이 있는 대도시권 형성을 지향하는 것이라면, 초광역협력은 기능적·공간적 협력을 포괄하는 개념이다. 이는 다시 여러 개념으로 구분할 수 있다.

먼저 메갈로폴리스(Megalopolis)는 연속적이고 내부적으로 상호 연결된 매우 거대한 다핵적 도시체계를 의미하고, 메가시티리전(Mega-city region)은 10~50개의 도시들이 물리적으로는 이격되어 있지만, 기능적으로는 1개 이상의 대도시권 주변으로 연계되고 클러스터화된 공간으로서 새로운 기능적 분업으로 거대한 경제적 힘을 발휘하는 도시체계를 의미한다. 메가리전(Mega region)은 노동과 자본이 비용에 따라 재배치되는 도시 및 주변 교외배후지역 통합체로서, 대도시권 중심과 주변지역의 네트워크 환경, 경제, 인프라 상호작용 등을 통해 공간적·기능적으로 연계된다(박경현 외, 2021).

(2) 메가시티의 장점은 생활권과 경제권의 일치를 통한 효율성 제고

김예성·하혜영(2022)에 의하면, 메가시티가 필요한 이유는 다음과 같다. 첫째, 정보통신기술과 교통수단의 발달로 생활권과 경제권이 겹치게 되면서 각종 행정사무에 대한 상호 협력의 필요성이 증가하고 있다는 점이다. 둘째, 혐오시설이나 위험시설 등과 같은 특정의 행정서비스를 관련 지방자치단체가 공동으로 협력하여 처리함으로써 예산을 분담할 수 있다는 점이다. 셋째, 지방자치단체의 행정 및 재정력의 격차로 인해 발생하는 지역 간 행정서비스의 수준차이를 줄이고 주민들에게 균질의 행정서비스를 제공할 수 있다는 점이다. 넷째, 각종 도시발전을 추진하는 과정에서 초래되는 지방자치단체 간 갈등과 마찰 현상을 해소하거나 조정할 수 있다는 점이다.

(3) 메가시티의 문제점은 지방정부 간 합의가 어렵고 책임분담이 불분명

하지만 메가시티가 문제는 없는 가? 현재 답보중인 부울경 메가시티의 문제점은 메가시티의 문제점을 그대로 드러낸다. 첫째, 메가시티를 구성하는 지방자치단체들의 정책을 둘러싼 의사결정을 하는 과정에서 합의를 이루지 못할 수도 있다는 점이다. 둘째, 메가시티와 관련된 정책을 추진하는 과정에서 발생하는 문제들에 대한 책임을 누가 부담할 것인가를 결정하기 어렵다는 점이다. 셋째, 메가시티 정책을 통해 제공되는 행정서비스의 질에 대해 주민들이 감시하기 어렵고 주민들의 의견도 반영하기 어렵다는 점이다.

2. 왜 수도권과 비수도권 간 격차가 심화되는 가?

그동안 우리나라는 지속적으로 지역균형발전정책을 추진했음에도 불구하고, 수도권 집중화 현상이 심화되면서 수도권과 비수도권의 격차는 심화되고 있다. 2021년 현재 국토 전체 면적에서 수도권의 면적은 12.1%인 반면에 비수도권의 면적은 87.9%를 차지하고 있다. 하지만 수도권에는 인구의 50.3%, 1,000대 기업 수의 86.9%가 집중되어 있다.

2020년 1,000대 기업 수의 경우 수도권은 86.9%, 비수도권은 13.1%

김현우·이준영(2022)에 의하면, 2000년대의 경우 비수도권의 인구 비중은 53.7%로 수도권보다 7.4% 높았는데, 이후 매년 격차가 감소되면서 2019년부터 수도권 인구비중이 50.1%를 기록하였다. GRDP 비중의 경우 2000년 초 비수도권이 52.3%였지만 2015년 이후 수도권의 GRDP 비중은 지속적으로 확대되면서 2020년 기준 52.5%를 차지하였다. 이처럼, 수도권은 인구, 특히 청년인구, 일자리, 기업 수, 지역내총생산, 신용카드 개인 소비, 자산 등 여러 측면에서 비수도권을 추월하고 있다. 이에 따라, 이러한 요인들의 지역 간 차이가 수도권으로의 인구이동을 초래하고, 지역은 소멸되는 악순환을 초래한다. 이는 과거 수도권 및 지역 대도시 중심의 지역균형발전정책의 효과가 실효성이 없다는 것을 의미한다.

표2 주요 지표별 수도권 및 비수도권 비중 차이

항목	수도권	비수도권	항목	수도권	비수도권
면적(2021년)	12.1%	87.9%	1,000대 기업 수 (2020년)	86.9%	13.1%
인구(2021년)	50.3%	49.7%	GRDP(2020년)	52.5%	47.5%
청년(20~39세) 인구(2021년)	55.0%	45.0%	1인당 GRDP (2020년)	37.1백만원	34.1백만원
취업자 수(2021년)	50.5%	49.5%	신용카드 개인 사용액(2021년)	75.6%	24.4%
사업체 수(2019년)	47.0%	53.0%	주택매매가격 (중위단위값) (2022년 6월)	6,460천원	2,142천원

출처: 김현우·이준영(2022), 수도권·비수도권 간 발전 격차와 정책 방향

3. 지역소멸 대응으로서 인구감소지역지원특별법을 어떻게 활용할 것인가?

최근 지역에서 가장 심각한 사회문제는 '인구감소'로 인한 지역소멸이다. 통계청의'2021년 장래인구추계를 반영한 세계와 한국의 인구현황 및 전망(2022.9.5.)에 의하면, 한국 인구는 2022년 5천 2백만 명에서 2070년에는 3천 8백만 명으로 감소하고, 한국의 생산연령인구 구성비는 1970년 54.4%에서 2012년(73.4%)을 정점으로 감소하여 2022년 71.0%, 2040년 56.8%, 2070년에는 46.1% 수준까지 낮아질 것으로 전망된다. 또한, 한국의 고령인구 구성비는 2022년 17.5%로 1970년(3.1%) 대비 6배 수준으로 증가, 2070년에는 46.4%로 높아질 것으로 전망된다.

(1) 2022년 3월 신규소멸위험에 진입한 기초지자체는 11개

고용노동부 보도자료(2022.4.29.)에 의하면, 2020년 대비 2022년 3월 신규소멸위험에 진입한 기초지자체는 11개이고, 특히 제조업 쇠퇴 지역(통영시, 군

산시 등) 및 수도권 외곽(포천시, 동두천시)으로 확산되고 있다. 이는 지역인구는 감소하는 반면에 수도권으로의 인구집중이 발생함으로써 인구구조와 경제의 불균형을 초래하여 지역소멸을 초래한다.

표3 2020년 대비 2022년 3월 신규소멸위험 진입 기초지자체 수 (단위 : 명, 지수값)

시도	시군구	전체 인구	20-39세 여성 인구	65세 이상 인구	소멸위험 지수
경상남도	통영시	124,872	10,405	26,878	0.387
경기도	포천시	148,527	13,923	31,638	0.440
충청북도	충주시	208,946	20,078	44,483	0.451
전라남도	나주시	116,497	12,494	26,880	0.465
충청남도	당진시	166,971	15,438	32,960	0.468
강원도	속초시	82,737	8,004	16,950	0.472
전라남도	여수시	276,145	27,446	56,982	0.482
경기도	동두천시	93,346	9,710	20,094	0.483
전라북도	익산시	277,151	28,685	58,706	0.489
충청남도	서산시	176,452	16,872	34,303	0.492
전라북도	군산시	264,656	26,351	53,395	0.494

출처 : 한국고용정보원(2022),「지역산업과 고용」(통권3호)

이러한 인구감소는 수도권으로의 집중현상을 초래하는 동시에 지역소멸로 연결된다. 윤필환(2022)에 의하면, 인구와 경제집중이 수도권에 치중되어 있는데, 2019년 말 기준으로 수도권에 국가 전체 인구의 과반수를 넘는 50.2%의 인구가 집중되어 있고, 수도권 지역 내 총생산(GRDP)이 전국의 52%, 카드사용액은 72%를 초과하였다.

(2) 2023년 1월부터 「인구감소지역지원특별법」 실행, 어떻게 활용할 것인가?

이러한 문제들을 해결하기 위하여 정부는 「인구감소지역지원특별법」을 제정하여 2023년 1월부터 실행할 계획이다. 이는 인구대응정책의 패러다임 전환을 의미한다. 이 법은 인구감소 위기 대응을 위한 지방자치단체의 자율적·주도적 지역발전과 국가 차원의 지역 맞춤형 종합지원 체계를 구축하고, 지방자치단체 간 및 국가와 지방자치단체 간 연계·협력 활성화 방안과 인구감소지역에 대한 특례 등을 규정함으로써 인구감소지역의 정주 여건을 개선하고 지역의 활력을 도모하여 국가균형발전에 기여하는 것을 목적으로 한다. 이 법에서는 국가 및 지방자치단체의 책무를 규정하고 있다. 먼저 지방정부의 책무와 관련하여, 인구감소지역을 관할하는 시·도 또는 인구감소지역에 속하는 시·군·구는 지역주도에 따른 시·군·구 인구감소지역대응기본계획 및 시행계획과 시·도 인구감소지역대응기본계획 및 시행계획을 수립하고 시책을 추진함으로써 인구감소지역의 여건과 특성에 맞는 특화된 발전을 추진해야 한다.

지방자치단체는 시·군·구 인구감소지역대응기본계획 및 시행계획과 시·도 인구감소지역대응기본계획 및 시행계획의 원활한 시행을 위하여 상호 간 행정구역을 넘어서 주민 서비스 제공, 지역경제 발전 등을 위하여 연계·협력하여야 한다. 그리고 국가는 인구감소지역의 인구활력을 높이고 지속적인 발전을 이루기 위하여 부처 간 연계를 기반으로 필요한 예산을 확보하고 종합적인 지원계획 및 시책을 수립·추진하여야 한다. 또한, 국가는 국가 인구감소지역대응계획에 따른 시책을 효율적으로 수행하기 위하여 지방자치단체 및 민간부문과 협력체계를 구축하는 등 필요한 노력을 하여야 한다.

(3) 국가와 지방자치단체 간 협약 체결을 통한 협력 강화 필요

국가-지방자치단체 간, 지방자치단체 간 협력 강화를 위해서는 국가와 지방자치단체 간 협약 체결을 규정하고 있다. 즉, 국가와 지방자치단체는 국가기본계획, 시·도기본계획, 시·군·구기본계획의 원활한 수행을 위하여 상호 간에 공동으로 시책을 추진하거나 국가의 지원이 필요한 경우 「국가균형발전 특별법」

에 따른 지역발전투자협약 등을 체결할 수 있다. 협약의 절차를 원활히 하기 위하여 시·도지사는 관할 시·군·구의 계획을 일괄하여 국가와 협약을 체결할 수 있다. 국가와 지방자치단체는 협약에 따른 계획을 추진하기 위하여 안정적인 예산 편성과 규제개선 등의 노력을 이행하여야 한다. 생활권 연계·협력 추진을 위하여 지방자치단체는 다른 지방자치단체와 협의를 거쳐 인구감소지역의 주민 생활편의 증진 등을 위한 권역(생활권)을 설정할 수 있고, 특별지방자치단체, 행정협의회, 지방자치단체조합 등을 구성할 수 있다. 생활권을 설정한 지방자치단체는 생활권 단위로 시설 및 공공서비스의 공동이용 등 연계·협력 방안을 마련하고 이를 시·도기본계획 및 시·군·구기본계획에 반영할 수 있다.

표4 「인구감소지역지원특별법」의 지방자치단체와 정부의 역할

구분	지방정부(지방자치단체)	국가(중앙정부)
책무	① 인구감소지역을 관할하는 시·도 또는 인구감소지역에 속하는 시·군·구는 지역주도의 제6조에 따른 시·군·구 인구감소지역대응기본계획 및 시행계획과 제7조에 따른 시·도 인구감소지역대응기본계획 및 시행계획을 수립하고 시책을 추진함으로써 인구감소지역의 여건과 특성에 맞는 특화된 발전을 추진한다. ③ 지방자치단체는 제6조에 따른 시·군·구 인구감소지역대응기본계획 및 시행계획과 제7조에 따른 시·도 인구감소지역대응기본계획 및 시행계획의 원활한 시행을 위하여 상호 간 행정구역을 넘어서 주민 서비스 제공, 지역경제 발전 등을 위하여 연계·협력하여야 한다.	② 국가는 인구감소지역의 인구활력을 높이고 지속적인 발전을 이루기 위하여 부처 간 연계를 기반으로 필요한 예산을 확보하고 종합적인 지원계획 및 시책을 수립·추진하여야 한다. ④ 국가는 국가 인구감소지역대응계획에 따른 시책을 효율적으로 수행하기 위하여 지방자치단체 및 민간부문과 협력체계를 구축하는 등 필요한 노력을 하여야 한다.
인구감소 지역대응 기본계획 및 시행계획	1. 시·도의 인구증감 및 인구구조, 인구이동 변화 등에 관한 사항 2. 시·도의 인구감소지역 지원에 관한 기본구상과 전략 3. 관할하는 인구감소지역의 시·군·구기본계획 간 효율적인 연계 및 조정에 관한 사항 4. 제10조에 따른 국가와 지방자치단체 간 협약에 관한 사항 및 시·도의 경계를 넘어서는 지방자치단체(「지방자치법」 제2조에 따른 지방자치단체를 말한다) 상호 간 협력에 관한 방안 5. 제11조에 따른 관할 시·군·구 간 생활권 연계·협력 지원에 관한 사항 6. 제15조에 따른 시·도 생활인구 확대에 관한 사항 7. 시·도기본계획의 시행에 필요한 재원의 산출 및 연도별 확보에 관한 사항 8. 그 밖에 시·도 인구감소 위기 대응에 필요한 사항	1. 인구감소지역 지원에 관한 기본구상과 전략 2. 시·도기본계획 및 시·군·구기본계획의 지원에 관한 사항 3. 인구감소지역에 대한 맞춤형 지원시책 및 특례에 관한 사항 4. 국가기본계획을 추진하는 데 필요한 재원의 산출 및 조달과 연도별 배분에 관한 사항 5. 인구감소지역 지원 및 성과평가에 관한 사항 6. 그 밖에 인구감소지역 지원을 위하여 필요한 사항

04. 중앙정부와 지방정부의 협력사례

1. 해외 사례 : 일본, 영국, 미국, 독일

지역균형발전을 위해서는 중앙정부와 지방정부(지방자치단체) 간 협력이 필수적이다. 이민호(2014:130-138)에 의하면, 일본은 국가와 지방자치단체 간 협의의 장, 영국은 중앙-지방 파트너십 회의, 미국은 정부 간 관계 자문위원회, 독일은 주 수상합동회의 및 광역자치단체협의회 등을 통해 중앙정부와 지방정부가 협력을 제도화하고 있다. 이를 구체적으로 살펴보면 다음과 같다.

(1) 일본 : 국가와 지방자치단체간 협의의 장

일본은「국가와 지방자치단체간 협의의 장」회의를 통해 중앙정부와 지방정부가 협력하고 있다. 주재복(2013)에 의하면, 이 회의는 중앙-지방 간 총괄적 협력체계를 구축하는 것으로서, 지방 6단체의 대표자가 사전협의를 통해 국가정책의 효율적 집행, 국가와 지방공공단체의 역할분담에 관한 사항, 지방자치에 영향을 미친다고 판단되는 국가정책에 관한 광범위한 협의 등을 규정하였다. 이 협의의는 중앙의 내각관방장관, 총무대신, 재무대신, 총리가 지정하는 대신 등과 지방의 6단체 대표를 포함하고, '국가와 지방자치단체간 협의의 장'은 내각총리대신이 매년 의장의 자문을 통해 정기적으로 혹은 임의적으로 소집하며, 협의체의 운영 활성화를 위해 분과회를 구성하고, 협의체 의장은 본 협의체의 원활한 운영을 위해 관계행정기관장이나 지방공공단체장, 의회의장 등에 대한 자료제출 요구권을 갖고 있다. 협의체의 협의 결과는 국회에 제출되어 보고되며, 협의체에 참석한 구성원들은 협의 결과를 존중할 의무를 가짐으로써 협의체 협의 결과에 대한 구속력을 규정하고 있다(주재복, 2013).

(2) 영국 : 중앙-지방 파트너십 회의

영국의 경우 중앙정부와 지방정부의 협력을 위해「중앙-지방 파트너십 회의」

를 운영하고 있다. 이 파트너십 회의에서는 공공서비스의 질적 향상을 위한 상호 협력이고, 공공서비스 제공의 효과성과 효율성을 제고하기 위하여 목표를 공유하고 있다. 이 회의의 구성은 다양한데, 잉글랜드의 경우 부총리가 의장을 맡고, 중앙부처 장관, 지방정부연합회의 이사가 참여한다. 이처럼 영국 연방의 파트너십 회의의 구성원들은 주로 8명에서 10명의 중앙정부 각 부처 내 관료들, 지방정부 관료, 공공부문의 대표자와 이해관계자들로 구성되며, 의장은 대부분 지방의회 대표자가 된다. 김순은(2005)에 의하면, 이러한 회의를 통해 공동 협력 분야, 예를 들어, 공동행정서비스 우선순위에 대한 중앙-지방간 합의제도, 포괄적 성과평가제도, 지방공공서비스 협약제도 등이 도입되었다.

(3) 미국 : 정부 간 관계 자문위원회

미국은 「정부 간 관계 자문위원회」를 통해 중앙정부와 지방정부가 협력하고 있다. 이 자문위원회는 연방정부 내 정부간 관계 활동분석, 연방정부와 지방정부간 소통 및 협력 활성화, 정부간 관계 이슈 진단 및 법률, 예산배분 등에 관한 자문을 수행하였고 1996년에 폐지되었다. 자문위원회는 민간인, 상원· 하원 · 행정부 인사, 주정부와 지방정부의 대표 등으로 구성되었고, 지원조직으로는 행정 및 정책지원 업무를 담당하는 사무국을 설치하였다. 자문위원회는 일반적으로 정부간 관계 연구조사, 중앙과 지방의 정책협의를 통한 소통 등 매우 포괄적이고 정책지향적인 업무를 수행하였다.

(4) 독일 : 주수상합동회의 및 광역자치단체협의회 등

독일의 경우 중앙정부와 지방정부가 협력하기 위하여 「주수상합동회의 및 광역자치단체협의회 등」을 설치하였다. 주수상합동회의는 정례적인 협의체로서 각 주정부의 대표들이 모여서 주의 주요한 사안들에 대하여 협력한다. 이 합동회의는 참여자는 소수이고, 직접적 공동의사결정권한을 지닌다. 광역자치단체협의회와 지방자치단체연합회는 지방자치단체의 이익대변과 연방정부 및 연방의회와의 협력관계 구축 등이 업무를 수행하는 등 높은 수준의 자치권한을 가지고 공동의 의사결정을 위한 자율적 권한을 지니고 있다.

2. 국내 사례 : 코로나 19 방역대응 관련 협력 사례

최근 중앙정부와 지방정부의 협력체계가 구축된 분야는 코로나 19로 인한 방역 분야이다. 경제인문사회연구회의 한국의 COVID-19 대응 보고서(2020)에 의하면, 중앙정부와 지방정부의 방역대응 협력체계는 다음과 같다.

(1) 중앙정부와 지방정부의 방역대응 협력체계

중앙정부와 지방정부의 코로나 19 대응 협력체계와 관련하여, 중앙정부 측면을 살펴보면 다음과 같다. 중앙정부는 중앙방역대책본부(질병관리본부)와 중앙재난안전대책본부, 보건복지부 산하의 중앙사고수습본부, 행정안전부 산하의 범정부지원본부로 구성되었고 이 조직들이 지방정부의 지역재난안전대책본부와의 협력하였다.

이중에서 중앙방역대책본부(질병관리본부)는 방역 컨트롤 타워로서 대책마련 및 조치, 모니터링 및 브리핑 진행을, 중앙재난안전대책본부(국무총리)는 범부처 대응, 중앙정부-지자체의 지원체계 조정을, 중앙사고수습본부(보건복지부)는 지역사회 감염 확산 방지와 중앙방역대책본부의 방역업무 지원을, 범정부지원본부(행정안전부)는 중앙 및 지방자치단체 간의 협조, 대응 지원, 임시생활시설 운영 지원 등을 담당하였다. 지방정부의 경우, 단체장을 중심으로 '지역재난안전대책본부'를 구성하였는데, 이를 통해 지역단위 방역체계 구축을 위한 감염병전담병원과 병상 확보, 병상, 인력, 물자 등의 자원지원 등을 담당하였다.

(2) 관련 부처이외의 다른 부처들도 적극적으로 방역대응협력체제 구축

또한 관련 부처와 조직이외에 다른 부처들도 적극적으로 방역대응에 협력하였다. 경찰청·법무부는 관련 정보시스템을 활용한 접촉자 파악을, 국토교통부·문화체육관광부는 항공사, 여행업계 등 민간과의 소통·협조 지원을, 외교부는 해외안전지킴센터를 중심으로 한 비상대책반 구성과 재외공관 및 관계부처와의 24시간 대응 체제 구축을, 교육부에서는 대학교와 지자체 협력체계를 구축을 통한 입국 유학생 정보 공유 및 대학교 및 임시거주공간, 밀집지역에 집중방역을 실시하였다. 국민들의 경우에도 방역대응에 적극적으로 협력하였는데, 시민들은 자발적으로 월급일부를 반납하였고, 건물주들은 자영업자들과 세입자들을 위하여 임대료인하 및 감면 등을 실천하였다. 이처럼 코로나 19에 대응한 방역대응 체계는 중앙정부와 지방정부 그리고 시민들이 협력한 대표적인 상생협력 사례라고 할 수 있다.

이러한 사례들을 통해 시사하는 점은 일본의 국가와 지방자치단체 간 협의의 장, 영국의 중앙-지방 파트너십 회의, 미국의 정부 간 관계 자문위원회, 독일의 주 수상합동회의 및 광역자치단체협의회 등과 같은 협력기구가 제도화되어야 한다는 점이다. 우리나라도 2022년부터 국가와 지방자치단체의 대등하고 협력적인 관계를 바탕으로 지방자치 발전과 지역 간 균형발전 정책의 효과를 제고하는 것을 목적으로 중앙-지방 협력기구로서 「중앙지방협력회의」 운영하고 있다는 점에서 그 운영성과에 따라 지역균형발전정책 성과가 좌우될 것으로 판단된다.

05. 신 성장 시대의 중앙정부와 지방정부 간 관계의 비전과 방향

1. 신 성장시대의 중앙정부와 지방정부 간 관계의 비전

우리나라는 코로나 19 등 전세계적인 전염병의 출현, 4차 산업혁명과 인공지능의 출현, 저출산·고령화, 사회적 양극화 심화, 수도권과 비수도권의 격차 심화 등으로 인하여 새로운 성장전략이 필요한 시대에 접어들었다. 선진국들의 경우, 새로운 시대에 대응하여 개별 지역의 특성을 반영한 정책들을 추진하다. 우리나라는 그동안 다양한 지역균형발전정책을 추진하였지만 그 효과는 미미했고 도리어 수도권의 발전을 초래하였다. 이에, 다양한 경제·사회문제, 지역 경제의 위기, 4차 산업혁명 등 새로운 성장전략을 위한 새로운 지역균형발전전략을 모색할 시점이다.

향후 우리나라가 지향해야 할 중앙정부와 지방정부간 협력정책의 핵심으로서 신지역균형발전정책의 방향은 다음과 같다. 첫째, 미래지향성이다. 기후변화, 4차 산업혁명, 저성장의 고착화, 인구구조의 변화 등 미래환경 변화에 적극적으로 대응하는 것이 필요하다. 둘째, 글로벌 경쟁성이다. 현재 수도권 과밀화는 주거 문제 및 교통혼잡 등 비효율을 가속화하고 미래 성장동력을 약화시키고 있다. 비수도권 인구감소 등 지역 위기 대응을 위해 글로벌 경쟁력을 갖춘 지역 경제·생활권 육성이 필요하다. 셋째, 규모의 경제를 통한 지속가능성이다. 메가시티 등 지역간 통합을 통해 상생적인 지속가능발전전략을 추진하는 것이 필요하다.

표5 신 성장시대의 중앙정부와 지방정부 간 협력정책으로서 신 지역균형발전정책의 비전과 가치

구분	과거(Past)	현재(As-Is)	미래(To-Be)
비전	• 다핵형·창조형 선진국가 • 일자리·삶의 질이 보장되는 경쟁력 있는 지역 창조 • 국민행복과 지역희망 • 지역주도의 자립적 성장	어디에 살든 균등한 기회를 누리는 공정, 자율, 희망의 지방시대	미래와 세계를 선도하는 공존적 지역발전
가치	형평성, 효율성, 삶의 질	공정, 시장성	미래지향성, 글로벌 경쟁성, 지속가능성

2. 신성장 시대의 중앙정부와 지방정부 간 협력방향

신성장 시대는 중앙정부와 지방정부가 협력하여 미래, 글로벌 경쟁성, 지속가능성을 중시하는 신지역균형발전정책으로 전환해야 한다. 이를 구체적으로 살펴보면,

(1) 국가균형발전위원회를 (가칭) '지방시대위원회' 형태의 부총리급 행정위원회로 개편

현재의 대통령직속위원회인 국가균형발전위원회를 (가칭) '지방시대위원회' 형태로 개편하는 것이 필요하다. 현재 국가균형발전위원회는 지역간의 불균형을 해소하고 지역의 특성에 맞는 자립적 발전을 통하여 국민생활의 균등한 향상과 국가균형발전의 효율적 추진을 위한 주요정책에 대하여 대통령에게 자문하기 위하여 만들어진 조직이다. 이 조직은 위원장 1명을 포함한 당연직 위원과 위촉위원 34명 이내로 구성된 위원회로서 자문위원회 성격이 강하다는 점이다. 이로 인하여 중앙정부와 지방정부 간 협력을 실질적으로 추진하는데 있어 한계를 노출하고 있다. 이에, 일반행정기능이외에 입법기능과 사법기능에 준하는 기능을 가진 부총리급에 준하는 행정위원회 형태의 '지방시대위원회'로 재편하는 것이 필요하다.

(2) 미래지향성 정책으로 4차산업혁명시대에 부응하여 지역혁신정책 필요

미래지향성 정책이다. 4차산업혁명시대에 부응하여 지역혁신정책을 추진하는 것이 필요하다. 이를 위해서 디지털 정부간 관계(Digital Inter-governmental Relation)를 중심으로 지역이 주도하는 디지털 지역사회발전을 추구하는 것이다. 한국정보화진흥원(2018)에서는 4차 산업혁명 시대의 신지역균형발전 전략으로 지역사회, 맞춤형, 연결, 경쟁력, 창의성 등을 제시하였다. 지역사회는 시민이 참여하는 지역 주도의 현안을 해결하는 것으로서, 지역이 주도하

여 주민들이 직접 참여하여 지역발전을 위한 아이디어를 제시하고 혁신 플랫폼을 구축하고 지역발전 참여문화를 개선하는 것을 의미한다. 맞춤형은 역동적 환경 속에서 지역수요기반 맞춤형서비스를 제공하는 것으로서, 지역의 사회적 · 환경적 특성을 반영한 지역균형발전정책을 추진하고, 주민들의 수요에 기반한 다양한 지역맞춤형 발전정책과 공공서비스를 제공하는 것이다. 연결은 기존의 대도시 중심의 전략 추진으로 인해 발생한 극대화된 지역 간 격차를 완화하기 위하여 ICT기술을 기반으로 지역환경들을 보완하여 지역간 격차를 완화시키는 것이다. 경쟁력은 지방정부와 중소기업의 참여를 유도하여 지역혁신을 통한 지역의 경쟁력을 강화하는 것이다. 창의성은 지역의 경쟁력 제고를 위하여도시 데이터를 활용함으로써 새로운 지역발전정책을 설계하고, 스타트업 활성화 및 신규 일자리 창출 등 지역경제 활성화를 추진하는 것이다.

(3) 글로벌 경쟁성을 높이는 위한 지역 주도의 초광역권 지역발전 전략 필요

지역의 글로벌 경쟁성을 높이는 것이 중요하다. 개별 지역위주의 전략산업이 아닌 메가시티 등 지역 주도의 초광역권 지역발전 전략이 필요하다. 특히 초광역권 위주의 전략산업육성이 중요한데, 이를 위해서는 지역수요와 산업생태계를 감안하여 지역전략산업을 선정하는 것이 필요하다. 초광역권 전략산업의 핵심 인프라와 초광역 단위의 산학협력, 산업·기술인력 공급체계 구축, 초광역권 산업지원을 위한 지역의 산업거점·혁신거점 마련 및 연계를 강화해야 한다. 대기업의 지역 투자 환경을 조성하기 위해 다양한 투자 재원(펀드 등)과 지역의 투자유치 활성화를 위한 실효성있는 인센티브 제도를 마련한다. 초광역권 공유대학을 중심으로 국제경쟁력을 갖춘 인재양성체계 구축, 인재·자본·일자리 선순환을 위한 초광역권별 거점 육성과 네트워크 연계의 핵심요소인 광역 교통망 조성을 통한 공간적 측면의 단일 경제·생활권 조성도 지역균형발전에 매우 중요하다.

(4) 「인구감소지역 지원 특별법」의 적극 활용

지속가능한 지역균형발전정책을 위해서는 「인구감소지역 지원 특별법」을 적극활용하는 것이 필요하다. 청년·중장년 등의 일자리를 확충하고 정착을 촉진하기 위하여 인구감소지역에 소재하는 사업장에 취업 시 임금의 일정액을 일정기간 지원하거나 일자리 알선을 위한 정보를 제공하는 사업, 인구감소지역에서 창업 시 창업에 필요한 비용, 기술, 컨설팅을 지원하는 사업, 인구감소지역에 거주 시 주택을 일정 기간 지원하거나 수리·임차 비용을 지원하는 사업, 인구감소지역 내 장애인, 국가유공자, 북한이탈주민 등에 대한 일자리 지원 및 정착에 관한 사업, 인구감소지역 내 청년·중장년 등의 정착 지원을 위하여 필요하다고 인정되는 사업 등을 활성화하는 것이 필요하다. 그리고 인구감소지역의 재난·재해와 범죄 등을 예방하기 위한 시설의 설치와 이용을 지원하고, 인구감소지역에 건강, 안전, 편의 관련 정보통신기술 기반의 행정서비스, 특히 정보취약계층을 지원하기 위한 디지털 전환, 스마트도시 확산, 사물인터넷 등의 사업을 지원하는 것이 필요하다.

(5) 중앙-지방 협력기구로서 「중앙지방협력회의」 활성화

신지역균형발전정책을 상생적, 체계적으로 추진하기 위해서는 현재 운영되고 있는 중앙-지방 협력기구로서 「중앙지방협력회의」를 활성화하는 것이 필요하다. 중앙지방협력회의는 국가와 지방자치단체의 대등하고 협력적인 관계를 바탕으로 지방자치 발전과 지역 간 균형발전 정책의 효과를 제고하는 것을 목적으로 설치되었다. 이는 중앙-자치단체 간 실질적인 소통과 협력체제를 제도화한 것이다. 「중앙지방협력회의」의 논의사항은 ① 국가와 지방자치단체 간 협력에 관한 사항, ② 국가와 지방자치단체의 권한, 사무 및 재원의 배분에 관한 사항, ③ 지역 간 균형발전에 관한 사항, ④ 지방자치단체의 재정 및 세제에 영향을 미치는 국가 정책에 관한 사항, ⑤ 그 밖에 지방자치 발전에 관한 사항이다.

중앙지방협력회의는 대통령 주재하에 지방정부 및 지방의회 대표, 중앙부처의 장이 지방자치와 균형발전 관련 주요 정책을 심의·의결하는 수평적 국정운영 플랫폼이다. 이는 대통령, 국무총리, 기획재정부장관, 교육부장관, 행정안전부장관, 국무조정실장, 법제처장, 특별시장·광역시장·특별자치시장·도지사·특별자치도지사, 「지방자치법」의 규정에 따른 전국적 협의체의 대표자 및 그 밖에 대통령령으로 정하는 사람으로 구성된다. 여기서 논의된 심의 결과의 경우, 국가 및 지방자치단체는 협력회의의 심의 결과를 존중하고 성실히 이행하여야 하고, 심의 결과에 따른 조치 계획 및 이행 결과를 협력회의에 보고하여야 한다.

참고문헌

김순은. (2005). 영국 중앙정부와 지방정부간의 정부간 관계의 혁신적 모형: 거버넌스 모형의 시도. 지방행정연구. 19(2):3-33.

김예성·하혜영. (2022). 국가균형발전을 위한 초광역협력 현황과 향후 과제. NARS 입법·정책. 통권 제105호.

김현우·이준영. (2022). 수도권·비수도권 간 발전 격차와 정책 방향. 월간 KIET 산업경제(2022.07.29.).

류종현. (2022). 윤석열 정부의 지역균형발전정책, 주요 중점과제는?. 지방자치 이슈와 포럼. 통권 제43호.

박경현 외. (2021). 국토균형발전을 위한 초광역 연계 발전전략. 국토정책 Brief. 통권 제821호.

육동일. (2020). 자치분권·지역균형발전의 성과평가와 새 정부의 과제. 한국주민자치학회 200: 32-34.

윤필환. (2022). 「인구감소지역 지원 특별법」 주요내용과 향후과제. 분권레터. 통권 제96호.

이민호·윤광석·조세현·원소연. (2014). 중앙-지방간 효과적인 협력체계 구축 방안의 모색: 협력적 네트워크 거버넌스의 관점에서. 지방정부연구. 18(1):121-146

주재복. (2013). 중앙-지방 간 협력체계 강화방안. 한국지방행정연구원.

고용노동부. (2022). 22년 3월, 전국 시군구 2곳 중 1곳은 소멸위험지역. 보도자료(2022.4.29.).

경제인문사회연구회. (2022). 한국의 COVID-19 대응 보고서. KOREA REPORT NO. 2.

법제처. (2022). 인구감소지역지원특별법.

통계청. (2022). 2021년 장래인구추계를 반영한 세계와 한국의 인구현황 및 전망. 보도자료(2022.9.5.).

한국고용정보원. (2022). 지역산업과 고용. 통권 제3호.

한국정보화진흥원. (2018). 4차 산업혁명과 지역 혁신을 위한 정책과제 100선. 연구보고서.

제20대통령직인수위. (2022). 지역균형발전 비전 대국민 발표. 보도자료(2022.4.27).

제2장

지방자치와 지방교육자치 연계·협력 방안

하봉운(경기대학교 행정학과 교수)

지난 4월 27일, 윤석열 당선인 대통령직인수위원회는 지방교육재정교부금(교육교부금) 중 일부를 지방대학 지원에 쓰겠다는 내용을 담은 '지역균형발전 비전 및 국정과제'를 발표했다. 인수위 지역균형발전특별위원회는 '지방교육 및 인적자원 양성체계 개편' 항목을 통해 "교육교부금 지원을 지역대학까지 확대하겠다."면서 "지역 간 교육격차를 극복할 수 있도록 교육교부금 중 일부를 고등교육에도 지원해 초·중등부터 대학까지 교육을 연계하겠다."고 밝혔다. 이후 교육부가 대통령 업무보고에서 보통교부금의 국세교육세를 활용한 '(가칭)고등-평생교육 지원 특별회계'를 신설하겠다고 밝혔으며(교육부, 2022. 7. 29.), 고등、평생교육지원 특별회계 신설 추진에 관한 내용은 2023년도 국회에 제출한 교육부 예산안에도 포함되었다(교육부, 2022. 8. 30.). 이어서 9월 2일 자로 교육위원회 여당 간사인 이태규 의원의 대표발의로 「고등、평생교육지원 특별회계법」의 법안이 발의된 상태이다. 기획재정부에 따르면 이러한 특별회계를 신설하는 경우, 2022년 본예산 기준으로 교육세에서 유아교육지원특별회계로 전출되는 금액을 제외한 약 3조 6천 억원 규모가 된다(기획재정부, 2022. 7. 7.). 즉 유·초·중등 교육에 활용되어야 하는 지방교육재정교부금에서 그만큼이 줄어든다는 의미이다.

이에 대해 전국 시도교육감협의회 등을 중심으로 한 교육계는 지방교육재정에 영향을 미치는 요소는 학교·학급·학생·교원 수인데도 불구하고 단순히 학생 수 감소 상황만 부각하며 지방교육재정교부금 축소 개편을 하려는 것은 타당하지 않다고 반발하고 있다. 학령인구 감소는 엄연한 현실이지만 신도시 개발에 따른 학교 신설 수요 증가로 오히려 학교 수, 학급 수, 교원 수는 증가하였으며, 유·초·중등교육을 위한 지방교육재정은 학생 수 감소, 하나만을 가지고 근시안적으로 접근하는 것이 아니라, 학생 한명 한명을 소중히 여기고 학생과 교육환경 모두를 통합적으로 지원하는 거시적인 관점에서 안정적으로 확보되어야 한다는 것이다.

이에 본 원고에서는 현행 지방교육자치제와 지방교육재정의 운용 현황을 살펴보고 향후 그 제도적 개선 방향을 모색하고자 한다.

01. 지방교육자치제 운영 현황

1. 지방교육자치제도의 개념: 지방자치+교육자치

지방교육자치제도는 제도 보장으로서 「대한민국헌법」제31조 제4항 '교육의 자주성·전문성·정치적 중립성 및 대학의 자율성은 법률이 정하는 바에 의하여 보장된다'에 따라 지방적 자치와 교육적 자치의 이중성을 본질적 속성으로 하는 자치이다(고전, 2017; 정영화, 2015). 교육의 자주성은 교육행정기관의 자율성도 포함되며, 교육의 전문성은 교육행정의 전문성을 포함하는 개념으로 교육정책이나 그 집행은 가급적 교육전문가가 담당하거나 적어도 이들의 참여하에 이루어져야 함을 의미하고, 교육의 정치적 중립성은 교육이 정당이나 정파의 영향으로부터 자유롭게 그 본질적 목적에 충실하게 운영되어야 한다는 것을 내포하고 있다(고전, 2017; 조성규, 2011).

> 지방교육자치도 지방자치권 행사의 일환으로서 보장되는 것이므로, 중앙권력에 대한 지방적 자치로서의 속성을 지니고 있지만, 동시에 그것은 헌법 제31조 제4항이 보장하고 있는 교육의 자주성·전문성·정치적 중립성을 구현하기 위한 것이므로, 정치권력에 대한 문화적 자치로서의 속성도 아울러 지니고 있다. [1]

즉, 지방교육자치제도는 중앙권력으로부터 지방자치로서의 성격을 지니고 있으면서 헌법 제31조 제4항에 따라 정치권력으로부터 독립하여 교육의 특수성을 살리는 방향으로 문화적 자치가 이루어져야 한다는 '이중의 자치'가 핵심 속성이다(고전, 2017; 김영화, 2015; 조성규, 2011).

헌법재판소 또한 지방교육자치의 기본 원리로서 지방분권의 원리, 주민참여의 원리, 자주성의 원리(일반행정으로부터의 독립)와 전문적 관리의 원칙 등을 들었는데(헌법재판소 2002.03.28. 2000헌마283), 지방분권의 원리는 중앙집권의 원리에 대립되는 개념으로써 중앙정부에 의한 획일적 지시와 통제를 지양하고 지방의 실정과 특수성을 고려하여 지방 교육을 위한 교육정책이 수립되어야 함을 의미하고, 주민참여의 원리는 특정한 지역의 주민이 그들의 대표를 통하여 교육정책을 심의·결정하고 그 지역의 실정과 특수성을 고려하여 지역 주민의 공정한 의사에 따라 자율적으로 운영되어야 한다는 것이며, 자주성의 원리는 교육행정을 정치권력으로부터, 일반행정으로부터 분리·독립시켜 교육행정의 특수성과 독립성을 보장하고 교육의 본래 목적을 달성하도록

1 헌법재판소 2000.03.30. 99헌바113(https://search.ccourt.go.kr/ths/pr/ths_pr0101_P1.do).

하는 것이며, 전문적 관리의 원리는 교육이 특수한 성격(교육하는 자와 교육받는 자 사이의 교육학적 관계)을 지니고 있고 전문성을 필요로 하는 활동이기 때문에 이를 지원·조성해 주는 교육행정도 교육에 대한 깊은 이해와 고도의 교육적 식견을 갖춘 전문가들에 의해서 관리·운영되어야 한다는 것을 말한다(고전, 2003; 고전, 2018; 김흥주 외, 2008; 정영화, 2015; 조성규, 2011).

이상과 같이 일반자치는 공간적 분산인 지방분권(분권화)을 적용원리로 하는 반면 교육자치 등 기능자치는 관련 중앙정부로부터의 분권화는 물론 일반자치로부터의 전문성을 적용원리로 한다. 또한 일반자치는 보편성과 일반성의 관점에 의한 지역단위 자치를 기본성격으로 하는 반면, 교육자치는 특수성과 전문성의 명제에 의한 기능(영역)자치를 기본성격으로 하고 있다.

표1 각 지방자치의 원리와 성격

	지방자치	
	일반자치	기능(교육·경찰) 자치
적용원리	분권화(공간적 분산)	분권화(공간적 분산)+전문화(기능적 분권화)
기본성격	지역자치	지역자치+영역(기능) 자치
	보편성	특수성
	일반성	전문성

출처: 금창호 외(2010). 『교육자치제도 개선 방안』. p.1 참고하여 재구성.

이에 따라 현재 우리나라의 지방교육행정은 교육의 자주성과 정치적 중립성을 확보하고 교육행정의 민주화와 지방 분권화를 보장하기 위하여 지방교육자치제를 기본으로 삼아 실시되고 있다. 즉, 지방교육자치란 교육행정에 있어서 지방분권주의를 원칙으로 당해 지역의 교육·학예에 관한 사무의 자치권과 행정권을 가지고 의결기관으로서의 시·도의회와 의결된 교육 정책의 집행기관으로서의 교육감제를 설치하고 민주적 통제와 전문적 지도 사이에 조화와 균형을 얻게 하며 자주적인 인사와 재정을 비롯하여 교육행정을 일반행정으로부터 분리·독립시킴으로써 주민의 참여와 전문적인 경영으로 교육행정의 제도적인 조직을 통하여 교육의 자주성 및 지방 교육의 특수성을 보장하려는 제도이다.

우리나라 지방교육자치의 행정권한 배분 구조는 아래 그림과 같다. 교육행정에 관한 권한은 종적인 행정계층에 따라 교육부장관, 시·도교육감, 시·도의회, 교육지원청교육장, 단위학교장 및 학교운영위원회에 분산되어 있다. 이는 포괄적으로 교육부장관의 권한이 시·도교육감을 거쳐 교육지원청, 학교장으로 미치는 중앙집중형 교육행정 권한 구조를 갖고 있음을 의미한다. 그리고 시·도교육청, 교육지원청의 상당 부분의 업무가 상급 기관으로부터의 위임 업무에 한정되어 있다(최진혁, 2010).

특히, 우리나라의 지방교육자치는 교육행정기관의 자치로서 광역자치단체 수준에서만 일반자치단체장과 구분되는 교육감을 선출하여 실시되고 있으며, 교육지원청을 기초단위의 자치기구가 아니라 시·도교육청의 하급교육행정기관으로 규정하고 있다. 그리고 교육지원청의 구체적인 업무가 시·도의 교육·학예에 관한 사무 중 공·사립의 유치원·초등학교·중학교·공민학교·고등공민학교 및 이에 준하는 각종학교의 운영·관리에 관한 지도·감독과 관련하여 시·도교육청이 위임한 것에 국한되도록 하고 있다[2]. 이와 같은 상황은 현재의 교육지원청이 기초단위 수준의 교육자치기관이 아니라 시·도교육감의 지시를 단위학교에 전달하고 관리하는 역할을 수행하고 있음을 의미한다(이세정, 2015; 조동섭, 2010; 홍정선, 2015).

한편, 과거에 합의제 집행기구로서 교육위원회가 기능하고 교육위원 중 교육감이 선출되던 시기에는 교육위원회 역시 지방교육행정의 기관으로서 기능하는 측면이 있었으나, 독임제 집행기관인 교육감이 2007년부터 주민직선으로 선출되고, 2010년부터 전국 교육위원회가 지방의회 내 상임위원회에 통합됨으

2 다만 지방교육자치법 제35조 2항에 그 밖에 조례로 정하는 사무 또한 교육지원청의 사무로 규정하고 있어 교육지원청의 역할이 확대될 수 있는 여지는 제한적인 수준에서나마 열려 있다고 볼 수 있다.

로써 교육에 관한 의결기관과 집행기관이 확연히 구분되기에 이르렀다. 게다가 「지방교육자치에 관한 법률」이 2010년 2월 26일 개정되면서 2014년 선거에서는 교육의원 선거가 폐지되었고 교육위원회가 완전히 일반 지방의원들로 구성됨으로써 교육위원회는 지방자치단체의 의결기구로 일원화되었다.

그림1 현행 지방교육자치제 운영 모형

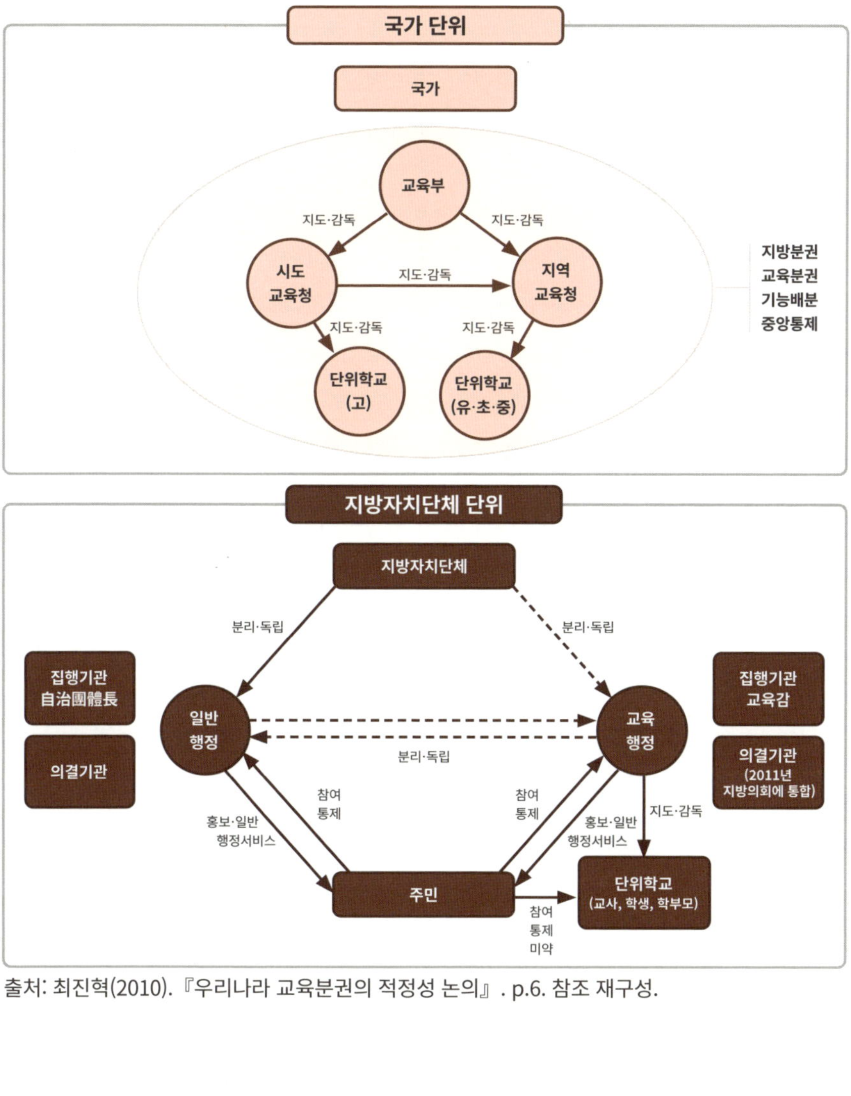

출처: 최진혁(2010). 『우리나라 교육분권의 적정성 논의』. p.6. 참조 재구성.

종합적으로 일반지방자치와 교육자치의 수평적 관계를 보면 1991년 지방교육자치제 도입 이후 교육자치와 일반자치는 '의결기구의 연계형 분리, 집행기구의 분리'라는 분리지향적 관계였으나, 2010년 교육위원회의 지방의회 상임위원회 전환, 2014년 교육위원회 및 교육의원제도 폐지로 의결기구는 통합되고 집행기구는 분리된 자치 제도적으로 애매한 상태라 할 수 있다(김찬동, 2022).

2. 교육재정 법정주의에 따른 안정적 교육재정 확보

지방교육재정은 국가와 지방자치단체가 초·중등교육을 위하여 필요한 재원을 확보하고 배분 및 지출하는 일련의 공경제활동(public economic activity)(반상진 외, 2014)으로서, 모든 교육 활동의 기반이 되며 사실상 교육의 규모와 내용을 결정한다. 따라서 교육제도의 성패 여부는 지방교육재정의 확보와 독립에 달렸다고 해도 과언이 아니다. 지방교육자치제가 재도입된 1991년 이후 지속적으로 지방교육자치의 주요한 특징인 지방교육재정의 분권화 및 자율화를 기본 가치로 두고 이를 실현하기 위해 노력해 왔다는 측면에서 지방교육재정의 범위는 1차적으로는 시·도교육비특별회계를 구성하는 재원의 수입과 지출, 운용, 환류에 관한 것이라 할 수 있다.

지방교육자치의 주체는 재정적으로도 일반 지방자치단체와 독립적으로 시·도교육비특별회계를 설치하여 운영하고 있다. 현행 지방교육재정의 기본 행정구조는 국가, 시·도(시·도교육청), 시·군·구(교육지원청), 단위학교로 구성되며 국가는 시·도교육비특별회계에 지방교육재정교부금과 국고보조금을 시·도교육청으로 교부하고, 시·도는 법정전출금과 비법정전출금을 시·도교육청으로 전출한다. 시·군·구도 액수는 상대적으로 크지 않지만 비법정전출금을 시·도교육청으로 전출하고 있으며, 단위학교의 학교회계는 이전수입과 자체수입으로 구성된 시·도교육비특별회계로부터 예산지원을 받을 뿐만 아니라, 시·도와 시·군·구로부터 직접 교육경비보조금을 지원받고 있다.

사업에 따라서는 시·도교육청이 국가로부터 보조금을 받고 자체의 대응 자금을 더할 뿐만 아니라, 시·군·구가 시·도로부터 보조금을 받아 자체 대응 자금을 더해 시·도교육청으로부터 보내온 자금을 합해서 사업을 하기도 한다. 이러한 학교를 통한 지출 이외에 시·도와 시·군·구는 일반회계를 통하여 직접 교육과 연관이 있는 사업을 수행하기도 한다(예: 도서관 지원, 방과후학교 지원, 마을학교 운영 등). 그러나 시·군·구에 대응하는 교육지원청은 시·도 교육청과 달리 법인격을 부여받지 않아 독자적인 예산편성권과 지출권을 갖고 있지 않은 한계가 있다.

그림2 지방교육재정의 흐름도

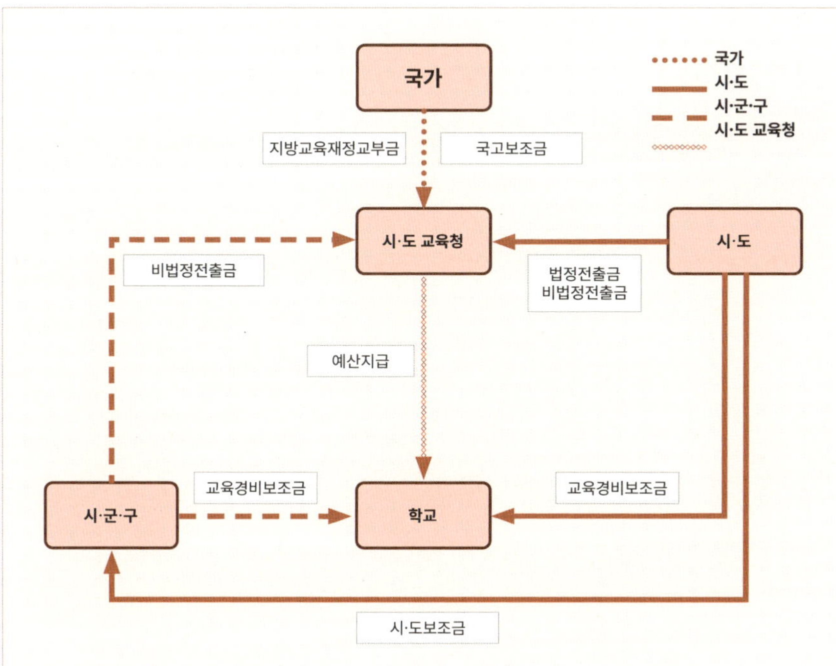

출처: 표시열 외(2012). 『교육자치와 지방자치 연계 · 통합 방안』. p.91.

그림 3 지방교육재정의 재원구조

구분	재원	세부 재원	내용
지방교육재정	지방교육재정 교부금 ※ 국고보조금, 유아교육지원 특별회계 별도 ※ 국고보조금, 유아교육지원 특별회계 별도	내국세분 교부금	내국세 총액의 11.8%→13.0%('01)→19.4%('05) →20.0%('08)→20.27%('10)→20.46%('19)→20.79%('20) * 내국세 : 소득세, 법인세, 상속증여세, 부가가치세, 개별소비세, 증권거래세, 인지세, 과년도수입
		교육세분 교부금	국세교육세 중 일부 [금융·보험업자 수입금액의 0.5%, 개별소비세액의 30%(등·중유, 부탄 및 부산물 유류 15%), 교통세액(휘발유·경유)의 15%, 주세액의 10%(주세율 70% 초과 주류는 30%)] * 국세교육세 중 일부는 '유아교육지원 특별회계' 재원으로 활용
	지방자치단체 일반회계 전입금	지방교육세	취득세산출금액의 20%, 등록면허세액의 20%, 균등할주민세액의 10~25%, 재산세액의 20%, 담배소비세액의 43.99%, 레저(경주·마권)세액의 40%, 자동차세액의 30% 취득세산출금액의 20%, 등록면허세액의 20%, 균등할주민세액의 10~25%, 재산세액의 20%, 담배소비세액의 43.99%, 레저(경주·마권)세액의 40%, 자동차세액의 30%
		담배소비세 전입금	특별시 · 광역시 담배소비세액의 45%
		시 · 도세 전입금	시·도세 총액(목적세 제외)의 3.6%~10% →특별시10%, 광역시 및 경기 · 제주 5%, 그밖에 도 3.6%
		교부금 보전금	지방소비세 확대분(부가가치세의 6%) 중, 20.27%(지방교육재정교부금 감소분)
		기 타	학교용지일반회계부담금, 교육급여(보건복지부) 부담금, 자치단체 비법정전입금, 공공도서관운영비 등
	자체수입		입학금 및 수업료, 사용료 및 수수료 수입, 자산수입, 이자수입, 기타수입 등
	차입 및 기타		지방교육채 및 금융기관 차입금, 순세계잉여금, 전년도 이월금 등

출처: 하봉운(2020). 『대변동의 시대, 지방교육재정의 투자 방향과 과제』. p.10. 재구성

02. 지방교육자치제 주요 이슈

그동안 지방자치단체와 시도교육청 간 관계설정에서 행정의 효율성을 주장하는 일반 행정계와 교육의 자주성 및 전문성을 내세우는 교육계의 시각이 첨예하게 대립하여 왔다. 그 중에서도 교육감 선출제도와 지방교육재정 운용에 대한 쟁점이 가장 뜨거운 관심사이다.

1. 교육감 선임 방식과 지방자치단체장과의 갈등 논란

1991년 지방교육자치제 재도입이후 교육감·교육위원 선출은 1991년 지방의회 이중간선제, 1997년 각 학교의 학교운영위원회에서 선출한 선거인단과 교원단체에서 추천한 교원으로 구성된 선거인단제, 2000년 학교운영위원 전원을 선거인단하는 간선제로 확대되었다. 그러나 이 방식은 종전에 비해 개선되기는 하였으나 여전히 지역주민 전체의 대표성 확보와 주민자치의 원리, 보통선거의 원칙을 실현하기에는 미흡하다는 지적이 많았다.

특히 교육위원회 구성에서 과반수 이상은 반드시 교육경력자로 자격을 제한하는 규정과 함께 단위학교와 교원위원이 영향력을 발휘할 수밖에 없는 학교운영위원회 선거인단 방식이 서로 맞물려 교육위원회가 70%이상, 심지어 80%이상의 교육경력자로 구성됨으로써 결과적으로 주민자치가 아니라 '교육자자치' 또는 '교원자치'가 되고 있다는 지적도 있었다. 그래서 학교운영위원회를 선거인단으로 하는 선출방식보다는 지역주민의 참여욕구를 반영할 수 있는 주민직선제로 전환하여야 한다는 의견이 꾸준히 제기되었다.

이에 2006년 12월 20일에 새롭게 개정된 「지방교육자치에 관한 법률」에는 교육감·교육의원을 주민직선제를 거쳐 선출하도록 명시하였다.[3] 하지만

3 이 때 직선제의 의하여 최초로 선출되는 교육감·교육의원은 2010년 6월 2일 전국동시지방선거로 선출하며, 임기 4년으로 2010년 7월 1일부터 시작하여 2014년 6월 30일에 임기가 만료된다.

도입 당시에 지방자치단체 선거와 별도로 진행되었던 관계로 투표율이 상대적으로 매우 저조하였으며, 이에 따라 교육감의 주민대표성에 대한 논란이 대두되었다. 즉 2007년 12월 19일 대통령 선거와 함께 실시되었던 울산광역시, 충청북도, 경상남도, 제주특별자치도를 제외하고 모두 10~20%대의 저조한 투표율을 보였으며, 특히 2009년 경기도교육감 선거에서는 투표율이 역대 교육감 선거 중 가장 낮은 12.3%에 불과했다.

표2 2007년 교육감 주민직선제 도입 전·후 비교

	교육감 간선제(개정 전)	교육감 주민직선제(개정 직후)
선출 방법	학교운영위원회 위원 전원의 간선제	주민의 보통·평등·직접·비밀선거의
임기	4년, 1차 중임 가능	4년, 계속 재임은 3회까지 가능
자격	- 학식과 덕망이 높음 - 시·도지사 피선거권 - 비정당원(2년) - 교육경력 또는 교육행정경력 5년 이상	- 시·도지사 피선거권 - 비정당원(2년~, 2010년 1년으로 변경됨) - 교육경력 또는 교육 행정경력 5년 이상 (2014년 출마자격 교육경력요건 삭제되었다가 2016년 선거 이후 다시 3년으로 부활됨)
선거비용	교육청이 부담하되 상대적으로 적은 비용이 듦.	교육청이 부담하되 상대적으로 많은 비용이 듦.

낮은 투표율과 주민대표성 논란은 2010년 이후 교육감 선거도 지방선거와 함께 진행되었기 때문에 교육감 선거의 투표율은 50%를 무난히 넘김으로서 어느정도 해소되었다. 또한 교육에 관심이 없는 일부 유권자들이 자신이 지지하는 정당 후보자의 번호와 같은 후보자에게 무작정 표를 던지는 '몰아 찍기식'투표를 할 가능성을 배제하기 위하여 후보자의 투표용지 게재순위가 공평하게 배정될 수 있도록 순차적으로 바꾸어 가는 순환배열 방식이 도입되었다.

2022년 현재 지방자치와 지방교육자치 현황은 아래와 같다. 전국 17개 시·도교육청은 일반 광역자치단체 수와 동일하게 설치되어 있다.

표3 지방자치 현황

	일반자치(243개)		기능자치 교육자치(17개)	
	집행기관	대의기관	집행기관	대의기관
광역단위	1특별시	1특별시 의회	1특별시 교육감	의회 교육상임위원회
	6광역시	6광역시 의회	6광역시 교육감	〃
	1특별자치시	1특별자치시 의회	1특별자치시 교육감	〃
	8도	8도 의회	8도 교육감	〃
	1특별자치도	1특별자치도 의회	1특별자치도 교육감	〃(교육의원제 유지)
기초단위	226시군구	226 시군구 의회	(176 지역 교육지원청)	(없음)
	읍면동	(없음)	(각급학교)	(학교운영위원회)

출처: 금창호 외(2010). 『교육자치제도 개선 방안』. p.1 참고하여 재구성.

교육감 제도의 법적 근거는 헌법(제117조)에 근거한 「지방자치법」에서 교육·체육·문화·예술의 진흥에 관한 사무를 지방자치단체의 사무범위로서 규정(제9조 ②5)하고, 교육·과학 및 체육에 관한 사무를 분장하기 위하여 별도의 기관을 두도록 하는 데 있다(제121조 ①). 지방교육자치법의 독임제 집행기구인 교육감 및 직속기관은 별도 기관의 조직 및 운영에 관한 사항을 법률로 예정한 「지방자치법」제121조제2항에 근거한 것이다.

17개 시·도교육감은 각 시·도의 교육·학예에 관한 사무의 집행기관으로 예산안의 편성 및 집행, 교육규칙 제정, 학교 및 그 외 교육기관의 설치·이전 및 폐지, 교육과정 운영, 과학·기술교육 및 평생교육 등의 진흥 등의 막강한 권한과 책임을 갖는 각 시·도의 유·초·중등교육 정책을 좌우하는 중요한 자리이다. 예컨대 특수목적고와 자율고 설립·지정, 고교 선발 방식(고교평준화·비평준화) 결정, 교원 인사와 예산편성권, 학원 교습시간 제한 등 감독, 무상급식 수준 결정 등 모두가 교육감이 다루어야 할 일들이며, 2022년 기준 전국의 교육감이 집행한 예산이 무려 100조 원에 이른다(나민주 외, 2017).

그러나 집행기관인 교육감 및 지방교육행정기관(교육청 및 교육지원청)과 지방자치단체의 집행기관과의 관계가 정리되지 않아 무상급식, 누리과정 등에 관한 갈등관계가 사회적 쟁점(정치적 독립의 대상인 교육자치의 마당이 오히려 정치적 대립의 장으로 변질됨)으로 부각되고 있다.

현행 「지방자치법」은 일반 지방자치단체의 법적 위상만 규정할 뿐 교육자치의 주체에 대해서는 규정하지 않고 있다. 이것은 지방자치와 교육자치의 일원화의 주요 논거로서 제시되고 있는데, 실정법상으로도 헌법에 명시된 지방자치기관은 지방의회(제118조 제1항)와 지방자치단체장(제118조의 제2항)으로서 교육감은 헌법에서 말하는 지방자치단체의 장이 아니라는 것이다. 특히 초·중등 교육은 대표적인 지방 공공재로서 대부분의 국가에서 자치사무로 하고 있으므로, 교육이 자율과 책임의 원칙에 충실할 수 있도록 종합적인 지방자치 기능 범주에 포함되어야 한다는 것이다.

지방자치법[4]은 물론이고 「지방교육자치에 관한 법률」도 (일반)지방자치단체의 교육·학예에 관한 사무의 별도 집행기관으로서의 교육감을 규정하고 있고 무엇보다 일반자치와 기능자치(교육자치)의 이중 운영에 따라 교육감은 시·도의 고유사무와 국가위임 사무 중에서 교육·학예 관한 사무에 대한 대표권을 인정받아 독립적으로 집행할 권한을 갖지만 그 권한은 유·초·중등 교육에 한하며, 시·도지사와 교육감간 관계의 문제는 현행과 같이 양자를 주민직선으로 선출하고, 각각에게 배타적인 권한을 부여한 것에서 비롯되었다.

4 제121조(교육·과학 및 체육에 관한 기관) ① 지방자치단체의 교육·과학 및 체육에 관한 사무를 분장하기 위하여 별도의 기관을 둔다. ② 제1항에 따른 기관의 조직과 운영에 관하여 필요한 사항은 따로 법률로 정한다.

표4 교육자치 영역과 그 배제 영역

교육 영역		교육자치 여부
학교 교육	고등 교육	교육자치 배제 영역 (교육부: 국립 및 사립 광역자치단체: 공립)
	유·초·중등 교육	교육자치 영역
	영·유아보육	교육자치 배제 영역 (보건복지부: 기획 및 조정 등 각급 지방자치단체: 집행 및 실무 등)
평생교육		교육자치 배제 영역 (교육부: 기획 및 조정 등 각급 지방자치단체: 집행 및 실무 등)

시·도지사와 교육감과의 법률적 관계를 종합하면, 현재 교육·학예에 관한 사무가 지방자치단체의 일반행정에서 분리되어 있어 시·도지사는 지방교육행정으로부터 완전히 배제되어 있으며, 교육·학예에 관한 시도지사의 권한은 재정부담에 관한 의결과 관련된 사항이 대부분이며, 이 또한 시도지사의 부담과 관련된 사항이어서 지방교육행정과 관련된 시·도지사의 권한은 극히 제한적이다.

그동안 정치권에서는 교육감 선거에 대해 후보자에 대한 정보 부족, 낮은 참여율, 일부 교육감의 정치성향 등을 문제 삼으며 이른바 '깜깜이 선거'라고 지적해 왔다. 이번 2022.6.1. 지방선거에서도 교육감 선거 무효표는 90만여 표에 달해(시도지사 선거 25만표의 2.5배 수준), 사실상 교육감에 대한 제대로된 검증이 이뤄지지 못하고 있다는 비판이 제기되었다.

이에 교육감 선임 방식에서 제도의 개선방안으로 크게 세 가지 형태가 제시되어 왔다. 첫째는 주민직선제 형태를 유지하면서 자치단체장 선출과 교육감선출을 연계하는 방식인데 이것은 다시 시도지사 후보와 교육감 후보가 동반 입후보하는 러닝메이트제, 공동등록제 등의 유형으로 구분할 수 있다. 둘째는 주민직선제 형태를 유지하면서 교육감 후보를 정당에서 검증하여 추천하거나 공천하는 정당 추천제, 정당 공천제 방식이다. 셋째는 간접선출제 방식인데 일정한 절차를 통해 복수의 후보자를 추천하고 단체장이 후보자들 중에서 시도의회의 동의를 얻어 교육감을 임명하는 방식이다. 이 제도는 교육감 후보자 선출방식에 따라 후보선출위원회를 통하여 추천하는 방식과 교육수요자 직선을 통해 추천하는 방식으로 구분할 수 있다(음선필, 2011; 표시열 외, 2012). 그러나 러닝메이트제도나 공동등록제, 정당 추천제, 정당 공천제는 교육의 정치적 중립성 측면에서 제도 자체가 위헌의 소지가 있으며, 임명제는 지방자치와 교육자치의 분리가 아니라 오히려 양자를 통합하려 한다는 점에서 교육계의 비판이 높아 제도화되기 어려운 실정이다.

2. 지방교육재정 확보의 자주성 미흡 및 경직성 경비 과다

지방교육재정은 크게 국가와 지방자치단체로부터의 이전수입(지방교육재정교부금, 당해 지방자치단체의 일반회계로부터의 전입금 등)과 자체수입(교육에 관한 특별부과금·수수료 및 사용료, 기타 교육·학예에 관한 재산 수입 등)을 근본적 재원으로 한다. 그동안 국가와 지방자치단체는 「대한민국헌법」 제31조의 국가의 무상의무교육 여건 조성과 교육재정 법정주의(法定主義)에 따라 지방교육재정교부금법, 교육세법 등을 통하여 내국세, 교육세, 지방세, 지방교육세 등의 일정비율 또는 전액을 확보·배분·전출토록 함으로써 지방교육재정을 안정적으로 확보하기 위하여 노력하여 왔으며(김혜자 외, 2016), 그 규모면에서 괄목할만한 성장을 거듭하여 왔다. 이는 지방교육재정교부금이 내국세에 연동되어 있어서(내국세 총액의 11.8%→13.0%('01)→19.4%('05)→20.0%('08)→20.27%('10)→20.46%('19)→20.79%('20)) 경제성장 여부에 따라 내국세가 증가(감소)하면 그에 비례적으로 지방교육재정교부금도 증가(감소)하는 구조로 되어있기 때문이다.

표5 지방교육자치의 수입재정 구조

<table>
<tr><th colspan="4">구분</th><th>규모</th></tr>
<tr><td rowspan="5">중앙정부지원금</td><td rowspan="3">지방교육재정교부금</td><td rowspan="2">내국세</td><td>보통교부금</td><td>내국세 총액의 20.79%의 97/100</td></tr>
<tr><td>특별교부금</td><td>내국세 총액의 20.79%의 3/100</td></tr>
<tr><td colspan="2">교육세</td><td>국세교육세 중 일부</td></tr>
<tr><td>국고보조금</td><td colspan="2">국고사업 보조금</td><td>용도지정</td></tr>
<tr><td colspan="3">유아교육지원특별회계</td><td>국세교육세 중 일부 + 국고보조금</td></tr>
<tr><td rowspan="6">자치단체일반회계전입금</td><td colspan="3">시·도세 전입금</td><td>시·도세 총액의 10%(서울), 5%(광역시 및 경기도), 3.6%(여타 도)</td></tr>
<tr><td colspan="3">담배소비세 전입금</td><td>특별·광역시 담배소비세 총액의 45%</td></tr>
<tr><td colspan="3">지방교육세</td><td>전액</td></tr>
<tr><td colspan="3">학교용지 부담금</td><td>학교용지 실경비의 50%</td></tr>
<tr><td colspan="3">교부금 보전금</td><td>지방소비세 확대분(부가가치세의 6%) 의 20.27%</td></tr>
<tr><td colspan="3">기타 일반전입금</td><td>공공도서관 운영지원비 등</td></tr>
<tr><td>자체수입</td><td colspan="3">납입금, 재산수입, 사용료, 잡수입 등</td><td></td></tr>
</table>

2010년 이후 지방교육재정 세입의 변화 추이를 살펴보면, 세입 결산액은 2010년 48조 4,826억원에서 2020년 82조 2,088억원으로 약 1.7배 증가하였으며, 세입에서 비중이 가장 높은 중앙정부 이전수입은 2010년 32조 5,672억원에서 2020년 59조 4,421억원으로 약 1.8배 증가하였고, 같은 기간 지방자치단체의 일반회계 이전수입은 7조 8,296억원에서 14조 1,527억원으로 약 1.8배 증가하였다. 지방교육재정 총 규모에서 중앙정부가 부담하는 지방교육재정교부금과 지방자치단체의 일반회계 이전수입의 비중은 각각 72.3%와 17.2%로 합계 90%로 매우 높은 수준이다. 반면 세입 결산에서 자체수입이 차지하는 비중은 2010년 3.6%에서 2020년 1.5%로 매년 낮아졌다. 입학금 및 수업료는 자체수입에 가장 높은 비중을 차지하는데, 입학금 및 수업료의 비중은 자체수입보다 더 급격히 감소해왔다. 입학금 및 수업료는 특성화고 장학금 지원, 입학금 및 수업료 동

결, 고교무상교육 등으로 비중이 낮아졌으며, 고교무상교육이 완성되는 2021년부터는 아주 미미한 수준으로 전락하게 될 전망이다(송기창 외, 2021).

이에 따라 지방교육재정에서 자체수입의 비중은 앞으로 더욱 낮아질 전망이며, 결과적으로 외부 재원에 대한 의존도는 더욱 심화되어 자율과 책임이 전제가 되어야 하는 지방교육자치의 의미는 부각되지 않는다. 이는 교육자치단체가 독자의 지방세목을 보유하거나 과세요구를 하는 것이 허용되지 않고 있는 상황과 무관하지 않다.

표6 연도별 교육비특별회계 세입 결산 현황 (단위: 억원, %)

연도	이전수입				기타		교특회계 부담수입		지방 교육채		기타 (이월금·순세계 잉여금등)		총세입	
	중앙정부		지자체 일반회계											
	금액	구성비	금액	구성비	금액	구성비	금액	구성비	금액	구성비	금액	구성비	금액	구성비
2010	325,672	77.6	78,296	18.6	815	0.2	15,149	3.6	10,402	2.1	54,492	11.2	484,826	100.0
2011	363,112	70.2	85,203	16.5	1,176	0.2	14,865	2.9	0	0.0	52,674	10.2	517,030	100.0
2012	394,009	71.7	90,609	16.5	979	0.2	15,074	2.7	339	0.1	48,330	8.8	549,341	100.0
2013	410,696	71.7	91,667	16.0	800	0.1	15,637	2.7	9,583	1.7	44,194	7.7	572,576	100.0
2014	409,780	67.7	102,082	16.9	807	0.1	14,882	2.5	38,022	6.3	39,592	6.5	605,164	100.0
2015	400,888	64.3	109,895	17.6	929	0.1	14,046	2.3	61,268	9.8	36,579	5.9	623,605	100.0
2016	438,345	66.3	119,035	18.0	1,475	0.2	14,659	2.2	30,102	4.6	57,363	8.7	660,979	100.0
2017	506,774	70.0	129,162	17.8	1,093	0.2	17,001	2.3	11,431	1.6	58,973	8.1	724,435	100.0
2018	565,633	71.7	134,439	17.1	1,319	0.2	17,004	2.2	3,209	0.4	66,761	8.5	788,365	100.0
2019	645,716	73.9	139,247	15.9	1,512	0.2	16,043	1.8	0	0.0	71,354	8.2	873,873	100.0
2020	594,421	72.3	141,527	17.2	4,381	0.5	12,120	1.5	0	0.0	69,639	8.5	822,088	100.0

자료: 지방교육재정알리미(https://eduinfo.go.kr/)

지방교육재정의 세출측면을 살펴보면, 인건비가 가장 큰 비중을 차지하며, 인건비, 물건비, 자본지출 등 경직성 경비가 80% 수준으로 매우 경직적 구조이다. 2011년 이후 지방교육재정 세입의 변화 추이를 살펴보면, 2011년 세출 결산액은 46조 8,141억원에서 2020년 77조 7,055억원으로 연평균 5.8% 증가해왔다. 가장 큰 비중을 차지하는 인건비는 2011년 28조 909억원에서

2020년 44조 3,382억원으로 연 평균 5.2% 증가하였다(송기창 외, 2021). 일반 지방자치단체와 달리 교육재정의 경우 인건비 등 경직성 경비의 비중이 상당히 높은 편으로 지방교육재정 세출측면에서 인건비가 차지하는 비중이 조금씩 감소하는 경향을 보여주고 있긴 하지만 경직성 경비가 많다는 것은 세출구조조정에 한계가 있을 수 있음을 시사한다(임병인, 2014).

표7 지방교육재정 성질별 세출 결산 추이 (단위 : 억원)

연도	세출결산액	인건비	물건비	이전지출	자본지출	상환지출	전출금 등	예비비 등	내부거래
2011	468,141	280,909	19,375	6,236	50,883	8,427	101,540	770	-
2012	504,339	299,150	21,360	11,696	52,411	160	119,484	78	-
2013	532,958	316,725	21,711	19,228	50,155	305	124,714	119	-
2014	567,894	331,238	19,844	25,148	49,055	19,941	122,573	95	-
2015	565,979	352,174	19,444	30,834	45,418	1,151	116,792	166	-
2016	600,419	363,511	20,460	30,657	61,092	3,954	119,933	811	-
2017	656,114	380,480	21,693	32,412	70,945	23,568	126,684	331	-
2018	716,127	401,235	23,870	33,188	76,868	40,831	138,940	1,195	-
2019	804,011	427,793	26,296	31,919	111,644	59,966	145,066	1,327	-
2020	777,055	443,382	32,030	32,233	98,875	3,011	154,105	1,491	11,928

자료: 1. 지방교육재정알리미(www.eduinfo.go.kr)

3. 재원부담자(국가 및 지방자치단체)와 재원사용자(교육감)의 상이성에 따른 재정 운영의 비효율 논란

한편에선 지방교육재정에서 자체수입(교특회계 부담분)의 비중은 2020년 기준 1.5% 수준에 불과한 반면에 의무교육 경비에 대한 국가부담 원칙에 따른 지방교육재정교부금과 지방자치단체의 책임 확대에 따른 지방세의 의무적인 지방교육 지원이 법정화되어 있어 수입과 지출 주체의 괴리가 발생하고 있으며, 이에 따른 교육자치단체의 도덕적 해이 문제가 발생할 가능성이 높다는 논란이 제기되고 있다.

지방교육재정이 특별회계방식으로 일반회계와 독립적으로 운영되고 있고,법·제도적으로 교육에 대한 책임과 권한이 교육감에게 주어져 있기 때문에 시·도지사는 재정에 대한 부담 의무만 질 뿐 교육·학예에 관련된 사무를 집행할 여지가 없다는 것이다. 일례로 지방자치단체는 「지방교육재정교부금법」 제11조제6항에서 시·도의 교육행정기관의 장은 지자체의 일반회계로부터의 전입금으로 충당되는 세출예산을 편성하는 때에는 해당 지자체와 협의하도록 규정하고 있음에도 불구하고 지방교육재정의 운영과정에 의미 있는 수준에서 참여하지 못하고 있으며 이에 따라 주민의 지방세부담과 재정지출(지방교육서비스를 포함한 행정서비스 수준(질·양, 주민혜택 및 만족 등))을 상호 연계시키는 장치와 유인을 갖고 있지 못하고 지방교육재정의 정부간 재정관계에서 세입과 지출권한의 괴리가 발생한다는 주장이다. 이러한 논란은 지자체의 재정 악화, 지방교육관련 중장기 사업계획 부재, 양 기관의 교육에 대한 인식과 철학의 차이 등에 의해 만성화되는 경향이 있다.(이제원, 2015)

종합적으로, 현행 지방교육재정시스템은 교육청이 자율적으로 조절할 수 있는 고유재원(자주재원)이 사실상 부재한 상태에서 중앙정부와 지방자치단체로부터의 재정이전에 의존하는 구조를 갖고 있다. 물론 재정이전이 법률에 의해 내국세 및 지방세와 연계되어 기본적인 안정성과 예측성은 보장되지만, 결정적인 문제는 교육자치단체가 교육수요의 변화에 대응하여 자기조절을 하고 자기책임을 지는 '지방자치원리'와 '자율조정기제'가 작동하지 않는다는 것이다. 이는 궁극적으로 교육자치단체의 재정 효율성과 책임성을 잠식하는 중요한 요인으로 작용한다(임성일, 2015).

4. 저출산 · 고령화시대와 지방교육재정 논란

현재 지방교육재정 구조를 새로운 교육환경과 내용에 맞게 재구조화하여야 한다는 논란이 뜨겁다. 논란의 중심에는 저출산 · 고령화로 대표되는 인구구조의 급격한 변화와 초·중등교육의 학생1인당 공교육비는 OECD 평균을 상회하는 반면, 고등교육은 여전히 OECD 평균에 미달인 초·중등교육비와 고등교육비 지출의 불균형에 대한 시각차가 자리잡고 있다.

표8 OECD 학생 1인당 공교육비 지출액(2013~2018년) (단위 : US$/PPP)

기준 연도	구분	초등교육	중등교육	고등교육
'18년 (2021 발표)	한국	12,535	14,978	11,290
	OECD 평균	9,550	11,192	17,065
'17년 (2020 발표)	한국	11,702	13,579	10,633
	OECD 평균	9,090	10,547	16,327

자료 : OECD(각년도), Education at a Glance
주 : 1) 학생 1인당 공교육비 지출액 = {(교육기관 직접 투자비) / 학생 수} / PPP
2) OECD「Education at a Glance」의 공교육비 자료는 발표년도보다 3년 전 자료가 실림

논란을 지속적으로 제기하는 기획재정부 등의 교육계 외부에서는 지난 20여년 동안 초·중등학교의 학생수가 지속적으로 감소하였음에도 불구하고 시 · 도교육청의 지방교육재정이 계속 증가하는 것을 비판하면서 인구구조와 같은 주요 결정요인과 괴리된 재원배분은 재정소요 변화를 반영하지 못하므로 학령인구 감소와 노령인구 증가와 같은 인구구조 변화와 4차 산업혁명에 따른 고등·전문교육에 대한 수요 변화를 고려하여 합리적으로 대응할 수 있도록 초·중등교육재정의 근간인 지방교육재정교부금 규모의 적정성을 재검토하여 세출구조를 재설계(초·중등교육재정의 여유분을 고등·평생직업교육재정 등으로 전용)할 필요가 있다고 주장하고 있다.

반면 학생 수가 감소하고 있지만 누리과정 지원, 학급당 학생 수 감소, 과밀학급 해소, 과대규모 학교 축소, 신설학교 수요 등의 산적한 현안들과 4차 산업혁명 등의 미래사회 변화에 적극 대응하기 위해서는 최소한 현재 수준 이상으로 지방교육재정을 유지해야 한다는 반론 또한 만만치 않은 실정이다. 무엇보다 교육여건 개선 노력은 학생수가 감소한다고 해서 더불어 교육재정

이 함께 감소할 수는 없다. 학교수가 정점을 찍었던 1985년 자료를 기준으로 2021년 현재 학교급별, 학교수, 학생수, 교원수의 증감을 비교하여 보면, 초등학교의 경우 1985년 대비 2021년 학생수는 45%, 학교수는 5.6% 감소하였으나, 교원수는 50.8% 증가하였다. 중학교의 경우는 1985년 대비 2021년 학생수는 50.4% 감소하으나, 학교수와 교원수는 각각 35.5%, 56.9% 증가하였다. 고등학교의 경우에도 1985년 대비 2021년 학생수는 41.5% 감소하였으나, 학교수는 11.8%, 교원수는 63.6% 증가하였다.

표9 학교수, 학생수, 교원수 현황(1985-2021) (단위 : 천명(학생), 백명(교원))

연도	전체			초등학교			중학교			고등학교		
	학교수	학생	교원	학교수	학생	교원	학교수	학생	교원	학교수	학생	교원
1985	10,492	9,792	2,659	6,519	4,857	1,268	2,371	2,782	696	1,602	2,153	695
2021	11,730	5,723	4,351	6,157	2,672	1,912	3,213	1,381	1,091	2,360	1,670	1,348

자료 : https://kess.kedi.re.kr/ 각년도 교육통계연보

03. 교육시스템 재정비 논의 불가피

지방자치와 교육자치 간의 갈등 대립관계에 관하여 헌법재판소는 지방교육자치의 헌법적 본질은 중앙권력에 대한 '지방적 자치'와 「대한민국헌법」 제31조 제4항에 근거한 문화적 자치라는 이중의 자치라고 지적하고, 지방교육자치는 '민주주의, 지방자치, 교육자주' 라는 세 가지의 헌법적 가치를 골고루 만족시킬 수 있어야 한다고 하였다(헌재2000.3.30. 99헌바113, 368-369).

초·중등교육은 지방자치단체의 업무에 속하지만, 교육의 특수성과 중요성 때문에 「헌법」에서 '교육의 자주성, 정치적 중립성, 전문성을 보장하고 있는 것이며, 일반 지방자치와 분리하여 교육자치를 별도로 운영하고 있는 것이다. 그러나 이러한 분리운영을 경험해보니 행정적 비효율이 크고, 정책 갈

등이 자주 노정되어 좀 더 합리적인 해결 방안을 모색할 필요가 대두되었다.

따라서 학생 한명 한명을 소중히 여기고 학생과 교육환경 모두를 통합적으로 지원하는 거시적인 관점에서 지방교육재정은 안정적으로 확보되어야 하며 과거의 열악한 교육환경에 기준을 맞출 것이 아니라 미래교육으로의 발전적 전환을 염두에 두고 설계해야 한다.

1. 미래 교육 수요에 대응하기 위한 안정적 지방교육재정 확보 필요

그동안 교육분야 지출은 초·중등교육 부문이 주도하여 왔다. 이는 「대한민국 헌법」 제31조의 국가의 무상의무교육 여건 조성과 교육재정 법정주의(法定主義)에 따라 「지방교육재정교부금법」, 「교육세법」 등을 통하여 내국세, 교육세, 지방세, 지방교육세 등의 일정 비율 또는 전액을 확보·배분·전출토록 함으로써 지방교육재정을 안정적으로 확보하도록 제도로서 보장하였기 때문이다.

교육재정 법정주의는 국민전체에 대한 관련성이나 교육영역의 공공재로서의 최대가치 이외에도 헌법 제31조의 전단에서 규정하고 있는 '능력에 따른 균등한 교육기회의 보장' 즉 '교육기본권'을 보장하기 위한 중요한 수단으로서 교육재원의 안정적 확보 기능을 담당하고 있으며 나아가 교육재원 배분 측면에서 일정 수준의 교육서비스 유지 및 지방자치단체의 교육여건을 형평화하는 기능을 보장하여 왔다는 측면에서 큰 의미를 가진다(하봉운, 2022).

현행 지방교육재정교부금 제도하에서 중장기적으로는 학령인구의 감소로 학생1인당 교육비는 다른 부문에 비해 증가할 여지가 크지만, 여전히 미래사회 대비 학교교육 개편, 학생안전 등을 위한 시설개선, 고교 무상교육 도입 등의 새로운 교육재정 수요 등 향후 적극 대응해야하는 과제가 산적한 실정이다.

앞서 언급하였듯이 교육재정은 모든 교육 활동의 기반이 되며 사실상 교육의 규모와 내용을 결정한다는 측면에서 안정적이고 충분한 확보가 중요하다. 학생수 감소에 따른 교육재정 규모 조정 및 재구조화의 논의에 앞서 우선적으로 '모든 것이 연결되고 보다 지능적인 사회로의 진화'로 설명되는 제4차 산업혁명 시대에 부응하는 인재를 양성하기 위해 현재의 우리나라 교육여건이 충분한 양적·질적 수준을 갖추고 있는가에 대한 진중한 논의가 선행되어야 한다.

먼저 제4차 산업혁명 사회에 필요한 '창의성'과 '문제해결능력'을 갖춘 미래 인재를 양성하기 위해서는 기존 교육 패러다임의 대변화가 요구되며 이러한 환경 변화와 교육수요를 실질적으로 지원하기 위한 학급당 학생 수 감축, 특수 및 사서 · 보건 · 영양교사 등 법정확보율을 달성하지 못한 비교과 교사 확충, 교실 공간 재구성, 고교학점제 도입 등에 대한 투자가 절실하다. 일례로 OECD 국가별 초등학교, 중학교 학급당 학생수를 살펴보면 2019년 기준 우리나라 학급당 학생수는 초등학교 23.0명, 중학교 26.1명으로 OECD 평균치에 비해 초등학교는 2.0명, 중학교는 2.8명 많은 실정이며, 학생수 감소에도 불구하고 지역 간 불균등한 학생수의 분포로 전국 초·중·고등학교에서 학급당 학생수가 28명 이상인 과밀학급은 3만 9,498개로 전체 학급수의 16.9%에 달한다.

표10 OECD 주요 국가별 학급당 학생 수

국가명	초등학교				중학교			
	2016	2017	2018	2019	2016	2017	2018	2019
한국	23.2	23.1	23.1	23.0	28.4	27.4	26.7	26.1
OECD 평균	21.3	21.2	21.1	21.1	22.9	22.9	23.3	23.3
핀란드	20	20	20	20	20	19	19	19
프랑스	23	24	23	23	25	25	25	25
독일	21	21	21	21	24	24	24	24
일본	27	27	27	27	32	32	32	32
영국	26	27	26	26	20	23	23	23
미국	21	21	21	20	26	26	26	25

출처: 2018, 2019, 2020, 2021 OECD 교육지표

경상적인 재정 소요이외에도 교육과정 자율화, 무학년제 도입 등 미래 교육환경 변화를 반영한 가변적인 학교 공간 및 유비쿼터스 교육환경 구축과 빅데이터분석, 인공지능(AI), 증강현실, 온라인수업 등을 학습에 활용할 수 있도록 첨단 교육정보화 시설 및 초고속 정보통신망 제공이 시급하고, 7~80년대 초 · 중등 학생수의 급격한 증가에 따라 건축된 많은 학교시설의 급속한 노후화로 학생 건강과 안전한 교육환경 확보가 어려운 상황에서 학교시설 개선을 통한 각종 재난 · 사고, 유해환경 등으로부터 안전한 학교에 대한 사회적 요구가 증대함에 따라 재난위험시설, 재래식 화장실, 석면 교체, 노후학교 개축 등 열악한 교육환경개선을 위한 지속적인 투자가 필요하다(하봉운, 2022).

또한 유치원부터 고등학교까지 보편적 교육기회를 제공해야 한다는 사회적 요구가 높아짐에 따라 그동안 초 · 중등교육에 비해 상대적으로 투자가 저조했던 유아교육 부분의 투자(국공립 유치원 확충, 누리과정비 인상, 사립유치원 지원 등)를 확대할 필요가 있으며 교육복지 확대, 방과후교육비 등 가계 교육비 부담 경감, 지역·계층 간 교육의 균형 있는 발전 도모 등 미래세대를 위한 충분한 투자와 교육의 질 개선에 선제적 · 적극적으로 대응하기 위한 교육재정의 안정적 확보와 투자가 중요하다(송기창 외, 2021).

변화가 가속화되는 세계화 시대에 교육예산은 과거 재정투입 방향성과는 전혀 다르게 우리 학생들의 미래역량 강화를 위한 새로운 교육재정 수요는 지속적으로 증가되고 있으며 적극 투자되어야 한다. 따라서 단순히 학령인구 수 감소를 가지고 교육재정규모의 축소를 논하는 것이 아닌 유·초·중등교육 환경의 질적 전환을 위해 지방교육재정은 오히려 안정적으로 확보되어야 할 중요한 시기인 것이다.

2. 지방행정 및 지방교육행정시스템의 연계·협력 논의의 불가피

한편 지방행정과 교육행정의 상호연계·협력 논의의 배경을 교육 정책적 측면,

행정적 측면, 교육의 통합성과 전문성 확보 측면에서 살펴보면 다음과 같다.

(1) 교육정책적 측면: 현지성·지역특수성 반영

일부 교육분야 지원 및 기능에 관해 지방자치단체와 교육청간 유사업무의 중복 수행에 따른 지휘체계의 이원화, 인력 및 재원의 중복투자, 민원인의 불편, 업무처리의 비효율성을 초래하여 지자체 업무와의 다양한 시너지효과를 반감시키고 있는 실정을 해소한다.

현재 시·도교육청은 교육부와의 수직·수평적 관계는 제도적으로 구축되어 있는 반면에, 당해 지역의 지방자치단체와의 수평적 관계는 용이하지 않으며 중앙의 획일적 지침에 의한 프로그램 운영으로 지역실정을 정확히 파악하고 반영하는데 어려움이 있다. 시·도교육청과 지방자치단체간 이해가 달라 상충 시 갈등 조정 비용이 상당하며 이는 결국 지역주민의 이해관계 충돌 및 교육만족도 하락을 야기하는 경우가 빈번하다(예, 학교무상급식 등).

특히 일반행정과 교육행정시스템이 연계·통합될 경우 지역특성화전략의 관점에서 지역의 고유 특성에 맞는 교육의 차별화를 위한 종합계획을 수립·추진하여 지역 교육경쟁력을 제고할 수 있다는 주장이다.

(2) 행정적 측면: 통합적·효율적 행정 관리를 통한 지역 대응성·책임성 제고

일반행정과 교육행정의 분리·집행에 따른 국가전체의 비능률성과 비효율적인 교육행정관리의 한계를 해소한다. 향후 교육정책은 지역현장성과 주민밀착성이 중요 요인으로 작용할 것이고, 교육문제의 해결도 이러한 차원에서 보완해야할 필요성이 있다. 현장 중심의 현장 완결적 책임행정으로 주민의 수요를 반영한 지역특화 교육정책을 추진할 수 있으며, 주민에 대한 편익서비스 제공이 확대된다. 지방자치의 사무를 지방자치단체가 책임행정에 따라 수행함으로써 지방행정의 기능 강화 및 중앙정부에 대한 의존성을 약화시킬 수 있다.

(3) 교육정책 연계성·통합성·전문성 측면: 지방교육경쟁력 제고

교육에 대한 지방의 권한과 역할이 강화되는 시대적 추세에 부응하여 영유아교육에서 노인교육까지 전반적인 교육연계성과 통합성을 제고할 필요가 있다.

평생교육법 개정(2007.12)으로 지방의 평생교육에 대한 권한과 책임이 시·도교육감에서 시·도지사에게 이관되어 시·도지사가 지역주민의 평생교육을 진흥하고 추진할 책임을 지게 되었다. 지방자치단체가 학교교육 및 고등·평생교육을 총괄 관장하여 일관성이 있고 책임 있는 교육정책을 추진해 나갈 필요성이 증대되고 있는 상황에서 종합적인 교육정책의 수립·추진이 가능하도록 절차적 타당성을 확보한다.

04. 정책제안

지금까지 수십 년간 지방자치발전에 관한 계획과 담론은 무성했지만 용두사미라는 비판을 받아온 상황에서 박근혜정부 이후 '지방자치발전 종합계획'에서 교육자치와 일반자치의 연계·협력 계획이 처음으로 구체화되었다.[5]

종합계획을 수립하는 과정에서 이해당사자인 교육계와의 공식적인 의견수렴 절차나 사전협의가 없었던 점은 중대한 절차상의 하자이며, 과제의 기본

5 대통령 소속 '지방자치발전위원회'는 2014년 7월 박근혜 정부의 지방자치제도 전반에 걸친 미래 종합 발전 계획인 '지방자치발전 종합 계획'을 발표하였다. 지방자치발전종합계획 20개 과제는 지방교육행정체제의 미래를 좌우할 교육자치 발전 계획도 포함하고 있으며, 이에 따르면 현 정부는 교육자치를 일반자치와의 「선 연계·협력, 후 통합」으로 결정하고 이를 단계적으로 추진할 것을 명시하고 있다.
먼저 1단계로 교육자치와 일반자치의 연계 협력을 위해 광역단위 교육행정분야에서 시·도청과 교육청간 인사교류를 활성화하고, 시·도에 지방교육 전담부서 설치를 확대하며, 감사업무 통합 운영 등을 계획하고 있으며, 나아가 광역단위 교육재정분야의 중기지방재정계획 및 예산편성 절차 연계, 주민참여예산위원회 통합 운영 등도 포함되어 있다. 특히 1단계에는 시·군·구와 교육지원청간 연계·협력을 강화하기 위해 (가칭)교육발전협의회 구성·운영을 확대하기로 하였고, 시·군·구에 교육협력관 파견 등의 조치를 할 것으로 되어 있다. 그리고 2단계로는 교육감 선출방식을 교육감 후보추천위원회의 추천-의회 동의-시·도지사 임명으로 하는 안을 검토하고 있으며, 시·도청에서 추진하고 있는 평생교육, 도서관 업무 등 교육관련 사무를 교육감의 기능으로 일원화하여 교육의 전문성 강화를 추진할 것이고, 기초단위에서의 교육자치 일원화 확대도 포함하고 있다.

방향만 제시되어 있을 뿐 구체적 내용과 실천로드맵이 제시되어 있지 않다는 근본적인 문제점에도 불구하고, 문재인정부와 현 정부가 이를 확정하고 있다는 점에 실현 가능성이 많을 것으로 예측된다.

따라서 현 시점에서는 교육자치와 일반자치의 통합 논란으로 시간을 소비할 것이 아니라 정부가 결정한 지방에서의 교육행정과 일반행정 간의 상호 연계 협력을 어떤 체제로 구비하고 그를 어떻게 하면 활성화 시킬 수 있을 것인가를 탐색하는 연구 노력이 더욱 필요할 때다.

교육은 헌법에 보장된 국민의 권리이자 의무로서 공평한 교육기회 보장과 지원은 국가의 주요 정책과제이다. 따라서 헌법에 보장된 교육의 자주성, 전문성, 정치적 중립성 등의 고려가 선행되어야 하며, 교육정책에 대한 급격한 변동은 불필요한 국민간, 지역간 오해와 분열을 야기할 수 있다. 따라서 정부정책, 주민참여, 여론 수렴 등을 통하여 점진적, 체계적으로 통합에 대한 논의가 진행되어야 한다

1. 보충성 원칙에 입각한 지방교육자치

그동안 새 정부가 출범할 때마다 '작고 효율적인 정부구현'이라는 기치 아래 중앙권한의 지방이양에 대한 논의가 주요 쟁점으로 등장하였다. '작고 효율적인 정부'는 과도하게 집중되어 있었던 중앙권한에 대한 지역의 자율성 등을 고려한 분권화 정책을 통해서만 실현될 수 있기 때문이다. 지방분권은 중앙집권에 비하여, 지방의 특수성과 실정에 맞는 행정을 할 수 있고, 민주통제(→민중통제)를 강화하고 행정의 민주화를 실현할 수 있으며, 지방의 행정기관이나 주민들의 사기(士氣)와 창의성을 향상시키고 애향심(愛鄕心)을 고취하는 등의 장점을 갖고 있다.

교육분권이 이루어져야 교육자치가 제대로 이루어질 수 있다. 교육분권을 통하여 지방정부에 권한과 재정의 기반이 형성되지 않은 상태에서는 교육

자치는 이루어지기 어렵다. 재정적으로 중앙정부에 의존할 수 밖에 없고, 사무권한도 중앙정부가 독점적으로 가지고 있는 상태에서는 교육자치는 이루어질 수 없다. 단지 선거제도를 통하여 교육감을 선출하는 것만으로 교육자치가 이루어졌다고는 할 수 없다는 점이다.

따라서 교육자치가 제대로 논의되기 위해서는 첫째, 중앙부처들이 가지고 있는 지방교육에 관한 사무권한과 예산권한을 지방정부로 이관하여야 한다. 또 중앙정부부처들이 중복적으로 지방정부의 사무권한에 개입하지 않도록 명문화하여야 한다. 즉 기관위임사무를 폐지하여 교육부, 시·도교육청, 시·군·구교육지원청간의 사무권한에 대한 중복을 없애고, 각 계층의 교육기관들은 각각의 영역(domain)과 사무권한을 가져야 한다.

이에 대한 명확한 파악을 위해서 교육관계의 법령들을 전수조사하고, 이들 중 사무권한이 교육부장관 등 국가기관으로 되어 있는 부분을 리스트업하고, 이 중 지방정부의 사무로 이관할 것을 명확히 하는 작업이 우선되어야 할 것이다.

둘째, 교육자치는 학교자치의 기반이 전제되어야 한다. 지역사회의 커뮤니티가 학교만들기 내지는 학교성장시키기의 자발적인 노력과 헌신이 있어야 한다. 이러한 학교자치에 대한 참여를 통하여 지방자치는 실현되고 훈련되는 것이다. 학교자치에 대한 훈련없이 지방자치는 어렵다.

교육에 대한 참여는 학교자치에서부터 시작되어야 한다. 커뮤니티의 자치 즉 읍·면·동레벨의 자치연습이 없이 시·도, 시·군·구의 자치는 제대로 이루어지기 어렵다. 마찬가지로, 교육자치도 학교자치의 기반과 성숙이 없이는 시·군·구교육자치, 시·도교육자치는 어려운 것이라고 할 수 있다. 학교경영의 문제점과 한계를 극복하기 위하여 단위 학교는 물론 시·군·구 및 시·도의 교육행정에 대해서도 관심을 가져나가야 할 것이다. 이러한 경험적 과정없이 교육행정과정에 대한 참여는 참여자체를 형식화시키고, 정파적 성향에 휘둘리게 될 위험성이 높다.

무엇보다 교육자치와 분권, 자율, 지역의 가치 중심의 교육시스템 개편을 위하여 유·초·중등교육에 대한 국가의 위임사무를 교육청과 단위학교로 이양하고, 국가교육위원회를 통해 중장기 국가교육정책 수립하고, 교육부는 플랫폼(platform)[6] 제공을 통해 궁극적으로 단위학교 자치를 지원토록 한다. 즉 교육목표 설정 및 달성 여부에 대한 책무 검토, 예산 지원, 교원양성 및 연수제도 운영, 정보시스템의 관리 등이 국가 수준 플랫폼의 핵심으로 지자체와 단위학교는 중앙정부가 제공하는 플랫폼의 기반위에 지역이나 학교 상황에 맞는 교육혁신을 설계할 수 있도록 자율성을 강화하되 그 책무성도 명확하게 부과하여, 국가책임교육의 실현은 국가의 책무성 강화로 제시할 필요가 있다.

그림4 국가교육위원회, 교육부, 시도교육청, 학교의 역할 설정

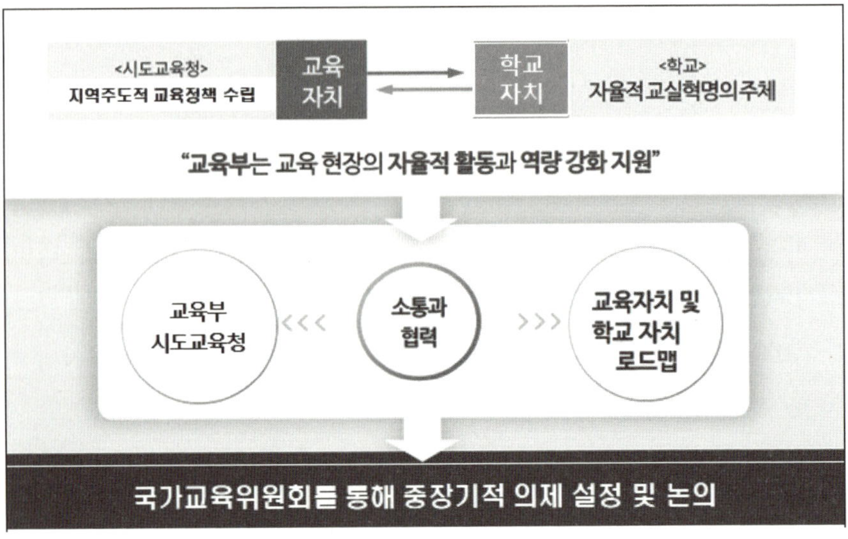

출처: 교육부·전국시도교육감협의회(2017)

셋째, 교육자치에서 학교자치와 관련하여 또 하나의 중요한 부분은 교육

6 플랫폼이란 단위학교가 자유롭게 교육과정을 구성하고, 운영할 수 있는 제반 시설과 각종 자원을 지원하는 시스템을 말함

내용에 대한 자율적 결정권한이다. 교육자치는 교육내용의 자치이다. 각 학교나 각 교육지원청이 교육내용에 있어 지역특성이나 자율적 운영이 가능하도록 해 주어야 한다. 일례로 학교교육의 수업시간이나 수업내용에 대하여 획일적인 기준과 가이드라인으로서 교육부에서 '규제'하고 있고, 이를 관리·감독하는 도구로서 교육청(교육지원청)을 활용하고 있다. 시·도교육청과 교육지원청은 교육예산을 확보하고 지원하는 역할에 한정해야 할 것이고, 교육내용에 대해서는 간섭이나 개입을 하지 말아야 한다. 학교장의 재량으로 지역사회에 적합한 내용을 교육할 수 있도록 자율성 부여와 이에 따른 성과평가를 하면 되는 것이다.

그림5 교육자치를 위한 개선 방향

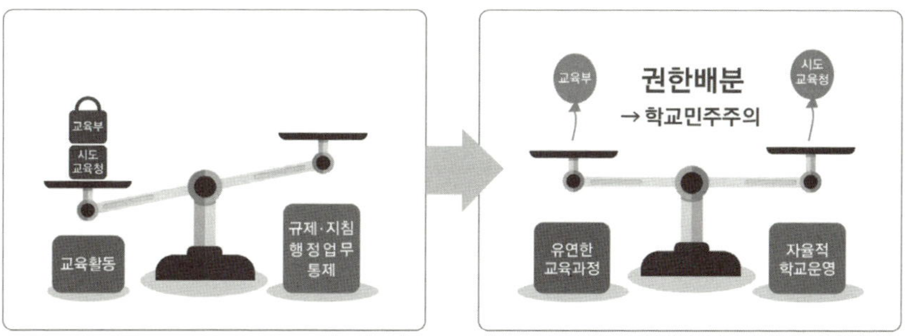

출처: 교육부·전국시도교육감협의회(2017)

넷째, 교육자치는 최소한 시·도레벨에서의 재정적 자립성이 확보되어야 한다. 국세를 지방세로 전환함으로써 지방정부가 스스로 세원에 대하여 책임의식을 가지고 교육행정을 운영할 수 있도록 해야 한다. 돈에 대한 책임의식(responsibility for money)을 가질 수 있도록 해야, 교육예산사용에 대한 책임의식을 가지고 학교장이나 교육장, 교육감들이 지역특성에 맞는 교육목표와 교육비전을 수립해 나갈 것이다. 중앙정부부처의 재정교부금이나 국고보조금에 의존하면 할수록 교육자치는 요원하고, 중앙정부 의존적이게 될 뿐이다.

그림6 교육자치 정책 로드맵의 비전과 전략

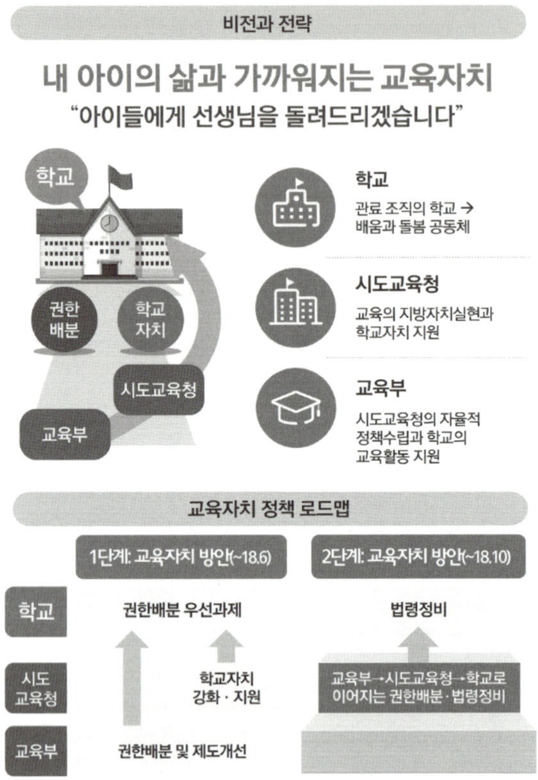

출처: 교육부·전국시도교육감협의회(2017)

학교경영의 자율성과 이것이 가능한 재정구조가 확보되지 않았기 때문에 학교장은 시·군·구교육지원청과 시·도교육청의 통제와 간섭으로부터 책임을 면하기 위하여 관료제적 경영에 그치고 있는 것이다. 즉 관료제적 경영은 합법성에만 어긋나지 않으면 되는 것이지, 학교의 성과를 높이는 기업적 경영을 할 필요성을 느끼지 못하는 것이다. 따라서 시민들의 교육에 대한 관심은 점점 높아져가고 있는데도 불구하고, 학교는 성과평가에 대하여 둔감하게 되고 만족스런 교육서비스를 제공하지 못하고 있어 결국 공교육은 점점 경쟁력을 잃어가고 있는 것이다.

2. 지방자치와 교육자치의 연계·협력 강화: 공동사업비 제도 활성화

지방자치단체의 일반회계로부터 교육비특별회계로의 전입의무를 규정하고 있으나 지방자치단체장은 교육에 관한 권한이 없어 적극적인 반응을 보이지 않고 있는 실정이고, 지역간 교육비 균등을 위해 지방교육재정교부금을 교부할 때 지방자치단체의 법정전입금을 고려하여 차등 배분하고 있기 때문에 지방자치단체의 전입금 확대 노력을 자극하고 있지 못하고 있으며 비법정전입금은 예측이 어려워 지방교육재정의 안정화를 도모하기 어려운 실정이다.

따라서 교육은 지역사회의 중심사무이므로 지역주민의 복리증진과 행복추구라는 큰 틀 속에서 지방자치단체의 적극적인 교육투자사업 참여를 이끌어 내고 상호 윈윈(win-win)할 수 있는 방안 마련이 요구된다.

교육청과 일반자치단체 간의 원활한 교육협력을 위하여 그동안 교육협력관제, 교육행정협의회, 교육지원조례 등이 제도화되었는데 앞으로 지역수준에서 협력적 거버넌스를 더욱 강화하여 지방자치단체와 교육청 간 협업이 가능한 사업에 대해 양자가 재원을 공동 편성 · 집행할 수 있는 공동사업비 제도를 도입하여 공동으로 교육투자사업을 계획 · 실행하고, 지역주민과 학부모를 대상으로 공동 사업설명회, 사업성과발표회를 개최하고, 상시 홍보와 주민의견 반영을 체계화시킬 필요가 있다.

공동사업비제도는 지방자치단체와 교육청의 협업이 가능한 사업에 대해 양자가 재원을 공동 편성·집행할 수 있는 제도를 의미하며, 공동사업비제도는 실제 활용되고 있는 제도는 아니지만 이미 확보된 재원을 효과적으로 사용할 수 있으며 지역주민에게 직접적인 혜택을 부여하기 위한 연계 · 협력을 이끌어 낼 수 있다는 점에서 지속적으로 제안되어 왔다(김민희 · 장지현, 2016; 송기창 외, 2020)

현재 광역자치단체, 교육청, 기초자치단채가 공동으로 예산을 지원하는 혁신교육지구 사업, 학교급식비 지원, 돌봄사업 등이 일종의 공동사업비의 유형이라 할 수 있다. 일례로 돌봄사업의 경우 단계적으로 초등돌봄 공급을 확대하고 있지만, 교육부, 보건복지부, 여성가족부 등 각 부처에서 초등돌봄교실, 지역아동센터, 다함께돌봄센터, 청소년방과후아카데미 등의 돌봄서비스 사업을 각각 독립적으로 추진함에 따라 이용 아동, 대상선정 기준, 예산 확보 · 배분 · 운영 · 정산 등에 있어서 문제가 지속되어 왔으므로 우선적으로 지역 차원에서 통합된 거버넌스 구축이 시급하다. 이를 통해 지역 차원에서 교육부-교육청, 보건복지부-광역지자체-기초지자체, 여성가족부-광역지자체-기초지자체로 다원화된 돌봄운영 주체와 교육부 보통교부금과 특별교부금, 행정안전부 보통교부세, 특별교부세 및 국고보조금, 보건복지부 및 여성가족부 국고보조금과 지자체 자체 예산 등으로 분절된 돌봄운영 예산의 통합적인 행 · 재정 지원시스템을 구축하고 향후 돌봄 확대 방안에 맞춰 운영비 및 시설확충에 누가, 어떻게 부담하여야 할 지에 대한 논의를 건설적으로 이끌어 내도록 한다.

「지방자치법」[7] 과 「지방교육자치에 관한 법률」 에 (일반)지방자치단체의 교육·학예에 관한 사무의 별도 집행기관으로서의 교육감을 규정하고 있고 무엇보다 일반자치와 기능자치(교육자치)의 이중 운영에 따라 교육감은 시·도의 고유사무와 국가위임 사무 중에서 교육·학예 관한 사무에 대한 대표권을 인정받아 독립적으로 집행할 권한을 갖지만 그 권한은 유·초·중등 교육에 한정하고 있지만(금창호 외, 2010), 특히 현행 법령은 초등돌봄, 누리과정 지원, 평생교육 등에 관한 사무관할의 경우엔 지자체와 교육청에 병렬적으로 부여하고 있다.

---

7 제121조(교육·과학 및 체육에 관한 기관)
① 지방자치단체의 교육·과학 및 체육에 관한 사무를 분장하기 위하여 별도의 기관을 둔다.
② 제1항에 따른 기관의 조직과 운영에 관하여 필요한 사항은 따로 법률로 정한다.

표11 교육자치 영역과 그 배제 영역 및 지방자치·교육자치 공동사무

교육 영역		교육자치 여부	지방자치·교육자치 공동 사무
학교 교육	고등 교육	교육자치 배제 영역 (교육부: 국립 및 사립 광역자치단체: 공립)	고등교육 지원
	유·초·중등 교육	교육자치 영역	초등돌봄, 진로교육, 학교밖청소년
	영·유아보육	교육자치 배제 영역 (보건복지부: 기획 및 조정 등 각급 지방자치단체: 집행 및 실무 등)	누리과정
평생교육		교육자치 배제 영역 (교육부: 기획 및 조정 등 각급 지방자치단체: 집행 및 실무 등)	평생교육진흥

자료: 금창호 외(2010). 『교육자치제도 개선 방안』. p.2 참고하여 재구성.

사무 권한 분유 체제에서 중앙정부와 지방정부 간 관계의 기본 모형을 다음과 같이 설정할 수 있다.(조창현, 2002)

▣ 기준

(1) 사무 배분 구조

(2) 지자체와 교육청이 서로에게 법적 권한 행사 가능 여부

▣ 기본 모형

		영역	
		분리	공유
권한	배제	1. 독립형	2. 경쟁형
	작용	3. 연결형	4. 교환형

출처: 조석훈(2010). 교육 부문에서 국가와 지방자치단체의 관계 분석. p.5.

① 독립형 – 지자체와 교육청의 사무 영역이 분리되어 있으며 권한 행사도 상호 간 배제되어 있으므로 배타적이고 독립적 관계

② 경쟁형 – 사무 영역을 공유하거나 그 영역이 중첩되는 가운데 상대방에게 권한을 행사할 수 없는 상황

③ 연결형 – 사무 영역은 분리되어 있으나 두 주체 간 법적 권한이 미칠 수 있는 관계

④ 교환형 – 사무 영역을 일정하게 공유하는 가운데 서로 권한을 행사할 수 있는 관계

▣ 확장 모형: 3차원 모형

- 각 기본모형은 정책 선택 또는 역사적 선택의 결과일 뿐, 어느 하나의 효과성의 우위를 주장할 수는 없음
- 각 기본모형은 모두 효과적으로 작동할 수도 있고, 그 반대 경우도 존재함
- '효과성'을 법령에 따라 각기 담당하여야 할 역할과 책임을 서로 존중하면서 조화롭게 실현하는 정도로 규정하는 경우 다음과 같은 모형을 상정할 수 있음(조석훈, 2010)

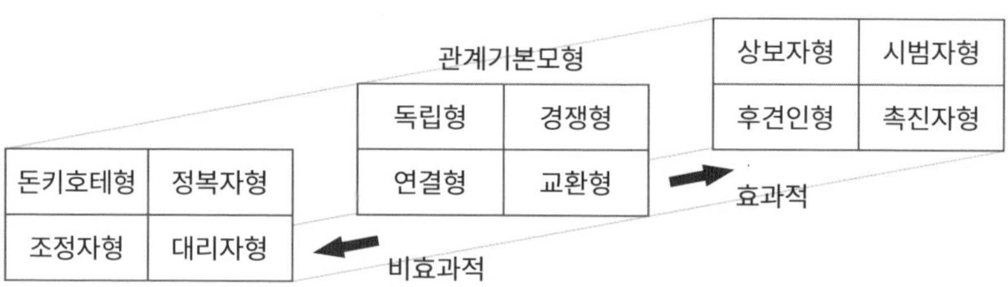

출처: 조석훈(2010). 교육 부문에서 국가와 지방자치단체의 관계 분석. p.8.

- 기본모형이 효과적으로 작동하는 경우와 반대 경우는 다음과 같다(조석훈, 2010)

기본모형	효과적인 모형	비효과적인 모형
경쟁형	**시범자형(example)** 서로 사무영역이 중복되는 영역에서 서로에게 영향을 주는 시범자 역할을 수행	**정복자형(conqueror)** 중복되는 사무영역을 뺏어오는 정복자 역할을 빠짐
독립형	**상보자형(complementary)** 서로 조정된 분업계획은 없지만 결과적으로 보완적 의존관계 형성	**돈키호테형(Don Quixote)** 제각각 목표를 향해 나아감으로써 자원의 낭비를 초래
연결형	**후견인형(guardian)** 상대의 이익을 위하여 적정한 보호·지원 역할 수행	**조종자형(manipulator)** 자율성이 부족한 채 상대방으로부터 판단·통제·처벌을 받음
교환형	**촉진자형(facilitator)** 상호 견제와 균형을 통해 사무 수행의 효과성을 높임	**대리자형(agent)** 일방이 우위에 있고 상대방은 종속적인 입장에서 업무를 수행함

출처: 조석훈(2010). 교육 부문에서 국가와 지방자치단체의 관계 분석. p.9.

참고문헌

고전(2017). “한국의 지방교육자치 입법정신에 관한 교육법학적 논의”. 『교육법학연구』. 29(1). pp.1-30.

고전(2018). “한국 교육행정·교육자치제 원리 논의, 그 연원에 대하여”. 『교육행정학연구』. 36(2). pp.1-30.

고전·김이경(2003). 『지방교육자치제도 진단 연구』. 서울: 한국교육개발원.

교육부(2022. 7. 29.). 새 정부 교육부 업무보고. 보도자료.

교육부(2022. 8. 30.). 2023년도 교육부 예산안 101.조 원 편성. 보도자료.

교육부·전국시도교육감협의회(2017.12.12.). 학교민주주의 실현을 위한 교육자치정책로드맵.

교육부·한국지방교육연구소(2020). 『2020년 지방교육행정기관 조직분석 보고서』. 충북: 한국지방교육연구소.

금창호·김찬동·김태수·이혜숙·최진혁·하봉운(2010). 『교육자치제도 개선 방안』. 서울: 자치분권위원회.

기획재정부 (2022. 7. 7.). 「2022년 국가재정전략회의」 개최. 보도자료.

김민희·장지현(2015). 지방교육재정과 지방재정의 연계 · 협력 방안. 지방행정연구, 29(4), 27-63.

김태완(2016). 일반지자체와 시도교육청 간 정책 및 재정 연계 협력 방안 연구. 한국교육개발원.

김찬동(2022). “일반자치와 교육자치의 관계 재정립”. 『자치의정』. 25(5). pp.9-32.

김현국·김용구·최승택·이은갑·손동빈·박경원(2015). 『서울특별시교육청 조직진단 연구: 직속기관 조직개편 방안을 중심으로』. 서울: 서울시교육청.

김혜자·엄문영·김민희·이현국·하봉운·김용남·김지하(2016). 지방교육재정 관련 법령 개선방안 연구. 한국교육개발원.

김흥주·고전·김이경(2008). 『지방교육분권 성과 분석 연구』. 서울: 한국교육개발원.

김흥주·김순남·나민주·하봉운(2015). 일반행정과의 협력적 교육거버넌스 구축 및 활성화 방안 연구. 한국교육개발원.

나민주·고전·김병주·김성기·김용·서재영·송기창·최원석(2016). 『지방교육자치의 성과와 과제』. 충북: 한국지방교육연구소.

나민주·하봉운·김민희·이덕난·이수경(2017). 『교육자치 및 분권의 성과와 향후 과제』. 충북: 한국지방교육연구소.

나민주·우명숙·하봉운·장덕호·이수경·장우천(2019). 『지방분권시대 지방교육행정기관의 역할 및 조직 발전 방안』. 충북: 한국지방교육연구소.

반상진·김민희·김병주·나민주·송기창·우명숙·주철안·천세영·최준렬·하봉운·한유경(2014), 교육재정학, 서울: 학지사.

송기창·하봉운·윤홍주·오범호·김지연(2021). 지방교육재정 수요 전망과 재원 확충 및 효율적 운용 방안 연구. 전국시도교육감협의회 정책연구보고서.

음선필·고 전·임재홍·오동석·하봉운·임 현(2011), "지방교육자치시대의 교육감 선출과 권한에 관한 연구", 전국시·도교육감협의회.

음선필(2012). "지방교육자치시대의 교육감 선임방식 - 정당배제형 직선제를 위한 辯論 -, 『홍익법학』, 제13권 제1호.

이기우(1998). "교육자치와 학교자치 및 지방교육행정제도," 『한국지방자치학회보』, 10(3).

이세정(2015). "지방교육 거버넌스 구축을 위한 법제도적 방안". 『교육법학연구』. 27(3). pp.125-149.

이재원(2015). 지방재정운용의 효율화 방안. 지방재정전략회의 발표문(2015.4.29). 행정자치부.

임병인(2014). 지방교육재정 운영 실태 및 개선 방안. 2014년도 지방교육재정 정책 포럼, 한국교육개발원 지방교육재정연구센터.

임성일(2015). 지방교육재정의 책임성 강화와 지방자치단체 간 협력적 재정관계 구축. 2015년도 지방교육재정 정책 포럼, 한국교육개발원 지방교육재정연구센터.

조동섭(2010). "교육자치와 지방자치의 연계 협력 방안 탐색". 『교육행정학연구』. 28(4). pp.43-61.

조석준·임도빈(2016). 『한국행정조직론』. 제2전정판. 서울: 법문사

조석훈(2010). "교육 부문에서 국가와 지방자치단체의 관계 분석". 『교육행

정학연구』. 28(3), pp.1-26.

조성규(2011). “지방교육자치의 본질과 지방교육행정기관의 구성”. 『지방자치법연구』. 11(4). pp.303-335.

정영수·김용·최봉섭·김숙이(2012). 『시 · 도교육감 책무성 확보 방안』. 충북: 한국지방교육연구소.

정영화(2015). “지방교육자치제의 헌법적 쟁점과 개선 방안”. 『홍익법학』. 16(1). pp.191-217.

지방교육재정알리미(http://www.eduinfo.go.kr)

최진혁(2010). 『우리나라 교육분권의 적정성 논의』. 지방분권촉진위원회 발표자료. p.13

최진혁·김찬동(2010). 『분권형 국가운영체제를 위한 교육감·교육위원의 개선방안: 교육자치의 적정단위와 행정역할 중심으로』. 지방선거제도개선 제2차 기획토론회. [지방선거제도 이대로 좋은가? 교육감 교육의원 선거의 실태와 개선방안]. pp.1-34. 한국지방자치학회.

표시열·곽창신·이원희·임준형·하봉운(2012). 『교육자치와 지방자치 연계 · 통합 방안』. 고려대학교 공공정책연구소.

하봉운·김성기·장덕호·이진만·전성훈·김미선(2016). 『교육분야 국가 및 자치사무에 관한 연구』. 수원: 경기도교육청.

하봉운·고전·김찬동·최진혁·이현국·이희재(2017). 「지방교육재정과 지방재정의 관계 재정립 방안 연구」. 한국교육개발원.

하봉운(2020). 『대변동의 시대, 지방교육재정의 투자 방향과 과제』. 2020 한국교육재정경제학회 연차학술대회. [대변동의 시대, 교육재정의 대응전략과 과제]. pp.1-41. 한국교육재정경제학회.

하봉운(2022). 미래 교육 환경 변화를 반영한 교육재정 투자 방향. 교육정책포럼 346호. 한국교육개발원.

한국교육개발원(2020). 『지방교육재정분석 종합보고서』. 진천: 한국교육개발원.

홍정선(2015). 『신지방자치법』. 서울: 박영사.

토론문 ①

교육감직선제를 러닝메이트나 추천임명제로 바꾸어 일반자치와 교육자치의 일체화해야

김경회 (명지대 석좌교수, 前 서울시 부교육감)

「지방자치분권 및 지방행정체제개편에관한 특별법」 제12조제2항에 “국가는 교육자치와 지방자치의 통합을 위하여 노력하여야 한다”는 규정에 근거하여 교육감직선제 폐지를 통한 일반자치와 교육자치의 통합을 논의함. 교육감 선임 방법은 일반자치와 교육자치와의 관계 정립을 새롭게 하는데 핵심 의제임.

1. 지방교육자치의 근거는 이론적이나 제도적으로 매우 취약

가. 지방교육자치가 헌법정신에 맞는다는 것은 교육계의 논리

헌법상 교육의 자주성, 전문성 및 중립성은 교육행정의 기관 구성과 운영에 요구되는 가치라기보다는 교수-학습 현장에서 학교운영에 자율성을 보장하는 원리임. 즉 지방교육행정은 기본적으로 지방자치의 일환으로 수행되는 것으로서 교육행정을 환경, 교통, 도시계획, 복지 등과 마찬가지로 지방자치단체의 사무 중에 하나로 간주됨.

나. 지방자치 기반이 매우 취약해

교육부의 사무 이양이나 위임으로 지방교육자치를 실질적으로 할 수 없는 취약한 구조를 띠고 있음. 교원은 국가공무원이고, 가르칠 내용은 국가에서 정하는 국가교육과정 체제를 갖고 있으며, 교육활동을 지원하는 지방교육재정의 자립도가 거의 영(zero)에 수렴함.

2. 교육감 직선제 폐지해야 하는 이유

가. 글로벌 스탠다드와 괴리

선진국의 경우도 미국의 14주를 제외하고는 일반행정과 교육행정이 통합되어, 우리나라처럼 교육감에 대한 직선제를 유지하는 나라는 없음. 미국 직선 교육감은 정당표방하여 주지사와 정책 공조함. 일본은 미국의 영향으로 일반행정으로부터 분리·독립하여 전문가 관리 원리에 따라 주민직선제를 실시하다가 폐해가 크자 직선제를 폐지함. 교육위원회의 기능을 축소하고 지자체장의 교육사무 관장을 확대하는 일반 행정과 교육행정의 '일체화'를 추진하여 지방교육행정의 최종적인 권한과 책임을 단체장에게 부여함.

나. 직선제는 교실의 정치화 부추켜

고도의 정치행위인 선거 속성과 당선을 위해 교육감 직선제는 당연히 정치 선거화 할 수밖에 없음. 정당의 공천이 배제되어 후보들이 난립하고, 이는 진영을 갖고 있는 후보자가 절대 유리하여 보수진영과 진보진영이 후보 단일화에 사활을 걸고, 진영 간 대결을 부추김.

다. 교육감직선제 이후 공교육 경쟁력은 뒷걸음질

교육감직선제로 교육청이 청렴해지고 학생복지가 확대되는 주장도 있지만 교육의 성과라 할 수 있는 지표- 학력, 사교육비, 학부모만족도- 등에서 답보 내지 추락하고 있음. 기본 수업도 못 따라가는 기초학력 미달자가 문재인정부에서 지난 정부보다 2-3배 증가함. 학부모들의 사교육비 지출은 매년 증가하고 있음. 지난 30년 간 사교육비가 10배 넘게 불었음. 1999년부터 시작하여 16년차를 맞이한 교육여론조사에서 국민들의 공교육에 대한 만족도는 좀처럼 나아지지 않고 있음.

3. 지역 교육을 발전시킬 수 있는 교육감선임 방식을 강구해야

(1) 추천임명제나 연합후보제가 우리 교육문화에 가장 적합해

진보진영에서는 임명제나 러닝메이트제는 시도지사에게 예속을 시키며 비민주적이라 이유로 반대함. 초중등 교육에 혼란을 가중시키고, 교육공동체를 파괴하는 정치게임을 지속하면 공교육의 신뢰는 떨어질 것임. 새로운 교육감선임에서 제일 중요하게 고려할 요인은 지방자치단체와 연계와 협력 강화임. 첫째 방법은 지자체장이 교육계 인사 중 지방의회의 추천(동의)을 받아 교육감을 임명하는 방식으로 교육감후보자의 엄격한 자격요건을 갖도록 하여 자율성과 전문성을 발휘하도록 그 권한을 보장함. 둘째 방식은 시도지사 러닝메이트제도로 시 · 도지사와 교육감후보자가 정 · 부가 되며, 유권자는 시 · 도지사 투표만 하고 교육감은 시 · 도지사 선거 결과에 따라 결정됨.

(2) 시도지사와 교육감이 손잡아야 지역 교육 현안 문제 해결할 수 있어

첫째, 출생아 급감과 수도권 편중으로 인한 지역소멸을 함께 대응함. 지자체와 교육청이 손 잡고 초·중등교육부터 고등교육까지 이어지는 체계적인 지역 인재 양성, 지역 내 취·창업 및 정주 여건 등을 지원함. 둘째, 신설학교의 위치 선정, 부지확보, 통학로 개설, 학생의 교외활동 지도, 학생 통학 안전, 학교 및 시회체육지도 등은 지자체와 협력이 강화됨. 셋째, 유보통합을 촉진시키고 초등돌봄 서비스를 향상시킬 수 있음.

토론문 ②

고칠 건 고치고 바꿀 건 바꿀 때다

박홍기 (성균관대 초빙교수, 前 서울신문 편집이사)

지방자치를 시작한 지 31년, 교육감 직선제를 시행한 지 15년이다. 그동안 많은 제도적 보완과 개선이 이뤄졌지만, 여전히 풀어야 할 숙제가 적지 않다. 한편에서는 중앙정부에서는 자치의 온전한 의미인 자율성, 자주성을 보장하는 데 소극적이고, 다른 한편에서는 집착하는 권한 만큼 책임을 다하지 않는 경향이 짙다고 목소리를 높이고 있다. 각자 나름의 논리를 가지는 까닭에 이해되는 바가 없지 않다. 시각과 관점이 다를 뿐이다.

특히 지방자치의 재정자립도, 실질적인 교육자치 등은 근본적인 현안 중의 핵심이다. 변화의 의지는 약하고, 속도가 느리다. 인구감소는 지방의 활력에 저해하는 결정적인 요소다. 앞날이 밝지 않다. 그런데도 중앙정부나 지방자치단체 모두 눈앞의 일을 처리하는 데 급급하다. 임기에 얽매이는 탓에 미래에 대한 실질적인 비전과 대비가 한참 미흡하다. 마치 “내 임기 때는”, “나만 아니면”이라는 식이다. ‘폭탄 돌리기’와 같다. 지금이라도 첫발을 내딛지 않으면 안 된다. 시작하지 않으면 시간이 지나도 제자리일 수밖에 없다. 생각만 깊고 행동으로 옮기지 않으면 공염불일 따름이다. 앞으로 나갈 수 없다.

전광섭, 하봉운 교수께서 발표한 발제문에는 지방자치와 교육자치의 과정과 현황, 문제와 정책적 대안 등 모든 것이 망라되어 있다. 지방자치든, 교육자치든 역사가 있었던 만큼 논의도 많았다는 방증이다. 공감하지 않을 수 없다. 따라서 이제는 결단하고, 실천에 옮겨야 한다. 한꺼번에 다루기에는 얽히고설킨 탓에 쉽지 않으나 실행 가능한 것부터, 체감할 수 있는 것부터 하나하나 실행해 나가야 한다. 부족한 것은 고치고, 잘 되는 것은 더욱 힘을 주고, 잘못된 것은 폐기하거나 바꿔 나가는 것이다. 정치적 궁리를 떨치고 국가의 미래를 위해 "지금이다"라는 각오로 나서지 않으면 안 될 시점이다.

역대 정부는 형평성, 균형, 삶의 질, 효율성 등을 내세우며 지방발전을 꾀했다. 지속가능성 여부를 떠나 시도하려고 했다는 사실을 폄훼할 수는 없다. 다만 성과가 크지 않다. 지적하지 않을 수 없는 대목이다. 실제 지방에 쇠퇴했고, 사그라들고 있다. 인구는 국가 차원의 문제이지만 지방일수록 심각성은 훨씬 더하다. OECD 국가 중 초저출산 국가이자 인구 조로(早老) 국가로 전락한 지 오래다. 지난해 출산율은 0.81명에 불과하다. 올해는 더 낮아질 전망이다. 재난 수준이다. 산업연구원이 최근 발표한 전국 228개 시·군·구의 인구조사결과, 소멸위기 지역은 무려 59곳이다. 지방소멸이 아닌 지역소멸이라는 말까지 나왔다. 국가적 '비상'이라는 말조차 무색하다. 더욱이 지방은 인구유출 현상마저 겪고 있다.

지방의 재정자립도 강화는 지방 자체의 재정확충과 함께 중앙정부의 세제 개편과 맞물려 있다. 중앙정부가 지방자치의 완성을 위해서 보다 구체적인 로드맵을 짜 실행해야 한다. 패러다임을 완전히 바꾼다는 자세가 필요하다. 정부의 책무다. 아울러 지자체 역시 작지만 강한 곳이 되기 위한 큰 그림을 그리지 않으면 안 된다. 절박한 지자체의 상황을 담아야 한다.

많은 현안 가운데 지자체와 교육의 관계는 지방의 활성화와 밀접하게 연결된 부분이다. 사회, 경제적 여건 중 교육은 삶터의 활력소이자 미래다. 현재 교육은 인구 즉 학령인구의 감소라는 현실에 직면해 있다. 2020년 출생 인구는 27만 명, 2021년은 26만 명 선이다. 학령인구의 감소를 대학의 모집정원을 대비하면 실감할 수 있다. 대학 평균 진학률이 70%가량인 점을 고려하면 18년 뒤인 2039년에는 18만 명 정도가 대학에 진학할 것이다. 2023학년도 4년제 대학모집정원은 34만 9000여 명이다. 변수가 없지 않지만, 단순 통계만으로 절반 가까운 대학들이 정원을 채우지 못하는 셈이다. 벚꽃 피는 순서대로 정원 미달이라는 말도 안 맞는다. 지방대학 곳곳에서 미달사태가 가시화된 상태다. 지방대학을 살리기 위한 강소대학, 공유대학 등 갖가지 '혁신안'은 차고도 넘쳐나고 있다. 그러나 대학 내 또는 대학 간의 이해관계 탓에 옴짝달싹조차 어렵다. 힘겨울 뿐이다.

지자체가 적극적으로 나서야 한다. 마을이 되려면 젊은이들이 있어야 한다. 대학이 죽으면 지역도 덩달아 시들 수밖에 없다. 최근 입길에 오른 서울 마포구청장의 발언 가운데 "홍익대, 서강대 총장한테 동냥하러 갔다. 지역주민들 (대학 입학) 문턱을 낮춰주는 제도를 만들어 달라"는 말은 지방 단체장들이 한 번 생각해 봄직하다.

초중고도 마찬가지다. 소멸이란 인구가 없다는 얘기다. 학교 통폐합이 불가피하다. 하지만 학교가 없어지면 마을이 사라지는 것과 같다. 어르신밖에 없는 지역이 되는 것이다. 경제적 측면에서도 따져야 할 사안이 많겠지만 폐교가 아닌 '휴교'라는 용어를 쓰는 방안은 어떤가 싶다. 희망을 위해서다.

광역단체, 기초단체 등 지자체들은 교육 관련 정책을 수립할 때 반드시 관할 교육청이나 지원청과 기획 단계부터 함께 머리를 맞댈 필요가 있다. 학교의 자율성을 보장 차원에서다. 교육자치가 학교자치로 제대로 자리매김하기 위해서다. 기획과 실행의 '따로국밥'은 결국 정책의 질을 떠나 오히려 부담으로 작용할 가능성이 훨씬 크다. 현재 일어나고 있는 현상이다. 당연히 역할분담이 최선이다.

지방교육재정교부금을 둘러싼 초중등 교육과 고등교육 간의 '줄다리기' 행태는 정치권에서 심도 있게 논의, '아랫돌 빼서 웃돌 괴기' 식이 아닌 국민이 받아들일 수 있는 해결책을 찾아야 한다. 전제는 지방교육재정의 안정적 확보라는 본래 취지를 크게 훼손하지 않는 선에서다. 초중고 예산의 대학 전용에 대한 부작용은 없을 것인지, 대학의 재정난을 타개할 다른 대안은 없는지 등을 꼼꼼하게 들여다봐야 한다.

교육감 직선제 개편은 더 이상 미룰 수 없다. '깜깜이 선거'라는 문제를 알면서도 유지하는 것은 정부도, 국회도 직무를 저버리는 처사다. 안 되는 쪽이 아니라 될 수 있는 쪽으로 방안을 찾아야 한다. 시·도 지사와 교육감 후보가 동반 입후보하는 러닝메이트제, 정당이 교육감을 추천하는 정당 추천제는 교육의 정치적 중립성을 훼손하는 제도라는 데 이견이 없다. 러닝메이트는 원래 한 조를 이뤄 입후보하되, 한 사람은 하위 후보다. 서열이 정해지는 것이다. 대통령과 부통령 식이다. 러닝메이트는 정치적이다. 교육감들은 드러내지만 않을 뿐 이념적 색채가 뚜렷하다. 진보 아니면 보수다. 한 지자체에 보수 시·도 지사와 진보 교육감으로 구성될 경우, 정책 추진과정에서 협력보다는 불협화음, 엇박자가 나타나기 일쑤다. 경험하고 있다. 이에 따라 지방선거와 교육감 선거의 후보 등록 전 또는 후에라도 동등한 위치에서 공조 체제를 이루는 가칭 '러닝 파트너'와 같은 제도가 가능한지를 검토해 볼 필요가 있다. '눈 가리고 아웅'하는 현실을 깨기 위한 고육책이다.

지방자치와 교육자치는 떼래야 뗄 수 없다. 협력을 넘어 공존하지 않으면 안 되는 관계다. 국가의 경쟁력과도 직결되어 있다. 관건은 모든 구성원이 더 나은 미래를 위해 바꾸려 하는, 변화시키려 하는 확고한 의지와 강력한 추진력을 가졌느냐에 달려 있다.

토론문 ③

지방자치와 지방교육자치 시스템의 재설계

금창호 (한국지방행정연구원 석좌연구위원)

Ⅰ. 발표문 요약

⊙ 교육자치의 개념규정

- 헌법(제31조 제4항)에 따라 지방적 자치와 교육적 자치의 이중적 속성 보유하며, 자주성과 전문성 및 중립성의 가치 지향

⊙ 교육자치의 쟁점

- 교육감 선임 : 교육과 학예의 집행기관의 장으로 자치단체장과 달리 지방자치단체를 대표하지 않으며, 다양한 선임방법의 대안을 논의
- 지방교육재정 : 재정확보의 자주성이 미흡하고, 지출에서 경직성 경비의 비중이 과다
- 재정운영 비효율성 : 재원부담자와 재원사용자의 불일치에 따른 재정운영의 비효율성 논란이 지속적으로 제기

⊙ 교육시스템 재정비 논의

- 재정 안정성 확보 : 학령인구 기준의 교육재정의 규모판단이 아닌 교육환

경의 질적 수요를 기준으로 적정성의 판단이 필요

- 지방행정 연계·협력 필요 : 교육정책적 측면의 현지성·지역특수성과 행정적 측면의 지역 대응성·책임성 그리고 교육정책의 연계성·통합성·전문성 측면의 지방교육 경쟁력을 감안하여 지방행정과 연계·협력 확대 필요

⊙정책제안

- 교육자치의 보충성 원리적용 : 교육분권과 학교자치의 기반확립과 교육내용의 결정, 시·도 단위의 재정적 자립성 구축
- 지방자치와 연계·협력 강화 : 지방자치단체의 교육투자서업의 견인을 위한 공동사업비 제도 활성화 도모

⊙전반적 평가

- 교육자치와 일반자치의 관계뿐만 아니라 현재의 교육자치의 핵심적 쟁점을 도출하고, 교육자치의 수준을 제고하기 위한 정책적 대안 모색으로 논리적 구조와 정책적 타당성을 확보

II. 발표문 토론

⊙기본관점

- 헌법 또는 헌법재판소의 판례를 근거로 일반자치와 기능자치의 분리를 타당한 논거로 전제하고, 지방교육자치의 발전을 위한 자체적 쟁점개선 또는 일반자치와 연계 등을 모색
- 상기 논리는 일반자치와 교육자치의 분리에 대한 근본적 의문을 배제한 것으로 논리적 비약이 따르지만 헌법에서 규정한"법령의 범위 안에서"라는 조례 제정범위를 인정하는 것과 동일
- 따라서 일반자치와 교육자치의 역사적 맥락과 외국의 사례를 참고하여 일

반자치와 교육자치의 분리에 대한 근본적 고민이 필요

- 예를 들면, 일반자치와 교육자치를 분리하는 국가는 한국과 남아프리카공화국 등 대체적으로 식민지 경험이 있는 사례들이고, 한국의 경우 일제강점기 시절 교육의 독립을 확보하기 위하여 일본과의 협상결과가 이후로 승계된 것으로 현재적 상황에서도 타당성이 있는지에 대한 검토가 필요

⊙ 제목의 재구조화

- 발제의 제목을"지방자치와 지방교육자치 시스템의 재설계"로 구성하여 자칫 일반자치와 교육자치의 시스템 재설계로 오해할 가능성 초래
- 특히, 지방자치 분야에서는 대체적으로 지방자치와 교육자치의 대립구조로 접근하기 때문에 오해를 불식하기 위해서는"(가칭)지방자치 하의 지방교육자치 시스템의 재설계"등으로 구성하는 것도 방법

⊙ 분석변수의 조작화 검토

- "지방교육자치 시스템의 재설계"가 핵심주제이므로 두 가지의 조작화가 발제문의 전체내용을 구조적으로 이해하는데 도움
- 첫째는 시스템의 재설계에 대한 개념적 조작화가 제시되지 않으면 분석내용 주제에 대한 오해가 발생되고 정책제언에 대한 타당성 판단이 곤란하며, 둘째는 시스템 재설계를 가능하게 하는 일종의 독립변수가 사전에 도출되면 핵심쟁점의 논의가 필요한지에 대한 논리판단이 용이
- 따라서 시스템 재설계의 개념을 조작화하고, 이를 구성하는 핵심적인 변수(교육감 선임, 재원조달 등)들이 사전에 제시되는 것이 전체 내용의 이해에 도움

⊙ 쟁점과 대안의 연계강화

- 지방교육자치의 쟁점은 교육감 선임과 교육재정으로 크게 구분되나 정책

대안은 교육분권과 일반자치 연계로 압축되어 쟁점과 대안의 연계성 확보가 불충분

- 따라서 쟁점과 대안의 연계성 확보를 위하여 정책대안에서 교육감 선임에 대한 개선안의 제시가 필요

토론문 ④

신성장 시대의 중앙정부와 지방정부간 협력방안

윤주명 (순천향대 행정학과 교수, 前 한국국정관리학회장)

논문의 주요 주장

1) 지역균형발전 정책의 주된 배경은 수도권과 비수도권간의 심각한 격차이다. 수도권의 면적 비중 12%에 비해 인구는 50.3%, 1000대 기업 수의 약 87%가 집중되어 이대로 가면 지방소멸이 우려된다

2) 역대 정부의 지역균형발전정책은 불연속적이다. 각 정부는 추구하는 이념에 따라 서로 다른 정책지향을 보였다. 참여정부와 문재인 정부는 형평성을 지향하고 주된 정책대상은 비수도권. 이명박정부 및 박근혜 정부는 효율성 및 삶의 질 목표로 수도권도 정책대상에 포함시킴.

3) 윤석열정부는 공정가치를 지향하고 시장친화적 지역발전 정책을 추구함.

4) 역대 정부 중앙정부와 지방정부 간 협력정책의 핵심이 지역균형발전정책이다. 이 정책의 주요 이슈, 협력의 사례, 신성장시대 중앙정부와 지방정부 간 협력의 비젼과 방향을 제시함.

5) 신 성장시대 중앙정부와 지방정부간 관계의 주요 이슈는 메가시티, 수도권과 비수도권 간 격차 심화, 지역소멸 방지를 위한 인구감소지역 지원 특별법 등임.

6) 한국의 중앙정부와 지방정부간 협력사례로 코로나 19 방역대응 관련 협력 사례를 들 수 있다.

7) 신성장시대 협력의 비젼과 방향에 대한 주장

(1) 비젼: 미래지향성, 글로벌 경쟁성, 규모의 경제를 통한 지속가능성

(2) 정책방향: 국가균형발전위원회를 가칭 지방시대위원회로 개편하자. 이 조직은 부총리급 행정위원회이며, 행정 기능 외 준입법, 준사법 기능을 가짐.

- 디지털 정부간 관계 중심으로 디지털 지역사회발전 제시.
- 4차산업혁명시대 신지역사회비전전략: 지역사회, 맞춤형, 연결, 경쟁력, 창의성.
- 지역의 글로벌경쟁력 제고: 메가시티 등 초광역권 지역발전 전략 필요.
- 지역전략산업 선정, 초광역권 내 산학협력, 산업.기술인력 공급체계 구축, 지역의 산업거점, 혁신거점 마련 및 연계,
- 대기업의 지역 투자환경 조성
- 초광역권 공유대학을 중심으로 국제 경쟁력을 갖춘 인재양성체계구축
- 광역교통망 조성으로 단일 경제.생활권 조성
- 인구감소지역 지원 특별법의 적극 활용
- 중앙지방협력회의 활성화

보완 또는 반영 요청 사항

1) 역대 정부 지역균형발전 정책의 비교를 왜 참여정부에서부터 시작하게 되었는지 그 이유가 밝혀져 있지 않음. 지역격차는 70년대 초에 가장 격심하였음.

2) 오래 전부터 일본의 사례를 들어 주장되어 오다가 2023년부터 시행되게 된 고향발전기부금제가 지역균형발전에 갖는 의미는 무엇인가에 대해 논의할 필요가 있다고 사료됨. 이 제도는 특히 취약한 지역의 정부의 재정확

충 방안 및 도시와 농촌의 상생적 대안의 의미가 있음.

3) 지역불균형의 원인과 연결된 해법 모색의 충실화 필요. 문제해결 대안의 설계에 있어, 문제의 원인 규명이 중요한데, 그 이유는 이 원인을 통제함으로써 문제를 완화 내지 해결할 수있기 때문임. 저자는 본문 중 왜 수도권과 비수도권 간 격차가 심화되는 가?에서 "수도권은 인구, 특히 청년인구, 일자리, 기업 수, 지역내총생산, 신용카드 개인 소비, 자산 등 여러 측면에서 비수도권을 추월하고 있다. 이에 따라, 이러한 요인들의 지역 간 차이가 수도권으로의 인구이동을 초래하고, 지역은 소멸되는 악순환을 초래한다" 고 지역간불균형의 원인을 간략히 밝히고는 있으나, 조금 더 보완할 필요가 있다고 사료됨. 이 부분 논의에서 고등교육기관의 서울 집중 등 문화인프라의 격차 및 집중된 인구가 정치.경제적 자산으로 작용함으로써 이것을 유지하고자 하는 지역주민 및 정치가들의 이익 요인도 고려할 것을 제안함. 지역주민 및 정치가들의 이익요인이 수도권인구분산 정책을 억제한 대표적 예는 수도이전정책이 헌법재판소의 위헌결정에 의해 제지된 경우임.

지방자치와 지방교육자치 시스템의 재설계 논평

저자가 제시한 이 글의 목적은 현행 지방교육자치제와 지방교육재정의 운용현황을 살펴보고 향후 그 제도적 개선 방향을 모색하는 것이다 이 글의 목적에 따라 저자는 지방교육자치제 운영현황에서 지방교육자치의 개념을 다음과 같이 제시한다.

"지방교육자치란 교육행정에 있어서 지방분권주의를 원칙으로 당해 지역의 교육·학예에 관한 사무의 자치권과 행정권을 가지고 의결기관으로서의 시·도의회와 의결된 교육 정책의 집행기관으로서의 교육감제를 설치하고 민주적 통제와 전문적 지도 사이에 조화와 균형을 얻게 하며 자주적인 인사와 재정을 비롯하여 교육행정을 일반행정으로부터 분리·독립시킴으로써 주민의 참여와 전문적인 경영으로 교육행정의 제도적인 조직을 통하여 교육의 자주성 및 지방 교육의 특수성을 보장하려는 제도이다."

또한 저자는 "지방교육자치제도는 중앙권력으로부터 지방자치로서의 성격을 지니고 있으면서 헌법 제31조 제4항에 따라 정치권력으로부터 독립하여 교육의 특수성을 살리는 방향으로 문화적 자치가 이루어져야 한다는 '이중의 자치'가 핵심 속성이다(고전, 2017; 김영화, 2015; 조성규, 2011)." 는 입장을 전제로 수용한다.

위와 같은 개념 정의에서 나아가 저자는 아래와 같은 언급을 통해 교육자치의 주체가 법적으로 명확지 않은 가운데, 현실적으로 두 단위의 자치 단위가 병존하고 있고 이것이 지방자치와 교육자치간 갈등의 원천임을 시사한다.

"현행 「지방자치법」은 일반 지방자치단체의 법적 위상만 규정할 뿐 교육자치의 주체에 대해서는 규정하지 않고 있다. 이것은 지방자치와 교육자치의 일원화의 주요 논거로서 제시되고 있는데, 실정법상으로도 헌법에 명시된 지방자치기관은 지방의회(제118조 제1항)와 지방자치단체장(제118조의 제2항)으로서 교육감은 헌법에서 말하는 지방자치단체의 장이 아니라는 것이다. 특히 초·중등 교육은 대표적인 지방 공공재로서 대부분의 국가에서 자치사무로 하고 있으므로, 교육이 자율과 책임의 원칙에 충실할 수 있도록 종합적인 지방자치 기능 범주에 포함되어야 한다는 것이다."

저자는 지방자치 집행기관과 교육자치 집행기관의 분리 및 의결기관의 통합이라는 교육자치제의 구조적 현황을 제시한 후 지방교육재정 운영현황을 아래와 같이 제시함으로써 교육자치재정 구조의 특수성을 보여준다.

"현행 지방교육재정의 기본 행정구조는 국가, 시·도(시·도교육청), 시·군·구(교육지원청), 단위학교로 구성되며 국가는 시·도교육비특별회계에 지방교육재정교부금과 국고보조금을 시·도교육청으로 교부하고, 시·도는 법정전출금과 비법정전출금을 시·도교육청으로 전출한다. 시·군·구도 액수는 상대적으로 크지 않지만 비법정전출금을 시·도교육청으로 전출하고 있으며, 단위학교의 학교회계는 이전수입과 자체수입으로 구성된 시·도교육비특별회계로부터 예산지원을 받을 뿐만 아니라, 시·도와 시·군·구로부터 직접 교육경비 보조금을 지원받고 있다."

다음으로 저자는 지방교육자체의 주요 이슈(문제들)을 제시하는 데, 여기에는 교육감 선임방식 논란 및 지자체장과의 갈등, 지방교육재정의 자주성 미흡 및 경직성 경비과다, 재원부담자와 재원사용자간의 상이성에 따른 재정운영의 비효율 가능성, 저출산 고령화 시대 지방교육재정 지출구조의 재검토 필요성 등을 제시하는데, 모두 수긍할 수 있는 것들이다.

저자는 후반부에서 정책제안을 하기에 앞서 지방행정과 지방교육행정시스템의 연계.협력 논의의 불가피성을 여러 차원에서 제시하는데, 눈에 띄는 것들을 몇가지 열거하면 교육정책의 현지성, 지역특수성 반영의 필요성, 교육정책의 지역현장성, 주민밀착성, 영유아 교육에서 노인교육까지 전반적인 교육연계성과 통합성 제고의 필요 등이 있다.

끝으로 저자는 정책제안을 하는데, 그 제안은 저자의 다음과 같은 언급과 같이 과격하거나 비현실적이지 않은 것으로 평가된다.

"현 시점에서는 교육자치와 일반자치의 통합 논란으로 시간을 소비할 것이 아니라 정부가 결정한 지방에서의 교육행정과 일반행정 간의 상호 연계 협력을 어떤 체제로 구비하고 그를 어떻게 하면 활성화 시킬 수 있을 것인가를 탐색하는 연구 노력이 더욱 필요할 때다. "

저자의 정책제안은 다음과 같은 골자를 가진다.

1) 보충성 원칙에 입각한 지방교육자치

- 보충성의 원칙은 소단위가 우선적으로 관여하고 그 상위 단위는 보충적으로 개입해야 한다는 내용을 가진다.

- 중앙부처들이 가지고 있는 지방교육에 관한 사무권한과 예산권한을 지방정부로 이관하여야 하고 중앙정부부처들이 중복적으로 지방정부의 사무권한에 개입하지 않도록 명문화하여야 한다.
- 교육자치는 학교자치의 기반이 전제되어야 하며 교육자치는 교육내용의 자치이다
- 교육자치는 최소한 시·도레벨에서의 재정적 자립성이 확보되어야 한다.

2) 지방자치와 교육자치의 연계 · 협력 강화:공동사업비 제도 활성화

공동사업비제도는 지방자치단체와 교육청의 협업이 가능한 사업에 대해 양자가 재원을 공동 편성·집행할 수 있는 제도를 의미한다. 현재 광역자치단체, 교육청, 기초자치단채가 공동으로 예산을 지원하는 혁신교육지구 사업, 학교급식비 지원, 돌봄사업 등이 일종의 공동사업비의 유형이라 할 수 있다.

이 글에 대한 총평

- 이 글은 교육자치의 개념, 교육자치 기관과 일반자치 기관간의 현행의 관계, 교육자치의 재정조달 구조 등에 대한 현황, 문제점을 잘 설명하고 있으며, 이러한 문제를 개선할 수 있는 실행가능성이 높은 온건한 대안으로 교육행정시스템과 지방행정시스템의 연계방안을 제시하고 있음.

보완 요청 사항

- 저자가 본문에서 제시하고 있는 집필의 목적 및 내용 전개는 이 글의 제목과는 어느정도 거리가 있다. 따라서 이 거리를 좁히기 위한 노력으로 제목의 조정이 필요하다고 사료됨. "지방자치와 지방교육자치 연계 시스템 재설계"를 제안함.

에필로그

대한민국 G3와 10만불은 꿈일까?

이근면 초대인사혁신처장(국가인재경영연구원 자문위원장)

국가운영System의 대전환

- 모든 조건이 동일한 대전환시대이다. 개인도 기업도 국가도. 동일한 위기와 환경변화를 마주하게 되었다.
- 누가 같은 변화의 환경 속에서 "다른 무엇인가?"를 찾고 실행해 나가는 탐색자만이 생존의 길을 걸어가게 될 것이다.
- 사람도 출생에서 성장단계에 따라, 옷을 크기에 따라 맞추어 입는 것처럼, 국가의 시스템과 운영방식이 바뀌어 나가야한다.
- 우리 국가의 정부와 국회시스템·지방자치시스템의 변화에 걸맞는 "옷"을 찾아내야할 것이 시대의 과제이다. 살아남을 수 있는 구멍은 어디에 있을까?
- 변화의 걸림돌은 (개혁의 저항) 기득권이다.

지금까지 우리는 '공공개혁과 국가운영체계의 대전환 모색'이라는 주제를 놓고 국가의 행정시스템, 정치시스템, 지방자치와 교육자치 시스템의 개혁 방안을 모색했다. 제법 무거운 주제임에도 차분히 글의 흐름을 따라온 독자라면 마음 속에 이런 생각이 들 것이다. "개혁이 필요한 건 알겠는데 복잡한 이해관계가 얽혀 있고 돈도 되지 않는 공공개혁에 에너지를 쏟기보다 차라리 기업의 경쟁력 강화를 위해 공공이 방해만 하지 않도록 내버려 두는 것이 낫지 않을까?" 맞다. 정부와 지자체의 각종 규제와 간섭에 속앓이를 해본 사람이라면, 정쟁과 발목잡기만 일삼는 정치뉴스에 고개를 저어본 사람이라면 가급적 정부와 정치는 멀리하고 피해가고 싶은 마음이 왜 안들겠는가?

그러나 국가가 세계적 흐름의 변화에 둔감하고 개혁에 소극적이라 해서 민간이 홀로 앞서나갈 수는 없다. 북미, 유럽의 선진국들의 경쟁력의 요체는 공공과 민간의 조화에 있다. 국가별 경쟁력 비교 분석에 가장 자주 인용되는 스위스 국제경영개발대학원(IMD)에서 발표하는 국가경쟁력 순위는 경제성과, 인프라, 기업효율성과 함께 정부효율성을 평가한다. 세계경제포럼(WEF)의 국가경쟁력 평가도 기본환경, 인적자원, 시장, 혁신생태계의 4개 부문을 평가하는데 기본환경 부문에서 정부 시스템의 경쟁력을 평가한다. 어떤 연구결과든 간에 공공과 민간 중 한 분야만 앞서나가고 다른 분야는 뒤처지는 경우는 거의 없다. 공공분야 경쟁력이 높은 나라는 경제적으로도 부유하고, 경제적으로 부유한 나라들은 대체로 공공분야 경쟁력도 상위권이다. 공공분야의 높은 경쟁력이 기업의 활력을 제고하고 기업의 뛰어난 경제성과가 공공의 재정을 불리고 인프라의 고도화를 추동하는 선순화 구조를 구축하기 때문이다.

당장의 개혁의 성과가 정량화된 지표로 드러나지 않아도 공공분야의 개혁과 국가운영 시스템의 효율화, 선진화는 중단없이 이어져야 한다. 자연 생태계에서 경쟁에서의 도태는 멸종으로 이어진다. 시장 생태계에선 경쟁에서의 패배가 제품의 단종이나 기업의 도산을 의미한다. 국가 간 경쟁에서의 도태는 굴욕적 외교, 국민의 가난, 국제사회 여론 지형에서의 소외로 연결된다. 국가 간 경쟁에서 승리하면 중심부로 부상하고 실패하면 변방으로 밀려나는 것이 냉혹한 국제사회의 법칙이다. 이 책의 목적의식은 대한민국이 냉혹한 국제질서에서 살아남고 앞서나갈 수 있는 길에 대한 고민과 해답을 지향한다. 책의 시종을 관통하는 주제의식은 우리 앞에 놓여있는 안팎의 여건과 환경에 대한 고민으로부터 비롯되었다. 안으론 심각한 저출산, 고령화와 이에 따른 인구절벽, 수도권과 지방 간의 극심한 불균형, 정치권의 갈등 조정 기능 마비라는 과제가 놓여있다. 밖으론 탈냉전 이후 30년 간 이어져 온 세계화와 평화의 시대가 저물고 신냉전 구도의 고착화, 미중 갈등의 심화와 갈등적 남북관계의 일상화라는 여건에 직면해 있다. 안팎의 환경이 급격히 바뀌고 있음을 평범한 국민들도 직감하는 시대를 살고있는 것이다. 이 환경의 변화에 적응하고 경쟁에서 승리하려면 우리의 국가운영 체계와 시스템을 유연하게 조정하고 끊임없이 수정, 보완해야한다.

'정부, 정치, 지방의 눈앞의 숙제들

1부에선 공공행정 생태계의 경쟁력 강화 방안을 제시했다. 공공행정 혁신의 핵심 키워드는 '디지털'과 '공공인재 경쟁력 강화'다. 디지털화된 공공행정 혁신은 인공지능, 빅데이터, 사물인터넷 등 ICT 분야의 기술적 성과를 토대로 정부운영 플랫폼을 구축하고 정부, 기업, 지역주민이 이 플랫폼을 함께 운영하는 포괄적이고 수평적인 거버넌스를 의미한다. 이 디지털 플랫폼 기반의 스마트 정부에선 민과 관, 중앙과 지방, 기업과 정부 사이의 정보와 권한의 비대칭이 해소되고 각 주체들이 모두 정부 운영에 참여한다. 공공행정 분야의 기술적, 제도적, 시스템적 변화는 공직자의 역량과 공직 인사의 역할에도 적극적이고 능동적인 변화를 요구하고 이러한 변화가 공공기관의 운영 효율화로 이어지는 방법을 모색한다.

2부에선 행정권력을 맡아서 책임지고 국가를 운영하는 정치권력의 효율성과 역량을 강화하는 방안을 제시하고 있다. 정치시스템의 개혁은 권력구조의 개혁과 정당 시스템의 혁신이라는 투 트랙으로 이루어진다. 권력구조의 개혁은 행정부와 입법부 간의 대립적 관계를 협력적 관계로 바꾸는 시발점이 될 수 있다. 대통령 임기와 의회 임기의 불일치로 인한 국회와 정부의 대립과 5년 단임제에서 비롯된 행정의 불연속성을 해소하기 위해 대통령 4년 중임제와 국회의원 중간선거제 도입이 대안이 될 수 있다.

정당 시스템 혁신은 정당의 정책연구기능 강화와 차세대 정치지도자 양성 기능의 강화를 지향한다. 민주주의 시스템은 선거에서 승리한 정당의 정강과 정책을 기반으로 국가를 운영하는 것이 기본이다. 정당의 싱크탱크가 소프트웨어라면 행정권력은 하드웨어에 비유할 수 있다. 정당의 정책기능이 약하면 강력한 관료집단의 역량과 국가의 자원을 효율적으로 동원하지 못하고 국가라는 시스템은 오류를 일으킬 수밖에 없다. 한편 미래 정치지도자의 양성은 정치권력의 세대 간 대표성 불일치를 해소하고 국가 운영에 젊은 세대의 활력을 지속적으로 공급하기 위해 반드시 필요한 일이다. 민주주의 선진국의 사례를 통해 정당의 청년 지도자 양성 시스템 강화의 가능성과 방법론을 살펴본다.

3부에선 지방자치제와 교육자치제도의 발전 방안을 다루고 있다. 지난 30년 간 지방자치제는 지속적으로 강화, 발전해 왔고 정부 차원에서 지역균형발전에도 막대한 노력을 기울였지만 수도권과 지방 간의 격차는 더욱 심해지고 지방은 소멸의 위기에 직면해 있다. 신성장 시대에 지방이 독자적으로 경쟁력을 갖추고 생존하기 위해 중앙과 지방의 협력체계를 새로이 가다듬고 지방은 초광역권으로 재편하여 규모와 실력을 키워야 한다. 또한 교육감 직선제 실시 이후 지방행정과 교육행정의 분절과 갈등의 심화라는 부작용을 해소하고 양자의 연계성을 강화하기 위해 교육감과 지자체장 러닝메이트제를 실시할 것을 제안한다.

총 3부에 걸친 정책제안에서 다루는 개혁방안의 최종적 지향점은 개방성의 강화와 글로벌 경쟁력의 강화에 있다. 우리의 경쟁의 대상은 우리 안에 있지 않고 밖에 있기에 모든 개혁은 다른 나라와의 경쟁에서 앞서나가는 것을 목표로 할 때 의미가 있다. 1948년 정부 수립 이후 70여 년 만에 세계 최빈국에서 10대 경제 강국으로 도약할 수 있었던 힘은 끝없이 세계무대를 지향했던 우리의 시선에 있다. 외국에서 들여오는 상품과 서비스를 국산으로 대체하는 것을 목표로 삼지 않고 우리가 만든 제품과 서비스를 다른 나라에 더 많이 파는 것을 목표로 삼았기에 오늘의 번영이 가능했다. 경제개발의 초기부터 세계를 무대로 종횡무진 뛰어다녔던 기업의 글로벌 마인드가 사회 전체에 충만했고 미국, 유럽 등 세계시장의 중심부를 향해 기꺼이 보호무역의 빗장을 내려놓는 용기가 성장과 경쟁력 강화로 이어졌다. 분단 70년 만에 메울 수 없는 간극과 격차를 만들어낸 것도 개방을 대하는 남과 북의 자세와 태도라 해도 틀린 말이 아닐 것이다.

이 정책제안서에선 공공행정, 정치, 지방자치와 교육자치 분야 개혁을 중점적으로 다루었지만 사실 국가시스템의 개혁은 더 많은 분야와 영역에서 동시다발적으로 이루어져야 한다. 지난 30년을 규정해온 대내외 환경이 근본적으로 바뀌는 대전환의 시대에 대한민국이 변화의 흐름을 받아들이고 적응하는 것이 성장과 발전의 핵심적 전제조건이다. 사람이 출생 이후 성장 단계에 맞춰 옷을 바꿔 입듯 국가 시스템도 적절한 변화와 조정, 혁신이 지속적으로 따라줘야 한다. 지난 70년간 눈부신 성장과 성공을 경험한 대한민국이 갈아입어야 할 옷을 다음의 열 가지 분야로 정리할 수 있다.

G3 대한민국을 향한 시대적 과제

1. 국가운영체계의 대변혁 → 국회 양원제 도입과 지역주의 타파

단원제로 운영되는 우리 국회를 상하 양원으로 나누어 상원에서 국가의 장기, 전략적 과제를 다루고 하원이 지역구 현안을 다루게 하자. 국가 미래 정책, 국방과 외교, 무역과 관련한 입법은 고도의 전문성과 글로벌 마인드를 바탕으로 다루어야 하는 문제다. 동시에 국가 장기 전략과제 수행 과정에서 일부 지역과 산업, 직군은 개혁의 과정에서 유탄을 맞을 수도 있다. 지금처럼 4년 임기의 지역구 국회의원들이 이 문제를 다루면 지역구 이익과 국가 전체 이익이 충돌했을 때 교착상태를 벗어날 방법이 없다. 지역구 의원은 250명으로 현재와 비슷한 수준으로 유지하고 50명 규모의 상원을 신설한다면 국회의원 정수 확대 없이도 양원제 운영이 가능하다. 지역구 현안으로부터 자유로운 임기 6~8년 이상의 상원의원들이 국가의 미래를 결정짓는 전략적 결정들을 심의하고 토론함으로써 우리 정치의 고질적 병폐인 지역주의를 넘어설 수 있을 것이다.

2. 지방자치제의 개혁 → 대 경제권역과 생활자치

현행 지방자치제는 자치 단위가 지나치게 파편화, 분절화되어 독자적인 경쟁력을 발휘하기 힘든 구조를 취하고 있다. 226개의 기초자치단체에서 의회와 집행부를 선출하다보니 예산은 예산대로 막대하게 들고 선출직 권력의 토호화로 인한 부패와 비리 문제가 끊임없이 발생하고 있다. 100만명 정도의 인구규모를 중심으로 기초자치단체를 재편해 자족적 기능을 강화하고 두 세개의 광역자치단체를 권역으로 묶어 수도권으로의 극심한 쏠림을 완화할 메가시티를 만들어야 한다. 젊은 인재들이 서울로 가지 않아도 먹고 살수 있고 미래를 개척할 수 있는 기회를 제공하기 위한 메가시티들이 자리 잡아야 진정한 이미의 국토균형발전이 가능하고 지역의 일은 지역민들이 스스로 해결하는 생활자치의 실현이 가능하다.

3. 정부조직의 개편 → 미래 준비형 정부조직 개편과 유연화

역대 정부조직 개편은 대통령이 바뀌면 부처 몇 개를 통합하거나 새로 만드는 수준에서 과거의 정부조직 틀을 그대로 유지해 왔다. 경직되고 분절된 정부조직의 유지는 대내외 환경변화에 유기적으로 대응하기 어렵고 부처 간 장벽을 강화하는 원인이 되고 있다. 정부조직도 기업의 유연한 조직운영을 참고해 프로젝트별, 전략과제별로 유연하게 재구조화할 수 있는 법적 방안을 마련해야 한다. 저출산·고령화, 기후변화, 일자리 문제 등 국가의 명운을 좌우할 굵직한 과제별로 부총리를 두고 각 정부조직 내의 조직과 인사, 예산을 종횡으로 엮어낼 수 있는 미래 준비형 정부조직의 도입이 시급하다.

4. 공무원조직 효율화 → 세계 정부 대비한 경쟁력 확보, 생산성 향상으로 20%감축

60~80년대 산업화 초기엔 공무원 조직이 미국으로부터 이식된 선진 행정시스템을 기반으로 경제개발의 밑그림을 그리고 기업을 선도했다. 국가의 규모가 급격히 커지고 전세계적으로 유례없는 속도로 경제성장을 경험하는 과정에서 공무원 조직의 효율화는 상대적으로 뒤처지게 되었다. 무사안일, 복지부동 문화로부터 단절하고 철저히 성과 중심으로 공무원 인사운영체계를 재편해야 한다. 순환보직제 폐지를 통해 공무원의 분야별 전문성 집적을 도모하고 실적과 성과를 입증한 공무원은 승진과 급여에서 과감한 보상을 함으로써 공무원 조직 전체의 생산성을 20% 가량 향상시키는 것을 목표로 삼아야 한다. 생산성 20% 향상을 이뤄내지 못하면 20% 감축을 통해서라도 공무원 조직의 비효율을 제거해야 한다.

5. 공공기관의 개혁 → BPR을 통한 기능 재정립과 민간업계와 중복방지,활용제고

한 해 수백조의 예산이 투입되는 공공기관, 공기업 운영 과정에서 발생하는 낭비와 비효율을 국가경쟁력 강화로 돌려야 한다. 공공기관에 BPR(업무재설계)을 적용해 유사한 업무는 통합하고 불필요한 업무는 제거하며 민간이 더 잘하는 분야는 과감하게 민간으로 이양하는 과정이 필요하다. 공공기관이 더 잘하는 분야는 확실하게 경쟁력을 키우고 선거공신 논공행상용으로 전락한 기관은 과감히 구조조정하여 국가 차원의 자원배분을 더 효율적으로 해내야 한다.

6. 대통령 인사권의 개혁 → 국민을 위한 인사권 회복

대통령은 수천개의 직위에 사람을 임명하는 막강한 인사권을 기반으로 국정을 이끌어간다. 대통령 인사권이 선거에서의 기여도에 따라 나눠먹기 식 논공행상의 수단으로 이용되는 관행을 멈춰야 한다. 청와대가 부처 국장 인사에까지 챙기면 곤란하다. 독립적인 국가인사원을 설치해 일 잘하는 사람을 장관이 자율적으로 기용할 수 있는 국민을 위한 인사권 회복이 절실하다.

7. 해외동포청, 이민청 설립 → 다국적시대, 한국인의 국제적 활용 제고

급격한 저출산으로 인한 인구절벽인 이제 변수가 아닌 상수다. 또한 능력있는 인재가 국경을 자유롭게 넘나들며 자신의 국적을 선택하는 것이 이례적이지 않은 글로벌 보헤미안 시대가 열렸다. 해외의 유능한 인재들을 적극적으로 한국인으로 받아들이는 유연한 이민정책이 필요한 이유다. 또한 전 세계 180개국에 걸쳐 뻗어나가 있는 750만 해외동포의 존재는 그 자체로 대한민국의 글로벌 진출의 교두보이자 대한민국 인재의 세계적 네트워크화의 전진기지가 될 수 있다. 해외 인재의 적극적 유치와 유능한 한국인의 활발한 해외진출이 국가경쟁력의 강화와 직결되는 시대다.

8. 대학교육의 자율화와 세계화, 지역화 → 정원과 운영을 대학 자율로

대학교육이 보편화되면서 이제 대학은 전 국민의 생활의 장이 되었다 해도 과언이 아니다. 변화하는 시대상을 반영해 대학교육도 바뀌어야 하는데 핵심은 대학 운영의 자율성 확대다. 보조금을 무기로 교육부 관료가 대학의 생사여탈권을 흔들어선 곤란하다. 대학이 스스로 정원과 학제를 개편하고 학사 운영에 있어서 최대한의 자율성을 누리도록 해 각 대학이 특화된 인재를 양성할 수 있도록 해야 한다. 또한 100세 시대를 대비해 대학이 산업현장에서 필요로 하는 역량을 지속적으로 재교육하는 평생교육 시스템의 확립이 무엇보다 시급하다.

9. 복지제도의 미래 정립 → 일하는 복지와 다같이 잘 사는 복지

복지제도의 근간은 십시일반 정신이다. 공동체가 밥 한 숟가락씩 떠서 어려운 한명을 돕는 것이다. 인구가 줄어드는데 인구증가를 전제로 구축된 복지모델을 고집하면 십시일반이 팔시일반, 칠시일반을 넘어 오시일반까지 악화할 수 있다. 일할 수 있는 사람은 최대한 일하게 하고 일하는 사람이 더 도움 받을 수 있는 복지시스템으로의 개혁이 반드시 필요하다. 복지시스템은 절대 시혜성, 낭비성 제도가 아니다. 촘촘한 사회안전망 구축이 사회 전체의 부와 생산성의 총합을 키우고 지속가능성을 확대한다는 역사적 교훈의 산물임을 기억해야 한다.

10. 꿈꾸는 나라 → 새로운 가치와 문화로 대한민국이 자랑스러운...

무엇보다 중요한 것은 국가도 개인처럼 꿈을 꾸어야 한다는 점이다. 세계 최강대국 사이에서도 당당히 자립하고 자강하는 국가, 경제적 풍요와 문화적 깊이가 자국민에겐 자부심이 되고 세계인에겐 부러움이 되는 나라는 그 꿈과 비전을 온 국민이 공유할 때 가능하다. 이 나라의 꿈과 비전을 세대와 지역, 계층을 막론하고 함께 공유할 수 있는 환경을 지금부터 만들어 가야 한다.

G3 할 말할 수 있는 나라, 10만 불의 꿈

국가도 개인과 기업처럼 꿈과 비전이 있어야 발전한다. 시대정신이라는 말로 표현해도 좋을 나라의 꿈을 국민 모두가 공유할 때 국가는 생존하고 승리한다. 식민지배와 전쟁, 분단의 틈바구니에서 사람이 굶어 죽는 절대 빈곤의 탈출이 나라의 꿈이었던 적이 있었다. 이 지긋지긋한 가난의 굴레를 자식들에게 물려주기를 단호히 거부했던 우리네 부모님들은 기꺼이 사막과 탄광에서 비지땀을 흘렸고 미국과 유럽으로 공부하러 간 인재들은 연어가 강물을 거슬러 오르듯 가난한 조국으로 돌아와 젊음을 불살랐다. 북미와 유럽 선진국이 누리는 풍요와 안전을 우리도 한 번 누려보자는 시대정신이 국가의 행정과 공공운영 시스템에 녹아들어 경제성장을 뒷받침했다.

산업화와 민주화라는 국가의 큰 꿈을 모두 이룩한 2022년 대한민국의 꿈은 무엇인가? 강대국의 틈바구니에서 좌고우면해야 하는 처지를 벗어나 미, 중과 함께 국제질서를 선도하는 G3의 반열에 우리가 오를 수는 없을까? 기술과 행정, 노동과 교육 등 국가운영의 제반분야의 혁신을 통해 1인당 국민소득은 10만달러를 넘고 스스로의 힘으로 항구적인 평화를 만들어낼 수 있는 부강한 나라를 만들어야 하지 않을까? 여기에서 안주하기엔 우리 앞에 놓인 과제와 여건이 너무나 크고 무겁다.

다음 세대의 행복을 위한 절제와 의무

국민이 자랑스러워하는 선도국가가 되기 위해 부단히 뼈를 깎는 개혁을 추진해야 한다. 동서고금을 막론하고 개혁의 가장 큰 걸림돌은 기득권의 저항이다. 각각의 개혁과제별로, 시대별로 변화에 저항하는 기득권은 어디에나 있다. 그러나 국민전체의 이익의 총합을 조금이라도 키우기 위해 기득권의 저항을 과감히 이겨내고 개혁의 지속성과 일관성을 유지하는 것에 개혁의 성패가 달려 있다. 국가운영에 들어가는 비용은 최소화하고 생산성은 최대화하는 고효율 국가 시스템 구축은 다음 세대를 위한 우리 세대의 숙제이자 책무이다. 이 정도면 충분하다고 안주하는 순간 지금까지 이룩한 번영은 우리를 스쳐 지나가고 말 것이다. 개혁을 향한 처절하고도 끊임없는 몸부림만이 내일의 번영과 평화를 보장한다. 이 목표에 한 명이라도 더 동참할 수 있다면 이 정책제안은 충분한 값어치가 있을 것이다.

참고1

"인재양성이 미래의 생존전략... 시대변화에 따라 국가운영 시스템 재설계해야"

이코노미스트 2022.11.28

초대 인사혁신처장 이근면

국가 차원의 인재양성 시스템

4차 산업혁명, 미·중 갈등에 따른 신냉전 등 세계사적 전환기, 우리도 국가 운영체계의 대전환이 필요하다. 갈등에 따른 신냉전 등 세계사적 전환기, 우리도 국가 운영체계의 대전환이 필요하다. 이를 위해 가장 중요한 건 사람이다. 사람이라는 자원을 환경변화에 맞춰 어떻게 발전시킬지를 고민해야 한다. 인재 양성을 위한 시스템 정비, 미래를 대비하기 위한 가장 중요한 과제이다.

국가 인재경영을 위한 체계를 위해, 경쟁력 있는 미래형 인재 육성은 디테일하게 그리고 포괄적으로 접근해야 한다. 시대 변화에 따른 진화형 국가 조직체계, 거버넌스 체계를 정립하는 일이 우선이다. 지방자치제도부터 전면적인 개편이 필요하다. 지역과 거리 중심, 인프라 중심이 아닌 사람 중심으로 재편해야 한다. 미래 합리적인 국가 운영 체계로의 전환, 국가 인재경영의 기본 전제이다.

모든 조직에 통용되는 인사관리의 기본원칙은 '인사는 믿음'이라고 생각한다. 인사를 딱 발표하는 순간 주변에서 합리적이라고 생각해야 한다. 이를 위해 '적재적소'가 아닌 '적소적재'의 원칙이 필요하다. 이렇게 다양하고 복잡해진 세상에서 다 잘 할 수 있는 사람은 없다. 적재는 적소가 아니다. 적소의 적재이다.

인사에 앞서 '할 일'을 먼저 정한 후 그에 적합한 인재를 골라야 한다.

국가운영의 대전환기, 리더십도 변해야한다. 사람과 환경을 융합시키는 역량이 리더십이다. 지금 시대의 리더십은 미래, 통합, 공감 3가지 키워드로 요약될 수 있다. 전략적 사고, 불확실성의 관리, 권한 위임, 통섭, 인간 존중 등의 덕목도 필요하다.

시대변화에 따라 글로벌 스탠더드에 부합한 공직사회 구축이 필요하다. 'G3'까지 가보자며 국가적 비전을 세우면 안되나. 꿈 꿀때가 됐다. 된다고 믿는 사람이 있으면 되는 거다. 우리가 못 이루면 다음 세대가 하면 된다. 민간기업은 망하면 없어지지만 국가는 계속 그런 목표를 향해 나아갈 수 있다.

어느 순간 우리는 꿈을 잃고 있다. 다음 세대의 꿈은 누가 줄 것인가.

참고2

"지금은 개혁의 라스트 미니트... 공공부문 제살부터 깎아라"

이데일리 파워인터뷰 2022.12.01

초대 인사혁신처장 이근면

"집권 초 '허니문 효과'도 없이 냉랭한 이때, 국정쇄신을 위한 반전의 돌파구는 어떻게 마련할까. 인사 문제는 어떻게 풀고 공직사회에 활력은 어떻게 불어넣을까. 절체절명의 과제인 구조개혁 과제는 어떻게 접근해야 할까."

대통령이 전면에 나서기 보다는 장관 중심의 소통방식으로 전환해야 한다. 구조개혁에 관련해선 연금 교육 노동 등 3대 개혁은 국민에게 부담을 요구하는 개혁이지만 공공개혁은 정권이 스스로 제 살을 깎아야 할 개혁이다. 공공개혁을 통해 가시적인 성과를 보여주면서 국민 동참을 이끌어내야 한다. 정권 먼저 일신하는 모습을 보여야 국민 고통분담이 필요한 각종 개혁 드라이브에 힘이 실릴 수 있다.

인사 난맥상이 더욱 부각되고 있는 것 같다. 대부분 인재 풀이 협소하다는 점을 지적하고 있다. 인사는 전문영역이다. 정부에 제대로 된 인사 전문가 그룹이 존재하는지 모르겠다.

대통령이 참고해야 할 인사원칙이 있다면, 인사는 인사권자의 지혜라고 한다. 민주국가에서 대통령 인사권은 고유권한이라기 보다 국민이 위임한 것이다. 이를 위해 먼저 '할 일', 미션을 정의해야 한다. 그 이후 그에 적합한 사람을 기용하는 것이다. '당신은 이 자리에 이런 필요성 때문에 임명하니 이 부분을 꼭 해결하라'는 식으로 할 일을 명확히 제시하는 것이다. 해당 미션에 적합한 사람을 쓰고 왜 이 사람을 쓰는지 설명할 수 있어야 한다. 후보자의 걸어온 길만 볼게 아니라 할 일을 먼저 봐야 한다.

인사는 조직의 명운을 결정한다. 장점주의 인사가 필요하다. 최소한의 도덕성, 공인의식만 있으면 된다고 생각한다. 기본적으로는 국가의 종합 인사기능을 체계화해야 인사 논란에서 벗어날 수 있다. 기업에 인사담당최고책임자(CHO)를 두듯 인사혁신처장에게 역할을 맡기면 된다. 국가인재 데이터 베이스도 적절히 활용해야 한다. 국민추천제도 공식화하면 된다. 숨은 인재들을 더 많이 공직에 임명할 수 있는 루트이다. 다만 절차는 투명해야 한다. 채용 과정에 있어 '적정 수준'의 투명성이 필요하다.

청문제도 때문에 현실적으로 정부 입각을 원하지 않는 인재들이 너무 많다. 공직자로서의 역량과 자질을 제대로 갖췄는지 집중적으로 살펴보기보다는 신상이나 허물을 들춰내 모욕과 망신주기를 일삼고 있기 때문이다. 인사청문회가 인재를 사장시키는 블랙홀이 되고 있다. 관행적으로 이뤄지고 있는 논공행상도 문제이다. 선거 공신이라는 이유로 전리품처럼 자리를 배분하다 보니 인재 기용 폭이 좁을 수밖에 없다.

인사 청문회 제도 개선에 대한 답은 이미 나와 있는 것 같다. 정책 중심, 태스크 중심으로 일을 해낼 수 있는지 여부를 검증하고 윤리적 문제는 법 개정 없이도 국회 차원에서 비공개를 천명하면 된다. 기준은 선출직 공직자의 도덕성 정도로 삼는게 합리적이지 않을까. 선출직 의원들의 평균적 도덕성이 공직 후보자의 평균적 도덕성 아닐까.

논공행상 관행은 미국의 경우처럼 공직자 리스트, 플럼북(Plum Book)을 활용해 대통령 인사권의 존중과 제한을 도모하면 된다. 보은인사 관행을 하루아침에 단절할 수 없다면 국가자문위원회 같은 기구를 공개적인 인재풀로 만들수도 있다. 대선 공신으로 빚을 갚아야 할 사람이 있는 게 현실이고 이들에 대한 보상이 필요하다면 적합한 인재는 공공기관 등에 기용하고 그렇지 않은 사람은 나름의 장기를 살려 계속 일할 수 있는 공간을 만들어주면 된다.

정권초 내각 구성이 지연되는 악순환이 반복되고 있다. 이제 섀도우캐비넷 도입을 진지하게 고민해볼 필요가 있다. 출범 첫 내각만은 러닝메이트제처럼 정권 시작과 동시에 곧바로 시작할 수 있도록 해야 한다. 예비내각을 구성하면 유권자들이 후보 주변의 인물을 보고 좀 더 현명한 선택을 할 수 있다. 대선과정에서 대통령이 누구랑 일할지 알 수 있고 예측 가능해진다. 대통령 임기도중 교체하는 장관에 대해서만 인사청문회를 열면 된다. 전부가 어렵다면 주요 부처만이라도 예비내각을 구성하면 어떨까.

정부 조직 개편 과정에서 논란이 많았다. 작은 정부는 적은 비용의 정부이지 장관, 부처가 적은 정부라는 의미가 아니다. 부처를 통폐합하는 식으로 무조건 조직을 줄이는 게 능사는 아니다. 일단 공무원 총량규제부터 해야 한다. 부처수는 늘어나도 상관없다. 부총리는 오히려 더 늘려도 된다. 일을 더 잘하는 게 목적이지 부처냐 아니냐는 중요하지 않다. 책임있는 내각으로 가야 한다.

대통령은 책임총리·책임장관제를 공언하고 정부는 '작은 대통령실, 책임 있는 행정부'를 지향하고 있는데 장관이 보이지 않는다는 건 무언가 개선할 점이 있다는 얘기다. 정책의 최종 책임은 대통령이 져야겠지만 일에 대한 책임은 장관이 지는거다. 대통령은 철저히 총론으로만 접근해야 한다.

공직사회에 활력이 크게 떨어졌다. 공직사회는 비전, 전문성, 도전정신 3가지가 없다.인사혁신처장 시절 가까이서 관찰한 공무원들은 대한민국 최고의 인재들이었지만 이 3가지가 없어 뛰어난 자질과 잠재력을 발휘하지 못하는 것 같았다. 원인은 인사운영체계에 있다. 평가 보직 보상체계에 문제가 있다. 경직적 조직 운영과 낙후적인 성과평가체계 때문이다. 일 잘하는 공무원은 파격적으로 보상해주고 퇴출제를 도입해 경각심을 불러일으켜 조직에 건강한 긴장감이 돌게 해야 한다. 공직사회 이대로 가면 위기이다. 일부 하위직 공무원에 대해선 최저임금, 물가인상률 등을 감안, 적절한 인상을 검토해야 하지만 봉급인상이 전부는 아니다. 단순 처우개선을 넘어 일한 만큼 보상하고 일 못한 사람은 재교육이나 그에 상응하는 책임이 돌아가게 해야 한다. 전체적으로 일하는 분위기를 조성하고 경쟁력을 높여 미래의 발전을 약속하는 일이 인사관리의 핵심이다.

경직적이고 분절적인 관료 조직 어떻게 일신할까. 공무원은 국가의 중요한 자원이다. 하지만 개개인의 경쟁력은 시대 변화를 따라가지 못하고 있다. 이를 국가가 책임져야 한다. 이를 위해 투 트랙으로 인사관리를 할 필요가 있다. 기획통 세제통 인사통처럼 전문가중심의 인재를 양성하는 트랙과 창조형 인재를 선발해 핵심 리더로 키우는 트랙으로 나눠야 한다. 무차별적 순환보직제는 개선해야 한다. 민간기업의 인사 시스템을 적용할 필요도 있다.

구조개혁은 논의만 무성한 채 겉도는 것 같다.

조직화하고 정치적·정책적 자원을 배분해야한다. 일단 국가차원의 프로젝트인 연금 노동 교육 등 3대 개혁은 민관정 묶어 거국적으로 접근해야 한다. 점진적 체계적으로 추진해 나갈 개혁위원회 같은 기구가 필요하다. 정부가 중심 잡고 여야 언론 학계 기업 시민사회 등이 머리를 맞대 결과를 도출할 수 있는 조직을 출범시켜야 사회적 합의를 이룰 수 있다. 개혁의 마차는 결국 민간과 공공영역 두 바퀴로 굴러간다.

개혁 과제들에 대한 전략적 접근은 3대 개혁에 앞서 공공부문 개혁의 성과를 반드시 보여줘야 한다. 공공기관 개혁을 선도적으로 해서 일신하는 모습을 보여야 국민들에게 고통분담을 요구할 수 있지 않겠나. 실적이 있으면 국민이 신임하고 그걸로 검증하면 된다. 그러면 우리는 검증된 대통령을 맞이할 수도 있다.

공공부문 개혁의 방식은. 공공기관 대표(CEO)에게 분명한 미션을 주고 이를 수행하도록 하면 된다. 임무 수행 못하면 해임절차 밟으면 된다. 알박기 인사의 폐해를 막기 위해 공공기관장 임기나 연임 기간을 대통령 임기와 일치시키는 법안까지 제출됐는데 이는 비정상의 합법화일뿐이다. 공공기관 CEO는 그 자리가 마지막이라고 생각하는 관료가 가장 적합한 것 같다. 민간기업 출신, 내부 승진자도 문제없지만 교수의 경우 조직 관리 능력이 검증된 경우에 한해 임명했으면 한다. 정치인은 개인별 능력에 따라 차이 많이 난다. 공공기관 감사직에 대해서도 대대적인 정비가 필요하다.

공무원연금개혁을 1년 가까이 진행했었다. 정치적 합의를 통해 성과를 낼 수 있었다. 610조원 아꼈다. 개혁의 공감대를 이룰 수 있었던 건 실상을 솔직히 밝혔기 때문이다. 공무원노조가 처음에는 반대 많이 했었다. 그래서 '그럼 어떻게 했으면 좋겠느냐, 돈 내는 건 당신 후배들이고 국민 세금으로 들어가는데 대안이 있어야 될 것 아니냐'고 반문했다. 절충선을 찾았다. 해외에서도 성공적인 개혁이란 평이 나왔다. 단기적으로는 기여금이 늘겠지만 향후엔 눈덩이처 럼 부담이 커질 게 확실하고 어떤 형태로든 조정이 필요하다.

개혁은 결국 리더의 의지에 달려있다. 리더는 인기를 따를지 시대적 사명을 따를지 선택의 기로에 있게 마련이다. 국민에게 두들겨 맞아도 가야 할 길이 있다. 물론 그 밑바탕에는 진정성이 있어야 하고 솔선수범이 필요하다. 지금 구조개혁은 외면할 수 없는 시대적 과제이다. 지금은 개혁의 골든타임이 아니라 라스트 미니트(Last minute)이다. 더 늦어지면 지금 이 시대를 살았다는 게 부끄럽게 된다. 개혁을 시도하기 좋은 환경이란 결코 오지 않는다. 일단 시작해야 한다. 누가 언제 하더라도 혼란과 고통을 피할 수 없다.

국가인재경영연구원 Work Shop

공공개혁과 국가운영체계 대전환 방안

- **일시**: 2022년 8월 4일(목)
  09:30~17:00
- **장소**: 세종대학교 집현관(대학본부)
  303호 강의실
- **주관/주최**: 국가인재경영연구원/
  세종대 국정관리연구소
- **프로그램**

시간	내용	발제자
09:30	Coffee & tea Time	
09:45~10:00	환영사 (민경찬 국가인재경영연구원 이사장)	
	특강 “대한민국의 미래” (이근면 초대 인사혁신처장)	
	<제1부> 성공하는 공공행정 생태계 만들기	
10:00~12:00	새로운 정부행정체제 모색	명승환
	국가 인재의 효율적인 관리시스템의 구축	황성원
	공공기관의 효율적인 운영시스템 모색	최현선
12:00~13:00	Lunch time	
	<제2부> 효율적인 정치 시스템의 발전방안 모색	
13:00~15:00	생산적인 정치행정 협업체계의 구축	이덕로
	정당 시스템의 개혁 방안	장보원
	미래 정치지도자의 양성 시스템 모색	김미선
15:00~15:30	Break Time	
	<제3부> 미래 지방자치와 교육자치 발전 방안 모색	
15:30~16:30	중앙정부와 지방자치의 생산적인 협력 거버넌스 모색	전광섭
	지방자치와 교육자치 시스템의 재설계	하봉운
16:30~17:00	Wrap up & Q/A	

*주제별 10분 이내 발표 및 20분 자유토론

1차 정책토론

1차 공공개혁 정책포럼 개최

활기차고 생산적인 국가운영시스템은 무엇인가?

- **일시**: 2022년 9월 30일(금)
09:00~13:00
- **장소**: 광화문 HJ Business Center
(광화문빌딩20층)
- **주관/주최**: 국가인재경영연구원/
세종대 국정관리연구소
- **프로그램**

<table>
<tr><th>구분</th><th>내용</th><th>비고</th></tr>
<tr><td>개회식</td><td>- 환영사 (민경찬 국가인재경영연구원 이사장)
- 축사 (이근면 초대인사혁신처장)</td><td>사회
홍슬이</td></tr>
<tr><td rowspan="5">발제 및 토론</td><td>정책과제1) 새로운 정부 행정체제 모색
- 발제: 명승환 인하대 행정학과 교수
- 토론① 박진 KDI국제정책대학원 교수
- 토론② 곽노성 연세대 글로벌인재대학 교수</td><td rowspan="5">좌장
서원석
세종대
국정관리
연구소
연구교수</td></tr>
<tr><td>정책과제2) 국가인재의 효율적인 관리시스템 구축
- 발제: 황성원 군산대 행정경제학부 교수
- 토론① 김태신 한국노총 공무원본부장
- 토론② 김택동 국가인재경영연구원 사무총장</td></tr>
<tr><td>정책과제3) 공공기관의 효율적인 관리시스템 구축
- 발제: 최현선 명지대 행정학과 교수
- 토론① 박수정 행정개혁 시민연합 사무총장
- 토론② 노정란 명지대 미래융합경영학과 교수</td></tr>
<tr><td>플로어 질의 및 응답</td></tr>
<tr><td>마무리 말씀</td></tr>
</table>

2차 정책토론

2차 공공개혁 정책포럼 개최

국민들이 요구하는 국회와 정치시스템은 무엇인가?

- **일시**: 2022년 11월 18일
14:00~17:00
- **장소**: 한국언론진흥재단
기자회견장
- **주관/주최**: 국가인재경영연구원/
세종대 국정관리연구소
- **프로그램**

구분	내용	비고
개회식	- 환영사(민경찬 국가인재경영연구원 이사장) - 격려사(이상민 더불어민주당 국회의원) - 축사(나경원 저출산고령사회위원 부위원장)	**사회** 한정선
발제 및 토론	**정책과제 1) 생산적인 정치행정 협업체계의 구축** - 발제: 이덕로 세종대 행정학과 교수, 국정관리연구소 소장 **정책과제 2) 정당 시스템의 개혁방안** - 발제: 장보원 건국대 정치외교학과 초빙교수 **정책과제 3) 미래 정치지도자의 양성시스템 모색** - 발제: 김미선 건국대 사회과학연구소 특임연구원 **정책과제 4) 한국의 정당 개혁과제와 방안** - 발제: 이옥남 시장경제와민주주의연구소 소장	**좌장** 서원석 세종대 국정관리 연구소 연구교수
	- 토론① 김태기 단국대학교 경제학과 명예교수 - 토론② 허원순 한국경제 논설위원 - 토론③ 안재흥 아주대학교 정치외교학과 명예교수 - 토론④ 박명호 동국대학교 정치외교학과 교수 - 토론⑤ 정현호 정책벤처 인토피아 대표/한국청년정책학회 이사장	
	플로어 질의 및 응답	
	마무리 말씀	

3차 정책토론

3차 공공개혁 정책포럼 개최

지방자치와 교육자치의 협력은 가능한가?

- **일시**: 2022년 11월 25일
  14:30~17:00
- **장소**: 광화문 HJ Business Center
  (광화문빌딩 20층)
- **주관/주최**: 국가인재경영연구원/
  세종대 국정관리연구소

- **프로그램**

구분	내용	비고
개회식	- 환영사(민경찬 국가인재경영연구원 이사장) - 격려사(이배용 국가교육위원회 위원장) - 격려사(우동기 지방시대위원회 위원장) - 격려사(강은희 대구시 교육감) - 기조연설(이근면 초대인사혁신처장)	**사회** 한정선
발제 및 토론	**정책과제1) 신성장 시대의 중앙정부와 지방정부간 협력방안** - 발제: 전광섭 호남대 교수 **정책과제2) 지방자치와 지방교육자치 시스템의 재설계** - 발제: 하봉운 경기대 교수	**좌장** 서원석 세종대 국정관리 연구소 연구교수
	- 토론① 김경회 명지대 석좌교수 (前서울시 부교육감) - 토론② 박홍기 성균관대 초빙교수 (前서울신문 편집이사) - 토론③ 이경미 한국산업기술진흥원 이사 (前국가균형발전위원회 위원) - 토론④ 금창호 한국지방행정연구원 박사 - 토론⑤ 윤주명 순천향대 행정학과 교수 (前한국국정관리학회장)	
	플로어 질의 및 응답	
	마무리 말씀	

공공개혁 정책포럼 좌담회

백지에 그리는 공공개혁과 국가운영체계 대전환 방안

- **일시**: 2022년 11월 23일 07:30 ~10:00
- **장소**: 컨퍼런스 하우스 달개비
- **주관/주최**: 국가인재경영연구원
- **프로그램**

<table>
<tr><th>구분</th><th>내용</th><th>비고</th></tr>
<tr><td>개회식</td><td>- 환영사(민경찬 국가인재경영연구원 이사장)</td><td>사회
한정선 연구원</td></tr>
<tr><td rowspan="3">발제
및
토론</td><td>- 토론① 김대환 前노동부장관
- 토론② 이인제 前경기도지사, 前국회의원
- 토론③ 김용호 서울대 아세아연구소 초빙교수,
前한국정치학회 회장
- 토론④ 임현진 서울대 명예교수, 前한국사회과학협의회 회장
- 토론⑤ 홍준형 중앙대 공공인재학부 교수
- 토론⑥최아진 연세대 국제학대학원 교수,한국정치학회회장</td><td rowspan="3">좌장
안종태
대외협력분과
위원장</td></tr>
<tr><td>플로어 질의 및 응답</td></tr>
<tr><td>마무리 말씀</td></tr>
</table>

저자소개

민경찬 | 국가인재경영연구원 이사장

민경찬 교수는 연세대에서 학사, 석사, 캐나다 Carleton대에서 위상수학으로 석사, 박사학위를 취득하였다. 연세대 입학관리처장, 교무처장, 학부대학장, 대학원장, 대한수학회 회장, 한국지능시스템학회 회장, 국제퍼지시스템협회(IFSA) Executive Board Member, 교육과학기술부 정책자문위원회 위원장, 국가교육과학기술자문회의 대학위원회 위원장, 포스코청암재단 이사, 국무총리 소속 인사혁신추진위원회 민간위원장, 국가과학기술자문회의 과학기술기반분과 의장을 역임하였다. 현재 과실연 명예대표, 기초과학연구원 과학자문위원회 위원장, 태재학원 감사를 맡고 있다.

서원석 | 전 한국행정연구원 부원장

현재 세종대학교 국정관리연구소 연구교수이며, 연세대학교를 졸업하고, 대학원에서 행정학 박사학위를 취득하였다. 한국행정연구원에서 수석연구원, 연구위원 및 선임연구위원을 거쳐, 부원장으로 근무한 후, 정년퇴직하였다. 한국인사행정학회 회장과 한국국정관리학회 회장을 역임하고, 대통령자문 정부혁신지방분권위원회, 정책기획위원회, 정부산하기관 평가단, 공공기관평가위원회, 중앙노사관계위원회 공무원노사관계위원회, 공무원연금제도개선위원회, 일자리위원회 공공전문위원회 등에서 위원으로 활동하였다. 현재 세종대학교 국정관리연구소 연구교수, 행정개혁시민연합 정부개혁연구소 소장, IBS 컨설팅 전문연구위원, 국민연금공단 비상임이사 등을 수행하고 있다.

명승환 | 인하대학교 행정학과 교수

현재 인하대 행정학과 교수로 재직하고 있으며, 미국 Syracuse University에서 정책학 박사학위를 취득하고, 전자정부와 조직혁신 분야에서 연구와 정책자문을 하고 있다. 정보화평가위원, 행정DB심사위원, 관세청 자체평가위원, 정보통신부 자체평가위원, 국무총리실 자체평가위원, 감사원 자체감사활동심사위원, 행안부 책임운영기관 평가위원, 한국지역정보화학회 회장, 정책분석평가학회보 편집위원장, 전자정부수출진흥협회 회장, 한국정책학회 교육사례위원장, 정책분석평가학회장 등을 역임하였다. 2018년 한국정책학회장으로 활동하였고, 문재인정부 대통력직속 정책기획위 디지털뉴딜 위원, 정부혁신국민포럼 위원으로 활동 하였다. 저서로는 스마트전자정부론(2020, 4판), 행정학개론(2010), 정보사회와 현대조직(2004), 전자정부론(2006) 등이 있다.

황성원 | 국립군산대학교 행정학과 교수

현재 국립군산대학교 행정경제학부 행정학전공 교수로 재직 중이며, 황룡인재교육원장, 교육개발원장, 지역개발연구소장 등을 역임하였다. 경기대학교를 졸업하고 동 대학원에서 행정학석사를 취득하였고, 한국외국어대학교에서 행정학박사를 취득하였다. 한국행정연구원에서 연구원부터 시작하여 연구위원으로 12년간 근무하면서 인사행정, 정부혁신, 정책평가, 조직진단 등 분야 연구와 실무를 경험하였으며, 참여정부 정부혁신지방분권위원회에서 1년간 행정개혁팀 연구위원으로 파견근무를 한 바 있다. 현재 인사혁신처 정책자문단 위원, 공공기관 경영평가위원, 한국자치행정학회 회장, 군산시의회 윤리심사자문위원회 위원장 등으로 활동 중이다. 미국 인디애나대학의 방문학자, 관세청 자체평가위원, 한국행정학회 공무원채용혁신특별위원회 위원장, 정책기획위원회 자문위원, 정부업무평가위원 등 정부부처, 지방자치단체 및 공공기관의 정책자문 역할을 수행하고 있다.

최현선 | 명지대학교 행정학과 교수

현재 명지대학교 행정학과 교수로 재직 중이며, 연세대학교 행정학과에서 학사와 석사 학위를, University of Southern California 정책학 박사학위를 취득하였다. University of North Florida에서 교수로 근무하였고, 연구영역은 도시 및 정책학 분야, 성과 평가, 문화와 공동체 분야이다. 한국국정관리학회 회장을 역임하였고, 한국행정학회, 한국정책학회에 활동하고 있다. 대통령 직속 정책기획위원회 위원, 국무조정실의 정부업무평가 전문위원, 행정안전부 정부혁신 평가단, 기획재정부 준정부기관 경영평가단장 등을 역임하였고, 주요 저서로는 <행정기획론: 대전환 시대의 공공부문>, <성공하는 정부를 위한 제언>, <행정기획론: 공공부문의 전략기획과 성과관리> 등이 있다.

이덕로 | 세종대학교 행정학과 교수, 한국행정학회 회장(2023년도)

현재 세종대학교 사회과학대학 행정학과에 재직중이며, 국무조정실 정부업무평가전문위원, 외교부 정책자문위원, 해양수산부 자원관리위원, 공직수사처 감찰위원을 역임하고 있다. 서강대학교 정치외교학과와 경제학과를 졸업하고, 연세대학교 대학원에서 행정학석사학위를, 플로리다주립대(FSU)에서 행정학박사학위를 취득하였다. 행정조직관리 및 개혁, 외교안보정책, 자원관리정책 및 정치-행정관계 등에 관련된 다양한 연구를 수행하고 있으며, 2023년 한국행정학회장으로 활동하게 된다.

장보원 | 건국대학교 정치외교학과 강의초빙교수

현재 건국대학교 정치외교학과 강의초빙교수로 재직 중이며 건국대학교 사회과학연구소 운영간사와 한국지방의회학회 총무이사 등을 역임하고 있다. 건국대학교를 졸업하고 동 대학원에서 정치학 박사를 취득하였다. 주요 연구분야는 국제관계 및 국제개발협력이다.

김미선 | 건국대학교 사회과학연구소 특임연구원

현재 건국대학교 사회과학연구소 특임연구원으로 재직중이며, 건국대학교에서 행정학 박사학위를 취득하였다. 한국조직학회 운영이사(2015년~2017년), 한국이민정책학회 운영이사(2018년~2019년)를 역임하였으며, 2019년부터 현재까지 경기도 지방공기업 경영평가위원으로 활동하고 있다. 주요 관심분야는 조직관리, 성과평가 등이다.

이옥남 | 시장경제와민주주의연구소 소장

현재 시장경제와민주주의연구소 소장을 맡고 있으며, 국민의힘 혁신위원, 진실화해를위한 과거사정리위원회 위원, 천안함재단 이사 등을 역임하고 있다. 이화여자대학교를 졸업하고 영국 브리스톨대학 국제관계학 석사, 경희대학교에서 국제관계학 박사를 취득했다. 진실화해를위한 과거사정리위원회 조사관과 홍보담당관, 통일연구원 대외협력팀장, 바른사회시민회의 정치실장, 자유한국당 혁신위 대변인, 자유한국당 서울시당 공심위원회 위원, 대통령소속 자치분권위원회 위원, 국회 개헌특위 자문위원, 미국 Pacific Forum CSIS Young Leaders 등 국회, 정치 개혁, 과거사 문제, 국제관계 분야의 다양한 경력을 쌓았다.

전광섭 | 호남대학교 행정학과 교수, 한국지방자치학회 회장(2023년도)

현재 호남대학교 행정학과에 재직중이며 대통령직속 국가균형발전위원회 위원 및 규제혁신전문위원장직을 수행하고 있다. 또한 국무총리 직속 도시재생특별위원회 위원 및 기획재정부 공공기관 경영평가단 위원 등을 역임하였다. 전남대학교를 졸업하고 한국외국어대학교에서 박사학위를 취득하였으며 영국 버밍험 대학교 도시및지역중앙연구소 연구위원과 한국거버넌스학회장 등을 역임하였다. 현재 한국정책학회 부회장직을 수행하고 있으며, 2023년 한국지방자치학회 회장으로 활동하게 된다.

하봉운 | 경기대학교 교직학부 교수

현재 경기대학교 교직학부에 재직 중이며, 교육부 · 시도교육감협의회 교육자치정책협의회 위원, 한국교육재정경제학회장을 역임하였다. 연세대학교를 졸업하고 미국 위스콘신대학교에서 교육행정학 박사학위를 취득하였다. 현재 지방교육자치, 교육재정, 교육법 등과 관련된 다양한 연구 및 정책자문을 수행하고 있다.

이근면 | 초대 인사혁신처장

이근면 교수는 성균관대를 졸업하고, 아주대학교 대학원 석사 졸업, 강원대학교에서 명예경영학 박사를 취득했다. 1976년 삼성그룹에 입사한 뒤 삼성코닝, 삼성종합기술원, 삼성SDS 등을 거쳐 삼성전자 인사 임원을 지내고 삼성광통신 대표를 역임했다. 삼성그룹 인사관리의 초석을 닦았고, 초대 인사혁신처장으로 지냈다. 한국노사관계학회 부회장, 한국인사관리학회 부회장, 청년미래네트워크 운영위원장, 한국장학재단 경영고문 등을 역임했다. 아주대, 강원대에서 교수로 지냈으며 현재 성균관대학교 학부대학 특임교수로 있다.

백지에 그리는 국가운영체계

발행일	2023년 1월1일 초판 1쇄
지은이	민경찬, 서원석, 명승환, 황성원, 최현선, 이덕로, 장보원, 김미선, 이옥남, 전광섭, 하봉운, 이근면
발행인	송자영
발행처	초아출판사
주소	서울시 성북구 정릉로 36길 41
전화	070-8739-0036
팩스	0504-178-5627
E-mail	choapublish@hanmail.net
디자인	에이팩토리 bikoon73@daum.net
ISBN	979-11-88425-21-1
정가	24,000원